项目编号：国家社科基金项目2017年度一般课题“滇西边境山区特岗教师计划十年实践的绩效评估与典型经验研究”（17BMZ070）

特岗教师计划』的绩效评估与典型经验研究

以滇西边境山区为个案

周琬謦 等 著

九州出版社
JIUZHOUPRESS

图书在版编目（CIP）数据

“特岗教师计划”的绩效评估与典型经验研究：以滇西边境山区为个案 / 周琬謦等著 . —北京：九州出版社，2023.7

ISBN 978 - 7 - 5225 - 2010 - 0

Ⅰ. ①特… Ⅱ. ①周… Ⅲ. ①山区—师资培养—研究—云南 Ⅳ. ①G451.2

中国国家版本馆 CIP 数据核字（2023）第 134995 号

“特岗教师计划”的绩效评估与典型经验研究：以滇西边境山区为个案

作　　者	周琬謦　等　著
责任编辑	曹　环
出版发行	九州出版社
地　　址	北京市西城区阜外大街甲 35 号（100037）
发行电话	（010）68992190/3/5/6
网　　址	www.jiuzhoupress.com
电子信箱	jiuzhou@jiuzhoupress.com
印　　刷	天津和萱印刷有限公司
开　　本	710 毫米 × 1000 毫米　　16 开
印　　张	20
字　　数	327 千字
版　　次	2023 年 7 月第 1 版
印　　次	2023 年 7 月第 1 次印刷
书　　号	ISBN 978 - 7 - 5225 - 2010 - 0
定　　价	98.00 元

目 录

第一章 导 论

第一节 问题的提出

2005年6月，中共中央办公厅、国务院办公厅印发《关于引导和鼓励高校毕业生面向基层就业的意见》（中办发〔2005〕18号）。7月，胡锦涛同志进一步强调“要引导和鼓励更多的高校毕业生到西部、到基层、到祖国最需要的地方去，为实现全面建设小康社会的宏伟目标贡献自己的智慧和力量”；10月，党的十六届五中全会提出“要切实提高师资特别是农村师资水平”；12月，《中共中央、国务院关于推进社会主义新农村建设的若干意见》（中发〔2006〕1号）进一步提出“要加强农村教师队伍建设，加大城镇教师支援农村教育的力度，促进城乡义务教育均衡发展”。2006年5月，教育部、财政部、人事部、中央编办联合印发《关于实施农村义务教育阶段学校教师特设岗位计划的通知》（教师〔2006〕2号），标志着“农村义务教育阶段学校教师特设岗位计划”（以下简称“特岗教师计划”）政策的正式颁行，该政策旨在“通过公开招聘高校毕业生到西部地区‘两基’攻坚县及县以下农村学校任教，引导和鼓励高校毕业生从事农村义务教育工作，创新农村学校教师的补充机制，逐步解决农村学校师资总量不足和结构不合理等问题，提高农村教师队伍的整体素质”，进而促进城乡教育均衡发展。

截至2020年，“特岗教师计划”的实施已覆盖到《中国农村扶贫开发纲要（2011—2020年）》确定的“集中连片特殊困难地区、四省藏区和南疆四地州县，国家扶贫开发工作重点县，省级扶贫开发工作重点县，西部地区原‘两基’攻坚县（含新疆生产建设兵团部分团场），纳入国家西部开发计划的部分中部省份的少数民族自治州以及西部地区一些有特殊困难的边境县，少数民族自治县和少小民族县”，“中央财政累计投入资金710亿元，共招聘特岗教师95万人，特岗教师选派覆盖中西部省份1000多个县3万多所农村学校，其三年服务期满后留任率达到85%以上。95%的特岗教师是在乡镇及以下学校任教，其中30%是在村小和教学点，直接服务于边远贫困地区义务教育阶段最薄弱的区域和人群，显著改变了边远乡村学校教师老龄化的状况”①，在全国范围内取得显著成效。全面打赢脱贫攻坚战后，国家将在脱贫地区（原集中连片特殊困难地区、中西部国家扶贫开发工作重点县和省县级扶贫开发工作重点县），西部原“两基”攻坚县（含新疆生产建设兵团的部分团场），纳入国家西部开发计划的部分中部省份的少数民族自治州以及西部地区一些有特殊困难的边境县、少数民族自治县和少小民族县持续深入实施“特岗教师计划”。

滇西边境山区是国家“十三五”期间的14个集中连片特殊困难地区之一，是国家脱贫攻坚、“两基”攻坚、乡村振兴的主战场，也是国家“十四五”期间持续深入实施“特岗教师计划”的重点地区。该片区涉及云南10个市州56个县，聚居着汉族和25个少数民族，至“十三五”时期该片区的农民人均受教育年限仅5.2年，素质型贫困问题十分突出，一些特有的民族文化面临失传。对该片区而言，“特岗教师计划”的实施既发挥着“提高农村教师队伍的整体素质，促进城乡义务教育均衡发展”的重要作用，还兼具着促进教育精准脱贫与教育振兴、民族文化传承以及民族地区经济社会可持续发展的重要意义。

“特岗教师计划”自2006年颁行至今已逾十几年，政策是否达到预期目标？存在哪些问题和困难？是否有可供推广的典型经验？在国家全面打赢脱贫攻坚战、持续深入实施“特岗教师计划”之际，以滇西边境山区为个案，对“特岗教师计划”实施绩效进行系统评估，并对实践中的主要问题和典型经验进行梳理和总结，提出优化政策措施及健全配套制度的科学对策与建议，是十分必要的，也具有重要价值，有助于政策主体客观审视政策实施的绩效，系统掌握政策实施中的问题与经验，正确把握政策优化发展的方向与路径，从而进一步提高政策实施绩效，促使政策预期目标更好达成，助推国家教育强国目标早日实现。

① 教育部：特岗教师三年服务期满后留任率超85%［EB/OL］. http：//www. moe. gov. cn/fbh/live/2020/52439/mtbd/202009/t20200904_ 485338. html.

第二节 国内外研究综述

2006年以来，随着“特岗教师计划”的深入实施，相关研究成果逐渐涌现。通过“中国知网”“读秀”和“超星数据库”3个检索工具，以“特岗计划”和“特岗教师”为主题词进行检索，时间截至2020年12月，查到相关文章916篇，基本情况如下：第一，从来源数据库看，期刊论文435篇（47.49%），硕士学位论文258篇（28.17%），报纸文章217篇（23.69%），会议论文6篇（0.65%）。第二，从发表年度看，2006至2009年间发表的几乎都是宣传报道性的文章，主要是对政策进行介绍、解读和宣传，直至2009年11月才出现首篇学术研究性的文章——《“特岗教师”政策的现实困境与出路》[①]。2009至2010年间，研究者开始对“特岗教师”服务期间及服务期后的问题进行理论探究和实证调查；2011年至今，研究者主要关注“特岗教师”的生活、工作现状与问题，对“特岗教师计划”的政策实践进行反思，探究其现实困境和对策，研究呈现多元化、多学科化趋势。第三，从作者所属机构看，理论研究性的文章主要来自高校尤其是师范类院校，少数文章来自科研院所。

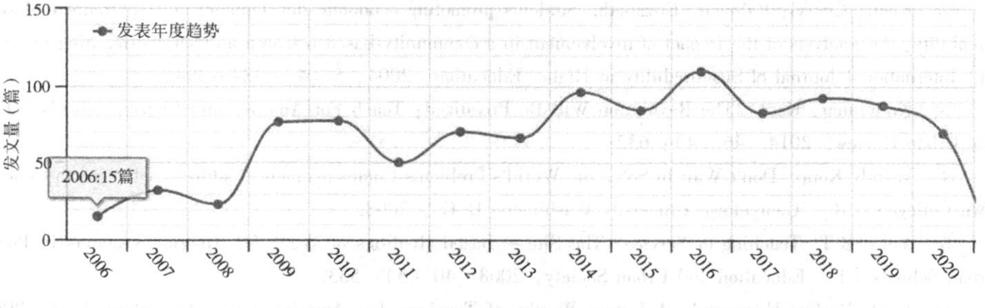

图1-1 “特岗教师计划”相关文章发表的年度趋势

经外文数据库检索发现，国外学者直接探究我国“特岗教师计划”的研究成果尚未见刊，相关研究成果集中在对美国TFA计划（Teach For America）、英国TFP计划（Teaching First Program）的研究，议题涉及TFA计划的招募条件[②]、

---

① 周晔．“特岗教师”政策的现实困境与出路［J］．教育发展研究，2009（22）：5.

② Ashiedu J A, Scott-Ladd B D. Understanding Teacher Attraction and Retention Drivers: addressing Teacher Shortages ［J］. Australian Journal of Teacher Education, 2011, 37（11）: 17-35.

发展规模[①]、影响[②③]与成效[④]以及对计划的质疑[⑤]与批判[⑥⑦]，以及对 TFP 计划的历程、模式、功过[⑧⑨]及其与我国“特岗教师计划”的比较分析等[⑩⑪]。

一、已有研究成果的可视化分析

进入二十一世纪以来，通过数据挖掘和可视化技术，全面深刻展示某领域研究热点的知识图谱方法在国际上悄然兴起[⑫]。笔者以 Cite Space（6.1R2 版本）可视化分析软件为研究工具，基于 2006 年—2020 年以“特岗计划”和“特岗教师”为篇名的 CNKI 数据，绘制 2006 年以来我国“特岗教师计划”研究的发文作者、研究机构、关键词共现、关键词突现和关键词时区的知识图谱，并对其进行定性分析，以便直观全面系统了解“特岗教师计划”相关研究的情况。具体步骤如下：第一步，在 CNKI 数据库平台检索、收录有关特岗教师计划的期刊论文和学位论文作为文献来源，检索方式采用高级检索，检索篇名 = 特岗教师或特岗计划，检索时间设定为 2006 年 1 月至 2020 年 12 月，限定期刊来源为所有期刊。经剔除会议论文、书评、新闻报道、专栏介绍、综

---

① Teach For America. Statistical History of Teach For America 1990—1996 ［M］. New York：Teach For America. 1996.

② Keen，Cheryl；Baldwin，Elizabeth. Students promoting economic development and environmental sustainability：An analysis of the impact of involvement in a community-based research and service-learning program ［J］ International Journal of Sustainability in Higher Education，2004，5（4）：384－394.

③ Kretchmar，Kerry. The Revolution Will Be Privatized：Teach For America and Charter Schools ［J］. The Urban Review，2014，46（4）：632.

④ Wendy Kopp. Don't Wait to Solve the World's Problems-Commencement（address delivered to Georgetown College）［R］. Georgetown University Washington D. C.，2008.

⑤ Veltri B T. Teaching or Service? The Site－ Based Realities of Teach for America Teachers in Poor，Urban Schools ［J］. Education and Urban Society，2008，40（5）：533.

⑥ Linda Darling-Hammond. A Future Worthy of Teaching For America ［J］. Education Week，2004（23）：40.

⑦ Fu，Jennifer. New Recruiting Efforts by Teach for America Yield Record Applicants ［J］. Education Week，2005（3）：9.

⑧ 倪娜，洪明．融通教师培养和领导能力培养的变革之路——英国“教学优先方案”述评［J］．外国中小学教育，2010（4）：22－27.

⑨ 倪娜，洪明．英国职前教师教育的变革与创新——“教学优先方案”的历程、模式和功过探析［J］．外国教育研究，2009，36（11）：71－76.

⑩ 丁丹．英国“教学优先计划”与我国“特岗计划”的比较研究［D］．武汉：华中师范大学，2015.

⑪ 刘欣，丁丹．从英国“教学优先计划”看我国“特岗计划”的完善［J］．教育评论，2014（6）：165－167.

⑫ 刘则渊，陈悦，侯海燕．科学知识图谱方法与应用［M］．北京：人民卫生出版社，2008：3.

述、报纸类文章后，共获得有效期刊文章592篇（作为元数据）。第二步，将上述元数据导入Cite Space，通过该软件的转换器功能将元数据转换成Cite Space可识别的数据，共获得有效数据592条。第三步，设定参数和相关条件，运用Cite Space分别开展作者合作分析、机构合作分析、关键词共现分析等，生成不同的知识图谱。第四步，对知识图谱进行分析、解读。

（一）研究群体

根据Cite Space的“作者合作分析”得到图1－2和图1－3。在图1－2中，每个节点对应一位作者，节点之间的连线表示作者间有合作，节点越大，表示该作者发文数量越多，节点的连线越多或越粗，表示该作者的合作范围越广或合作程度越强。通过对图1－2的分析可见：其一，“特岗教师计划”研究领域的研究者数量众多，呈“多元—分散”研究格局；其二，该研究领域产生了如何金花、任兴灵、刘飞、刘要悟、廖朝华等一批代表性学者；其三，该研究领域的研究者多是“单兵作战”，彼此间缺乏合作；其四，该研究领域的代表性学者发文数量相对较多，如何金花等12位研究者的发文数量合计达39篇，占“特岗教师计划”论文总数的6.59%，其中何金花、任兴灵、刘飞并列第一（见图1－3）。由于发文量最多的学者才4篇文章，在一定程度上可以判断：该研究领域尚缺乏领军人物。

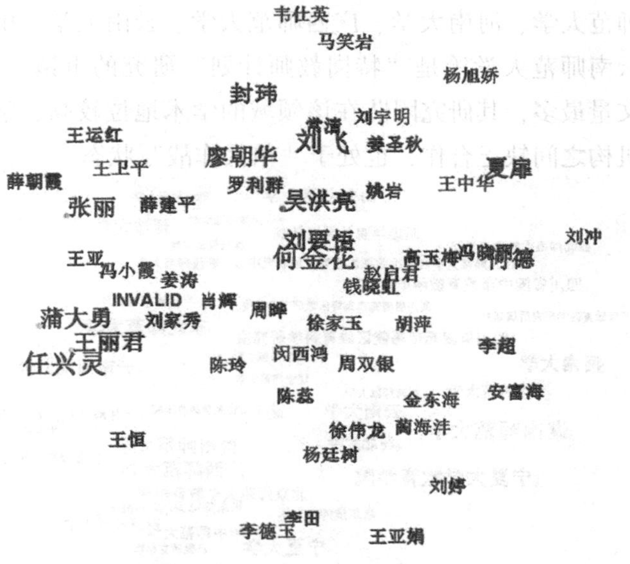

图1－2　“特岗教师计划”研究的作者（Top N per slice＝1）

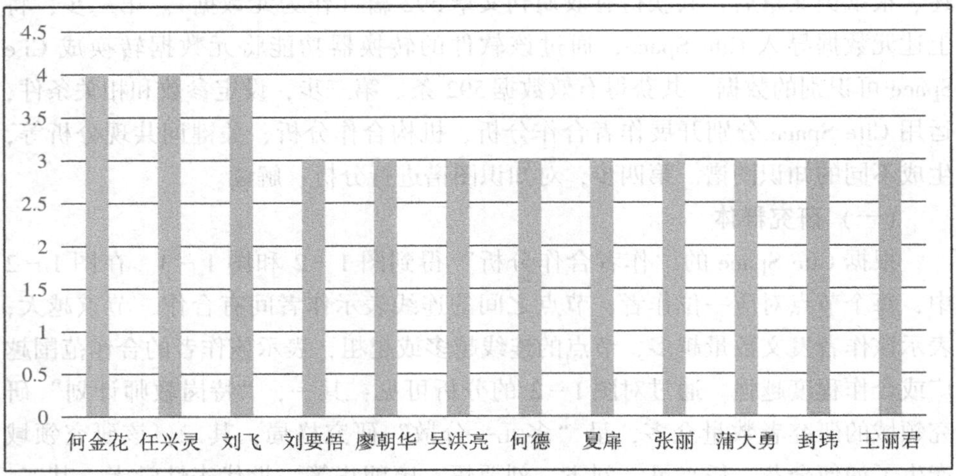

图1-3 “特岗教师”研究的高产作者（发表论文≥3篇）

（二）研究机构

根据Cite Space的“机构合作分析”得到图1-4和图1-5。图1-4中，关于节点对应标识、大小以及节点连线及其粗细的表征与图1-2相同。通过对图1-4和图1-5的分析可见：其一，湖南师范大学、宁夏大学、贵州师范大学、东北师范大学、河南大学、广西师范大学、云南大学、山西师范大学、延边大学、云南师范大学等是“特岗教师计划”研究的重镇。其中，湖南师范大学的发文量最多，其研究团队在该领域的学术地位较高、学术造诣较深。其二，研究机构之间缺乏合作，也处于“单兵作战”状态。

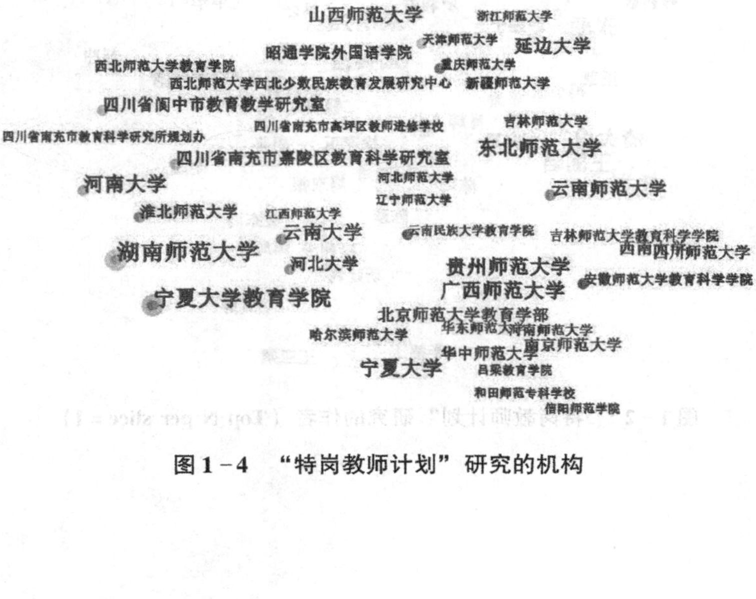

图1-4 “特岗教师计划”研究的机构

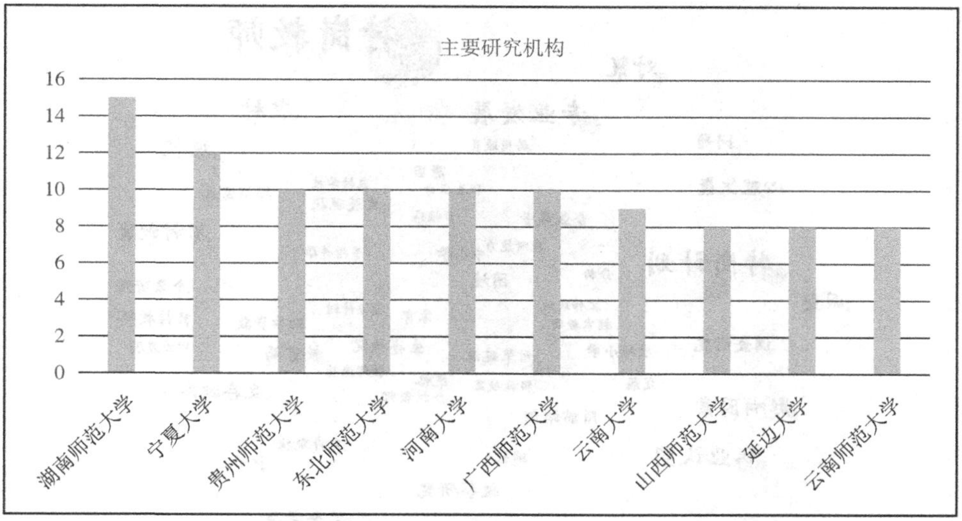

图 1－5 “特岗教师计划”研究机构发表论文的数量

（三）研究热点

关键词是文章的核心与精髓，是研究主题的高度概括及凝练，频次高的关键词常被用来确定一个研究领域的热点问题。根据 Cite Space 的“关键词共现分析”得到图 1－6。在图 1－6 中，节点是由某些论文抽取相同的关键词构成，节点越大，表示对应关键词出现的频次越多、受关注度越高。节点间连线的粗细表示两个关键词共现次数的多少，连线越粗，表示共现频次越多。若某关键词节点大且共现频次多，一定程度上表明该研究主题趋于成熟、是研究的热点。通过对图 1－6 的分析可见：特岗教师、特岗计划、专业发展、职业认同、影响因素等是该研究领域的热点。

在上述基础上，笔者对“关键词共现分析”的结果进行进一步的整理，制作年度高频词表（表 1－1）和关键词中心性表（表 1－2），并结合 2007—2020 年该研究领域的施引和被引文献确认不同年度研究热点：2007 年为特岗教师；2008 年为农村教育；2009 年为特岗计划、职业认同；2010 年为特岗教师现状；2011 年为职业倦怠；2012 年为培训需求；2013 年为专业发展、影响因素；2014 年为专业成长；2015 年为体育学科特岗教师；2016 年为专业能力；2017 年为师德师风；2018 年为队伍建设；2019 年为教师流动；2020 年为职业发展、教师教育。

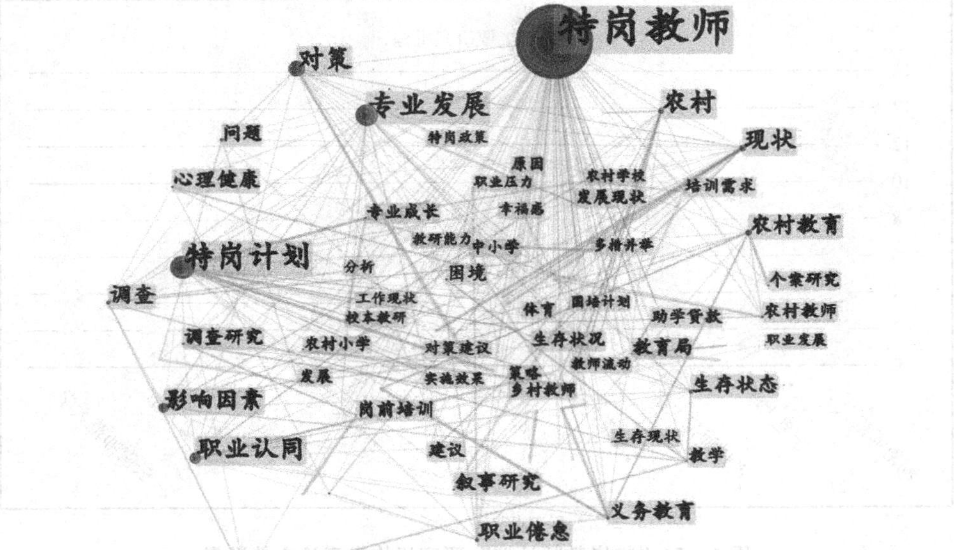

图 1－6 “特岗教师计划”研究论文的关键词共现情况（Top N per slice＝1）

表 1－1 “特岗教师计划”研究论文的高频词（Top N per slice＝1）

年份	高频词（频次）
2007	特岗教师（419）
2008	农村（22）；农村教育（20）
2009	特岗计划（62）；对策（35）；职业认同（33）
2010	心理健康（12）；生存状态（13）；农村教师（12）
2011	调查研究（12）；职业倦怠（12）；困境（9）
2012	培训需求（5）；工作现状（5）
2013	专业发展（61）；影响因素（21）
2014	叙事研究（13）；专业成长（7）
2015	体育（5）；校本研究（3）
2016	问题（12）；国培计划（3）
2017	生存状况（2）；师德师风（4）
2018	乡村教师（3）；去留困境（2）
2019	教师流动（2）；文化冲突（2）
2020	教师教育（3）；职业发展（4）

资料来源：根据 Cite Space 整理

表 1-2 “特岗教师计划”研究论文的关键词中心性（中心性 >0）

年份	中心性	关键词
2007	1.50	特岗教师
2009	0.08	特岗计划
2009	0.02	对策
2009	0.02	职业认同
2010	0.03	现状
2010	0.01	农村
2010	0.01	农村教育
2011	0.01	调查研究
2011	0.02	职业倦怠
2012	0.01	建议
2013	0.03	影响因素
2014	0.02	专业成长
2015	0.01	校本研究
2016	0.01	专业能力
2017	0.01	师德师风
2018	0.02	队伍建设
2019	0.04	教师流动
2020	0.01	教师教育

资料来源：根据 Cite Space 整理

（四）研究前沿及趋势

Cite Space 关键词聚类的时区视图（Time Zone View）和突变词探测（Burst Detection）功能可以展示研究热点的变化。本文运用 Cite Space，通过设定相关参数和条件，生成图 1-7 和表 1-3。图 1-7 是 2006—2020 年“特岗教师计划”研究的高频词投射到以时间为横轴的图谱，可以反映该领域研究热点的演变趋势。表 1-3 是不同年度的突显词，可以反映不同年度的研究前沿。在表 1-3 中，关键词表示研究主题；突显强度表示该主题受关注的强度，数据越大，表示受关注度越高；时间分区表示该主题受关注的持续时间段。

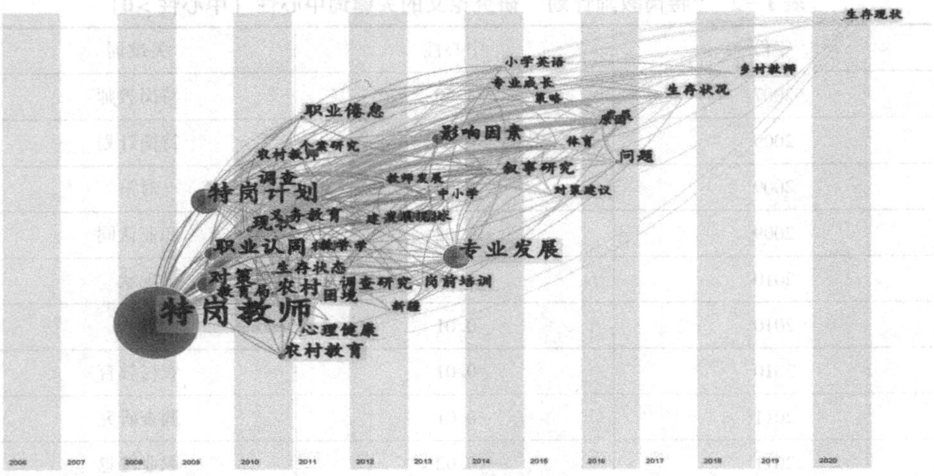

图 1-7 “特岗教师计划”研究的趋势图谱（2006—2020）

通过对图 1-7 和表 1-3 的分析可见：其一，2009 年以前，“特岗教师计划”领域的关键词尚未出现，这与该研究领域“在 2006 至 2009 年间发表的几乎都是宣传报道性的文章，主要是对政策进行介绍、解读和宣传”的实际情况相吻合。2009 年以后，该领域研究的关键词迅速增加，特岗计划、职业认同、专业发展、影响因素、职业倦怠、岗前培训、心理健康、生存状况等词汇逐渐增多，说明该领域研究逐渐深入、探讨的主题日益广泛。其二，不同年度有不同的研究前沿，如：2010—2013 年，义务教育是该研究领域的前沿主题；2012—2014 年，岗前培训是该研究领域的前沿主题；2015—2016 年，特岗教师的现状与问题是该研究领域的前沿主题；2016—2017 年，国培计划是该研究领域的前沿主题；2017—2018 年，特岗教师培养和双语特岗教师是该研究领域的前沿主题。可见“特岗教师计划”领域的研究具有很强的时代特点。其三，乡村教师（突现强度为 1.42）、去留困境（突现强度为 0.95）是当前研究的前沿主题。

运用 Cite Space 生成“特岗教师计划”研究的最小生成树（Minimum Spanning Tree，MST）聚类图谱（图 1-8），以呈现 2006—2020 年该领域研究的全貌。在图 1-8 中，节点的大小反映关键词出现的频次，节点所处的位置则由关键词的中心度（centrality）来控制，节点间线条的粗细反映其关联程度。通过分析图 1-8 可见：其一，聚类图谱以特岗教师为中心，特岗计划、专业发展、职业认同、对策、影响因素等为次中心，农村教育、心理健康、职业倦怠等为重要节点。这反映出“特岗教师计划”研究主题呈现嵌套结构特征，即在主要研究节点下有若干重要的关键主题。其二，“特岗教师计划”研究的热点众多，研究主题之间有一定关联性，但关联度还不高，说明该领域研究的系统性或系统性研究还有待深入。

表 1－3 “特岗教师计划”研究论文的前 25 个膨胀词

Top 25 Keywords with the Strongest Citation Bursts

Keywords	Year	Strength	Begin	End	2007 - 2020
义务教育	2007	3.48	**2010**	2013	
农村	2007	1.23	**2010**	2012	
农村教师	2007	1.22	**2010**	2011	
调查研究	2007	1.93	**2011**	2014	
教学	2007	1.57	**2011**	2014	
农村教育	2007	1.84	**2012**	2014	
岗前培训	2007	1.31	**2012**	2014	
建议	2007	1.26	**2012**	2013	
学校教育	2007	1.11	**2012**	2013	
新疆	2007	0.98	**2012**	2013	
调查	2007	2.23	**2013**	2015	
中小学	2007	0.96	**2013**	2015	
分析	2007	1.4	**2014**	2015	
教师管理	2007	0.93	**2014**	2015	
现状	2007	2.74	**2015**	2016	
存在问题	2007	1.35	**2015**	2016	
问题	2007	2.75	**2016**	2017	
国培计划	2007	1.38	**2016**	2017	
发展	2007	1.14	**2016**	2017	
困境	2007	1.03	**2016**	2018	
对策建议	2007	1.02	**2017**	2018	
培养	2007	0.96	**2017**	2018	
双语	2007	0.96	**2017**	2018	
乡村教师	2007	1.42	**2018**	2020	
去留困境	2007	0.95	**2018**	2020	

资料来源：根据 CiteSpace 整理

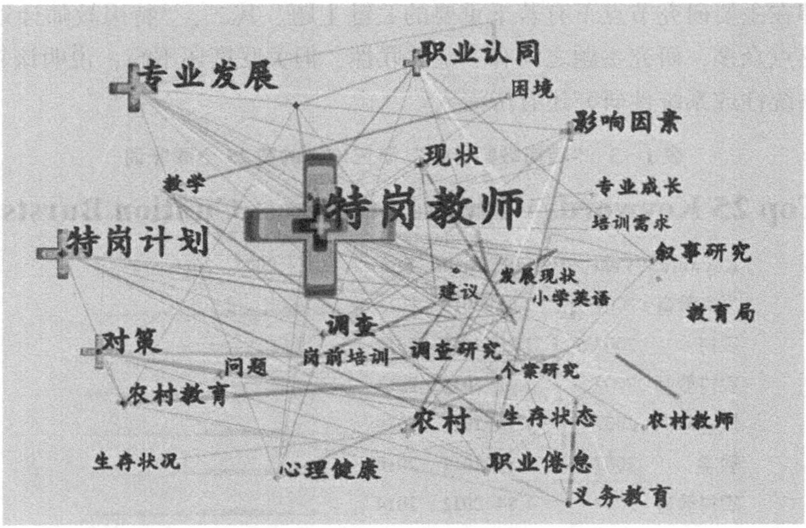

图 1－8 “特岗教师计划”研究最小生成树聚类图谱

二、已有研究成果的主题及主要学术观点

（一）对“特岗教师”心理健康与社会支持的研究

被援引较多的有《新聘特岗教师自我和谐状况调查研究——以安徽阜阳2009年新聘特岗教师为例》①、《四川地区特岗教师心理健康现状调查及对策研究》②、《地震灾区中学特岗教师心理健康状况调查》③、《农村特岗教师人际关系与自尊之相关研究》④、《农村特岗教师人际关系与孤独感之相关研究》⑤、《安徽农村特岗教师心理健康状况调查》⑥、《特岗教师角色适应中的心理问题

① 杨震，张杰，刘红艳．新聘特岗教师自我和谐状况调查研究：以安徽阜阳2009年新聘特岗教师为例［J］．当代教师教育，2010（3）：85－87，93.

② 李艳．四川地区特岗教师心理健康现状调查及对策研究［J］．社会心理科学，2011（4）：103－106，121.

③ 凌晨，桑青松，李云．地震灾区中学特岗教师心理健康状况调查［J］．中国健康心理学杂志，2010（1）：36－38.

④ 谢国秀，傅丽萍．农村特岗教师人际关系与自尊之相关研究［J］．社会心理科学，2010（Z1）：70－76.

⑤ 谢国秀，傅丽萍．农村特岗教师人际关系与孤独感之相关研究［J］．贵州师范大学学报（自然科学版），2012（1）：21－25.

⑥ 张晓丹，樊晓燕．安徽农村特岗教师心理健康状况调查［J］．淮南师范学院学报，2013（4）：21－24.

分析及对策研究》[①] 和《贵州省农村特岗教师心理健康问题的社会支持研究》[②] 等。研究发现："特岗教师"的"躯体化""焦虑""恐怖""偏执""精神病性"及"其它"因子得分明显高于全国常模平均水平[③]，"特岗教师"的心理健康水平偏低、心理压力过大[④]，缺少社会支持[⑤]，存在不同程度的心理健康问题[⑥]；工资发放拖延、同工不同酬、工资水平低于预期[⑦]，交通不方便、住宿条件差[⑧]，工作压力大、积极性受挫、未来发展迷茫、业余生活枯燥、婚恋问题难解决[⑨][⑩]，以及教师自我调节能力欠佳[⑪]等是导致"特岗教师"心理健康问题的主要诱因。

（二）对"特岗教师"生存状态与生活质量的研究

被援引较多的有《特岗教师，你在他乡还好吗——基于一所乡镇中学特岗教师生存状态的调查研究》[⑫]、《特岗教师的生存状态研究》[⑬]、《"特岗教师"对农村义务教育师资队伍建设影响的研究》[⑭]、《"特岗教师"生存状态的调查研究》[⑮]、《从特岗教师工作生活质量的调查看特岗计划》[⑯]、《特岗教师的职业倦怠、工作生活质量、社会支持的现状及其关系研究》[⑰]、《从特岗教师工作生

---

① 张宁．特岗教师角色适应中的心理问题分析及对策研究［D］．福州：福建师范大学，2013.

② 刘郁，聂尧．贵州省农村特岗教师心理健康问题的社会支持研究［J］．教育文化论坛，2015（5）：51－55.

③ 李军合．特岗教师，你在他乡还好吗：基于一所乡镇中学特岗教师生存状态的调查研究［J］．基础教育研究，2010（18）：5，8.

④ 阿不力孜·热扎克，艾力菲亚·阿扎提．南疆三地州"特岗教师"心理健康问题的调查研究与对策［J］．劳动保障世界，2017（29）：34－35.

⑤ 李庆．"特岗教师"对农村义务教育师资队伍建设影响的研究［D］．合肥：安徽大学，2011.

⑥ 刘祯干．特岗教师的生存状态研究［D］．上海：华东师范大学，2011.

⑦ 蒲大勇，王丽君，杜永红．农村特岗教师发展状况和生态机制建构——基于四川省的实证调查分析［J］．教育发展研究，2018（2）：35－47.

⑧ 刘祯干．特岗教师的生存状态研究［D］．上海：华东师范大学．2011（10）

⑨ 肖桐，邬志辉．我国农村教师心理健康状况的变迁（1991—2014）一项横断历史研究［J］．教育科学研究．2018（08）：69－77.

⑩ 马晨．河南省 x 县特岗教师生存现状及改善对策［D］．武汉：华中师范大学．2020（02）．

⑪ 刘郁，聂尧．贵州省农村特岗教师心理健康问题的社会支持研究［J］．教育文化论坛，2015（05）：51－55.

⑫ 李军合．特岗教师，你在他乡还好吗：基于一所乡镇中学特岗教师生存状态的调查研究［J］．基础教育研究，2010（18）：5，8.

⑬ 刘祯干．特岗教师的生存状态研究［D］．上海：华东师范大学，2011.

⑭ 李庆．"特岗教师"对农村义务教育师资队伍建设影响的研究［D］．合肥：安徽大学，2011.

⑮ 袁金艳．"特岗教师"生存状态的调查研究［D］．金华：浙江师范大学，2013.

⑯ 张申华．从特岗教师工作生活质量的调查看特岗计划［D］．成都：四川师范大学，2013.

⑰ 张晶慧．特岗教师的职业倦怠、工作生活质量、社会支持的现状及其关系研究［D］．云南师范大学．2015（01）．

活质量的调查看特岗计划》[①]、《相遇在学校场域：三位特岗教师生存状态的叙事研究》[②]、《坚守中蜕变——一位农村特岗教师生存状态的叙事研究》[③] 等。研究发现："特岗教师"业余生活单调[④]，生存状态堪忧[⑤]，生活质量偏低[⑥]，"特岗教师"的生存状态和生活质量受薪酬保障机制[⑦]、工作条件[⑧]、工作效能感[⑨]、生活环境[⑩]和教师素质[⑪]等多种因素影响；"特岗教师"的生存状态及生活质量既关系到"特岗教师"队伍的稳定，又关乎农村教育事业的发展，需依靠多元主体从不同纬度加以改善。

（三）对"特岗教师"职业认同、职业倦怠与职业发展的研究

关于"特岗教师"职业认同的研究有两种截然相反的结论：一是认为"特岗教师"的职业认同水平较高[⑫⑬]；二是认为"特岗教师"的职业认同感不强[⑭⑮]。张旭指出，"特岗教师"的职业认同受社会环境、学校环境及个人因素影响[⑯]。"特岗教师"职业发展面临待遇低、职称评定难、工作成就感低、深造机会少、再就业政策不清晰、考核制度不健全、缺乏职业发展长效机制等

① 张申华．从特岗教师工作生活质量的调查看特岗计划［D］．成都：四川师范大学，2013(05).

② 杨红梅．相遇在学校场域：三位特岗教师生存状态的叙事研究［D］．昆明：云南师范大学，2018.

③ 吴林艳．坚守中蜕变——一位农村特岗教师生存状态的叙事研究［D］．长沙：湖南师范大学，2017.

④ 莫非．湖南省祁阳县农村义务教育特岗教师生存状态及改善策略研究［D］．南宁：广西民族大学，2018.

⑤ 刘祯干．特岗教师的生存状态研究［D］．上海：华东师范大学，2011.

⑥ 张申华．从特岗教师工作生活质量的调查看特岗计划［D］．成都：四川师范大学，2013.

⑦ 窦瑞，石富美．农村幼儿园特岗教师生存状态的影响因素探究［J］．科教文汇（中旬刊），2020（07）：163－164.

⑧ 赵启君，陈剑．农村特岗教师生存状态及职业发展研究——以昭通市为例［J］．西部素质教育，2018，4（05）：96－97.

⑨ 鲁伟．湘西地区中小学体育特岗教师生存状态研究［D］．吉首：吉首大学，2018.

⑩ 莫非．湖南省祁阳县农村义务教育特岗教师生存状态及改善策略研究［D］．南宁：广西民族大学，2018.

⑪ 王艳平．农村特岗教师生存状态叙事研究［D］．延边：延边大学，2020.

⑫ 武慧芳，王爱玲，王密卿．河北省特岗教师职业认同的调查研究［J］．廊坊师范学院学报（社会科学版），2011（4）：98－100.

⑬ 赵燕婷．农村"特岗教师"职业认同的调查研究［D］．兰州：西北师范大学，2009.

⑭ 徐继存，宋朝．农村特岗教师发展现状的调查研究［J］．当代教育与文化，2012（1）：58－64.

⑮ 罗超，廖朝华．特岗教师的职业认同感研究：基于云南省鲁甸县特岗教师的现状调查分析［J］．教育理论与实践，2011（29）：45－47.

⑯ 张旭．特岗教师职业认同偏低的原因分析与改善对策：以滇、桂、黔石漠化片区A、G、L三县为例［J］．基础教育研究，2013（18）：19－21.

问题[①][②]，存在不同程度的职业倦怠[③][④][⑤][⑥]。职业倦怠是影响教师工作绩效的重要因素[⑦]，“应完善相关政策和配套制度，延长工资的转移支付年限，保障并提高福利待遇水平，加强培训、考核、人文关怀和政策宣传，建立职业发展长效机制”[⑧]，提高“特岗教师”的自我调适能力[⑨]，促使其地域（文化）融入，降低职业倦怠，增强队伍的稳定性[⑩]。

（四）对“特岗教师”专业素质与专业发展的研究

研究指出：“特岗教师”存在专业理想不稳定、专业知识欠缺、专业能力薄弱、专业发展条件差等问题[⑪][⑫]，其专业发展的症结在于“缺乏政策制度保障，学校无力关注，自主发展意识不强”[⑬]。“特岗教师”准入机制宽松[⑭]、入职动机不明确[⑮]、学校无力关注、教师自主发展意识不强[⑯]等都成为其专业发展的限制性因素。不少学者认为，关注“特岗教师”专业发展困境，促进其

---

① 杨廷树，杨颖秀．西部农村学校特岗教师现状调查与思考：基于贵州省 Z 中学的个案研究［J］．教育理论与实践，2010（23）：6－7，18．

② 孟宪乐．特岗教师职业发展现状及长效机制研究：以对河南省五县 116 位特岗教师的调查为例［J］．中小学管理，2012（11）：49－51．

③ 赵璐．农村特岗教师的职业倦怠状况及解决办法［J］．改革与开放，2011（6）：157－158．

④ 王翠花．浅议特岗教师职业倦怠问题［J］．太原城市职业技术学院学报，2012（9）：105－106．

⑤ 单永花．河南省特岗教师职业倦怠状况调查研究［J］．黑河学刊，2014（4）：107－108．

⑥ 叶刚．贵州省体育特岗教师职业倦怠及其影响因素的研究［D］．成都：成都体育学院，2017．

⑦ 黄晋生，蔡文伯．民族地区中小学特岗教师职业压力与职业倦怠的关系：工作满意度的中介作用［J］．当代教师教育，2019，12（04）：67－73．

⑧ 孟宪乐．特岗教师职业发展现状及长效机制研究：以对河南省五县 116 位特岗教师的调查为例［J］．中小学管理，2012（11）：49－51．

⑨ 刘佳琦．石家庄市小学特岗教师职业倦怠状况的个案研究［D］．石家庄：河北师范大学，2020．

⑩ 傅王倩，姚岩．特岗教师的地域融入与职业倦怠的关系研究——基于全国 13 省的实证研究［J］．教育学报，2018，14（02）：89－96．

⑪ 廖朝华．我国特岗教师专业发展问题与对策研究［D］．长沙：湖南师范大学，2011．

⑫ 吴洪亮．西部农村特岗教师专业发展现状及途径探析［J］．教育文化论坛，2012（1）：37－41．

⑬ 安富海．“特岗教师”专业发展的问题与对策：基于对贵州威宁县和河北涞源县的调查［J］．教育理论与实践，2014（10）：39－43．

⑭ 穆岚，齐春林．特岗教师专业发展面临的问题及解决对策［J］．河南教育学院学报（哲学社会科学版）．2016（01）：51－54

⑮ 李彬．小学特岗教师专业发展问题及对策研究［D］．长春：东北师范大学，2017．

⑯ 安富海．“特岗教师”专业发展的问题与对策：基于对贵州威宁县和河北涞源县的调查［J］．教育理论与实践，2014（10）：39－43．

专业良性发展，是解决农村教育问题的重点与核心[①]，而要提升“特岗教师”的专业发展水平，就要完善相关政策[②]，注重职前培养，发挥教师专业发展的主观能动性[③]，同时搭建平台，建立高校与乡村中小学的互惠机制[④]，加大“特岗教师”的校本研修和专业培训力度[⑤]。

（五）对“特岗教师”队伍建设与管理的研究

“特岗教师”队伍建设存在结构不合理、工作负担重、生活状况不乐观、专业发展困难、稳定性差等问题[⑥]，主要原因在于机制建立不完善、政策落实不到位、服务管理不系统[⑦]、教师职业意识不强、教学环境不容乐观[⑧]。研究指出：要进一步完善“特岗教师”的岗位分配管理[⑨]，提高“特岗教师”的专业素质与教研水平、薪酬及福利待遇[⑩]，打造一支专业化队伍[⑪]并促使其稳定健康可持续发展。

（六）对“特岗教师”培训与培养的研究

“特岗教师”培训主要存在以下问题：培训时间安排不科学、培训力度不够；培训形式单一，培训方式缺乏实践性；培训内容缺乏针对性；培训成效和质量不高[⑫⑬]。金东海、蔺海沣指出，应“建立科学与灵活的特岗教师岗前培训制度；组建一支以一线优秀教师为主的培训者团队；强化按需施训，增强培训内容的针对性；力促岗前培训的实践性转型”[⑭]。有研究者指出，应建立和

---

① 吕婷．延安市农村“特岗教师”专业发展的现状、问题及对策研究［D］．延安：延安大学，2017.

② 贾宇鸣．农村小学特岗教师专业发展的问题及对策研究［D］．长春：东北师范大学，2019.

③ 王文菊．小学初任教师专业发展存在的问题及对策研究［D］．曲阜：曲阜师范大学，2021.

④ 石寒月．西部地区乡村小学教师专业发展问题及对策研究［D］．喀什：喀什大学，2020.

⑤ 蒲大勇．农村特岗教师专业发展状况及其影响因素的实证研究——以四川省为例［J］．教育测量与评价，2018（2）：33－39＋64.

⑥ 于冰，于海波，唐恩辉．农村特岗教师队伍建设存在的问题及其对策：基于中西部6省的调查与分析［J］．广西社会科学，2014（9）：217－220.

⑦ 杨旭娇．特岗教师队伍建设的问题及解决对策［J］．忻州师范学院学报，2011（5）：96－97.

⑧ 刘伟．农村特岗教师队伍建设存在的问题与对策研究［D］．保定：河北大学，2018.

⑨ 叶尔克江·巴哈提．新疆特岗教师队伍建设研究［D］．乌鲁木齐：新疆大学．，2017.

⑩ 汪星星．湖北省赤壁市农村特岗教师队伍建设研究［D］．长沙：国防科学技术大学，2017.

⑪ 王娟，王晓刚．体育特岗教师的队伍建设及未来对策研究［J］．湖北体育科技，2018（02）：179－181.

⑫ 阿呷热哈莫，黄晓晗，李征．特岗教师培训现状与需求分析［J］．世界教育信息，2012（4）：33－35.

⑬ 余忠彪．基于胜任力的广西“特岗教师”岗前培训研究［D］．南宁：广西大学，2014.

⑭ 金东海，蔺海沣．新任特岗教师岗前培训现状与对策研究：以甘肃省为例［J］．教育导刊，2013（11）：19－22.

完善长期有效的"特岗教师"培训及跟踪反馈机制[①②]，建立包括诊断需求、确定目标、组织内容、实施教学、效果评价、反馈与修订六个环节的"三需导向"的课程培训模式[③]。也有研究者认为："特岗教师"的培训内容应包括适合农村学生的典型教学经验交流、优秀教师公开课观摩、新课改理念、班主任管理等；应当以研讨的方式而非专题讲座的方式进行培训[④]。还有一些研究者认为，应加强"特岗教师"的师德师风培养[⑤]、思想政治素质培养[⑥]、乡土情怀培养[⑦]和价值观引导[⑧]。

（七）对"特岗教师计划"执行中的问题与对策研究

被援引较多的有《"特岗教师"政策的现实困境与出路》[⑨]、《农村特岗教师计划的实施：问题与对策》[⑩]、《贵州省W县"特岗教师计划"实施中的问题及建议》[⑪]、《"特岗教师"如何更好地落地生根——关于农村教师"特岗计划"工作的思考》[⑫]、《农村特岗教师政策的问题及改进》[⑬]、《特岗教师政策合理性审思》[⑭]、《农村特岗教师计划的"优"与"思"——以安徽省F县为例》[⑮]、

---

① 阿不力孜·热扎克，陈健．对"特岗"教师岗前培训后效的调查研究［J］．出国与就业（就业版），2012（1）：60－62.

② 马莉，马志颖．特岗教师培养培训调查研究——基于宁夏五个地级市的现状分析［J］．教育导刊，2017（12）：34－38.

③ 杨智．"三需导向"教师培训课程设计模式与反思——以贵州师范学院特岗教师培训为例［J］．中小学教师培训，2017（6）：12－15.

④ 莫贵圈．贵州省毕节地区初中数学特岗教师培训需求调查分析［J］．贵州师范学院学报，2013，29（9）：67－70.

⑤ 吴凯．农村"特岗教师"思想品德的培养［J］．山东省农业管理干部学院学报，2010（6）：32，68.

⑥ 李婷．新疆特岗教师思想政治素质培养研究［D］．乌鲁木齐：新疆师范大学，2015.

⑦ 刘敏，石亚兵．乡村教师流失的动力机制分析与乡土情怀教师的培养：基于80后"特岗教师"生活史的研究［J］．当代教育科学，2016（6）：15－19.

⑧ 王纬虹，杨军，金星霖．新任特岗教师的现状与培养建议：基于重庆市的调查研究［J］．教育导刊，2012（11）：42－45.

⑨ 周晔．"特岗教师"政策的现实困境与出路［J］．教育发展研究，2009（22）：5.

⑩ 贾涛．农村特岗教师计划的实施：问题与对策［J］．教育理论与实践，2010（23）：3－5.

⑪ 杨廷树．贵州省W县"特岗教师计划"实施中的问题及建议［D］．长春：东北师范大学，2010.

⑫ 易海华，刘济远．"特岗教师"如何更好地落地生根：关于农村教师"特岗计划"工作的思考［J］．湖南第一师范学院学报，2010（3）：13－16.

⑬ 张秀陶，郑晓婷．农村特岗教师政策的问题及改进［J］．湖北函授大学学报，2011（8）：77－78.

⑭ 马春梅，王安全．特岗教师政策合理性审思［J］．教育与教学研究，2011（8）：1－4.

⑮ 樊万奎，吴支奎．农村特岗教师计划的"优"与"思"：以安徽省F县为例［J］．中小学管理，2011（7）：19－21.

《农村“特岗教师”政策实施：问题与对策》[①]、《“特岗教师”政策审视——以河南省为例》[②]和《教师分层、社会流动与教育政策的完善：以“特岗教师”为例》[③]等。研究发现，政策执行过程中存在以下问题：招聘唯学历化，对从教素质考察不够；岗位弹性落实有偏差，存在县城中小学“截留”现象；到岗后“教非所学”，专业化发展受限；政策承诺与实际兑现存在落差，配套措施滞后；服务年限偏短，服务期满后入编困难[④⑤]；政策宣传形式化[⑥]，评估考核机制不完善[⑦]等。张济洲指出：“应强化政策执行力、提升特岗教师农村教育生活适应力、关注职业生涯、发挥政策合力作用。”[⑧]杜亮认为：“特岗教师主体与农村学生相似的社会阶层来源背景使其具有特殊的角色榜样作用，需考虑其特殊地位与社会作用，完善相关政策。”[⑨]万孝凯认为，应建立政策评估制度，并将其贯彻落实到每一个环节，确保政策的有效执行[⑩]。

此外，有少数研究者关注到“特岗教师计划”在民族地区实施的适应性问题，开展相关研究并指出：“特岗教师”在民族地区的文化适应问题归因于文化冲突[⑪]，多元文化背景影响“特岗教师”身份认同的自我建构[⑫]，应加强政策在民族地区的适应性研究，推动民族教育生态的发展，实现政策效果的最优化[⑬]。

---

① 张济洲．农村“特岗教师”政策实施：问题与对策［J］．教育理论与实践，2012（7）：26－28.

② 陈凯．“特岗教师”政策审视：以河南省为例［J］．河南教育学院学报（哲学社会科学版），2012（5）：53－54.

③ 杜亮．教师分层、社会流动与教育政策的完善：以“特岗教师”为例［J］．河北师范大学学报（教育科学版），2014（1）：11－15.

④ 贾涛．农村特岗教师计划的实施：问题与对策［J］．教育理论与实践，2010（23）：3－5.

⑤ 杨廷树．贵州省W县“特岗教师计划”实施中的问题及建议［D］．长春：东北师范大学，2010.

⑥ 杨蓝天．乡村振兴背景下县级政府教育政策执行力研究［D］．武汉：中南民族大学，2019.

⑦ 杨廷树．贵州省W县“特岗教师计划”实施中的问题及建议［D］．长春：东北师范大学，2010.

⑧ 张济洲．农村“特岗教师”政策实施：问题与对策［J］．教育理论与实践，2012（7）：26－28.

⑨ 杜亮．教师分层、社会流动与教育政策的完善：以“特岗教师”为例［J］．河北师范大学学报（教育科学版），2014（1）：11－15.

⑩ 万孝凯．特岗计划政策执行中存在的问题与对策研究［D］．长沙：湖南师范大学，2019.

⑪ 阿呷热哈莫．特岗教师文化适应问题分析—以西南民族地区为例［J］．教育导刊，2016（7）：71－74.

⑫ 邓金春．多元文化背景下云南农村特岗教师身份认同的自我建构研究［D］．昆明：云南师范大学，2015.

⑬ 蔺海沣，金东海．民族地区特岗计划的现实困境与破解路径：基于2012年甘肃省新任特岗教师的调查［J］．教育理论与实践，2013（34）：26－30.

（八）对“特岗教师计划”执行效果与效益的研究

该部分的研究成果还不太丰富。其中，关于政策绩效评估的有4篇期刊论文和1篇学位论文。其中，朱翠林研究了该政策的财政专项资金绩效，按照“投入—过程—产出”原理和3E原则（经济性、效率性、效果性）构建了专项资金绩效评价的三级指标体系[①][②]。赵传珍从效果、效率、效益、公平性、社会反应度等维度对该政策的绩效进行了评估，提出了“特岗教师计划”绩效评估的四大困境——外部环境的不确定性；经费投入大、不易获取完整数据；缺乏专门的评估机构和人员；教育政策评估方法亟待改进，以及三大改进路径——提高认识、构建政策评估的理论基础；重视问题研究、建立实用的评估指标体系；完善信息系统、建立独立的评估组织[③]。然而，其不同评估维度所用数据欠对称性和完整性，缺乏对政策执行主体和利益相关者的观照，评估结论存在一定局限性。蒙丽珍、古炳玮研究了广西农村学校“特岗计划”的财政支出绩效，认为该政策对于缓解农村地区教师紧缺状况、改善师资队伍结构、缓解高校毕业生就业困难、完善教师补充机制、缓解地方财政压力产生了显著作用，但由于配套改革滞后、财政转移支付机制不完善、社会监督机制不健全等，还存在招聘要求与实际需求存在偏差、不能有效调整师资队伍结构、地方财政配套压力大、绩效评价机制不完善等问题[④]。刘红熠以湖南省为个案，从效率、公平、秩序三大纬度对“特岗教师计划”进行了评估性研究，对政策文本、实施过程、政策效果及其影响进行了正反辩论，评估了政策价值在不同层次不同纬度的实现程度，认为政策价值只是部分实现、前景有待探讨[⑤]。

关于政策效果评价的有5篇期刊论文和6篇学位论文。其中，安雪慧、丁维莉评估了该政策的效果，认为其在解决教师结构性短缺矛盾和提升教师队伍质量方面起到积极作用，以教师储备库方式创新选拔机制和聘任管理制度、优化教师队伍，促进了中小学教师队伍建设的制度创新[⑥]。李跃雪以静乐县和东

---

① 朱翠林．对构建财政专项资金绩效评价指标体系的探析：以广西“特岗计划”财政专项资金绩效评价为例［J］．财政监督，2013（21）：55－57.

② 朱翠林．农村义务教育“特岗计划”财政专项资金绩效评价［J］．财会月刊，2013（20）：42－44.

③ 赵传珍．“特岗计划”教育政策绩效评估［J］．教育教学论坛，2015（44）：77－79.

④ 蒙丽珍，古炳玮．广西农村学校“特岗计划”财政支出绩效探讨［J］．广西财经学院学报，2014，27（02）：27－33.

⑤ 刘红熠．政策辩论视角下“特岗计划”评估性研究［D］．重庆：西南大学，2013.

⑥ 安雪慧，丁维莉．“特岗教师计划”政策效果分析［J］．中国教育学刊，2014（11）：1－6.

乡县为例研究了该政策的实施效果，认为政策效果总体良好、受到地方学校的欢迎①②。宋婷娜、郑新蓉对"特岗计划"的实施效果进行了评估，认为该政策工资性补助的实施，激发了县聘动力，辐射产生了各具特色的地方特岗计划，逐步形成了以"国标—省考—县聘—校用"为基本程序的教师补充机制，但由于各地政策的扩大化与攀比化倾向、部分地方突破编制限制等，加大了地方对中央转移支付的依赖度以及中央财政负担，建议提高艰苦岗位的生活补助，实施岗编分离、按岗补助的财政投入政策③。由由等利用固定效应模型分析了该政策对改善教师队伍结构、促进教育公平的作用，及其发展现状与政策预期之间的差距，建议调整配套政策，构建可持续的农村教师补充机制，更好地促进教育公平发展④。钱晓虹从必要性、成效与不足三方面梳理总结了云南省实施该政策的效果，认为该政策为少数民族地区注入了新鲜血液、提高了农村基础教育整体水平⑤。徐明珠从教师视角构建了该政策的三级评估指标体系并以新疆喀什为例开展了绩效评估，认为政策实施对新疆教育事业发展做出了卓越贡献，但也存在政策宣传不到位、教师身心压力大、专业发展受限、职业认同度一般、考核机制不完善等问题，提出了相应的优化对策⑥。胡六合以湖南省祁东县为例，从支持度、满意度、合理性、适切性、配套性五个维度分析了"特岗教师计划"的实施效果，认为取得了较好成效，并针对存在的不足提出四大提升路径——完善政策配套性、增强政策合理性、提高政策适切性、提升政策满意度⑦。吴水叶从政策主体、目标群体、政策环境三个角度对贵州省的"特岗教师计划"进行了效果评价，认为该政策实施环境良好，政策主体和政策目标群体对政策实施效果给予较大肯定，该政策极大促进了农村教育发展和高校毕业生就业⑧。周悦洁对威宁县"特岗教师计划"政策实施效果及

① 李跃雪，邬志辉．特岗教师视角下特岗计划实施效果的调查研究：以静乐县和东乡县为例[J]．教师教育研究，2014（4）：52－57.

② 李跃雪．特岗教师视角下特岗计划实施效果的调查研究［D］．长春：东北师范大学，2013.

③ 宋婷娜，郑新蓉．从"补工资"到"补机制"："特岗教师"工资性补助政策的实施效果[J]．北京大学教育评论，2017，15（02）：39－52＋187－188.

④ 由由，杨晋，张羽．"特岗"教师政策效果分析——教师队伍与教育公平的视角［J］．复旦教育论坛，2017，15（05）：83－90.

⑤ 钱晓虹．云南省少数民族地区"特岗教师计划"实施效果分析［J］．校园英语，2019（47）：17－18.

⑥ 徐明珠．教师视角下特岗计划政策效果评估研究［D］．天津：天津工业大学，2019.

⑦ 胡六合．"特岗计划"政策实施效果研究［D］．长沙：湖南师范大学，2018.

⑧ 吴水叶．贵州省"特岗教师计划"实施效果评价及政策优化研究［D］．贵阳：贵州大学，2018.

其影响因素进行了实地调查，认为政策实施效果较好，组织发展、冲突协商、管理人员、学校管理、结果反馈等五因素与政策效果显著相关①。曾维红从特岗教师视角，基于对12位特岗教师的深度访谈，分析评价了该政策的实施情况（含岗前招聘选拔政策、服务期权益与责任政策、服务期满后的保障政策），并对特岗教师的招聘、选拔与培养、职业化发展等提出了优化建议②。

三、对已有研究成果的评价

学界对“特岗教师计划”相关问题开展了卓有成效的研究，取得了丰富的成果。然而，纵观该领域十多年的研究成果，还存在以下研究局限。

（一）成果总量偏少，存在研究盲点

学界对“特岗教师计划”的研究滞后于“特岗教师计划”的颁行，直至2009年才有首篇学术研究性的文章刊发，迄今尚无相关研究专著出版。已有研究还存在一些盲点：其一，从学科视角看，相关研究主要集中在教育学、心理学、政治学和社会学等学科领域，民族学、伦理学、历史学等学科视角的研究以及多学科综合视角的研究极为欠缺。其二，从研究对象看，对特岗教师的关注和研究较多，对“特岗教师计划”实施情况的调研和省思较少。其三，从研究方法看，对全国范围特岗教师群体或“特岗教师计划”实施总体的调查研究鲜有见刊，以某地或某省多地“特岗教师计划”实施个案为对象的调查研究也不多，实证研究有待丰富。对“特岗教师计划”在我国不同地区实施情况的横向比较或在同一地区实施情况的历史比较等研究较为缺乏，比较研究和历史研究有待加强。而且，对“特岗教师计划”政策价值、意义与评估等方面的基础理论研究以及对特岗教师队伍建设、管理、培养与激励等方面的基础理论研究都还比较薄弱。其四，从研究内容看，对特岗教师信息化和管理方面的研究较少；对“特岗教师计划”在不同区域实施状况、成效、问题与对策的个案研究不多，对“特岗教师计划”在民族地区的适应性问题研究较为欠缺，以不同区域与不同类型政策执行单位为个案检测政策效果的研究极少，以政策绩效评估为视角的研究成果寥寥无几，政策实施的绩效尚未得到系统评估。其五，从研究者看，绝大多数是“局外人”对特岗教师或“特岗教师计划”的研究，特岗教师对“特岗教师”或“特岗教师计划”的研究屈指可数。

---

① 周悦洁．威宁县特岗教师计划实施效果调查研究［D］．贵阳：贵州大学，2018.

② 曾维红．特岗教师眼中特岗计划政策实施效果［D］．长沙：湖南师范大学，2020.

（二）成果发表的刊物级别不高，获得国家资助的研究项目较少，成果的影响力不大

十多年来，学界对“特岗教师计划”相关问题开展了较为丰富的研究，产生了一批学术研究成果，但发表在《教育研究》《教育学报》《教育发展研究》《教师教育研究》《教育理论与实践》等影响因子较高的学术刊物上的文章不多，在核心期刊刊发的相关研究论文仅有63篇，属于国家基金资助项目研究成果的仅有47篇，研究成果的价值和作用发挥还比较有限。

四、对未来研究的思考与展望

“十四五”时期是我国全面建成小康社会、实现第一个百年奋斗目标之后，乘势而上开启全面建设社会主义现代化国家新征程、向第二个百年奋斗目标进军的第一个五年。在新发展阶段，“坚持教育公益性原则，深化教育改革，促进教育公平，推动义务教育均衡发展和城乡一体化”既是建设高质量教育体系、提高民族地区教育质量和水平的核心举措，也是我国教育事业发展的重要目标。通过政策研究促进政策制度的改革与创新是实现上述目标的重要抓手。“特岗教师计划”作为我国一项重要的自上而下的特殊政策，具有极强的价值选择性和目的性，助力乡村教育振兴是其当前重任、促进教育公平及城乡义务教育均衡发展是其终极目的，开展“特岗教师计划”研究具有重要的现实意义和理论价值。因此，未来一段时期相关研究必将更加丰富。结合“基础理论研究还比较薄弱、实证研究还不够丰富、多学科视角的研究还比较欠缺”的研究现状，以及“特岗教师计划”政策实践与发展的需要、特岗教师队伍建设与发展的需要，未来一段时期应着重从以下三个方面加强研究。

（一）加强对“特岗教师计划”与特岗教师的基础理论研究

理论是实践的先导。在“特岗教师计划”政策十余年实践基础上，应从多学科视角切入，进一步深化对“特岗教师计划”政策价值、意义与评估等方面的基础理论研究，进一步深化对特岗教师队伍建设、管理、培养与激励等方面的基础理论研究，从而深化对“特岗教师计划”政策本质、内涵与价值的认识，形成系统的“特岗教师计划”政策价值、评估与发展理论以及特岗教师队伍建设与发展理论，进一步引领和指导“特岗教师计划”实践及特岗教师队伍建设的科学发展。

（二）加强对“特岗教师计划”实施情况的实证研究

实践是检验真理的唯一标准。关注政策现实和实践，才能提供有价值的政

策建议，而历史研究、问题研究和比较研究是认识实践问题、把握实践发展规律的重要方法。[①] 迄今，“特岗教师计划”颁行已逾十五年，并将全面深入实施，在政策配套制度还不够健全、对政策现象的经验和实证研究还不够丰富、跨学科研究还比较欠缺的现实背景下，为科学审视“特岗教师计划”政策的实践经验、绩效以及存在的不足与问题，应重点加强以下三方面的实证研究：一要加强“特岗教师计划”实施状况的个案研究，尤其要加强以不同区域与不同类型政策执行单位为个案的政策绩效评价研究；二要加强比较研究和历史研究，要对“特岗教师计划”颁行状况进行区域比较和历史比较；三要加强“特岗教师计划”在不同地区实践的适应性问题研究，尤其应该加强该政策在少数民族地区实践的适应性问题研究。通过加强上述研究，深化对“特岗教师计划”政策实践现状与问题的认识与把握，从而为“特岗教师计划”的改革与完善提供理论依据和实践指南，进一步推进“特岗教师计划”政策实践的科学发展与可持续发展。

（三）加强对类似政策的国别研究

他山之石，可以攻玉。在深化我国“特岗教师计划”政策及其实践研究的同时，也要加强对别国类似政策（如美国的 TFA 计划、英国的 TFP 方案、日本“教师定期流动制度”、韩国“中小学城乡教师流动制度”等）的研究，从而为“特岗教师计划”政策的实践者和利益相关者学习借鉴别国实施相关政策的成功经验、吸取别国实施相关政策的失败教训提供更加开阔的视野，进而扬长避短，促进我国“特岗教师计划”的理性发展与科学发展。

第三节 研究的目的与意义

一、研究目的

通过实证调查，了解“特岗教师计划”在滇西边境山区的实施状况，系统评估其实施绩效，探析其在少数民族地区的适应性问题及其成因，挖掘典型经验与案例，加深各界对政策的客观认识，为政策的优化完善提供有价值的对策建议。

① 周琬謦．应用型本科教师的发展：内涵、重要性、问题和路径－潘懋元先生应用型本科教师发展观探析［J］．大理大学学报（社会科学版），2016，1（11）：86－90.

二、研究意义

（一）理论意义

1. 有助于丰富“特岗教师计划”的个案研究

在“特岗教师计划”实施个案研究不多、以不同区域与不同类型政策执行单位为个案检测政策效果的研究极少的情况下，开展本课题研究有助于丰富该政策的个案研究。

2. 有助于丰富我国教育政策的实证研究和跨学科研究

对政策现象的经验和实证研究不够、跨学科研究欠缺，是当前教育政策研究的局限，从民族学、政策学、教育学、管理学等多学科视角开展本课题研究，有助于丰富教育政策的实证研究和跨学科研究。

3. 有助于深化对“特岗教师计划”的认识

该计划是自上而下的一项特殊政策，具有极强的价值选择性和目的性，教育公平及城乡义务教育均衡发展是其终极目的。以少数民族地区－滇西边境山区为个案开展研究，有助于深化对政策本质、内涵及价值的认识，树立关于政策实践的问题观，明确其改革完善的方向。

（二）实践意义

1. 有助于完善相关制度

“特岗教师计划”实施已十余年，相关配套制度尚未健全，本课题研究成果可为相关制度的确立和发展提供新的思路。

2. 有助于指导政策的实践与改革

评估“特岗教师计划”十年实践的绩效，探析其在少数民族地区的适应性问题，梳理总结典型经验，有针对性地提出政策优化完善的对策，可为决策部门改革完善政策制度提供参考依据。

第四节　研究的思路、方法及主要内容

一、研究思路

以滇西边境山区为典型个案，针对以往研究涉及较少的“特岗教师计划”的绩效评估问题进行研究，以“理论基础”—“实证调查”—“结论与建议”为研究主线，以政策评估标准“4E”（效果、效率、效益、公平）为研究纬度，通过理论梳理、现状调查、个案剖析、比较借鉴、判断评估、措施建

议等板块的研究，系统考察政策的实施绩效，探析其在少数民族贫困地区实践中的适应性问题及其成因，挖掘典型经验与案例，提出改革完善的对策建议。

二、研究方法

（一）文献研究法

搜集和查阅现有政策文本、相关文献进行分析研究。

（二）调查研究法

主要采用问卷法和访谈法，问卷法主要针对政策的直接受惠者 - “特岗教师”，了解其工作、生活现状及对政策的看法等，了解政策的执行现状；访谈法主要针对利益相关者，了解其对政策的评价、对政策改革发展的看法等。在调研过程中，课题组走访了滇西边境山区 10 州市的教育主管部门、32 个县的教育主管部门和 78 所中小学，共发放调查问卷 7600 份，回收有效问卷 7578 份，其中《“特岗教师计划”绩效评估指标调查问卷》（附件 1）5398 份，《“特岗教师计划”绩效评估指标检验问卷》（附件 2）40 份，《“特岗教师计划”绩效评估指标权重确定问卷》（附件 3）40 份，《“特岗教师计划”绩效评估调查问卷》（附件 4）2100 份，问卷发放对象涉及管理者 220 人（含教育主管部门领导及工作人员 116 人、设岗学校领导 104 人），教师 1200 人（含特岗教师 1115 人，非特岗中小学教师 65 人，教育专家 20 人），学生 6180 人（含设岗中小学的学生 1039 人，报考特岗教师的大学毕业生 5141 人）。此外，对 47 名教育管理者（含教育主管部门管理人员、中小学校校长或副校长）和 52 名特岗教师进行了访谈。

（三）案例分析法

以选点范围内不同地区、不同类型的政策执行单位为案例，进行政策实施现状和问题的精准剖析，挖掘典型经验与案例。

（四）比较研究法

主要用于政策效果的分析，比较不同地区、不同类型政策执行单位执行政策的状况以及政策实施前后相关教师的数量、质量变化。

（五）统计研究法

用 Excel 和 SPSS 等工具分析和整理相关数据资料。

（六）德尔菲法与层次分析法

用于构建政策绩效评估的指标体系。

三、研究计划

准备阶段（2017 年 3—6 月）：搜集、整理文献资料；制定研究的基本框架、调研计划、访谈提纲和调查问卷；完成课题设计与分工。

调研阶段（2017年7月—2018年9月）：深入滇西边境山区各地教育行政单位和“特岗教师”受聘学校进行调研和访谈，收集“特岗教师”的招录情况及与“4E”相关的信息，了解政策实施状况以及不同主体对政策的看法，了解政策在实践中面临的问题。

数据整理阶段（2018年10—12月）：整理和分析数据，撰写调研报告；子课题组间交流经验，调整和完善研究计划。

二次调研阶段（2019年1—7月）：对高绩效和低绩效的市州、县开展二次调研，挖掘和分析典型经验实例；完善调研报告，撰写和发表阶段性研究成果。

成果撰写阶段（2019年8—12月）：汇总前期研究成果，撰写终期研究成果。

结题验收阶段（2020年1—6月）：完善终期研究成果，撰写结题报告和材料，接受结题验收。

四、研究的主要内容

（一）“特岗教师计划”的颁行与实践调查

阐述政策产生的背景；探讨政策的形成与发展；分析政策实施的必要性、重要性以及对少数民族贫困地区的特殊意义。

（二）滇西边境山区实施“特岗教师计划”的绩效评估

1. 理论基础

探析政策绩效评估的内涵与原则；构建政策绩效评估的指标体系，包括评估标准的确立、评估方法的选择等。重点分析“4E”（效果、效率、效益、公平），将其作为政策绩效评估的要素。

2. 效果评估

阐述政策效果分析的内涵、类型与方法，以及“特岗教师计划”效果评估的指标和标准。以“特岗教师”数量和质量为主线、信息管理与服务系统为平台、受聘中小学和地方教育行政单位为调研对象，通过个案研究分析政策的实施效果。

3. 效率评估

以成本—收益比为视角，基于个人与国家的评价指标来评估政策的实施效率，具体指标分为个人时间成本—收益比、个人金钱成本—收益比和国家成本—收益比等。

4. 效益评估

以个人效益和社会效益为主线、政策的目标群体为研究对象、政策“回应度”为视角、公众满意度为突破口，评估政策的实施效益。

5. 公平评估

以内部公平与外部公平为主线，以滇西边境山区范围内不同地区、不同类型政策执行单位为研究对象，以各地“特岗教师”招录数据为平台，调查政策实施的公平性。

（三）滇西边境山区实施“特岗教师计划”的典型经验和主要问题

1. 典型经验

比较滇西边境山区10个市州56个县“特岗教师计划”的实施绩效，遴选高绩效和低绩效的市州、县作为重点调研区域，对其地方教育行政单位、“特岗教师”及其受聘中小学开展深度调研，挖掘、梳理和概括典型经验（包括经验观点、经验解说和经验实例等）。

2. 主要问题

以地方教育行政单位、“特岗教师”及其受聘中小学为调研对象，了解和掌握“特岗教师计划”在滇西边境山区实施所面临的困难与问题，以及特岗教师在少数民族地区的适应性问题，探究问题的成因与对策。

（四）“特岗教师计划”的优化提升策略

根据各级主体在政策实施中的权责，兼顾宏观与微观，以促进政策绩效最大化为出发点，观照民族和区域差异，结合绩效评估、适应性问题和典型经验研究的结论，着力于“特岗教师计划”政策及配套制度、措施办法的完善，有针对性地提出政策优化提升的策略。

五、研究的创新之处

（一）学术思想创新

探究并构建“特岗教师计划”绩效评估的评价标准和评价体系。

（二）学术观点创新

滇西边境山区是“十三五”期间我国多民族贫困地区的缩影，以其为个案开展“特岗教师计划”绩效评估研究，其结论兼具普适性和特殊性，有助于政策实践之普遍性问题和特殊性问题的解决，提高政策对区域和民族的观照，促进政策的优化完善。

（三）研究方法创新

综合运用逻辑思辨和实证研究范式，注重宏观与微观并重，从典型个案切入，以民族学、政策学、管理学、教育学的相关理论为指导，以政策绩效评估为视角，把“4E”标准引入“特岗教师计划”的研究中，将绩效评估与典型经验研究有机结合，拓宽政策绩效评估研究的方法视野。

第二章　教育政策绩效评估的理论基础

第一节　核心概念的厘定

一、绩效

绩效是一个多领域、多语义的概念。在古代汉语中指“功绩、功劳”，如《后汉书·荀彧传》中写道“原其绩效，足享高爵”；在现代汉语中是“绩”与“效”的合成词，“绩”表示“功业、业绩”，“效”表示“效果、功效”，绩效是二者语义的融合。现在常用的绩效概念主要源自西方管理学，是指“组织或个人的工作目标、职责和结果。”①

随着学科的融合发展，绩效的内涵和外延不断拓展，不再是某一学科的专属概念。多数学者认为，绩效是一种工作或行为的结果，是特定的工作职能、活动或行为在特定时间内产生的结果。如：安秀梅指出“绩效主要指一定组织、群体和个体在一定环境中从事某项活动所表现出来的成绩、效果和结果。”② 卓越认为“绩效是公共部门在积极履行公共责任的过程中，在讲求内部管理与外部效应、数量与质量、经济因素与伦理政治因素、刚性规范与柔性机制相统一的基础上，使获得的公共产出最大化。”③ 也有学者认为，绩效是一种行为，是与组织或组织单元目标有关的、能够用个人熟练程度来测量的行动或行为④⑤。还有学者指出，绩效包括行为和结果两方面，认为“行为本身也是结果，是达到结果的有效条件之一，而不仅是结果的工具。当对绩效进行

---

① 张雷．教育政策绩效评估的理论探讨［D］．上海：华东师范大学，2014.

② 安秀梅．政府绩效评估体系研究：从政府公共支出的角度创设政府绩效评估体系［M］．北京：中国财经经济出版社，2009：13.

③ 卓越．公共部门绩效评估（修订版）［M］．北京：中国人民大学出版社，2011：5.

④ Neal Schmitt，Walter C. Borman. Personnel Selection in Organizations［M］．San Francisco：Jossey-Bass，1993：253.

⑤ 方晓东等．中国教育十大热点问题［M］．福州：福建教育出版社，2011：195.

评估与管理时，既要考虑行为，也要考虑结果。”①

从不同学科看，绩效的内涵是有差异的。“从管理学看，绩效是组织期望的结果，是组织为实现其目标而展现在不同层面上的有效输出，包括个人绩效和组织绩效；从经济学看，绩效与薪酬是员工和组织之间的对等承诺关系，绩效是员工对组织的承诺，薪酬是组织对员工的承诺；从社会学看，绩效意味着每一个社会成员按照社会分工所确定角色应承担的职责。”② 从不同主体看，绩效的内涵是有区别的，“对个人而言，绩效是指对个人行为、表现及其结果的评价；对组织而言，绩效是指组织任务在数量、质量及效率等方面的完成情况。”③

二、绩效评估

绩效内涵的学科差异导致了绩效评估（Performance Evaluation）内涵的学科差异。从公共部门管理学角度看，绩效评估是“对政府体系的产出产品在多大程度上满足社会公众需要进行的评价”④；从企业管理学角度看，绩效评估是“对企业占有、使用、管理与配置经济资源的效果进行的评判”⑤；从人力资源管理学角度看，绩效评估是“对员工在既定时期内对组织的贡献做出评价的过程，从数量和质量两方面对其工作的优缺点进行系统描述”⑥。综合不同学科的观点可见，绩效评估的核心是“通过科学的评价体系、运用合理的评价方法，从数量和质量两个方面对被评价对象在一定时期内的行为过程和结果进行定量和定性的评价。”⑦

三、政策绩效及评估

政策绩效是指公共政策运行过程中及结束后对社会系统形成的全面的效益、效率和影响。政策绩效评估是绩效评估的重要领域和组成部分。广义的政策绩效评估包括政策的事前评价、事中评价和事后评价。瑞典著名经济学家Vedung（1997）认为，政策的事前评价属于政策分析范畴，政策的事后评价

① 范柏乃．政府绩效评估与管理［M］．上海：复旦大学出版社，2007，6.

② 安秀梅．政府绩效评估体系研究：从政府公共支出的角度创设政府绩效评估体系［M］．北京：中国财经经济出版社，2009：13.

③ 杨洪．政府绩效评估200问［M］．北京：人民出版社，2007：3.

④ 胡宁生．中国政府形象战略［M］．北京：中共中央党校出版社，1998：10－78.

⑤ 孟建比．中国企业绩效评价［M］．北京：中国财政经济出版社，2002：107－110.

⑥ 张一驰．人力资源管理［M］．北京：北京大学出版社，1999：184－185.

⑦ 任爽．大学生创业政策绩效评价研究［D］．杭州：杭州电子科技大学，2012.

才属于政策绩效评估范畴，即狭义的政策绩效评估是指对政策执行结果和效果的评价①。本研究所指的政策绩效评估取其狭义，是指对已实施的政策和执行措施的效果、效率、效益、公平性等进行的系统分析，以衡量政策实施情况及其对社会的影响②。

第二节 政策评估的类型与模式

一、政策评估的主要类型

依据不同的标准可以对政策评估进行不同的分类。如美国评估研究协会根据工作程式把评估分为六类：前段分析、评估性测定、过程评估、效力评估（影响力评估）、方案和问题监控、元评估（综合评估），这六类评估类型构成了方案评估的内容。德尔金斯（D·N·T·Derkins）根据政策发展过程将评估分为六种类别：策略评估、顺服评估、政策设计评估、管理评估、干预效果评估和影响评估。R·M·克朗将评估看作一种循环的问题解决过程，从而将其分为五类：系统评估、投入评估、过程评估、总结评估和预测评估。豪利特等人（Howlett etal.，1995）根据实施评估的主导机构将其分为三类：行政性评估、司法评估和政治性评估；其中，行政性评估又分为五种具体类型：投入评估、绩效评估、效果评估、效率评估以及过程评估，行政性评估的主导者是政府职能机构，以确定政府是否以及在多大程度上以相对较低的财政支出和社会公众负担成本实现既定政策目标；司法评估主要关注政府的政策行为是否与国家的宪法相一致，以及政府是否在其政治权限范围内进行政策的制定与实施；政治性评估则是包括民意调查在内的对政策利益相关者进行的政策倾向性判断的评估，以判断公众或利益相关者总体上对政策绩效是"肯定"还是"否定"，或者对政策决策的"支持"或"反对"性的意愿③。

我国学者根据不同标准对教育政策评估的类型进行了较为丰富的探究，多数学者比较认同以下分类方式：一是依据政策评估活动的形式，将其分为正式评估和非正式评估；二是依据政策评估活动的主体，将其分为内部评估和外部评估；三是依据政策评估在政策过程中所处的阶段，将其分为执行前评估、执行中评

① Evert Vedung. Public policy and program evaluation [M]. New Brunswick and London: Transaction Publishers, 1997: 192-200.

② 任爽．大学生创业政策绩效评价研究［D］．杭州：杭州电子科技大学，2012.

③ 赵德余．公共政策：共同体、工具与过程［M］．上海：上海人民出版社，2011：204.

估和执行后评估。上述评估类型的内涵及特点、优点与缺点等如表2－1所示。

表2－1 政策评估的主要类型

分类标准	评估类型	内涵及特点	优点	缺点
政策评估活动的形式	正式评估	内涵：是指特定评估主体按照事先制定好的评估计划，根据一定的评估标准，通过执行既定程序，对政策作出科学和客观的判断和评价。 特点：强调评估的规范性；在成熟的评估组织中进行，适用范围有限。	评估者具有较高的专业素养；评估过程较为标准；评估方法较为科学；评估结果相对客观和全面。	对评估者素质、评估程序和评估内容等要求较高，实施条件较为苛刻，需要较高的成本，且缺乏灵活性。
	非正式评估	内涵：是指评估者根据所掌握的正式或非正式信息及其资料对政策作出的评价和判断。 特点：具有随意性，对评估人员、评估程序、评估标准、评估内容和评估方法等不做限制；灵活、易操作，在教育政策评估中起到辅助和补充作用。	评估方式灵活、形式多样、简便易行；适用范围广泛；成本低廉；能够吸引社会各阶层人士参与。	评估准备时间较短，掌握的信息有限；因评估者的不确定性和不够专业，评估结论有一定主观性和片面性；评估形式及评估内容不够规范，容易导致评估程序和方法不够科学，降低评估结果的完整性和可靠性。
政策评估活动的主体	内部评估	内涵：是指由政策制定者或执行者或独立专职评估人员实施的，在政策系统内部进行的评估。 特点：效率高、实用性强。	评估者对政策制定实施的过程有比较全面的了解，对评估的重点较为明确，充分掌握第一手资料，能够高效率完成评估工作；实用性强，评估结论容易被政策制定者和执行者接受，可以直接用于教育政策的调整和改进。	评估者容易产生思维定势，难以突破原有研究视野的限制；缺乏独立性，评估者的利益与政策评估结果相关，容易降低评估结论的客观性与公正性。
	外部评估	内涵：是指由来自政策机构外的评估者对政策进行的评估（包括对象评估和社会评估）。 特点：独立性高、客观性强。	相对较高的独立性；评估过程较为公正；评估结论具有较大的客观性。	评估者获取评估的资料信息相对困难；缺乏权威性；接受委托的评估者容易在评估经费等方面受到委托人的牵制而影响评估结论；评估结果不容易得到重视和采纳。

续表

分类标准	评估类型	内涵及特点	优点	缺点
政策评估在政策过程中所处的阶段	执行前评估	内涵：又称预评估，是指在政策执行前对政策方案进行的一种预测性评估，包括政策的可行性分析、发展趋势预测、效果预测。 特点：具有经验性、预见性。	可预见政策实施的有利因素及政策执行过程中可能出现的不利障碍，提前设计好应对措施，将可能出现的政策负面效应减到最低；有助于对政策实施的前提条件进行检验。	不可能预测到政策实施过程中的所有因素，与实际评估效果存在一定差距。
	执行中评估	内涵：是指在政策实施过程中进行的评估。目的是通过及时分析政策执行过程中的相关情况，如政策是否按照既定计划方案贯彻执行，政策方案是否存在缺陷，政策实施是否遵循既定时间进度，政策执行是否作用于确定的政策对象，政策实施过程中有哪些利益冲突，政策执行机构是否做到负责、高效等，以便及时反馈信息，对出现的相关问题进行调整和修正，以便更好地实现政策目标。 特点：具有及时性和片面性，实用性强。	获取的评估信息具有及时性和有效性，有利于对政策执行过程的控制和管理，有助于对政策效果的评价。	由于政策过程尚未结束，评估结果带有暂时性和片面性。
	执行后评估	内涵：是指政策执行活动完成后进行的一种全面的、综合性的系统评估。政策实施效果往往需要经过一段时间才能完全显现，因此，执行后评估是最重要的一种评估形式，决定着政策的延续、改进或终止，以及长期性的政策资源的获取或重新分配等重要问题①。 特点：全面性、综合性、总结性。	作为整个政策执行过程的总结性评估，对该政策有全面的把握，评估结果具有最大的权威性和影响力。	由于评估结果不能在政策执行过程中予以反馈，执行后评估不能发挥对本轮政策执行的优化促进作用。

① 贠杰，杨诚虎. 公共政策评估：理论与方法［M］. 北京：中国社会科学出版社，2006：31.

二、政策评估模式的演进

教育政策评估模式作为一种理论模式，是在总结和归纳教育政策评估理论和实践的基础上，对教育政策评估过程特性的抽象和概括①。通过教育政策评估模式可以将评估理论、方法与实践有机结合起来，形成一个流程图，以此缩小评估者的主观随意性，保证评估方法使用及评估结论的科学性②。美国政策分析与评估专家艾根·G·古巴和伊方娜·S·林肯通过对政策评估演进历程的系统研究，将政策评估模式划分为四个阶段：第一代评估模式——测量，第二代评估模式——描述，第三代评估模式——判断，第四代评估模式——协商。

（一）第一代评估模式——测量

19 世纪末到 20 世纪 30 年代为第一代评估时期，该时期有部分教育学家和心理学家将在自然科学领域得以极大发展的统计、测试技术应用于教育研究领域，逐步形成以测量为取向的评估模式。测量评估被看作近代政策评估的开端，受行为主义政治学的影响，测量评估高度重视事实分析与评估技术，主要使用定量评估方法、实验设计方法，特别强调随机选择处理、控制小组、定量标准、数学模型的使用③，政策评估者扮演的是技术人员的角色，主要任务是熟悉并学会各种技术性测量工具，以便提供准确的调查数据，对政策绩效与效率进行科学检测。

（二）第二代评估模式——描述

20 世纪 30 年代到 60 年代初期是第二代评估时期，也是教育评估正式诞生和形成的时期。该时期的政策评估主要通过“描述”的方式揭示政策优劣。第二代评估模式的代表人是拉夫尔·泰勒，他根据古巴和林肯的研究，首次将测验和评估进行区分，并对评估做了描述和应用。依据第二代评估理论，政策评估的关键是确定清晰的、可操作性的行为目标，主要使用定性方法、历史方法、案例方法等，政策评估者扮演的角色为描述者，其基本任务是尽可能清楚、完整地描述政策所面对的社会系统、政策或计划的操作方式、参与者如何看待政策等④。

① 高庆蓬．教育政策评估研究［D］．长春：东北师范大学，2008.

② 贠杰，杨诚虎．公共政策评估：理论与方法［M］．北京：中国社会科学出版社，2006：261.

③ 贠杰，杨诚虎．公共政策评估：理论与方法［M］．北京：中国社会科学出版社，2006：256.

④ 贠杰，杨诚虎．公共政策评估：理论与方法［M］．北京：中国社会科学出版社，2006：257.

（三）第三代评估模式——判断

20世纪60年代到80年代初期是第三代评估时期，该时期的政策评估以“判断”为核心，将评估过程视为价值判断的过程。德国萨尔大学评估中心的赖因哈德·施托克曼和沃尔夫冈·梅耶教授根据古巴和林肯提出的“判断”的基本特征，以罗伯特·斯塔克的研究为例，对第三代评估模式进行了论述：每一项政策评估都由描述和判断两种行为构成，评估者的主要任务有五项：一是对政策的基本逻辑和需求进行描述，即对政策的理论基础、政策背景、政策规划的描述；二是列出预期的政策结构和政策条件（预期的投入、需要的资源、现有的条件）、政策活动过程及结果；三是进行经验的理解；四是确定评估使用的标准；五是对政策的结构、前提条件、活动、过程、效果进行判断①。根据罗伯特·斯塔克的描述与判断矩阵，可以将政策预定的目标意向和价值意向与政策实施过程中的实际情况进行对比分析，并对政策前提条件、政策执行、政策结果的关系进行描述，依据一定评估标准，得出价值判断。受后行为主义政治理论的影响，第三代评估的评估者成为价值判断者，评估者需要将科学的实验研究法和实地调查方法相结合，并根据经验进行判断、得出结论，从而作用于政策制定和政策调整②。

（四）第四代评估模式——协商

20世纪80年代，古巴和林肯在对传统评估模式进行批评和反思的基础上，提出第四代评估模式，即建构主义的政策评估，并开始采用定性研究的方法。古巴和林肯指出：政策评估本质上是一种心理建构，不能仅仅追求科学严谨的技术和方法，更要为评估对象赋予价值，评估过程要意识到价值的多元性，要充分听取利益相关者的不同观点，关注政策对不同参与者的影响，并把评估看作一个由评估者不断协调各种价值标准间的分歧，缩短不同意见间的距离，最后形成公认的一致看法的过程③。第四代评估模式以建构主义为理论基础，以评估者和政策利益相关者之间的互动、协商为基本途径，强调评估与利益相关者的共同建构，重视评估活动的公正性和公平性④。

---

① 赖因哈德·施托克曼，沃尔夫冈·梅耶．评估学［M］．北京：人民出版社，2012：125.

② 张茂聪，杜文静．县域基础教育政策评估研究——基于评估内容体系的构建学［M］．济南：山东教育出版社，2015：93.

③ 魏真．我国公共教育财政政策评估研究［D］．北京：北京师范大学，2008.

④ 张茂聪，杜文静．县域基础教育政策评估研究——基于评估内容体系的构建学［M］．济南：山东教育出版社，2015：94.

三、政策评估的基本模式

随着政策科学的发展，政策评估也呈现多种具体模式①。例如：M · Patton（1986）“以利用为中心”的政策评估模式，该模式强调评估者和使用者之间“主动—反应—调适”的互动过程和有效合作，在评估过程中评估者不事前设定焦点和方法，而是在和利益相关者互动中寻找方法和目标②。弗兰克 · 费希尔（2003）的“辩证分析模式”，该模式从层面、论点和问题三方面概括了政策评估的辩证逻辑关系，并从宏观和微观两个角度将政策辩证逻辑划分为“第一顺序评估”和“第二顺序评估”两种模式，认为“第一顺序评估”由验证和确认构成，着重于政策发起者的特定行动背景，探究特定项目的结果和这些结果出现的情形，主要从微观角度进行政策评估；“第二顺序评估”是证明和社会选择，着重于更大的政策目标对社会系统的影响，强调这种社会规范的原则和价值评估③。

国际发展研究中心从宏观经济视角，将理论评估和经验评估相结合，提出了不同类型的不确定性政策评估模式④。我国学者王瑞祥（2003）提出政策评估的四大基本要素——理论基础、评估标准、评估方法、评估活动的制度安排及其在不同国家的适用性，描述了目标获取模型、侧面影响模型、自由目标评估模型常用政策评估模型的特点和适用范围⑤。此外，王满船（2004）则将政策评估模式归纳为八种类型：传统模式、基于目标的评估模式、脱离目标的评估模式、黑箱评估模式、财务（或经济）评估模式、审计模式、专家意见模式和社会科学研究模式⑥。

政策评估模式是研究者持续探讨的议题。在已有研究成果中，Vedung（1997）在古巴和林肯的研究成果基础上构建的政策评估模式系统分类框架⑦最具代表性，广泛应用于国内外的政策评估实践。Vedung（1997）认为，价值标准是政策评估的“组织者”，“组织者”不同、评估模式也就不同。他以

---

① 任爽．大学生创业政策绩效评价研究［D］．杭州：杭州电子科技大学，2012.

② 吴锡泓，金荣枰．政策学的主要理论［M］．上海：复旦大学出版社，2005：441－490.

③ 弗兰克 · 费希尔．公共政策学［M］．北京：中国人民大学出版社，2003：40－45.

④ International Development Research Institute. A new approach for policy and program evaluatiom［R］. Foundation for advanced studies on international development，2005：5－10.

⑤ 王瑞祥．政策评估的理论、模型与方法［J］．预测，2003，3：36－38.

⑥ 王满船，公共政策制定：择优过程与机制［M］．北京：中国经济出版社，2004：170－184.

⑦ Evert Vedung. Public policy and program evaluation［M］. New Brunswick and London：Transaction Publishers，1997：192－200.

广阔的研究视角，从政府干预的实质结果入手，将政策评估模式分为三大类：效果模式、经济模式和职业化模式（见图2－1），不同评估模式的关注点或侧重点各有不同，其中效果模式下的“目标达成模式”“附带效果模式”“综合评估模式”“顾客导向模式”和经济模式下的“效率模式”被广泛应用。

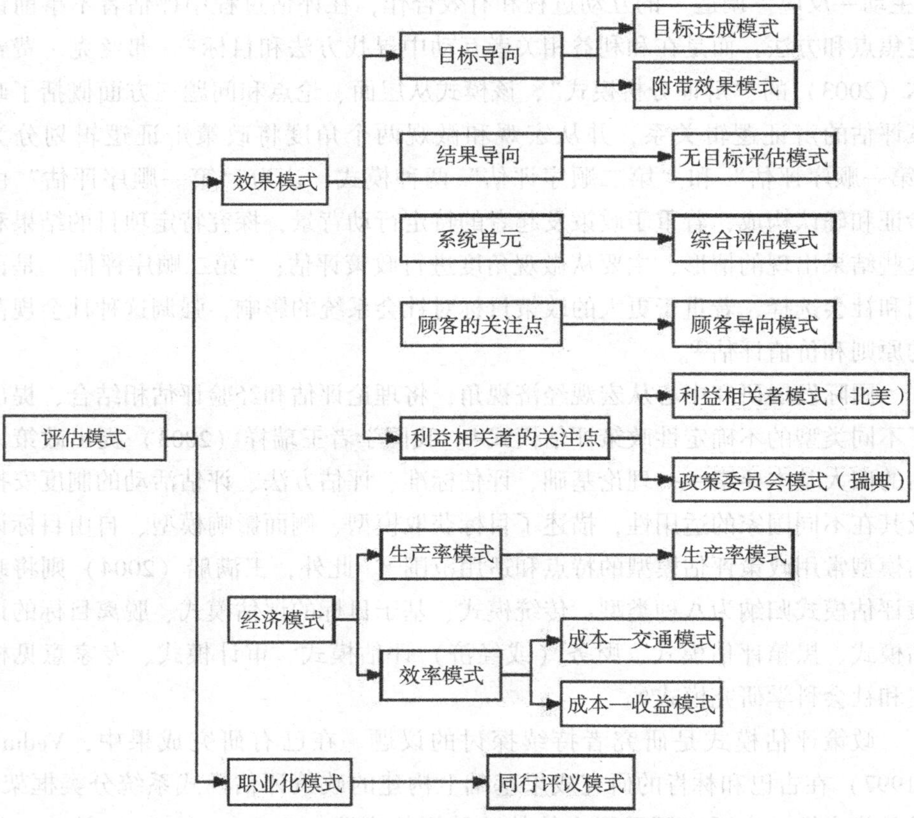

图2－1　Vedung（1997）的政策评估模式系统分类框架①

（一）效果模式

效果模式关注政策执行的结果，普遍忽视政策成本。效果模式包括以下不同类型：

目标达成模式：主要关注政策目标达成及影响，即政策目标是否取得预期结果，以及政策在多大程度上促使目标的达成。它以政策目标作为评估的主要

---

① Evert Vedung. Public policy and program evaluation [M]. New Brunswick and London: Transaction Publishers, 1997: 36.

标准，评估的首要任务是判断既定政策目标是否已经实现以及在多大程度上有利于目标的实现。该评估模式具有“评估标准客观、操作简单易行、体现决策的民主性”等优点，同时也存在“忽略成本，在目标模式情况下难以运用，不考虑意外结果，忽视政策制定的隐秘议程作用，忽视政策执行过程”等缺陷。

附带效果模式：关注非预期的政策效果，即对政策的溢出效应（政策预期范围之外的影响）进行评估。附带效果可以分为预期的好的附带效果、预期的不良的附带效果、非预期的好的附带效果、非预期的不良附带效果。该模式的优点是在重视预期目标的同时，关注附带效果的存在和作用，其缺点是容易带来难以确立价值判断标准的问题，价值问题不解决，评估结论就很难客观、真实、有效①。

无目标评估模式：又称为“自由目标评估模式”，该模式完全抛开政策的预定目标和其他事前标准，只分析研究结果，单纯对结果的价值进行判断，其“组织者”是结果（含计划内的和计划外的结果），要求评估者对政策持有广阔的视角，全面观察政策实施，以便找出所有相关效果②。该模式是针对目标达成模式忽视附带效果、在目标不明确时提出的，具有一定成效，但也存在“完全忽视评估标准和预定目标、忽略成本、难以操作”③ 等明显缺点。

综合评估模式：将政策分为投入、转换、产出三个阶段并对各阶段进行系统“描述”（含意图和观察）和“判断”（含标准和判断），是对政策计划、执行和结果进行的综合评估。该模式与目标达成模式的最大区别是：除了关注政策结果外，还评估政策方案、决策、投入、执行等④。该模式下评估者的首要任务是比较预期目标和现实结果，评估过程细分、系统且完整，但也存在“只关注官方具体目标，不重视政策成本；模式的12个单元难以理解和操作”⑤ 等缺陷。

顾客导向模式：体现的是一种以顾客为本、让顾客引导服务的理念，体现

---

① 刘丽霞．公共政策分析［M］．大连：东北财经大学出版社，2006：216.

② Evert Vedung. Public policy and program evaluation［M］. New Brunswick and London：Transaction Publishers，1997：59－61.

③ 张茂聪，杜文静．县域基础教育政策评估研究——基于评估内容体系的构建学［M］．济南：山东教育出版社，2015：99.

④ Evert Vedung. Public policy and program evaluation［M］. New Brunswick and London：Transaction Publishers，1997：63.

⑤ 陈振明．政策科学——公共政策分析导论［M］．北京：中国人民大学出版社，2004：322.

民主和参与、从政策客体角度出发实施的评估，它将政策对象的目标、期望、关心甚至需要作为评估的组织原则和价值准则，评估的核心是政策是否使顾客的关心、需要和期望得到满足①。该模式的典型代表是斯塔弗尔比姆1966 年提出的 CIPP 模式，其核心内容是背景（Context）评估、投入（Input）评估、过程（Procsee）评估和产出（Product）评估②。该模式的优点在于充分体现公平、公正的民主原则，强调共同参与的重要性，但由于政策客体价值的多元化、很难形成统一准确的总评意见，而且数据收集的成本较高，因此，往往只能作为一种补充性的评估。

利益相关者模式：关心政策所有对象（包括直接或间接参与政策活动、直接或间接受到政策影响以及对政策执行及结果感兴趣的个人和组织，如：政策目标群体、政策直接受益者、政策直接管理者、政策资源提供者、外部咨询顾问以及其他对政策结果有影响或感兴趣的机构），将其目标、期望、关心和需要作为评估的组织原则和价值准则。该模式具有知识性、应用性和目标管理性的特点，但由于利益相关者指向的群体庞杂、多变，难以界定明确的政策目标，且利益相关者之间的利益冲突会给评估带来较大压力和困难，容易忽视成本、耗费资源。

（二）经济模式

经济模式关注的核心是政策成本，将政策投入作为重要指标纳入评估范畴，以成本来考察政策的成果和效率。“生产率模式”是依据生产率（产出与投入的比率）的高低，作为政策评估的准则。韦唐提出了生产率评估的十条价值准则：过去比较、国内比较、国际比较、基准、目标、顾客期望、利益相关者需要、职业准则、最小化、最优化③。“效率模式”是关注成本（政策投入）的一种经济评估，其评估内容主要包括“政策资源配置是否达到最佳”“政策绩效及达到目标的程度”“成本是否存在不必要的投入和浪费”和“政策的间接成本是否引起一些机会损失”，常采用“成本—利益（收益）分析”或“成本—效益（效能）分析”的测量方法来实施评估，但由于政策的社会影响、象征性的效果和满意度等并不能用数字精准表达，单纯采用效率评估容易忽视政策评估的价值准则，如公正、公平、民主等。

---

① 陈振明．政策科学——公共政策分析导论［M］．北京：中国人民大学出版社，2004：322.

② 斯塔弗尔比姆．评估模型［M］．苏锦丽，译．北京：北京大学出版社，2007：323.

③ Evert Vedung. Public policy and program evaluation［M］. New Brunswick and London: Transaction Publishers，1997：259－260.

（三）职业化模式

职业化模式是相关人员根据政策目标和标准，结合自身经验和价值判断来对政策执行的过程和结果进行评估。该模式评估的最主要方法是同行评议，即教育政策执行者或实施对象以个案研究的方式，呈现政策执行过程与成效，由同行对政策执行的过程和结果进行评估，或通过讨论达到评估目的①。该模式的实施首先需要依据一定标准（该同行是独立的，没有参与此政策相关工作，并且具有比被评估者更高的技术水平）选定同行；其次是在评估过程中需要评估者与被评估者进行互动。该模式主要应用于公共生活中一些目标复杂、技术难度大的领域②。

综上可见，政策评估是一项复杂的系统工程，政策评估模式的选择主要取决于政策评估的目的和现实条件。实践表明，要达成政策评估的目的，往往不能采用单一的政策评估模式，而是要根据政策评估目的和内容选择多种模式进行互补式综合评估。例如，通过采用“目标达成模式”评估政策效应、采用“效率模式”（“成本—效益分析”）评估政策效益、采用“顾客导向评估模式”评估政策回应度来实现对政策绩效的综合评估③。

第三节 教育政策评估的标准与方法

一、教育政策的评估标准

政策绩效评估作为一种依据一定标准对政策进行衡量、检查、评估和估计的分析活动，实质上是一种价值判断。要进行价值判断，就要确定价值尺度（即评估标准）。政策评估标准取决于评估者、评估目的和评估方案，其科学性直接关系着评估功能的发挥以及评估结果的正确性。因此，评估标准的确立是政策绩效评估的逻辑起点和前提基础④。

政策评估标准是能够对政策表现状况进行衡量的指标。国内外学者依据不同规则，得到多种政策评估标准（见表2－2）。从表2－2可见，学者们对政策评估标准的分类有差异，但都对政策的效益、效率、充分性、响应度予以了充分关注。

---

① 范国睿．教育政策的理论与实践［M］．上海：上海教育出版社，2011：199.

② 刘丽霞．公共政策分析［M］．大连：东北财经大学育出版社，2006：219.

③ 任爽．大学生创业政策绩效评价研究［D］．杭州：杭州电子科技大学，2012.

④ 任爽．大学生创业政策绩效评价研究［D］．杭州：杭州电子科技大学，2012.

表 2－2 国内外学者对政策评估标准的分类

研究者	政策评估标准
E. A. Suchman①（1967）	充分性（Adequacy）、投入（Effort）、绩效（Performance）、效率（Efficiency）、过程（Process）
Nakamura & Smallowd②（1980）	目标达成度（Goal Attainment）、效率（Efficiency）、满意度（Constituency）、标的团体的回应（Clientele）、系统的维持（System Maintenance）
Grover Starling③（1988）	产出（Output）、策略（Strategy）、外部性（Externality）、顺服（Compliance）、方案的介入效果（Intervention Effect）、公平（Justice）
William Dunn④（1994）	效果（Effectiveness）、效率（Efficiency）、充分性（Adequacy）、公平性（Equity）、回应性（Responsiveness）、适宜性（Appropriateness）
Vedung⑤（1997）	效果（Effectiveness）、产出（Output）、效率（Efficiency）
林水波、张世贤⑥（1983）	工作量、绩效、效率、生产力、充分性、公平性、妥当性、回应度、执行过程、社会指标
孙光⑦（1998）	投入、效益、效率、回应度
陈振明⑧（2003）	生产力、效益、效率、公平、回应度
宁骚⑨（2003）	效率、效益、影响、回应性、社会生产力的发展、社会公正、社会可持续发展
张金马⑩（2004）	有效性、效率、公平性、可行性

实际上，国内外政策评估标准的演变，大体经历了三个阶段：一是价值标准评估阶段。早期的公共政策评估主要是从政治公平、正义，社会回应性和适应性等价值观层面进行分析的。二是事实标准评估阶段。20 世纪 50 年代公共政策学产生之后到 20 世纪 70 年代期间，受行为主义和理性主义的影响，以“经验—技术”为核心的单一事实标准评估取代了价值分析，成为政策评估的

① E. A. Suchman. Evaluative Research：Principle and Practice in Public Service and Action Programs［M］. N. Y.：Russell Sage Foundation，1967：314－321.

② 李德国，蔡晶晶．西方政治评价技术与方法浅析［J］．科学学与科学技术管理，2006，4：65－69.

③ Grover Starling. Strategies for Policy Making［M］．Chicago：Dorsey Press. 1988：168－176.

④ William Dunn. Public Policy Analysis：An Introduction［M］．Englewood Cliffs：Prentice-Hall Inc，1994：123－127

⑤ Evert Vedung. Public policy and program evaluation［M］．New Brunswick and London：Transaction Publishers，1997：192－200.

⑥ 林水波，张世贤．公共政策［M］．台北：五南出版公司，1982：8.

⑦ 孙光．现代政策科学［M］．杭州：浙江教育出版社，1998：190－198.

⑧ 陈振明．公共政策分析［M］．北京：中国人民大学出版社，2003：124－312.

⑨ 宁骚．公共政策学［M］．北京：高等教育出版社，2003：256－257.

⑩ 张金马．公共政策分析：概念过程方法［M］．北京：人民出版社，2004：244－249.

主流①。这一阶段，多以“3E1A”即效果、效率、效能及其充分性为政策评估标准。三是复合标准评估阶段。20世纪70年代以来，美国“大社会计划”等诸多导致社会不公的政策的推行，使人们普遍对单一事实标准的政策评估产生质疑。受政治哲学复苏以及后行为主义的影响，学者们在反思基础上开始促使政策评估向多元复合标准演进，即坚持事实标准与价值标准相结合来分析评估政策，颇具代表性的有国外学者鲍斯特的“七项标准”（效能、效率、充分性、反应度、执行能力、适当性、公平性）、斯图亚特·那格尔的“3Ps标准”（公众参与度、可预见性、程序公正性）、威廉·邓恩的“六项标准”（效果、效率、充分性、公平性、回应性、适宜性），以及国内学者张金马的“四项标准”（有效性、效率、公平性、可行性）、陈振明的“五项标准”（生产力、效益、效率、公平、回应度）和宁骚的“七项标准”（效率、效益、影响、回应性、社会生产力发展、社会公正、社会可持续发展），其中，美国著名学者威廉·邓恩的政策评估标准的影响力最大，被广泛应用于国内外的公共政策绩效评估领域。邓恩认为：价值应该是政策评估的关注点；政策评估不仅是搜集政策行动的结果和信息，而是要基于事实判断政策的价值和社会效益；政策评估活动是事实与价值之间相互依赖的活动②。因此，他提出事实与价值双维政策评估标准：一是事实评估维度，包括效果、效率和充分性三大评估标准；二是价值评估维度，包括公平性、回应性、适宜性三大评估标准，各评估标准的内涵详见表2-3。

表2-3 邓恩政策评估标准的内涵

维度	标准	内涵	问题	说明性的指标
事实评估	效果	是指某一特定方案可否兑现预期目标。可评估政策是否满足人们的需要，是否符合人们的切身利益。	结果是否有价值	服务的单位数
	效率	是指为了达到特定效果和水平，需要付出努力的多少。可衡量效果和努力之间的关系。	为得到有价值的结果，付出了多大代价	单位成本、净收益、成本—收益比
	充分性	是指政策效益满足，引起政策问题的需要、价值或机会的程度。可评估政策方案和有价值的结果之间的关系强度。	完成有价值的结果，在多大程度解决了目标问题	固定成本，固定效果

① 高兴武．公共政策评估：体系与过程［J］．中国行政管理，2008（2）：58-62.

② 威廉·邓恩．公共政策分析导论［M］．北京：中国人民大学出版社，2002：437.

续表

维度	标准	内涵	问题	说明性的指标
价值评估	公平性	是指将效果和努力公平分配到社会各群体，关系到法律层面和社会理性意识。可评估政策是否公平分配和公共利益，追求和创造社会福利最大化。	成本和收益在不同集团之间是否等量分配	帕累托准则、罗尔斯准则、卡尔多－希克斯准则
	回应性	是指政策是否满足公众需要，是否迎合公众偏好，是否符合公众的价值标准。可评估目标群体的需求是否得到满足。	政策执行结果是否符合特定集团的需要、偏好或价值观念	与民意测验的一致性
	适宜性	是指政策目标和价值以及支持它们的条件是否可行。可评估政策目标对社会是否适宜，实现政策目标和价值所需的条件是否合理。	所需结果（目标）是否有价值或者值得去做	兼顾效率与公平

资料来源：威廉·邓恩．公共政策分析导论［M］．北京：中国人民大学出版社，2002：437.

随着评估型国家的兴起和教育评估时代的到来，人们对政策的关注从过程转向结果、从输入转向输出，教育政策评估悄然兴起，绩效评估也成为教育政策评估的重要主题。张雷指出：教育政策绩效是教育政策效果、效率和效益的集中体现，是以最少成本获得最大具有正向价值且符合公众需求的政策效果；教育政策评估须遵循公平性、人本化、自主性的价值指导；教育政策评估标准应全面、可信，不仅包含对教育政策执行结果的客观描述，更要对描述的事实进行价值判断和说明①。在系统阐释教育政策效果、效率和效益内涵的基础上，他根据复合标准评估的需求建构了教育政策绩效评估的标准体系（详见表2－4），该教育政策绩效评估标准体系对实施教育政策绩效评估具有较强的指导意义。

表2－4　教育政策绩效评估标准体系②

标准类型	标准内涵	标准说明
效果	政策执行结果与政策预定目标完成情况的对比	1. 政策执行对社会和教育产生何种影响； 2. 政策执行结果是否达到政策预定目标； 3. 政策执行结果达到预定目标的程度如何。

① 张雷．教育政策绩效评估的理论探讨［D］．上海：华东师范大学，2014.

② 张雷．教育政策绩效评估的理论探讨［D］．上海：华东师范大学，2014.

续表

标准类型	标准内涵	标准说明
效率	政策收益与政策成本的对比	1. 政策成本和政策收益的情况如何； 2. 政策成本和政策收益的比例情况如何； 3. 政策资源的利用情况如何； 4. 是否还有其他方法能够节约政策成本或提高政策收益。
效益	政策执行取得的正效果和正效率	1. 政策执行对社会和教育产生的积极影响； 2. 政策收益和政策成本的对比是否为正值（或大于1）。
公平性	政策利益在不同利益群体间的分配	1. 政策的目标群体情况； 2. 政策利益在不同利益群体间的分配情况； 3. 政策实施能否实现所有目标群体的利益； 4. 政策实施能否维护和保障弱势群体的教育利益。
满意度	公众对政策执行的满意情况	1. 政策的利益相关者是谁； 2. 不同利益相关者对政策的预期情况； 3. 不同利益相关者对政策实施情况的反应； 4. 评估人员、方法、结果是否能得到不同利益相关者的认可和接受。
回应性	特定目标群体对政策的反响	1. 政策的特定目标群体情况； 2. 政策是否维护特定目标群体的利益； 3. 特定目标群体的利益损益情况； 4. 特定目标群体对政策实施情况的反响。

张茂聪、杜文静指出，教育政策评估的事实标准包括效果标准、效率标准和效益标准三方面的内容，教育政策评估的价值标准包括公平性和公众满意度两方面的内容①：

其一，教育政策效果是教育政策执行的最终结果与教育政策预期目标之间的对比，可以根据教育政策发生作用依存的条件和表现形式的不同，将教育政策效果分为“正效果和负效果 ”“直接效果和间接效果”“长期效果和短期效果”“物质性效果和象征性效果”“附带效果和意外效果”等多种类型。

其二，教育政策效率是教育政策收益（产出或效果）与教育政策成本（投入或费用）之间的比例关系，在分析教育政策收益时，既要通过教育政策作用引起的教育状况和社会环境的变化来分析教育政策完成预期目标的程度（即政策效果），也要关注教育政策效果的不同类型，在分析教育政策成本时，

① 张茂聪，杜文静．县域基础教育政策评估研究——基于评估内容体系的构建学［M］．济南：山东教育出版社，2015：123－142.

既要关注物力、财力等有形形态的成本，也要关注人力、时间、信息等无形形态的成本，还要厘清“教育政策交替成本”“教师政策执行成本”“教育政策时间成本”“教育政策机会成本”“教育政策转换成本”“教育政策沉淀成本”等教育政策成本的多种表现形式，教育政策效率的高低很大程度上取决于耗费的教育政策成本的多少，而在实际进行教育政策绩效评估时，可以把所有成本综合考虑计算教育政策投入。

其三，教育政策效益关注相同条件下政策收益的最大化或政策成本的最小化，这也是政策积极效果和正效率的内容，因此教育政策效益可以视为教育政策实施符合社会需求和个人需求的教育政策效果。随着政策评估进入第四阶段，教育政策效益除了包含政策积极效果和正效率的内容以外，还包括教育政策效果的充分性和教育政策的回应度两方面的含义，即教育政策效益是一个综合维度的评估，它包括了邓恩政策评估标准中事实评估维度的“充分性”和价值评估维度的“回应性”。其中，教育政策的充分性不仅与教育政策问题的实际解决程度有关，也与人们的主观愿望相连，即便政策效果不符合设计者的初衷、但若符合解决现实问题的主观意愿、获得公众赞同和满意，可以认为政策的效益很高；教育政策的回应度是指教育政策实施满足人们的教育需求、完善教育政策机制的程度以及“是否满足不同社会群体的需要以及这种需要被满足的程度”，只要政策目标群体认为该政策维护了自身利益、满足了个人需求从而积极支持该政策的实施，则表明该政策的回应度高。在实践中，教育政策的回应度并非取决于政策制定和执行的形式，而是依靠教育政策实施的具体效果，特别是通过该教育政策是否能够维护、保障、提升弱势群体，如低收入、偏远贫困地区群体的权利和利益。

其四，教育政策的公平性要求教育政策把促进公平（包括起点公平、过程公平、结果公平）作为首要价值目标，认为教育政策评估的要义是要首先聚焦于“给所有人以同等的竞争和发展的机会”。当前我国教育公平发展水平还比较低，主要以发展起点公平为主，促使不同性别、社会阶层、地域和种族的个体都有相同的接受同等教育的机会，但这并非判断教育政策的最终标准。

其五，教育政策的公众满意度评估要求把是否符合人民群众的根本利益作为判断教育政策合理性的根本标准，即看大多数人是否满意、是否支持、是否受益作为判断教育政策合理性的根本标准。公众满意度评估有两条原则：“第一，如果教育政策针对的是全体公众，则在评估时看该政策执行过程和效果是否符合全体公众或大多数人的利益；第二，如果教育政策针对的是部分人群，则在决定项目如何执行的问题上，受项目直接影响的公众应有一定发言权。"[①]

高庆蓬博士遵循教育政策评估指标体系的设计原则，根据教育政策评估体系的影响因素，即评估标准、政策层次和内容、评估类型，构建了教育政策评估指标体系遴选模型（如图2－2所示）[②]。他指出，评估标准包括事实标准（教育投入、工作过程、教育效率与效益）和价值标准（教育公平、教育发展、政策目标的科学性），它是政策目标的分解，也是教育政策评估指标设计的主要依据；教育政策层次和内容是影响政策评估指标设计的关键变量，不同层次和内容的教育政策应该有不同的评估指标；评估类型不同，评估的目的就有区别，必然对评估指标产生显著影响，评估类型是教育评估指标设计的主要维度，不同的评估类型有不同的评估侧重点：执行前的方案评估主要涉及政策目标、政策可行性、政策要素等指标，执行评估主要涉及政策投入、工作过程、政策效率等指标；执行后的效果评估主要是对政策效果、教育发展与公平的评估[③]。

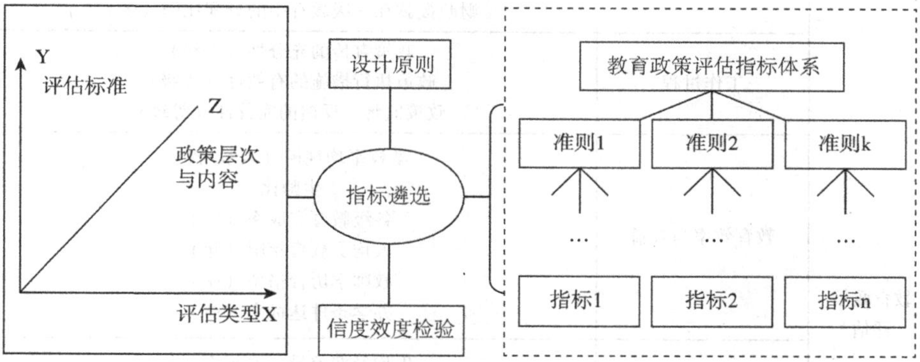

图2－2　教育政策评估指标体系设计三维框架模型

高庆蓬博士借鉴国内外已有研究成果，基于上述三维框架模型，构建了一个由评估目标、评估标准和具体评估指标构成的测度教育政策价值和结果的通用评估指标体系（见表2－5），该评估指标体系由教育投入、工作过程、教育效率与效益、教育公平、教育发展和政策目标的科学性6个评估标准、22个评估指标构成。该教育政策评估指标体系以教育政策的总体价值和结果为基础，以教育政策的评估标准为主轴设计，有一定普适性，可以作为不同层次和

① 吴志宏．教育政策与教育法规［M］．上海：华东师范大学出版社，2003：146.
② 高庆蓬．教育政策评估研究［D］．长春：东北师范大学，2008.
③ 高庆蓬．教育政策评估研究［D］．长春：东北师范大学，2008.

类型教育政策评指标选择和设计的基础；但其针对性不强，在具体教育政策评估时，可以根据评估目的和评估类型，结合政策层次和内容特点，进行相应指标选取和设计。在上述22个评估指标中，政策宣传的充分性、政策执行措施的有效性、政策监督反馈的完整性、学生的满意度、目标和问题的契合程度、公民对教育的满意度等6个评估指标属于主观测定指标，需要通过实地观察、问卷调查以及文献资料查阅等获取评估信息，其余16个评估指标可通过相关统计年鉴、公报等获取①。他提出的教育政策评估指标体系设计三维框架模型及基于三维框架模型的教育政策评估指标体系，对设计、组织、实施教育政策评估具有较强指导意义。

表2-5　基于三维框架模型的教育政策评估指标体系

目标层	标准层	指标层（评估指标）
教育政策评估	教育投入	财政性教育经费占GDP比例（%）
		生均预算内公用经费（元）
		财政拨款在三级教育中的分配比例（%）
	工作过程	政策宣传的充分性（等级）
		政策执行措施的有效性（等级）
		政策监督、反馈的完善性（等级）
	教育效率与效益	学校平均规模（人数/校）
		生师比
		各级教育完成率（%）
		人均受教育年限（年）
		教师学历合格率（%）
		办学条件达标率（%）
	教育公平	生均经费差异（基尼系数）
		入学率差异（基尼系数）
		平均受教育年限差异（基尼系数）
		弱势群体的利益补偿指标（等级）
	教育发展	各级教育普及率（%）
		各级教育入学率（%）
		学生毕业率（%）
		学生学校生活的满意度（%）
	政策目标科学性	目标与问题的契合程度（等级）
		公民对教育的满意度（%）

① 高庆蓬．教育政策评估研究［D］．长春：东北师范大学，2008.

二、教育政策的评估方法

20 世纪 30 年代，社会学家 Stephan 用实验设计方法对美国罗斯福总统的“新社会计划”（New Deal Social）进行评估，从而拉开了西方政策绩效评估系统科学发展的序幕[①]。20 世纪 60 年代 -70 年代早期，政策绩效评估得以快速发展，学界对政策绩效评估方法的研究也不断丰富，较具代表性的学者有坎普贝尔、苏支曼等，他们所支持的定量和实验设计方法是这一时期的主流评估方法。20 世纪 80 年代，随着政策研究范畴从“事前”政策分析和制定、“事中”政策执行、向“事后”政策绩效等全过程拓展，也随着政策评估标准由事实评估标准阶段向复合标准评估阶段发展，定量与定性相结合的评估方法逐渐成为主流。如乔治·斯蒂格勒（1989）所言，“各种评估方法之间存在互补性，实践中需要根据具体情况选择一种主要的分析方法，并结合其他方法分析结果，最终得出评估结论。”[②] 邓恩提出了问题构造法、预测法、推荐法、监测法等多种政策绩效评估方法，认为各种方法有较强内在关联性，联合使用效果最佳[③]。帕顿和沙维奇（2001）将政策评估方法归纳为六种：政策前后比较、有无政策比较、实际与规划比较、实验（控制）模型、准实验模型、成本评估方法[④]。弗兰克·费尔希（2003）则对常用的政策评估方法归纳为四种——实验的项目研究、准实验评估、成本—效益分析、风险—效益分析[⑤]。

20 世纪 80 年代以来，随着我国政策科学的发展，关于政策评估方法的研究受到重视。在定性评估方法的研究方面，胡平仁（2002）提出了政策评估的四个基本要点——决策内容的合法性、决策目标的明确性、决策方案的科学性、决策程序的合理性，并介绍了经济、社会和环境三大效益评估方法的具体应用[⑥]。胡淑晶（2006）阐述了政府绩效评估的标准和难点，引入多元评估概念阐述了政府绩效评估的主要方法[⑦]。马晓君（2006）探究了政府绩效评估的

① 大卫·沙维奇，卡尔·帕顿．政策分析和规划的初步方法［M］．北京：华夏出版社，2001：361 -363.

② 乔治·斯蒂格勒．产业组织和政府管制［M］．上海：上海三联书店，1989：289 -297.

③ 威廉·N·邓恩．公共政策分析导论（第二版）［M］．北京：中国人民大学出版社，2010：443 -445.

④ 大卫·沙维奇，卡尔·帕顿．政策分析和规划的初步方法［M］．北京：华夏出版社，2001：361 -363.

⑤ 弗兰克·费尔希．公共政策评估［M］．北京：中国人民大学出版社，2003：51 -58.

⑥ 胡平仁．政策评估的标准［J］．湘潭大学社会科学学报，2002，5：87 -90.

⑦ 胡淑晶．基于科学发展观的政府绩效评估体系［J］．甘肃理论学刊，2006，6：17 -20.

方法体系，系统阐述了评估目标界定、指标体系构建、数据收集及分析、质量反馈和控制、分绩效贡献率法等绩效评估方法①。在定量评估方法的研究方面，陈薇（2006）用数据包络分析法评估了河北省财政扶贫政策的实施绩效，并对评估方法的有效性进行论证②。宋健峰（2006）构建了政策制定、执行和绩效三维度评估指标体系，并根据指标性质提出不同的指标分值获取方法，其中，定性指标通过调查统计确定，定量指标则选择客观统计数据③，为有效开展定量与定性综合评估做出了有益探索。刘进才（2004）将模糊数学方法应用于政策绩效评估，对“三农”和“国企改革”政策进行了评估④。王谦（2006）将模糊层次加权法应用于政策绩效评估，即将模糊理论嵌入常用的AHP法，着重解决模糊语义向权重转化的问题⑤。

张雷（2014）对教育政策绩效评估理论进行了系统探究，具体阐述了政策效果评估的“前后对比分析法”“投射—试验后对比分析法”“有无政策对比分析法”“控制—实验对象对比分析法”，政策效率评估的“成本、收益转换原则”和“成本—收益分析法”（含净现值法、收益/成本比率法、内部收益率法），以及政策效益评估的“成本—效益分析法”和“公众满意度测评模型”，认为学界对教育政策效果、效率、效益通常采用的是量化研究方法，对效果的“对比分析法”、效率的“成本—收益分析法”和效益的“成本—效益分析法”归根到底是对政策执行前后状况的比较、以及政策成本与收益和效益的比较，本质上是一种量化评估方法。实践证明，没有一种适合任何情况并且取得最佳效果的教育政策评估方法，在进行教育政策评估时，除了遵循一般的政策科学的方法论之外，要结合政策目的和评估对象、评估环境、评估目的，根据特定现实选择适宜的政策评估方法⑥。

---

① 马晓君．政府绩效评估的方法体系评述［J］．统计教育，2006，3：31－35.

② 陈薇．河北省财政扶贫政策绩效评价实证研究［J］．农业经济，2006，7：58－59.

③ 宋健峰．政策评估指标体系的构建［J］．统计与决策，2006，11：61－62.

④ 刘进才．关于政策评估的模糊数学方法及计算机程序处理研究［J］．苏州大学学报（哲学社会科学版），2004，6：118－123.

⑤ 王谦．政府绩效评估方法与应用研究［D］．成都：西南交通大学，2006：69－83.

⑥ 张雷．教育政策绩效评估的理论探讨［D］．上海：华东师范大学，2014.

第三章 “特岗教师计划”绩效评估体系的构建

第一节 “特岗教师计划”绩效评估指标的构建

“特岗教师计划”是我国一项重要的教育政策，其绩效是政策主体、政策客体、政策环体相互影响、综合作用的结果，不能用单一层次、少数指标来简单评估，需要依据一定原则和理论建立科学合理的评估指标体系，采用科学有效的分析方法来进行政策绩效评估，以确保绩效评估的科学性、合理性和有效性。

一、构建的思路与方法

通过文献梳理，依据邓恩的公共政策评估理论，参照张雷①、郭群②、高庆蓬③等人研究提出的教育政策绩效评估标准（指标）体系，借鉴安雪慧④、李跃雪⑤⑥、由由⑦、刘红熠⑧、宋婷娜⑨、赵传珍⑩、朱翠林⑪⑫、徐明珠⑬等人

---

① 张雷．教育政策绩效评估的理论探讨［D］．上海：华东师范大学，2014.

② 郭群．教育政策绩效评价指标体系建构研究［D］．金华：浙江师范大学，2012.

③ 高庆蓬．教育政策评估研究［D］．长春：东北师范大学，2008.

④ 安雪慧，丁维莉．“特岗教师计划”政策效果分析［J］．中国教育学刊，2014（11）：1－6.

⑤ 李跃雪，邬志辉．特岗教师视角下特岗计划实施效果的调查研究：以静乐县和东乡县为例［J］．教师教育研究，2014（4）：52－57.

⑥ 李跃雪．特岗教师视角下特岗计划实施效果的调查研究［D］．长春：东北师范大学，2013.

⑦ 由由，杨晋，张羽．“特岗”教师政策效果分析——教师队伍与教育公平的视角［J］．复旦教育论坛，2017，15（05）：83－90.

⑧ 刘红熠．政策辩论视角下“特岗计划”评估性研究［D］．重庆：西南大学，2013.

⑨ 宋婷娜，郑新蓉．从“补工资”到“补机制”：“特岗教师”工资性补助政策的实施效果［J］．北京大学教育评论，2017，15（02）：39－52＋187－188.

⑩ 赵传珍．“特岗计划”教育政策绩效评估［J］．教育教学论坛，2015（44）：77－79.

⑪ 朱翠林．对构建财政专项资金绩效评价指标体系的探析：以广西“特岗计划”财政专项资金绩效评价为例［J］．财政监督，2013（21）：55－57.

⑫ 朱翠林．农村义务教育“特岗计划”财政专项资金绩效评价［J］．财会月刊，2013（20）：42－44.

⑬ 徐明珠．教师视角下特岗计划政策效果评估研究［D］．天津：天津工业大学，2019.

关于“特岗教师计划”绩效或效果的研究，初步建构“特岗教师计划”绩效评估指标体系，然后通过问卷调查、访谈对评估指标体系进行检验和修正，最终得到“特岗教师计划”绩效评估指标体系。

二、指标体系的构建

“特岗教师计划”是以引导和鼓励大学生到农村从事义务教育工作、加强农村教师队伍建设、促进义务教育均衡发展为指导思想而制定和执行的，其政策目标体现在三个方面：其一，通过扩大毕业生的就业渠道，引导和鼓励毕业生从事农村义务教育工作，促进青年人才健康成长；其二，通过引导和鼓励高校毕业生从事农村义务教育工作，逐步解决农村师资总量不足和结构不合理等问题；其三，通过特岗教师的引入，加强农村教师队伍建设，提高农村教育质量，促进义务教育均衡发展。结合前文对政策绩效评估相关概念和理论的阐述，“特岗教师计划”的绩效评估指标需结合政策目标，综合事实标准和价值标准两个维度，从政策效果、效率、效益、公平性、适宜性等方面进行考察。鉴于指标体系设置既要体现指标的科学、合理、精简、可靠，也要考虑指标数据采集的难易程度、可行性和可靠性，达到指标体系整体功能最优目的，笔者遵循科学性、整体性、可操作性、简明性、规范性和开放性①等六原则，借鉴吴水叶②的“特岗教师计划”实施效果评价指标体系的部分指标因子，结合其他学者研究的文献资料，初步构建“特岗教师计划”绩效评估指标体系如下（详见表3-1）。

表3-1 “特岗教师计划”绩效评估指标体系（雏形）

目标层	准则层	子准则层	指标层	指标性质	文献来源
特岗教师计划绩效评估	政策效果	教育发展	1. 招募特岗教师人数	定量	高庆蓬（2008），安雪慧（2014），赵传珍（2015），李跃雪（2014）
			2. 政策对农村义务教育专任教师配置的影响	定性	
			3. 政策对农村义务教育专任教师年龄结构的影响	定性	
			4. 政策对农村义务教育专任教师学历结构的影响	定性	
			5. 政策对农村义务教育专任教师学科结构的影响	定性	
			6. 政策对农村义务教育质量提升的影响	定性	
			7. 平均受教育年限	定量	
		社会效应	8. 政策对促进大学生就业的影响	定性	高庆蓬（2008），任爽（2012）
			9. 政策对特岗教师个人发展的影响	定性	
			10. 政策对农村教育观念转变的影响	定性	

① 任爽．大学生创业政策绩效评价研究［D］．杭州：杭州电子科技大学，2012.

② 吴水叶．贵州省“特岗教师计划”实施效果评价及政策优化研究［D］．贵阳：贵州大学，2018.

续表

目标层	准则层	子准则层	指标层	指标性质	文献来源
特岗教师计划绩效评估	政策效率	经济效率	11. 特岗教师时间—成本收益比	定量	张雷（2014），杜玲玲（2015）
			12. 特岗教师经济—成本收益比	定量	
			13. 国家的成本收益比	定量	
		执行效率	14. 特岗教师的留任率	定量	赵传珍（2015）
			15. 政策执行部门的工作效率	定性	
	政策效益	回应度	16. 政策了解程度	定性	高庆蓬（2008），胡伶（2009）
			17. 政策与其他政策的协调性	定性	任爽（2012），刘雪明（2016）
			18. 政策执行部门的工作态度	定性	
			19. 设岗学校的工作态度	定性	
		满意度	20. 学生对学校教育的满意度	定性	高庆蓬（2008），张雷（2014），张茂聪（2015）
			21. 学生对特岗教师的满意度	定性	
			22. 特岗教师对工作的满意度	定性	
			23. 学校对特岗教师的满意度	定性	
			24. 公众对政策的满意度	定性	
	公平性	内部公平	25. 特岗教师获得激励、培训、晋升等机会的公平性	定性	林水波（1995）
			26. 特岗教师工资待遇与公办教师的同等性	定性	
		外部公平	27. 大学生考取特岗教师岗位机会的公平性	定性	陈庆云（1996）
			28. 政策对城乡义务教育均衡发展的促进性	定性	张雷（2014）
			29. 特岗教师对同行利益的影响	定性	

三、指标体系的优化

为增强“特岗教师计划”绩效评估指标的科学性和合理性，采用问卷调查法和访谈法，通过征求特岗教师（130 人）、教育主管部门管理者（7 人）、中小校管理者（110 人）、教育专家（10 人）及报考特岗教师的大学毕业生（5141 人）的意见和建议，从而对指标体系进行修正和完善，最终得到较为科学合理的“特岗教师计划”绩效评估指标体系。具体操作流程如下：将理论筛选的评估指标体系（雏形）制作成调查问卷，将指标的重要程度分为“很重要、重要、一般、次要、很次要”五个等级，分别赋5 分、4 分、3 分、2 分、1 分，请评定并给出修改意见和建议。通过对回收问卷进行统计，删除平均分低于 3 分的评估指标（见表3－2），保留得分大于等于3分的评估指标（见表3－3），并根据教育专家提供的意见和建议适当调整或增加必要指标（见表3－4），从而得到最终的“特岗教师计划”绩效评估指标体系（见表3－5）。

表3－2 “特岗教师计划”绩效评估指标体系（雏形）中评分低于3的指标

准则层	子准则层	指标层	得分
政策效果	教育发展	7. 平均受教育年限	2.70
政策效益	回应度	19. 设岗学校的工作态度	2.90
	满意度	20. 学生对学校教育的满意度	2.60
公平性	外部公平	29. 特岗教师对同行利益的影响	2.40

如表3－2所示：受试对“平均受教育年限”“设岗学校的工作态度”“学生对学校教育的满意度”“特岗教师对同行利益的影响”4个指标的评分低于3.0分，根据指标遴选规则，将上述4个指标从绩效评估指标体系中删除。

表3－3 “特岗教师计划”绩效评估指标体系（雏形）中评分大于3的指标

准则层	子准则层	指标层	得分
政策效果	教育发展	1. 招募特岗教师人数	4.20
		2. 政策对农村义务教育专任教师配置的影响	4.20
		3. 政策对农村义务教育专任教师年龄结构的影响	4.00
		4. 政策对农村义务教育专任教师学历结构的影响	3.90
		5. 政策对农村义务教育专任教师学科结构的影响	3.80
		6. 政策对农村义务教育质量提升的影响	4.60
	社会效应	8. 政策对促进大学生就业的影响	3.40
		9. 政策对特岗教师个人发展的影响	4.00
		10. 政策对农村教育观念转变的影响	3.60
政策效率	经济效率	13. 国家的成本收益比	4.20
	执行效率	14. 特岗教师的留任率	4.00
		15. 政策执行部门的工作效率	3.70
政策效益	回应度	16. 政策了解程度	3.80
		17. 政策与其他政策的协调性	3.80
		18. 政策执行部门的工作态度	3.30
	满意度	21. 学生对特岗教师的满意度	3.90
		22. 特岗教师对工作的满意度	4.10
		23. 学校对特岗教师的满意度	4.30
		24. 公众对政策的满意度	4.20

续表

准则层	子准则层	指标层	得分
公平性	内部公平	25. 特岗教师获得激励、培训、晋升等机会的公平性	3.80
		26. 特岗教师工资待遇与公办教师的同等性	4.30
	外部公平	27. 大学生报考特岗教师岗位机会的公平性	3.80
		28. 政策对城乡义务教育均衡发展的促进性	4.10

如表3-3所示：受试对“招募特岗教师人数”“政策对农村义务教育专任教师配置的影响”“政策对农村义务教育专任教师年龄结构的影响”“政策对农村义务教育专任教师学历结构的影响”“政策对农村义务教育专任教师学科结构的影响”“政策对农村义务教育质量提升的影响”“政策对促进大学生就业的影响”“政策对特岗教师个人发展的影响”“政策对农村教育观念转变的影响”“国家的成本收益比”“特岗教师的留任率”“政策执行部门的工作效率”“政策了解程度”“政策与其他政策的协调性”“政策执行部门的工作态度”“学生对特岗教师的满意度”“学校对特岗教师的满意度”“特岗教师对工作的满意度”“公众对政策的满意度”“特岗教师获得激励、培训、晋升等机会的公平性”“特岗教师工资待遇与公办教师的同等性”“大学生报考特岗教师岗位机会的公平性”“政策对城乡义务教育均衡发展的促进性”等23个指标的评分大于3.0分，根据指标遴选规则，将上述23个指标保留在绩效评估指标体系中。

表3-4 根据专家建议调整和增加的“特岗教师计划”绩效评估指标

准则层	子准则层	原指标层	调整或增加的指标层	得分
政策效率	经济效率	11. 特岗教师时间—成本收益比	特岗教师的成本收益比	3.80
		12. 特岗教师经济—成本收益比		

如表3-4所示：专家建议将“特岗教师时间—成本收益比”和“特岗教师经济—成本收益比”2个指标调整为1个指标“特岗教师的成本收益比”。结合专家意见和建议，经调整优化并完成指标编码，得到最终的“特岗教师计划”绩效评估指标体系（见表3-5）。

表 3-5 “特岗教师计划”绩效评估指标体系

目标层	准则层	子准则层	指标层	指标性质
特岗教师计划绩效评估	E1 政策效果	E11 教育发展	E111 招募特岗教师人数	定量
			E112 政策对农村义务教育专任教师配置的影响	定性
			E113 政策对农村义务教育专任教师年龄结构的影响	定性
			E114 政策对农村义务教育专任教师学历结构的影响	定性
			E115 政策对农村义务教育专任教师学科结构的影响	定性
			E116 政策对农村义务教育质量提升的影响	定性
		E12 社会效应	E121 政策对促进大学生就业的影响	定性
			E122 政策对特岗教师个人发展的影响	定性
			E123 政策对农村教育观念转变的影响	定性
	E2 政策效率	E21 经济效率	E211 特岗教师的成本收益比	定量
			E212 国家的成本收益比	定量
		E22 执行效率	E221 特岗教师的留任率	定量
			E222 政策执行部门的工作效率	定性
	E3 政策效益	E31 回应度	E311 政策了解程度	定性
			E312 政策与其他政策的协调性	定性
			E313 政策执行部门的工作态度	定性
		E32 满意度	E321 学生对特岗教师的满意度	定性
			E322 特岗教师对工作的满意度	定性
			E323 学校对特岗教师的满意度	定性
			E324 公众对政策的满意度	定性
	E4 公平性	E41 内部公平	E411 特岗教师获得激励、培训、晋升等机会的公平性	定性
			E412 特岗教师工资待遇与公办教师的同等性	定性
		E42 外部公平	E421 大学生报考特岗教师岗位机会的公平性	定性
			E422 政策对城乡义务教育均衡发展的促进性	定性

四、指标的信度检验

采用重测法对上述“特岗教师计划”绩效评估指标体系中的指标进行信度检验，具体操作如下：根据指标体系制成《“特岗教师计划”绩效评估指标检验问卷》，随机抽取 20 名专家（含 8 名中小学教师、7 名中小学教育管理者、5 名教育研究专家），对其先后开展两次问卷调查，两次问卷调查的时间间隔为 14 天。两次调查的问卷回收后，用 Excel2003 进行数据统计，再用

SPSS11.5 进行信度检验，信度检验结果如下（见表3－6、表3－7、表3－8）。

表3－6　准则层（一级指标）的信度检验结果（N＝20）

序号	指标	信度系数（Alpha 系数）
1	E1 政策效果	0.9216
2	E2 政策效率	0.9328
3	E3 政策效益	0.9212
4	E4 公平性	0.9108

从表3－6可见："特岗教师计划"绩效评估指标体系准则层（一级指标）的信度系数均在0.9以上，说明一级指标的信度很好。

表3－7　子准则层（二级指标）的信度检验结果（N＝20）

序号	指标	信度系数（Alpha 系数）
1	E11 教育发展	0.9302
2	E12 社会效应	0.9116
3	E21 经济效率	0.8868
4	E22 执行效率	0.8820
5	E31 回应度	0.8902
6	E32 满意度	0.9056
7	E41 内部公平	0.8702
8	E42 外部公平	0.9018

从表3－7可见：在"特岗教师计划"绩效评估指标体系子准则层（二级指标）中，"教育发展""社会效应""满意度""外部公平"4个指标的信度系数大于0.9，信度很好；其他"经济效率""执行效率""回应度""内部公平"4个指标的信度系数小于0.9大于0.8，信度可以接受。总体而言，这8个二级指标的信度均可接受。

表3－8　指标层（三级指标）的信度检验结果（N＝20）

序号	指标	信度系数（Alpha 系数）
1	E111 招募特岗教师人数	0.9002
2	E112 政策对农村义务教育专任教师配置的影响	0.9120
3	E113 政策对农村义务教育专任教师年龄结构的影响	0.9236
4	E114 政策对农村义务教育专任教师学历结构的影响	0.9106
5	E115 政策对农村义务教育专任教师学科结构的影响	0.9030

续表

序号	指标	信度系数（Alpha 系数）
6	E116 政策对农村义务教育质量提升的影响	0.9020
7	E121 政策对促进大学生就业的影响	0.9120
8	E122 政策对特岗教师个人发展的影响	0.9002
9	E123 政策对农村教育观念转变的影响	0.9048
10	E211 特岗教师的成本收益比	0.9016
11	E212 国家的成本收益比	0.9166
12	E221 特岗教师的留任率	0.9010
13	E222 政策执行部门的工作效率	0.8802
14	E311 政策了解程度	0.9116
15	E312 政策与其他政策的协调性	0.9014
16	E313 政策执行部门的工作态度	0.8978
17	E321 学生对特岗教师的满意度	0.9202
18	E322 特岗教师对工作的满意度	0.8820
19	E323 学校对特岗教师的满意度	0.9140
20	E324 公众对政策的满意度	0.9136
21	E411 特岗教师获得激励、培训、晋升等机会的公平性	0.9140
22	E412 特岗教师工资待遇与公办教师的同等性	0.9312
23	E421 大学生报考特岗教师岗位机会的公平性	0.8760
24	E422 政策对城乡义务教育均衡发展的促进性	0.9318

从表3-8可见：在“特岗教师计划”绩效评估指标体系指标层（三级指标）中，“政策执行部门的工作效率”“政策执行部门的工作态度”“特岗教师对工作的满意度”和“大学生报考特岗教师岗位机会的公平性”4个三级指标的信度系数小于0.9大于0.8，说明这4个三级指标的信度可以接受；其余20个三级指标的信度系数在0.9以上，说明这20个指标的信度很好。总体而言，“特岗教师计划”绩效评估指标体系的24个三级指标的信度均可以接受。

第二节“特岗教师计划”绩效评估指标权重分析

本研究采取层次分析法（AHP法）及其软件确定“特岗教师计划”绩效评估指标体系中的指标权重。

一、层次分析法的基本原理

层次分析法（AHP，Analytic Hierarchy Process）又称多层次权重解析法，

是由美国运筹学家萨蒂（T. L. Saaty）教授于20世纪70年代初期提出的。它是一种多准则决策办法，既包含定量分析，又涵盖定性分析，可以将系统、复杂的思维数字化，将主观判断定量化，有效地测度决策者的判断。“特岗教师计划”绩效评估指标体系是一个具有多层次、多指标的复合体系，各层次指标的重要性不同，常用的经验估值法、专家确定法存在较大的主观性，难以科学确定多层次各指标的权重。层次分析法通过构造层次分析矩阵，先对单层次的指标进行权重计算，然后再进行层次间的指标排序，以确定所有指标对总指标的相对权重，为确定复杂体系中多层次各指标权重提供了一个较好的解决路径。利用层次分析法，不仅可以降低工作难度，提高指标权重的准确性和科学性，而且通过采取对判断矩阵进行一次性检验等措施，有助于提高权重的信度和效度。

二、指标权重的确定

指标权重是表征指标在评估指标体系中的“相对重要性”的数值，是反映评估指标体系科学性和实用性的重要数据。“特岗教师计划”绩效评估指标体系中各指标权重数值的确定，是“特岗教师计划”绩效评估指标体系确定的必备环节，也是“特岗教师计划”绩效评估指标体系从理论到应用的关键重要环节。本研究采用层次分析法确定指标权重的具体操作流程如下：

第一步，根据确定的“特岗教师计划”绩效评估指标体，运用层次分析软件yaahp10.0构建“特岗教师计划”绩效评估指标体的层次结构模型（见图3-1）。

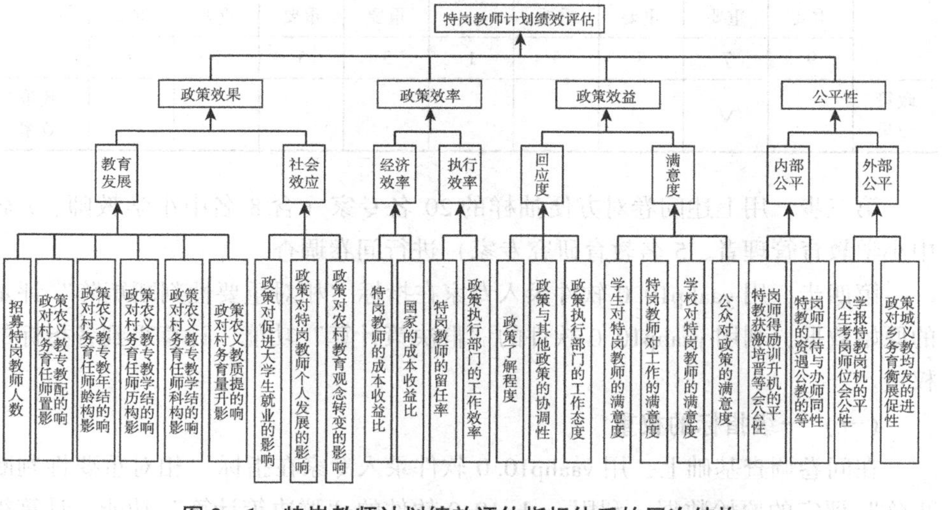

图3-1　特岗教师计划绩效评估指标体系的层次结构

第二步，根据上述层次结构模型，用 yaahp10.0 软件自动生成各级指标两两配对的判断矩阵（示例：见表 3-9 和表 3-10），将判断矩阵导出，整理生成《“特岗教师计划”绩效评估指标权重确定问卷》。

表 3-9 判断矩阵中 1-9 标度的含义

重要性等级表	
标度	含义
1	表示两个因素具有同等重要性
3	表示一个因素比另一个因素稍微重要
5	表示一个因素比另一个因素明显重要
7	表示一个因素比另一个因素绝对重要
9	表示一个因素比另一个因素极端重要
2、4、6、8	是上述两个标准之间折中时的标度

表 3-10 判断矩阵应用示例

指导语：以下表格中根据因素间的相对重要性进行了标度，标度数值介于 1-9 之间，左侧表格表示左列因素重要于右列因素，右侧表格表示右列因素重要于左列因素。您可根据因素间的相对重要性，在相应数值下的方框内画√；如果您认为相应数值不能精确表达您的看法的，您可以在相邻的两个标度间的竖线上画○。

“政策效果”（A）相对“政策效率”（B）绝对重要，您在左侧 7 下的方框内画√

A	评价标度									B
	A 比 B 重要				同样重要	B 比 A 重要				
	极端重要	绝对重要	明显重要	稍微重要		稍微重要	明显重要	绝对重要	极端重要	
	9	7	5	3	1	3	5	7	9	
政策效果		√								政策效率

第三步，用上述问卷对方便抽样的 20 名专家（含 8 名中小学教师、7 名中小学教育管理者、5 名教育研究专家）进行问卷调查。

第四步，用 yaahp10.0 软件录入专家在指标“相对重要性判断矩阵”评定的原始数据，利用 yaahp10.0 软件的“群决策计算”功能，计算得到各指标的权重。

（一）一级指标的权重

在问卷调查基础上，用 yaahp10.0 软件录入专家在指标“相对重要性判断矩阵”评定的原始数据，利用 yaahp10.0 软件的“群决策计算”功能，计算得到各一级指标的权重（见表3－11）。

表3－11　一级指标权重

序号	一级指标	权重值（W_i）	一致性比例（CR）
1	E1 政策效果	0.2350	0.0092
2	E2 政策效率	0.1989	
3	E3 政策效益	0.3342	
4	E4 公平性	0.2319	

从表3－11可见：（1）在“特岗教师计划”绩效评估指标体系的一级指标中，“政策效益”的权重最大（权重值＝0.3342），其次是“政策效果”（权重值＝0.2350），再次是“公平性”（权重值＝0.2319），“政策效率”的权重最小（权重值＝0.1989），说明对于“特岗教师计划”政策绩效而言，“政策效益”最为重要，其次是“政策效果”，再次是“公平性”，最后是“政策效率”。（2）上述4个一级指标的一致性比例为0.0092＜0.1，说明4个一级指标的权重满足整体一致性要求。

此外，利用重测法和SPSS11.5软件对上述4个一级指标的权重进行信度检验，信度检验结果如下：“政策效果”权重的Alpha信度系数为0.9316，“政策效率”权重的Alpha信度系数为0.9022，“政策效益”权重的Alpha信度系数为0.9228，“公平性”权重的Alpha信度系数为0.9006，上述4个一级指标的权重信度均在0.9以上，说明4个一级指标的权重信度很好。

（二）二级指标的权重

在问卷调查基础上，用yaahp10.0软件录入专家在指标“相对重要性判断矩阵”评定的原始数据，利用yaahp10.0软件的“群决策计算”功能，计算得到各二级指标的权重（见表3－12）。

表3－12　二级指标权重

序号	二级指标	权重值（W_i）
1	E11 教育发展	0.1511
2	E12 社会效应	0.0839
3	E21 经济效率	0.1194
4	E22 执行效率	0.0796
5	E31 回应度	0.1285
6	E32 满意度	0.2057
7	E41 内部公平	0.1159
8	E42 外部公平	0.1159

从表3-12可见：（1）在“特岗教师计划”绩效评估指标体系中，8个二级指标按权重由大到小排序依次为：满意度（权重值=0.2057）>教育发展（权重值=0.1511）>回应度（权重值=0.1285）>经济效率（权重值=0.1194）>内部公平（权重值=0.1159）>外部公平（权重值=0.1159）>社会效应（权重值=0.0839）>执行效率（权重值=0.0796）。在8个二级指标中，“满意度”的权重最大，其次是“教育发展”，再次是“回应度”，权重最小的是“执行效率”。（2）结合二级指标和一级指标的关系可见：在一级指标“政策效果”中，2个二级指标根据权重大小排序是：“教育发展”“社会效应”；在一级指标“政策效果”中，2个二级指标根据权重大小排序是：“经济效率”“执行效率”；在一级指标“政策效益”中，2个二级指标根据权重大小排序是：“满意度”“回应度”；在一级指标“公平性”中，2个二级指标“内部公平”和“外部公平”的权重大小相同。

利用重测法和SPSS11.5软件对上述8个二级指标的权重进行信度检验，检验所得的信度系数（见表3-13）。

表3-13　二级指标权重信度系数

序号	二级指标	权重信度（Alpha）
1	E11 教育发展	0.9120
2	E12 社会效应	0.9018
3	E21 经济效率	0.9102
4	E22 执行效率	0.8918
5	E31 回应度	0.9006
6	E32 满意度	0.9258
7	E41 内部公平	0.9036
8	E42 外部公平	0.8960

从表3-13可见：在8个二级指标的权重信度中，除了“执行效率”“外部公平”2个二级指标权重的信度系数小于0.9而大于0.8（信度可以接受）以外，其他6个二级指标权重的信度系数均大于0.9（信度很好），说明8个二级指标的权重信度均可以接受。

（三）各三级指标的权重

在问卷调查基础上，用yaahp10.0软件录入专家在指标“相对重要性判断矩阵”评定的原始数据，利用yaahp10.0软件的“群决策计算”功能，计算得到各三级指标的权重（见表3-14）。

表 3－14 三级指标权重

序号	三级指标	权重值（W_i）
1	E111 招募特岗教师人数	0.0340
2	E112 政策对农村义务教育专任教师配置的影响	0.0300
3	E113 政策对农村义务教育专任教师年龄结构的影响	0.0172
4	E114 政策对农村义务教育专任教师学历结构的影响	0.0193
5	E115 政策对农村义务教育专任教师学科结构的影响	0.0254
6	E116 政策对农村义务教育质量提升的影响	0.0252
7	E121 政策对促进大学生就业的影响	0.0252
8	E122 政策对特岗教师个人发展的影响	0.0291
9	E123 政策对农村教育观念转变的影响	0.0296
10	E211 特岗教师的成本收益比	0.0426
11	E212 国家的成本收益比	0.0767
12	E221 特岗教师的留任率	0.0477
13	E222 政策执行部门的工作效率	0.0318
14	E311 政策了解程度	0.0589
15	E312 政策与其他政策的协调性	0.0320
16	E313 政策执行部门的工作态度	0.0376
17	E321 学生对特岗教师的满意度	0.0621
18	E322 特岗教师对工作的满意度	0.0388
19	E323 学校对特岗教师的满意度	0.0474
20	E324 公众对政策的满意度	0.0574
21	E411 特岗教师获得激励、培训、晋升等机会的公平性	0.0541
22	E412 特岗教师工资待遇与公办教师的同等性	0.0618
23	E421 大学生报考特岗教师岗位机会的公平性	0.0507
24	E422 政策对城乡义务教育均衡发展的促进性	0.0652

从表 3－14 可见：

在“特岗教师计划”绩效评估指标体系的三级指标中，24 个三级指标按权重由大到小排序依次为：国家的成本收益比（权重值 =0.0767）> 政策对城乡义务教育均衡发展的促进性（权重值 =0.0696）> 学生对特岗教师的满意度（权重值 =0.0621）> 特岗教师的工资待遇与公办教师的同等性（权重值 =0.0618）> 政策了解程度（权重值 =0.0589）> 公众对政策的满意度（权重值 =0.0574）> 特岗教师获得激励培训晋升等机会的公平性（权重值 =0.0541）> 大学生报考特岗教师岗位机会的公平性（权重值 =0.0507）> 特岗教师的留任率（权重值 =0.0477）> 学校对特岗教师的满意度（权重值 =0.0474）> 特岗教师的成本收益比（权重值=0.0426）>特岗教师对工作的满意度（权重值=0.0388）>政策执行部门的工作态度（权重值=0.0376）>招募特岗教师人数（权重值=0.0340）>政策与其他政策的协调性（权重值=0.0320）>政策执行部门的工作效率（权重值=0.0318）>政策对农村义务教育专任教师配置的影响（权重值=0.0300）>政策对农村教育观念转变的影响（权重值=0.0296）>政策对特岗教师个人发展的影响（权重值=0.0291）>政策对农村义务教育专任教师学科结构的影响（权重值=0.0254）>政策对农村义务教育质量提升的影响（权重值=0.0252）>政策对促进大学生就业的影响（权重值=0.0252）>政策对农村义务教育专任教师学历结构的影响（权重值=0.0193）>政策对农村义务教育专任教师年龄结构的影响（权重值=0.0172）。在24个三级指标中，权重最大的3个指标依次是：“国家的成本收益比”“政策对城乡义务教育均衡发展的促进性”和“学生对特岗教师的满意度”，权重最小的3个指标依次是：“政策对农村义务教育专任教师年龄结构的影响”“政策对农村义务教育专任教师学历结构的影响”和“政策对促进大学生就业的影响”。

结合三级指标与二级指标的关系可见：在二级指标“教育发展”中，6个三级指标根据权重大小排序依次是：“招募特岗教师人数”“政策对农村义务教育专任教师配置的影响”“政策对农村义务教育专任教师学科结构的影响”“政策对农村义务教育质量提升的影响”“政策对农村义务教育专任教师学历结构的影响”和“政策对农村义务教育专任教师年龄结构的影响”。在二级指标“社会效应”中，3个三级指标根据权重大小排序是：“政策对农村教育观念转变的影响”“政策对特岗教师个人发展的影响”和“政策对促进大学生就业的影响”。在二级指标“经济效率”中，2个三级指标根据权重大小排序是：“国家的成本收益比”和“特岗教师的成本收益比”。在二级指标“执行效率”中，2个三级指标根据权重大小排序是：“特岗教师的留任率”和“政策执行部门的工作效率”。在二级指标“回应度”中，3个三级指标根据权重大小排序是：“政策了解程度”“政策执行部门的工作态度”和“政策与其他政策的协调性”。在二级指标“满意度”中，4个三级指标根据权重大小排序是：“学生对特岗教师的满意度”“公众对政策的满意度”“学校对特岗教师的满意度”和“特岗教师对工作的满意度”。在二级指标“内部公平”中，2个三级指标根据权重大小排序是：“特岗教师工资待遇与公办教师的同等性”和“特岗教师获得激励、培训、晋升等机会的公平性”。在二级指标“外部公平”中，2个三级指标根据权重大小排序是：“政策对城乡义务教育均衡发展的促进性”和“大学生报考特岗教师岗位机会的公平性”。

此外，利用重测法和SPSS11.5软件对上述24个三级指标的权重进行信度检验，检验所得的信度系数（见表3－15）。

表3－15　三级指标权重信度系数

序号	三级指标	权重信度（Alpha）
1	E111 招募特岗教师人数	0.9212
2	E112 政策对农村义务教育专任教师配置的影响	0.9246
3	E113 政策对农村义务教育专任教师年龄结构的影响	0.9136
4	E114 政策对农村义务教育专任教师学历结构的影响	0.9012
5	E115 政策对农村义务教育专任教师学科结构的影响	0.9118
6	E116 政策对农村义务教育质量提升的影响	0.9316
7	E121 政策对促进大学生就业的影响	0.9016
8	E122 政策对特岗教师个人发展的影响	0.9103
9	E123 政策对农村教育观念转变的影响	0.8966
10	E211 特岗教师的成本收益比	0.8992
11	E212 国家的成本收益比	0.9306
12	E221 特岗教师的留任率	0.9180
13	E222 政策执行部门的工作效率	0.9028
14	E311 政策了解程度	0.9120
15	E312 政策与其他政策的协调性	0.8942
16	E313 政策执行部门的工作态度	0.9012
17	E321 学生对特岗教师的满意度	0.9107
18	E322 特岗教师对工作的满意度	0.9328
19	E323 学校对特岗教师的满意度	0.8966
20	E324 公众对政策的满意度	0.9052
21	E411 特岗教师获得激励、培训、晋升等机会的公平性	0.9218
22	E412 特岗教师工资待遇与公办教师的同等性	0.9164
23	E421 大学生报考特岗教师岗位机会的公平性	0.9002
24	E422 政策对城乡义务教育均衡发展的促进性	0.9276

从表3－15可见：在24个三级指标的权重信度中，除了“政策对农村教育观念转变的影响”“特岗教师的成本收益比”“政策与其他政策的协调性”和“学校对特岗教师的满意度”4个三级指标权重的信度系数小于0.9而大于0.8（信度可以接受）以外，其他20个三级指标权重的信度系数均大于0.9（信度很好），说明上述24个三级指标的权重信度均可以接受。

运用yaahp10.0软件录入专家在指标“相对重要性判断矩阵”评定的原始

数据，计算得到各级指标权重的同时，还可以直接生成包含各级指标权重数值的“特岗教师计划”绩效评估指标体系模型（见图3-2）。

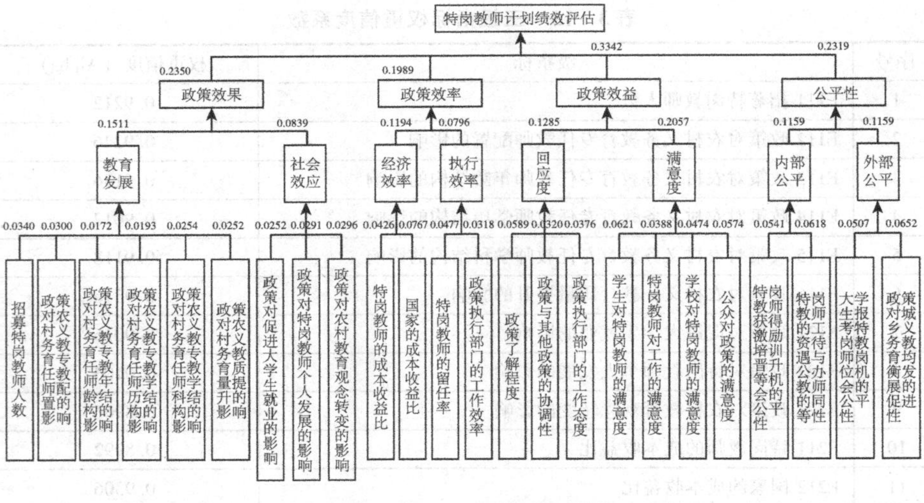

图3-2　“特岗教师计划”绩效评估指标体系模型

从“特岗教师计划”绩效评估指标体系模型（如图3-2所示）中，可以清晰看出各级指标的权重，有利于直观判断同级指标在指标体系中的相对重要性，以及各下级指标在其上一级指标中的相对重要性。

第三节　“特岗教师计划”绩效评估指标分值的计算

在“特岗教师计划”绩效评估的指标体系中，除了有定量指标外，还有定性指标，两种指标同在一个指标体系中，用传统数学方法难以具体描述和评价，需要用一定的方法和技术进行处理。

一、政策绩效的评价标度

政策绩效是一个模糊概念，往往难以用具体数值进行描述，绩效优劣带来的影响更难以衡量。在模糊综合评价中，通常使用等级标度方法来衡量评价结果，如5等级标度、7等级标度[①]。本研究借鉴《中央企业综合绩效评价管理暂行办法》中对绩效评价等级的划分，采用5等级标度：｛5. 优，4. 良，

① 任爽. 大学生创业政策绩效评价研究［D］. 杭州电子科技大学，2012.

3. 中，2. 低，1. 差}，绩效评价分数用百分制表示，即对应5等级赋值系数为{100，80，60，40，20}。

二、定量数据的处理

（一）“政策效果”准则层定量指标数据的处理

政策效果评估的是政策目标的达成度，即政策执行最终结果与政策预期目标之间的对比，也是“特岗教师政策”是否有成效最直观的反映。因此，政策效果准则层定量指标数据主要通过其实际值与目标值的对比来反映政策目标的落实和达成情况，指标得分的计算公式如下：

指标分值 = 指标实际值/指标目标值 × 100（百分制）　　(3－1)

根据上述式（3－1），结合“特岗教师计划”政策目标，可以给出政策效果准则层定量指标数据计算方法如下：

“招募特岗教师人数”得分 = 受试地“招募特岗教师人数”/受试地“特岗计划指标数”× 100（百分制）

（二）“政策效率”准则层定量指标数据的处理

政策效率评估的是政策收益和政策成本之间的对比关系，通常以单位成本获得的最大收益或单位收益消耗的最小成本为效率评估的基本原则。对教育政策收益和成本的计算通常比较困难，教育政策效率分析需要在全面掌握政策成本和收益的基础上，将它们进行相同单位换算，并通过成本—收益分析法予以计算。[①] 在计算教育政策效率的时候，首先要确定教育政策的成本投入方和收益获益方，我国教育政策的成本投入主要依靠国家政府的财政性支出（尤其是基础教育阶段），而教育政策的获益方一般是公众；其次要把教育政策成本和教育政策收益转换为货币价值，教育政策成本主要是财政预算即国家拨付的各种教育经费，能直接用货币衡量，但是教育政策收益的货币转换比较困难，无法直接测量、直接计算，需要采用影子价格（又称计算价格或预测价格）进行间接测量[②]。

“特岗教师计划”的教育政策成本可以分为两部分：（1）国家投入的成本，包括国家在制定、出台、完善政策过程中进行调研等所投入的人力物力成本，实行该政策而非其他政策的时间成本，给特岗教师支付或缴纳的工资性补助、其他津贴、“五险一金”、生活补助等，以及“为特岗教师提供（落实）

① 张雷．教育政策绩效评估的理论探讨［D］．上海：华东师范大学，2014.

② 张雷．教育政策绩效评估的理论探讨［D］．上海：华东师范大学，2014.

周转宿舍及其他必要生活条件”方面的支出。（2）个人投入的成本，包括三年服务期间特岗教师个人花费的必要的交通费、生活用品费、书本费，以及三年履约期的机会成本、从事该职业而非其他职业的时间成本，等等。

“特岗教师计划”的教育政策收益也可以分为两部分：（1）国家的教育政策收益，主要是该政策实施后，设岗地的农村教师数量提升、结构优化，教师合格率提高，教育观念和学习风气转变，教育教学质量上升，城乡教育差距缩小，以及通过优秀特岗教师的示范作用，吸引更多大学生到农村从教，形成到“基层去、到农村去”的尊师重教良好风气，等等。（2）个人的教育政策收益，主要是三年服务期间特岗教师获得的经济收入（含工资性补助、其他津贴、“五险一金”、生活补助等），获得的教师专业知识、学识、能力、水平的提高，以及在履约期满后参加公务员考试、事业单位考试、硕士研究生考试等方面获得的优惠（加分或同等条件优先录用的机会等），等等。

为兼顾政策效率评估的科学性、有效性和可操作性，本研究采用收益/成本比率法计算“特岗教师计划”的政策效率，其定量指标得分的计算公式如下：

$$指标分值=政策收益/政策成本\times 100（百分制） \qquad (3-2)$$

根据上述式（3-2），结合“特岗教师计划”政策收益影子价格与政策成本，可以给出政策效率准则层“特岗教师的成本收益比”和“国家的成本收益比”2个定量指标数据计算公式如下：

（1）“特岗教师的成本收益比”得分＝受试地“特岗教师的教育政策收益”影子价格/受试地“特岗教师三年履约期个人投入成本”×100（百分制）＝受试地“城镇单位（事业）职工平均工资”（政策要求：特岗教师的工资待遇与当地公办教师同等对待）/受试地“特岗教师年均消费支出”×100（百分制）。当得分大于100分时，取100为上限。

（2）“国家的成本收益比”得分＝受试地“特岗教师政策收益”影子价格/受试地“特岗教师政策投入成本”×100（百分制）＝受试地1个特岗教师在三年履约期内培养产出1个大学生（本科）的概率×100（百分制）＝受试地［1(特岗教师)×“小学师生比”×“小学毕业生升学率”×“初中毕业生升学率”×“高考上线率”×“高考录取率”］×3年（特岗教师履约期）/4年（教育类本科生平均学年）×100（百分制）。当得分大于100分时，取100为上限。

由于“高考上线率”和“高考录取率”是两个群众比较关切、也较为敏感的数据，教育主管部门一般都不会对外公布，在实地调研过程中也较难获取，因此，在计算“国家的成本收益比”的得分时，可以用“普通高中应届毕业生升学率”替代，即上述公式可以转换为：“国家的成本收益比”得分＝

受试地"特岗教师政策收益"影子价格/受试地"特岗教师政策投入成本"×100（百分制）= 受试地 1 个特岗教师在三年履约期内培养产出 1 个大学生（本科）的概率×100（百分制）= 受试地［1（特岗教师）×"小学师生比"×"小学毕业生升学率"×"初中毕业生升学率"×"普通高中应届毕业生升学率"］×3 年（特岗教师履约期）/4 年（教育类本科生平均学年）×100（百分制）。当得分大于 100 分时，取 100 为上限。

此外，政策效率准则层定量指标"特岗教师留任率"的数据，依据式（3-1）计算得到，具体方法如下："特岗教师留任率"得分 = 受试地"特岗教师留任率"/100%（目标值）×100（百分制）。

三、定性数据的处理

本研究中，"政策效果"子准则层"教育发展"的 5 个定性指标和"社会效应"的 3 个定性指标，"政策效率"子准则层"执行效率"的 1 个定性指标，"政策效益"子准则层"回应度"的 3 个定性指标和"满意度"的 4 个定性指标，以及"公平性"子准则层"内部公平"和"外部公平"下的 4 个定性指标，其评价数据均采用李克特五级量表，通过问卷调查和访谈获得。受试可根据对定性指标的直观判断，在李克特五级量表中选择对应等级（5. 非常；4. 比较；3. 一般；2. 比较不；1. 非常不）。在进行绩效评价时，上述五等级赋值系数为｛100，80，60，40，20｝，即：

$$\text{指标的调查得分} \times 20 = \text{指标分值（绩效评价用）} \quad (3-3)$$

例如：某地"公众对政策的满意度"调查得分为 3.90，那么该地"公众对政策的满意度"指标绩效评价分值为 3.90×20 = 78 分。

四、政策绩效评估总分的计算

运用上述绩效评估指标体系评价某地"特岗教师计划"政策绩效时，要将下属同级指标得分分值与权重进行综合考虑，依据以下公式计算得到绩效评估分值：

$$P\text{（绩效分值）} = \sum_{k=1}^{m} (E_K \times W_K) \quad (3-4)$$

计算得到的 P 越大，证明该政策（或指标）的效果越好，受到公众的阻力越小，获得公众的支持越多，继续实施的可能性、必要性也越大。反之，P 越小，证明该政策（或指标）的效果越差，受到公众的阻力越大，获得公众的支持越少，继续实施的可能性、必要性也越小，应该从政策整体做出反思和改变。

第四章 “特岗教师计划”的实施概况

第一节 我国“特岗教师计划”的实施概况

2006年5月15日，教育部、财政部、人事部、中央编办联合印发《关于实施农村义务教育阶段学校教师特设岗位计划的通知》（教师［2006］2号）；5月16日，教育部办公厅印发《关于组织做好2006年农村义务教育阶段学校教师特设岗位计划招聘工作的通知》（教师厅［2006］2号），标志着“特岗教师计划”在全国正式施行。自出台至今，“特岗教师计划”在我国颁行已逾15年，在这15年间，政策对促进我国农村义务教育阶段的师资队伍建设、优化师资结构、提升教师素质、提高教育质量、促进教育均衡发展、实现教育公平发挥了重要作用，与此同时，政策也在根据实践情况、与时俱进地不断调整优化，政策实施范围、工作重点及要求、保障措施、宣传与督查等均表现出阶段性、连续性、发展性的演变特点。本章从全国和云南省的视角对“特岗教师计划”的实施及变化情况进行概述，可以为后续对滇西边境山区实施“特岗教师计划”的绩效评估提供依据或参考。

一、实施范围

自2006年至2021年初，“特岗教师计划”的实施范围总体发生了6次调整（见表4-1），反映出政策“适时而动、与时俱进”的发展特点。

表4-1 “特岗教师计划”实施范围变化情况

年份	实施范围
2006年	13个省、自治区、直辖市：内蒙古、湖北、广西、海南、重庆、四川、贵州、云南、陕西、甘肃、宁夏、新疆、青海、新疆生产建设兵团；以西部“两基”攻坚县以下的农村义务教育阶段学校为主。
2009年	增加5个省：山西、安徽、江西、河南、湖南。

续表

年份	实施范围
2010 年	增加 3 个省：河北、吉林、黑龙江；实施对象为国家扶贫开发工作重点县、原“两基”攻坚县、边境县、少数民族自治县和少小民族县。
2012 年	实施范围扩大为：《中国农村扶贫开发纲要（2011—2020 年）》确定的 11 个集中连片特殊困难地区（滇西边境山区、六盘山区、秦巴山区、武陵山区、乌蒙山区、滇桂黔石漠化区、大兴安岭南麓山区、燕山—太行山区、吕梁山区、大别山区、罗霄山区）和四省藏区县、中西部地区国家扶贫开发工作重点县、西部地区原“两基”攻坚县。
2015 年	实施范围进一步扩大到中西部老少边穷岛等贫困地区。
2021 年	实施范围调整为：脱贫地区（原集中连片特殊困难地区、中西部国家扶贫开发重点县、省级扶贫开发工作重点县），西部地区原“两基”攻坚县（含新疆生产建设兵团的部分团场），纳入国家西部开发计划的部分中部省份的少数民族自治州，以及西部地区一些有特殊困难的边境县，少数民族自治县和少小民族县。

从表 4－1 可见，“特岗教师计划”政策实施范围的调整呈现以下特点：其一，实施范围不断扩大、覆盖面越来越宽、受益面越来越广。其二，实施范围的调整紧紧围绕着国家战略的实施。如：2012 年，围绕国家扶贫开发战略目标，将实施范围扩大到 11 个集中连片困难地区和四省藏区县、中西部地区国家扶贫开发工作重点县、西部地区原“两基”攻坚县。2015 年，国务院办公厅印发《乡村教师支持计划（2015—2020 年）》，该计划指出“到 2020 年，基本实现教育现代化的薄弱环节和短板在乡村，在中西部老少边穷岛等偏远贫困地区”，于是，当年“特岗教师计划”便将“中西部老少边穷岛等偏远贫困地区”纳入实施范围。2021 年，在国家圆满完成脱贫攻坚目标任务、推进实施乡村振兴战略的基础上，“特岗教师计划”的实施范围调整为：脱贫地区（原集中连片特殊困难地区、中西部国家扶贫开发重点县、省级扶贫开发工作重点县），西部地区原“两基”攻坚县（含新疆生产建设兵团的部分团场），纳入国家西部开发计划的部分中部省份的少数民族自治州，以及西部地区一些有特殊困难的边境县，少数民族自治县和少小民族县。其三，实施范围始终聚焦在“老、少、边、穷、山”等欠发达地区，落脚于这些地区的县、乡、村义务教育阶段学校。

二、工作重点及要求

自 2006 年实施以来，“特岗教师计划”政策的工作重点及要求也在与时俱进地进行调整（见表 4－2），逐步优化和完善。

表4-2　“特岗教师计划”工作要求变化情况

年份	工作要求
2006年	1. 采取公开招聘、合同管理。 2. 招聘工作由省级教育、人事、财政、编办等相关部门共同负责，遵循“公开、公平、自愿、择优”和“三定（定岗、定校、定县）”原则，招聘工作遵循以下程序：公布需求—自愿报名—资格审查—考试考核—集中培训—资格认定—签订合同—上岗任教。
2009年	1. 在核定编制总额内按需设岗。 2. 规范招聘，严格招聘，全部采用公开招聘的方式，不得以其他途径和方式聘用。
2010年	结合教师学科结构分布等因素，按需合理配置教师，加强对紧缺学科教师的补充。
2011年	1. 纳入“特岗教师计划”的县（市），政策实施期内不得以其他方式补充教师。 2. 充分考虑教师队伍的学科结构分布等因素，加强对偏远农村学校教师以及音体美等紧缺学科教师的补充。 3. 建立直接向偏远农村学校轮换派遣机制。
2012年	1. 协调初中、小学教师队伍的补充，促使其协调发展。 2. 继续建立并完善直接向偏远农村学校轮换派遣合格教师的工作机制。 3. 统一地方与中央“特岗教师计划”的招聘标准，逐步建立省级统筹的农村教师补充新机制。
2013年	1. 采用教育部特岗计划信息管理和服务系统，及时进行教师信息的动态更新。 2. 着力提高村小、教学点特岗教师招聘的比例。
2014年	1. 进一步提高村小、教学点特岗教师的招聘比例。 2. 加强紧缺薄弱学科教师（体育、音乐、美术、外语、信息技术等）的补充。
2015年	县城学校从中央特岗计划学校行列中剔除，不再补充新的特岗教师。
2016年	1. 优先满足集中连片特殊困难地区、中西部国家扶贫开发重点县的村小、教学点的教师补充需求。 2. 特岗教师招聘向本地生源倾斜。
2018年	开始关注特岗教师的男女比例，促进师资结构更加合理完善。
2021年	1. 严格“持证上岗”，所有拟聘人员在办理录用手续前须取得教师资格证书。 2. 以普通高校本科及以上毕业生为主，鼓励本科师范专业毕业生应聘，可适当招聘高等师范专科毕业生。 3. 重点向“三区三州”、原脱贫攻坚挂牌督战地区、少数民族地区倾斜。 4. 重点补充乡村学校教师，持续优化教师队伍结构，进一步加强思想政治、体音美、外语、信息技术等紧缺薄弱学科教师的补充。

从表4-2可见，“特岗教师计划”政策的工作重点及要求变化呈现以下特点和趋势：其一，始终坚持采取“公开招聘、合同管理”的方式，遵循“公开、公平、自愿、择优”和“三定（定岗、定校、定县）”原则开展特岗教师的招聘；其二，2009年起（经过2006年—2008年首轮试点也即首批招录特岗教师三年服务期满后），严格在当地核定编制总额内按需设岗，并于2011年明确规定“纳入特岗教师计划的县（市）、在政策实施期内不得以其他方式补充教师”，以确保特岗教师在三年服务期满后、选择留任的均能顺利入编；其三，2010年起，开始根据当地教师学科结构的分布情况来配置特岗教师，

持续加强对紧缺学科（思想政治、体育、音乐、美术、外语、信息技术）教师的补充，促进农村义务教育阶段教师学科结构的优化；其四，特岗教师的选派注重向边远农村中小学倾斜，促使特岗教师真正“下得去”，如 2011 年“建立直接向偏远农村学校轮换派遣机制”；2013—2014 年“努力提高村小、教学点特岗教师招聘比例”；2015 年将“县城学校从中央特岗计划学校行列中剔除”；其五，促使“特岗教师计划”从中央“单轨道”向中央与地方“双轨道”同步实施，充分激发地方活力，进一步扩大政策的实施范围、辐射面和受益面。2012 年，国家明确“统一地方与中央特岗的招聘标准，逐步建立省级统筹的农村教师补充新机制”；其六，2016 年起，招聘上注重向本地生源倾斜，着力解决特岗教师的不稳定问题，促使特岗教师切实“留得住”；其七，2018 年起，开始注重特岗教师的性别配比，旨在促使农村师资性别结构更加趋向合理；其八，加强特岗教师管理，提高特岗教师管理的信息化水平。2013 年起，要求“采用教育部特岗计划信息管理和服务系统，及时进行教师信息的动态更新”。其九，在特岗教师准入上，从关注特岗教师的“量”向“质”转变，以提升乡村教师队伍的专业化水平。2021 年开始，严格要求特岗教师“持证上岗”，所有拟聘人员在办理录用手续前须取得教师资格证书；在招聘对象上，虽以普通高校本科及以上毕业生为主，但也明确“鼓励本科师范专业毕业生应聘”且“可适当招聘高等师范专科毕业生”，这都反映出对特岗教师的教师专业能力要求越来越严了。

三、保障措施

在过去 15 年间，为保障特岗教师的合法权益，增强“特岗教师计划”的吸引力，“特岗教师计划”政策的相关保障措施不断优化和完善（见表 4－3 和图 4－1），从而促使政策可持续实施，确保政策取得良好成效。

表 4－3 “特岗教师计划”的相关保障措施的变化

年份	保障措施
2006 年	1. “特岗教师计划”所需资金由中央和地方财政共同承担，以中央财政为主。教师聘任期间，执行国家统一的工资制度和标准。其他津贴根据当地实际情况确定（同等条件下的公办教师收入水平和补助水平）。 2. 与“农村学校教育硕士师资培养计划”相结合，符合条件的特岗教师可以推荐免试攻读硕士研究生，特岗教师的 3 年聘期视同“农村学校教育硕士师资培养计划”要求的三年基层教学实践。 3. 县级有关部门要为特岗教师提供周转宿舍及其他必要生活条件。 4. 三年聘期结束后，特岗教师自愿留在本地学校的，相关部门要落实工作岗位，将其工资发放纳入当地财政统筹发放范围，保证其享受当地教师同等待遇。

续表

年份	保障措施
2007 年	特岗教师的工资性补助标准由 1.5 万元/年/人调整为 1.896 万元/年/人。
2009 年	1. 三年服务期满、考核合格且愿意留任的特岗教师，要全部落实工作岗位。 2. 特岗教师的工资性补助标准由 1.896 万元/年/人调整为 2.054 万元/年/人。
2012 年	1. 加强对特岗教师尤其是非师范专业特岗教师的培训，做好入职前的师德教育和教学培训工作。 2. 提高特岗教师的工资性补助标准，分为两档：中部 2.4 万元/年/人，西部 2.7 万元/年/人。
2013 年	1. 落实服务期满特岗教师报考硕士研究生、党政机关公务员等一系列优惠政策。 2. 把特岗教师的业务培训统筹安排到各地“国培计划”中。
2014 年	1. 将特岗教师纳入地方实施的连片特困地区乡村教师生活补助政策的实施范围。 2. 提高特岗教师的工资性补助标准：中部 2.8 万元/年/人，西部 3.1 万元/年/人。
2015 年	确保三年服务期满、考核合格且愿意留任的特岗教师全部入编。
2016 年	确保特岗教师的工资待遇、职称评聘、评优评先、年度考核等与当地公办教师同等对待。
2017 年	提高特岗教师的工资性补助标准：中部 3.16 万元/年/人，西部 3.46 万元/年/人。
2018 年	1. 保障特岗教师与当地公办教师同等待遇。 2. 开展《“农村义务教育阶段学校教师特设岗位计划”教师服务证书》的发放工作，促使特岗教师管理更加科学、规范。
2019 年	提高特岗教师的工资性补助标准：中部 3.52 万元/年/人，西部 3.82 万元/年/人。
2021 年	1. 切实做好特岗教师待遇保障，确保工资按时足额发放，按规定参加社会保险。 2. 确保三年服务期满、考核合格且愿意留任的特岗教师及时入编并落实工作岗位。 3. 连续计算工龄、教龄，不再实行试用期。 4. 落实好周转宿舍等安排，帮助解决工作生活的实际困难。 5. 从严开展监督检查（重点督查工资发放、“五险一金”缴纳、服务期满教师入编等），对于整改不力的、下一年核减设岗名额。

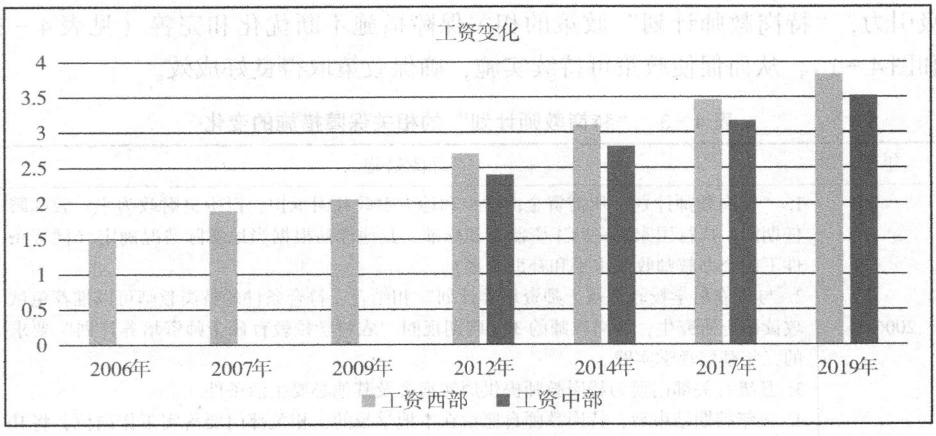

图 4-1　特岗教师的工资性补助变化情况

从表4－3和图4－1可见：国家层面为“特岗教师计划”的实施提供了必要的经费保障、组织保障、制度保障等，并根据政策实施情况持续加强保障力度，主要表现在以下八个方面：其一，持续提高特岗教师的工资性补助。政策实施15年来，特岗教师的工资性补助调整了6次，先是从2006年的1.5万元/年/人，调整到2007年的1.896万元/年/人，再到2009年的2.054万元/年/人，然后，从2012年起至2021年，分成中部和西部两档、实现了“三级跳”的提升（中部地区：从2.4万元/年/人－2.8万元/年/人－3.16万元/年/人－3.52万元/年/人，西部地区：从2.7万元/年/人－3.1万元/年/人－3.46万元/年/人－3.82万元/年/人）。其二，强调特岗教师的待遇与当地公办教师同等。如：2016年，招聘计划规定“确保特岗教师的工资待遇、职称评聘、评优评先、年度考核等与当地公办教师同等对待。”2018年，招聘计划规定“切实保障特岗教师与当地公办教师同等待遇。”其三，着力解决特岗教师服务期间的生活困难。如：2006年和2021年的招聘计划中均有关于“为特岗教师提供（落实）周转宿舍及其他必要生活条件”的要求。其四，重视特岗教师其他津贴的落实和“五险一金”的缴纳。如：2006年，招聘计划规定“其他津贴根据当地实际情况（同等条件下公办教师收入水平和补助水平）确定。”2014年，明确要求各地“将特岗教师纳入地方实施的连片特困地区乡村教师生活补助政策的实施范围。”2021年，明确要对各地开展的特岗教师“五险一金”缴纳等工作开展严格督查。其五，注重特岗教师的专业能力提升。如：2012年，明确“加强对特岗教师尤其是非师范专业教师的培训，做好入职前的师德教育和教学培训工作”；2013年起，明确要求“把特岗教师的业务培训统筹安排到各地的国培计划中”。其六，着力解决服务期满特岗教师的后顾之忧。从2006年起，明确“特岗教师在三年聘期结束后，自愿留在本地学校的，要落实工作岗位，将其工资发放纳入当地财政统发范围，保证其享受当地教师同等待遇”。2009年，强调“留任教师要全部落实工作岗位”。2015年起，强调“留任教师要确保全部入编”。2021年，再次强调“留任教师要及时入编并落实工作岗位”且“连续计算工龄、教龄，不再实行试用期”。其七，关注特岗教师的职业晋升与发展。如：从政策实施之初就明确该计划的实施与“农村学校教育硕士师资培养计划”相结合，符合条件的特岗教师可以推荐免试攻读硕士研究生，特岗教师的3年聘期视同“农村学校教育硕士师资培养计划”要求的三年基层教学实践，为特岗教师学历晋升畅通了路径。2013 年，强调“落实服务期满特岗教师报考硕士研究生、党政机关公务员等一系列优惠政策”。其八，注重强化特岗教师的归属感与荣誉感。2018 年起，国家开始推行《“农村义务教育阶段学校教师特设岗位计划”教师服务证书》的发放工作，这一证书是对《乡村教师支持计划（2015—2020）》提出的“建立乡村教师荣誉制度”的有效呼应，关联着服务期满特岗教师的相关优惠政策的承接和落实，该证书的发放与管理工作，既有助于特岗教师管理的科学化、规范化发展，也有助于强化特岗教师的归属感与荣誉感。

四、宣传与督查

自“特岗教师计划”实施以来，各级教育主管部门通过各种方式加强政策及配套制度的宣传，如通过门户网站平台发布工作通知、实施方案、特岗教师统计数据、特岗教师感人事迹及优秀事例、各地实施“特岗教师计划”成效的宣传报道等，以及通过在教育系统内部组织相关人员学习了解“特岗教师计划”文件及配套政策、开展政策宣讲活动等，促使政策在高校毕业生及其家长等相关人员中有较高的认知度，吸引广大学生关注并参与特岗教师招募、投身中西部农村义务教育。随着“特岗教师计划”的持续深入实施，国家逐步建立起专门系统“特岗教师管理服务信息系统”，不断加强特岗教师的管理与服务，促使相关信息的上传、下达越来越方便、快捷、高效，管理部门对相关信息的掌握和使用也更加直接有效。近年来，国家还逐步加强了对“特岗教师计划”施行工作的监督和检查，尤其是对重要环节（是否按照核定计划和岗位要求开展招聘，工资是否按时足额发放，“五险一金”是否按规缴纳，服务期满教师的入编办理情况等）进行督查，对于不能按时完成特岗教师招聘任务的，将在下一年核减设岗名额；对于工作落实不到位、相关保障政策落实存在问题的，将严肃处理，并要求及时整改。2020 年，教育部教师工作司任友群司长明确指出，“下一步将结合国家战略需要，科学合理优化实施范围，进一步扩大政策效应，不断健全政策监控体系，加强相关工作的监管和督导。”①

① 教育部：特岗教师三年服务期满后留任率 85% ［EB/OL］. http：//www. moe. gov. cn/fbh/live/2020/52439/mtbd/202009/t20200904_ 485338. html.

五、实施成效

2020 年 9 月 4 日，在教育部新闻发布会上，教师工作司任友群司长介绍，“特岗计划实施以来，中央财政累计投入资金 710 亿元，累计招聘 95 万特岗教师，覆盖中西部省份 1000 多个县，3 万多所农村学校，特岗教师三年服务期满以后留任率达到 85% 以上。95% 的特岗教师是在乡镇及以下的学校任教，其中 30% 是在村小和教学点，这是中国最基层的教学点，直接服务于我国边远贫困地区义务教育阶段的最薄弱的区域和人群。特岗教师中，本科学历的达到 80% 以上，平均年龄 25 岁左右，显著改变了边远乡村学校教师老龄化的状况。”① 由此可见，“特岗教师计划”的实施，在全国范围取得了显著成效，为促进义务教育均衡发展做出了积极贡献。

第二节 云南省实施“特岗教师计划”的概况

本节主要从实施范围、组织机制、工作原则、招聘对象、招聘程序、笔试、面试、教师管理、岗前培训、工资福利、实施成效等方面对云南省实施“特岗教师计划”的情况进行简要概述，为后续总结分析滇西边境山区实施政策的经验与成效、分析问题与原因、提出对策与建议等提供参考。

一、实施范围

云南省实施“特岗教师计划”的范围，主要是以西部地区“两基”攻坚县（市、区）为主，兼顾有特殊困难的边境县（市、区），少数民族自治县和少小民族聚居县（市、区）。

二、组织机制

省教育主管部门根据全省各州市申报中央特岗计划的情况，将年度招聘指标下达给各州市教育主管部门，由各州、市、县、区按照计划招聘指标编制岗位计划报省教育主管部门，再由省教育主管部门发布招聘公告，同时各地也及时向社会公布本地区招聘公告和岗位。各地考生统一登录“云南省招考频

① 教育部：特岗教师三年服务期满后留任率 85%［EB/OL］. http：//www. moe. gov. cn/fbh/live/2020/52439/mtbd/202009/t20200904_ 485338. html.

道—云南省招生考试工作网”进行报名，经资格审核通过后自行打印准考证，并在规定时间（一般是在6—7月）在报考岗位所在州市参加笔试。笔试结束后，各县、区教育主管部门结合招聘计划和笔试成绩确定笔试最低合格分数线，一般按照1∶2的比例确定进入资格复审人员名单并公布（免笔试考生不占比例直接进入资格复审），资格复审出现放弃或不合格人员的岗位，在最低控制线以上，按照岗位笔试成绩从高到低顺序依次递补，递补后仍未达到面试比例的岗位不再递补、可据实面试。通过资格复审的考生，由报考岗位所在县、区教育主管部门负责组织面试。面试结束后，按综合成绩从高到低的顺序与招考岗位数等额确定拟进入考察人员（综合成绩并列时，一般以笔试成绩确定排名先后；若综合成绩并列且笔试面试成绩均相同时，再组织一次面试，并按后组织的面试成绩高低确定拟考察人员）。县、区教育主管部门按考生考试和考察结果等额确定进入体检人员并组织体检（体检出现个人放弃、体检不合格或合格后又放弃等情形的，可按岗位总成绩及进入该环节人员须具备的条件进行递补），并对经体检合格的拟录用人员进行考察（主要是对其人事档案、诚信档案、思想政治表现、道德品质、业务能力、工作实绩、廉政等进行调阅和考察），考察不合格者、不得参与后续的招聘过程，填报信息不实或提供虚假证明者、不予录用，考察合格者，可以按照综合成绩高低在招聘岗位中进行择优选岗。拟聘特岗教师名单经县、区人民政府网站向社会公示，公示期满无异议的，由县、区教育主管部门报州、市教育主管部门和省教育主管部门逐级审定。拟聘名单经审定后，由县、区教育主管部门与拟聘特岗教师签订《云南省“农村义务教育阶段学校教师特设岗位计划”教师聘用合同书》，办理相关聘用手续，并组织岗前培训（内容主要包括师德教育、新课程理念、教材教法以及履行职责的基本要求等，培训时间因地而异、一般不少于45学时，培训采用线上与线下集中培训相结合的方式进行），经岗前培训后，特岗教师由县、区教育主管部门派遣到设岗学校，由学校安排教育教学工作和进行日常管理，但特岗教师的岗位、人事关系由县、区教育主管部门统一管理。

三、工作原则

一是设岗原则：按需求设岗，即根据编制总额以及当年进人计划来制定特岗教师招聘计划，根据义务教育阶段学校的学科教师需求来设置岗位。由省教育主管部门将年度招聘指标下达给各州市教育主管部门，由各州、市、县、区按照计划招聘指标编制岗位计划并上报省教育主管部门审核、发布公告，原则上要求招聘岗位设置到县、学段、学科，优先保障教学点、村小等乡村学校及其紧缺学科教师需求，同时要结合专任教师结构性缺员的实际情况，优先满足农村教师特别是音乐、体育、美术、信息技术、英语、心理健康等紧缺学科专任教师需求。

二是安排原则：特岗教师计划的设置是相对集中的，一般每年在 1 个县（市、区）成批安排，1 所学校依次安排的特岗教师不低于 3 人，原则上安排在县（市、区）以下的农村初中，并对乡镇中心校适当照顾。人口较少的边境县、少数民族自治县和少小民族聚居县（市、区），特岗教师可安排在农村生源占 60% 左右的县城学校，即报考少数民族聚居地的特岗教师可安排在农村学生占 60% 左右的县城学校任教。

三是招聘原则：特岗教师的选聘工作由省教育厅、财政厅、人事厅、编办等相关部门协同组织，各州、市、县、区教育主管部门分工负责、具体组织实施，按照“公开、公正、公平、自愿、择优”和三定（定县、定校、定岗）的原则进行，实行公开招聘、合同管理的办法，合同由设岗学校所在县、区教育主管部门与特岗教师签订，合同中详细阐明用人单位和受聘人员双方的权利和义务。

四、招聘对象

云南省“特岗教师计划”的招聘对象要求（见表 4－4）基本上和国家要求相一致，差异主要体现在以下四个方面：一是贯彻向师范生倾斜的原则。从 2006 年起，云南省就明确“可以招少量师范类专业专科毕业生”。二是对应届生和往届生做了区别对待，对往届生的报考条件要求要更高、更严一些。如：2007 年，明确“可招聘应届全日制专科毕业生，但不得招聘非应届的专科毕业生。”2010 年，明确应聘的往届生须“取得教师资格、具有一定教育教学实践经验、年龄在 30 周岁以下”。三是强调应聘者的教师资格、教学经验或教师专业能力。如：2006 年，明确“取得教师资格或有教师资格考试合格证，参加过大学生志愿服务西部计划、有从教经历的志愿者和参加过半年以上实习支教的师范院校本科毕业生，同等条件下优先聘用。”2021 年，明确要求“拟聘人员在办理录用手续前须取得报考岗位要求的教师资格证书，须持证上岗”。四是向边远地区生源倾斜。如：2021 年，招聘计划明确提出“边远艰苦地可向本地生源倾斜。”

表4-4　云南省"特岗教师计划"的招聘条件

年份	年龄	条件	其他
2006年	30岁以下	以高等师范院校和其他全日制普通高校本科毕业生为主，可招少量师范类专业专科毕业生。	取得教师资格或教师资格"两学"考试合格证，参加过"大学生志愿服务西部计划"、有从教经历的志愿者和参加过半年以上实习支教的师范院校本科毕业生同等条件下优先聘用。
2007年-2009年		1. 应届生：以高等师范院校和其他普通高校全日制应届本科毕业生为主。 2. 往届生：可招年龄在30周岁以下的普通高校全日制往届本科毕业生。专招本科生岗位可招聘应届全日制专科毕业生，但不得招聘非应届的专科毕业生。	
2010年-2020年		1. 应届生：全日制普通高校应届本科及以上毕业生；全日制普通高校应届师范类专业专科毕业生（必须是特殊紧缺学科，不超过州、市年度总招聘数的30%）。 2. 往届生：取得教师资格、具有一定教育教学实践经验、年龄在30周岁以下的全日制普通高校往届本科及以上毕业生。	参加过"大学生志愿服务西部计划"、有从教经历的志愿者和参加过半年以上实习支教的师范院校本科毕业生同等条件下优先聘用；申请到国家扶贫开发工作重点县、边境县、民族自治县农村学校服务的师范院校师范类专业本科毕业生、全日制硕士及以上毕业研究生，可免笔试，直接进入面试考核录用。
2021年		1. 以普通高校本科及以上毕业生为主，鼓励师范类专业本科毕业生应聘，可适当招聘三年内毕业的师范类高等专科毕业生。 2. 面向全国招聘，边远艰苦地可向本地生源倾斜。	已取得教师资格证的考生，应具有与报考岗位要求一致的教师资格证；暂未取得教师资格证书的人员，可持在有效期内的《中小学教师资格考试合格证明》或笔试合格成绩，严格"持证上岗"，此类拟聘人员在办理录用手续前须取得报考岗位要求的教师资格证书。

五、招聘程序

云南省"特岗教师计划"的招聘一般遵循以下流程进行（见表4-5）：省级教育主管部门发布特岗计划招聘指标；各州市县区教育主管部门编制岗位计划并上报审核；各级教育主管部门发布特岗教师招聘公告；考生报名，经资格审核通过后，打印准考证，参加笔试；公布笔试成绩；征集志愿；面试；体检；公布拟录名单；岗前培训；上岗任教。

表 4-5 云南省"特岗教师计划"的招聘程序

程序	相关内容
云南省教育厅发布中央特岗教师计划招聘指标的通知	明确全省的特岗教师指标分配、招聘工作要求等。
各州、市、县、区教育主管部门发布特岗教师招聘公告	公布特岗教师招聘人数、招聘条件、对象。
考生报名	现场报名、网上报名。
审核报名资格	资格审查单位一般在报考人员报名两日内提出资格审查意见。报考申请通过资格审查的，不能再改报其他岗位；未通过资格审查的，可以改报其他岗位。
打印准考证	考生登录云南省招考频道－云南省招生考试工作网，按照系统提示打印准考证。
笔试	考生在设岗学校所在州市参加笔试（闭卷考试）。
公布成绩	考生可通过云南省招考频道－云南省招生考试工作网的相关栏目查询笔试成绩。
征集志愿	当招聘计划有剩余时，省教育厅可根据实际情况组织志愿征集工作，公布剩余招聘计划数，考生在报名系统内再次填报志愿，并在规定时间内参加面试。
面试	由州、市、县、区教育体育局按照职责分工和有关规定组织面试，一般以分学科说课或讲课形式，重点考察应聘人员的教育教学能力，当场评分。
体检并公布名单	按笔试、面试总成绩从高到低确定拟聘人员，汇总填写《云南省特岗教师公开招聘总成绩登记表》，报送省教育厅核准后，方可组织拟聘人员进行体检。体检合格后，向社会公示拟聘人员名单。公示时间为7天，无检举即可办理聘用手续，签订《云南省"农村义务教育阶段学校教师特设岗位计划"教师聘用合同书》，向省教育厅报送。
岗前培训	由各设岗县、区教育体育局负责组织岗前集中培训。
上岗任教	由县、区教育体育局负责派遣特岗教师到设岗农村学校进行任教。

六、笔试要求

从2006年至今，云南省特岗教师的笔试要求主要发生了三次变化（见表4－6所示），从一开始的综合笔试考核（满分为100分，内容包括公共管理基础知识、教育学、教育心理学），到2007年的闭卷考试（满分为150分，含专业基础知识100分、教法技能50分），再到2008年的"差异化"学科考试

(满分为100分，含所报考学科的专业基础知识80分，教育学、教育心理学知识20分)，再到2014年至今的“差异化”学科笔试(满分为120分，含报考学科的专业基础知识100分，教育学、教育心理学知识20分)，反映出云南省对特岗教师招聘笔试的不断探索、改革、优化与完善，旨在通过笔试更好的选拔出具有较高学科能力和专业水平、较强教师潜质的优秀毕业生到农村义务教育阶段学校任教。

表4-6　云南省“特岗教师计划”的笔试要求

年份	笔试分值及内容
2006年	笔试成绩100分。综合试卷，包括公共管理基础知识、教育学、教育心理学，命题范围为高等师范院校专业课教材。
2007年	笔试为闭卷考试，满分为150分，100分为专业基础知识，50分为教法技能。命题范围为高等师范院校相关学科教材，命题体现岗位和学科特点和规律，符合实施素质教育的要求和基础教育课程改革的方向，重点考察应聘人员的综合专业知识水平和能力。
2008—2013年	笔试成绩满分为100分，其中80分为报考学科的专业基础知识，20分为教育学、教育心理学知识。笔试以《云南省特岗教师招聘考试大纲》为依据，命题体现实施素质教育要求和基础教育课程改革的方向，重点考察应聘人员的综合专业知识水平和能力。
2014—2021年	笔试成绩满分为120分，其中100分为报考学科的专业基础知识，20分为教育学、教育心理学知识。笔试以《云南省特岗教师招聘考试大纲》为依据，命题体现实施素质教育要求和基础教育课程改革的方向，重点考察应聘人员的综合专业知识水平和能力，其中教育学、教育心理学部分的内容参照教育部人事司、教育部考试中心制定的中小学教师资格考试用的《教育学考试大纲》和《教育心理学考试大纲》。

七、面试要求

2006年至今，云南省特岗教师的面试要求主要体现两大变化（见表4-7）：一是面试的组织越来越规范，力求更加公正公平。从2006年的相对比较放任（“由县教育局组织、方案另定”），到2008年开始要求“面试考官由各州（市）、县（市、区）采取异地交流和临时派遣；面试考生实行代码制；面试考官对面试考生的组合实行抽签”。二是面试的内容越来越专业，注重考查应聘者的教育教学能力。从2007年起，明确“面试参照当地现行教师面试办法制定，以分学科说课或讲课形式，重点考察应聘人员的教育教学能力”。

表 4-7 云南省“特岗教师计划”的面试要求

年份	面试安排及内容
2006 年	由县教育局组织，方案另定。
2007 年	满分为 100 分。面试内容由组织面试的州（市）教育局参照当地现行教师面试办法自定，以分学科说课或讲课形式，重点考察应聘人员的教育教学能力，当场评分。
2008—2021 年	满分为 100 分。面试考官由各州（市）、县（市、区）采取异地交流和临时派遣；面试考生实行代码制；面试考官对面试考生的组合实行抽签。面试工作由各州（市）组织县（市、区）开展，面试内容由组织面试的州（市）教育局参照当地现行教师面试办法自定，以分学科说课或讲课形式，重点考察应聘人员的教育教学能力，当场评分。

八、岗前培训

特岗教师的岗前培训一般是由各州市教育局负责统筹安排，具体由各设岗县、区教育主管部门来负责组织实施，岗前培训内容主要包括师德教育、新课程理念、教材教法、履行职责的基本要求等，培训往往采用线上培训和线下集中培训相结合的方式进行。岗前培训的时间，各州市要求不统一，主要由当地教育局决定，按学时来进行计算，一般都不少于 45 学时（各州市的学时要求也有差异），明确规定拟聘人员岗前培训必须达到合格及以上等次方能聘用上岗、不参加培训者不予聘用。

九、聘期管理

一是合同管理。特岗教师实行合同管理，由县级人事、教育行政部门与教师签订聘任合同，合同中明确规定双方的权利和义务。二是年度考核。三年聘期内，县级教育行政部门负责对特岗教师的管理和考核。考核每年进行一次，对成绩突出、表现优秀的特岗教师给予表彰；对不按合同要求履行义务的，及时进行批评教育，督促改正；对不适合继续在教师岗位工作的，根据合同协议予以解聘并取消其享受的相关待遇。三是户籍管理。在聘任期内，特岗教师的户口可根据本人意愿，既可留在原籍，也可以迁往受聘市县；档案关系统一转至任教学校所在地的县级教育行政部门。四是期满管理。鼓励特岗教师期满后继续留任从事农村教育。对愿意留在当地学校任教的，由县级教育行政部门负责落实工作岗位，留任教师的工资发放纳入当地财政统筹；对重新择业的，各地教育行政部门为其重新选择工作岗位提供方便条件和必要帮助；对于期满后报考服务基层项目专门岗位的，同等条件下优先录取、计算其特岗教师工作经验（经历）；对于有学历晋升需求的，提供推荐免试攻读教育硕士的机会。

十、福利待遇

实施“特岗教师计划”以来，云南省各州市均严格执行国家统一的特岗教师工资补助标准，津贴、补贴等则由各州市根据当地同等条件公办教师年收入水平综合确定，全省各地均认真落实“与当地公办教师享受同等待遇”的要求，落实地方性各项保障政策，激励特岗教师长期在农村从教。此外，2020年，云南省还按各地实际聘用人数对聘用的特岗教师发放了一次性就业补贴，一次性就业补贴发放标准为：招聘在昆明市的，每人一次性发放5000元；招聘在曲靖市、楚雄州、大理州、红河州的，每人一次性发放20000元；招聘在昭通市、文山州、普洱市、保山市、德宏州、临沧市的，每人一次性发放30000元；招聘在怒江州的，每人一次性发放40000元。由于工资福利待遇切实有保障，这使得全省特岗教师服务期满后正式入编入职的留任率长期保持在95%左右，长期高于全国平均留任率10个百分点左右①。根据2019年1月8日《教育部办公厅关于2018年农村义务教育阶段学校教师特设岗位计划实施情况的通报》，云南省2015年、2016年、2017年的特岗教师留任率分别为95.5%（同年全国留任率为90.2%）、98.7%（同年全国留任率为94.4%）、99.6%（同年全国留任率为97.4%），均高于同年全国特岗教师留任率。

十一、实施成效

根据云南省教育厅公布的数据，在2006—2020年间，云南省共招聘特岗教师8.62万名，获得中央财政补助特岗教师工资经费63.29亿元。特岗教师分布在全省各地义务教育学校，重点是在乡村义务教育学校，有力促进了全省义务教育专任教师队伍数量和结构的优化。2019年，特岗教师（在服务期内及服务期后留任）占全省义务教育学校专任教师的23%，占全省农村义务教育学校专任教师的29%；全省初中专任教师本科及以上学历占比88.31%，比2005年的32%提高了56.31个百分点；全省小学专任教师本科及以上学历占比53.39%，比2005年的3.23%提高50.16个百分点。

---

① 云南特岗教师成农村校生力军［EB/OL］. http://www.moe.gov.cn/jyb_xwfb/s5147/202009/t20200921_489314.html.

第五章 滇西边境山区实施“特岗教师计划”的绩效评估

本章以调研获取的滇西边境山区在2006年—2020年实施“特岗教师计划”的相关指标数据，运用前文研究得到的“特岗教师计划”绩效评估指标体系模型，对政策绩效进行评估，分析“特岗教师计划”在滇西边境山区实施的政策效果、政策效益、政策效率和公平性，为后续梳理总结政策实施过程中的典型经验，剖析政策实施过程中存在的困难与问题，提出优化政策的路径措施等提供重要依据。

第一节 绩效评估数据的获取及处理

一、绩效评估数据的获取

对滇西边境山区实施“特岗教师计划”进行绩效评估时，云南省及滇西边境山区10州市的教育基本状况数据主要通过查阅云南省统计年鉴及教育事业发展统计公报、各州市统计年鉴及教育事业发展统计公报、各州市国民经济和社会发展统计公报等获取，绩效评估指标中一部分定量指标（E111 招募特岗教师人数、E221 特岗教师的留任率）的数据主要来自对各地教育主管部门的实地调研，以及查阅省、州、市、县、区的特岗教师招聘录用公告，另一部分定量指标（E211 特岗教师的成本收益比、E212 国家的成本收益比）的数据则是依据对“特岗教师计划”利益相关者的问卷调查和云南省统计年鉴及教育事业发展统计公报数据，运用第三章第三节“特岗教师计划绩效评估指标分值的计算”中的相关公式计算得到，所有定性指标的数据主要是通过对“特岗教师计划”利益相关者的问卷调查获得。调查问卷发放的对象包括特岗教师（843人）、教育主管部门的领导和工作人员（95人）、设岗学校的领导和非特岗教师（123人）、设岗学校学生（1039人）。此外，课题组依据《“特岗教师计划”访谈提纲》（附录5）对52名特岗教师、20名教育主管部门领导和工作人员、27名中小学校校长或副校长进行了访谈。

2006年—2020年，云南省累计招聘特岗教师86200人，其中，非滇西边境山区的6州市（昆明市、曲靖市、玉溪市、昭通市、文山州、迪庆州）招聘50210人（占比58.25%），滇西边境山区10州市共招聘35990人（占比41.75%），滇西边境山区10州市招聘特岗教师数和占比按数值大小排序如下（见图5-1、图5-2）：红河州10569人（占比29.37%）、保山市7831人（占比21.76%）、临沧市5037人（占比14.00%）、大理州3754人（占比10.43%）、普洱市2390人（占比6.64%）、德宏州2327人（占比6.46%）、版纳州2045人（占比5.68%）、怒江州969人（占比2.69%）、楚雄州658人（占比1.83%）、丽江市410人（占比1.14%）。

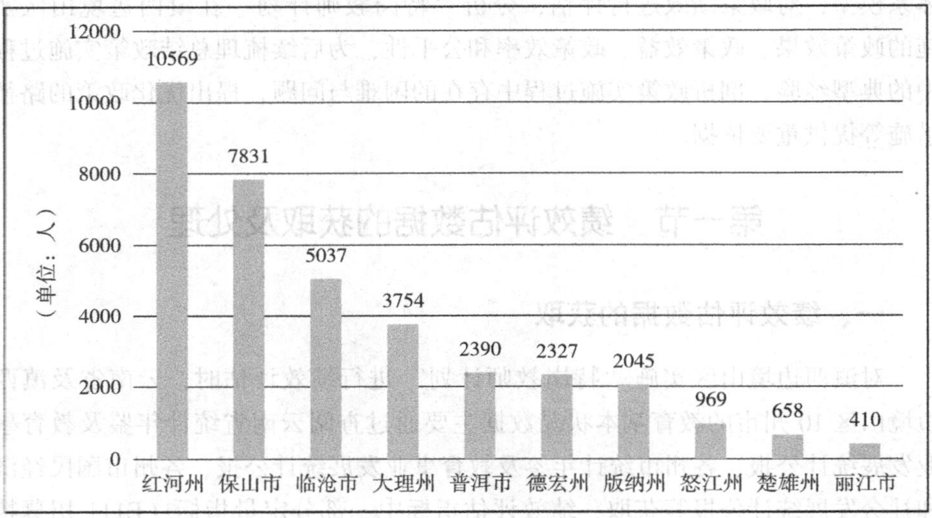

图5-1 滇西边境山区10州市特岗教师招聘人数条形图

二、绩效评价数据的处理与分析

运用Excel2010、SPSS Statistics26对调查获取的数据进行频数、均值、相关性等统计学分析，其中，数据的处理与转换依据第三章第三节“特岗教师计划绩效评估指标分值的计算”中“政策绩效的评价标度”“定量数据的处理”和“定性数据的处理”“政策绩效评估总分的计算”等内容阐述的方法进行，以确保数据处理的科学性、合理性、有效性和内部统一性。

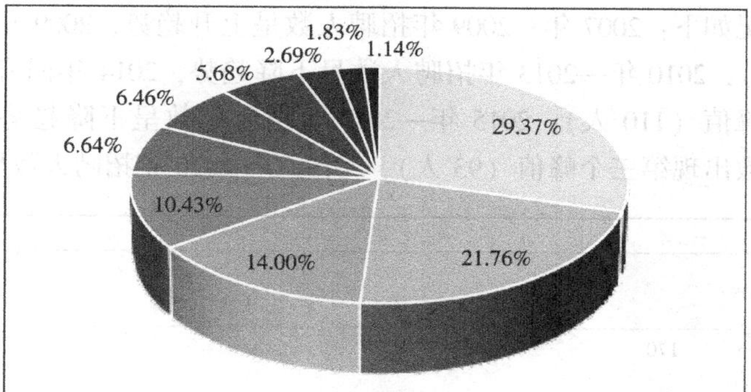

图 5－2　滇西边境山区 10 州市特岗教师招聘人数饼图

第二节　楚雄州实施"特岗教师计划"的绩效评估

一、政策效果

楚雄彝族自治州（简称楚雄州）辖 1 个县级市和 9 个县，分别是楚雄市、双柏县、牟定县、南华县、姚安县、大姚县、永仁县、元谋县、武定县和禄丰县。截至 2019 年 12 月，全州有普通初中 112 所（含 14 所九年一贯制学校），普通小学 679 所、教学点 206 个（含一师一校点 9 个）；初中在校生 83587 人（其中农村在校生 70471 人），小学在校生 153636 人（其中农村在校生 130907 人），初中专任教师 6763 人，小学专任教师 10922 人，初中生师比为 12.36，小学生师比为 14.07；小学教师本科及以上学历占比 48.33%，初中教师本科及以上学历占比 89.37%；小学毕业生升学率为 99.13%，初中毕业生升普通高中占比 54.87%，九年义务巩固率为 98.20%①。

楚雄州于 2007 年开始招聘特岗教师，首年仅武定县招聘了 28 名特岗教师，累计招聘特岗教师 658 人，各县市依据招聘特岗教师数量由多到少排列见图 5－3：楚雄市 205 人、双柏县 170 人、禄丰县 71 人、牟定县 65 人、姚安县 45 人、南华县 40 人、武定县 38 人、永仁县 24 人、元谋县和大姚县 0 人。

全州招聘特岗教师数量的年度分布情况如图 5－4 所示：最多的年份（2014 年）招聘了 110 人，最少的年份（2012 年、2013 年）招聘了 20 人，2009 年、2014 年、2018 年是三个招聘人数较多的年份，也是招聘人数变化的拐点；

① 2019 年云南教育事业统计摘要（云南省教育厅，2020 年 1 月）

具体变化情况如下：2007 年—2009 年招聘人数呈上升趋势，2009 年出现第一个峰值（77 人）；2010 年—2013 年招聘人数呈下降趋势，2014 年回升、招聘人数出现第二个峰值（110 人）；2015 年—2017 年招聘人数呈下降趋势，2018 年回升、招聘人数出现第三个峰值（93 人），2019 年—2020 年招聘人数呈下降趋势。

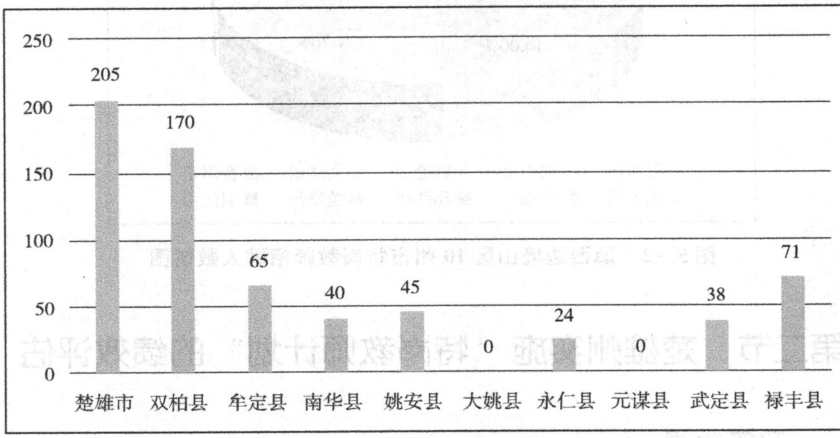

图 5－3 楚雄州各县市招聘特岗教师人数

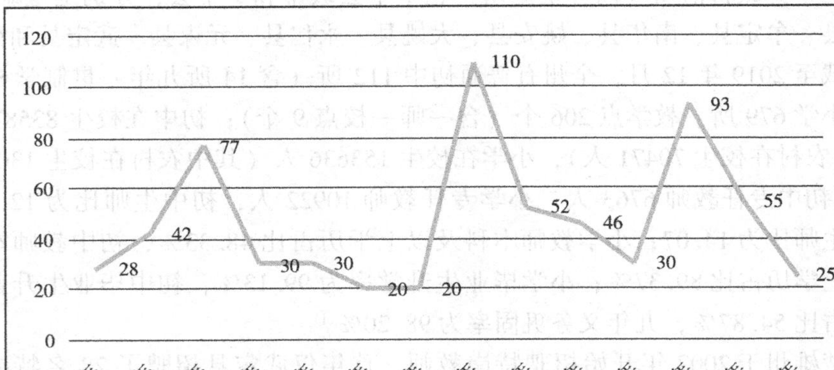

图 5－4 楚雄州招聘特岗教师数的年度分布情况

从全州招聘特岗教师的学段及学科分布见图 5－5、图 5－6 和图 5－7：（1）在小学任教 453 人（占比 68.84%），其中，语文 97 人，数学 82 人，英语 89 人，音乐 61 人，体育 57 人，美术 67 人；（2）在初中任教 190 人（占比 28.88%），其中，语文 20 人，数学 27 人，英语 34 人，物理 11 人，化学 10 人，生物 7 人，政治 10 人，历史 7 人，地理 8 人，音乐 13 人，体育 16 人，美术 13 人，信息技术14人；（3）还有15人（占比2.28%）在幼儿园从事学前教育工作。

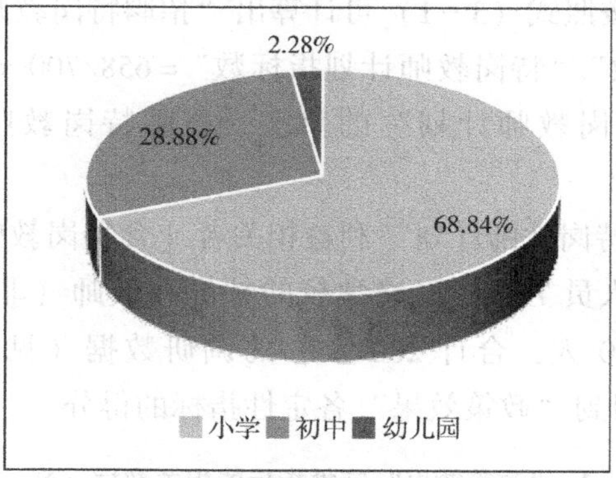

图5－5 楚雄州招聘特岗教师的学段分布

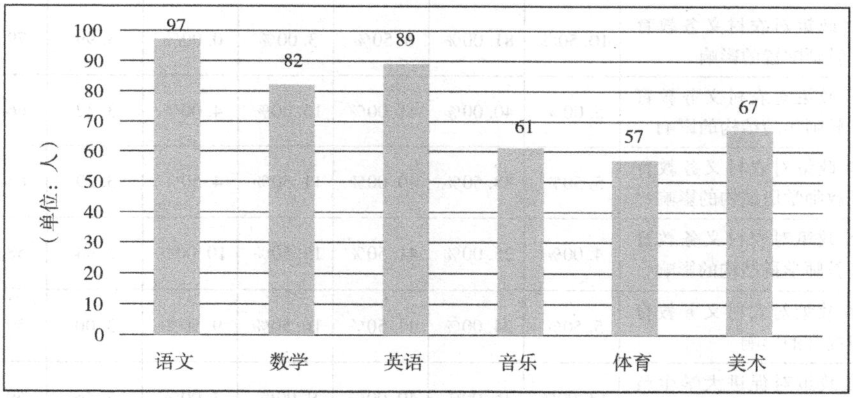

图5－6 楚雄州小学学段任教特岗教师的学科分布

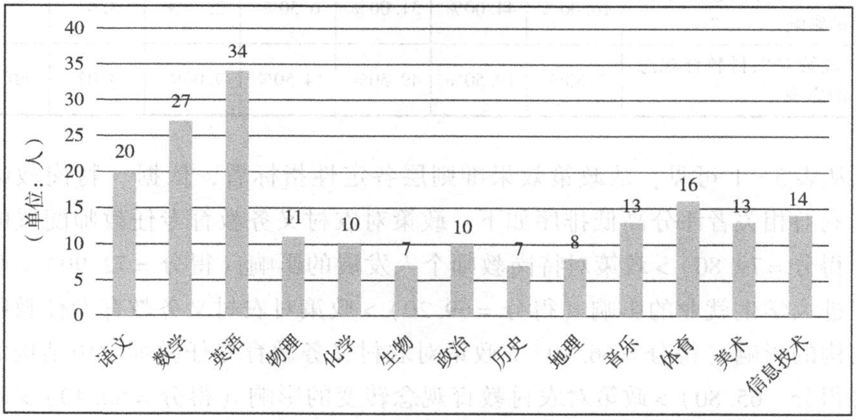

图5－7 楚雄州初中学段任教特岗教师的学科分布

根据上述全州招聘特岗教师人数和当地教育主管部门提供的累计特岗教师招聘计划指标数，按照式（3－1）可计算出“招聘特岗教师人数”指标得分：“招聘特岗教师人数”/“特岗教师计划指标数”＝658/700×100＝94.00，反映当地积极推进“特岗教师计划”的落实，招聘特岗教师数达到计划指标的94%。

根据对当地“特岗教师计划”利益相关者［含特岗教师83人、教育主管部门的领导和工作人员7人、设岗学校的领导和教师（非特岗教师）10人、设岗学校的学生100人，合计200人］的调研数据（见表5－1），依据式（3－3）可以计算得到“政策效果”各定性指标的得分。

表5－1 “政策效果”定性指标的相关数据（N＝200）

三级指标（定性）	5 非常大	4 比较大	3 一般	2 比较小	1 非常小	原始评分	计算得分
E112 政策对农村义务教育专任教师配置的影响	10.50%	81.00%	5.50%	3.00%	0.00%	3.99	79.80
E113 政策对农村义务教育专任教师年龄结构的影响	5.00%	40.00%	41.00%	10.00%	4.00%	3.32	66.40
E114 政策对农村义务教育专任教师学历结构的影响	5.50%	38.50%	40.00%	11.50%	4.50%	3.29	65.80
E115 政策对农村义务教育专任教师学科结构的影响	4.00%	25.00%	41.50%	19.50%	10.00%	2.94	58.70
E116 政策对农村义务教育质量提升的影响	5.50%	24.00%	44.50%	16.50%	9.50%	3.00	59.90
E121 政策对促进大学生就业的影响	13.00%	35.00%	40.00%	9.00%	3.00%	3.46	69.20
E122 政策对特岗教师个人发展的影响	16.00%	44.00%	31.00%	6.50%	2.50%	3.65	72.90
E123 政策对农村教育观念转变的影响	7.50%	19.50%	49.50%	14.50%	9.00%	3.02	60.40

从表5－1可见：从政策效果准则层各定性指标看，依据“特岗教师计划”利益相关者评分高低排序如下：政策对农村义务教育专任教师配置的影响（得分＝79.80）＞政策对特岗教师个人发展的影响（得分＝72.90）＞政策对促进大学生就业的影响（得分＝69.20）＞政策对农村义务教育专任教师年龄结构的影响（得分＝66.40）＞政策对农村义务教育专任教师学历结构的影响（得分＝65.80）＞政策对农村教育观念转变的影响（得分＝60.40）＞政策对农村义务教育质量提升的影响（得分＝59.90）＞政策对农村义务教育专任

教师学科结构的影响（得分 = 58.70）。

根据各指标的权重可以计算得到政策效果各二级指标得分和总分（见表 5－2）。

表 5－2 “政策效果”绩效评估数据

<table>
<tr><th>三级指标</th><th>三级指标得分</th><th>三级指标权重值/W_i</th><th>二级指标及权重值（W_i）</th><th>二级指标得分（对应百分值）</th><th>一级指标及权重值（W_i）</th><th>一级指标得分（对应百分值）</th></tr>
<tr><td>E111 招募特岗教师人数</td><td>94.00</td><td>0.0340</td><td rowspan="6">教育发展（W_i = 0.1511）</td><td rowspan="6">11.20（74.10）</td><td rowspan="9">政策效果（W_i = 0.2350）</td><td rowspan="9">16.85（71.70）</td></tr>
<tr><td>E112 政策对农村义务教育专任教师配置的影响</td><td>79.80</td><td>0.0300</td></tr>
<tr><td>E113 政策对农村义务教育专任教师年龄结构的影响</td><td>66.40</td><td>0.0172</td></tr>
<tr><td>E114 政策对农村义务教育专任教师学历结构的影响</td><td>65.80</td><td>0.0193</td></tr>
<tr><td>E115 政策对农村义务教育专任教师学科结构的影响</td><td>58.70</td><td>0.0254</td></tr>
<tr><td>E116 政策对农村义务教育质量提升的影响</td><td>59.90</td><td>0.0252</td></tr>
<tr><td>E121 政策对促进大学生就业的影响</td><td>69.20</td><td>0.0252</td><td rowspan="3">社会效应（W_i = 0.0839）</td><td rowspan="3">5.65（67.38）</td></tr>
<tr><td>E122 政策对特岗教师个人发展的影响</td><td>72.90</td><td>0.0291</td></tr>
<tr><td>E123 政策对农村教育观念转变的影响</td><td>60.40</td><td>0.0296</td></tr>
</table>

从表 5－2 可见：（1）楚雄州实施“特岗教师计划”的政策效果评分为 16.85 分（对应百分值为 71.70 分），其中，“教育发展”指标得分 11.20 分（对应百分值为 74.10 分），“社会效应”指标得分 5.65 分（对应百分值为 67.38 分）。（2）根据本研究选取的绩效评价等级标度｛5. 优，4. 良，3. 中，2. 低，1. 差｝以及绩效评价 5 等级赋值系数｛100，80，60，40，20｝，可以判断当地实施“特岗教师计划”的政策效果为良等（60 < 得分 = 71.70 < 80），且政策对“教育发展”（60 < 得分 = 74.10 < 80）的促进作用，以及政策的“社会效应”（60 < 得分 = 67.38 < 80）也处于良等。

二、政策效率

根据云南省统计年鉴（2020 年）查阅的楚雄州事业单位职工平均工资（10.67 万元），以及对当地特岗教师（83 人）调查得到特岗教师年均消费支出（6.36 万元），依据式（3－2）可以计算得到“特岗教师的成本收益比”指标得分：“城镇单位（事业）职工平均工资”/受试地“特岗教师年均消费支出”×100（百分制）＝10.67/6.36×100＝167.77＞100 分（最终计算政策绩效总分时，该指标取百分制上限即 100 分），反映对于当地特岗教师而言，政策的“特岗教师的成本收益比”较好，处于优等（100＜得分＝167.77）。

根据云南省教育事业统计（2020 年）查阅的楚雄州小学生师比（14.07）、小学毕业生升学率（99.13%）、初中毕业生升普通高中占比（54.87%）、普通高中应届毕业生升学率（77.55%）①，依据式（3－2）可以计算得到“国家的成本收益比”指标得分＝受试地“特岗教师政策收益”影子价格/受试地“特岗教师政策投入成本”×100（百分制）＝受试地 1 个特岗教师在三年履约期内培养产出 1 个大学生（本科）的概率×100（百分制）＝受试地［1（特岗教师）×“小学师生比”×“小学毕业生升学率”×“初中毕业生升学率”×“普通高中应届毕业生升学率”］×3 年（特岗教师履约期）/4 年（教育类本科生平均学年）×100（百分制）＝1×14.07×99.13%×54.87%×77.55%×3/4×100＝445.12＞100 分（最终计算政策绩效总分时，该指标取百分制上限即 100 分），反映对当地实施“特岗教师计划”而言，“国家的成本收益比”较好，处于优等（100＜得分＝445.12）。

根据对当地教育主管部门的调研，得到当地特岗教师历年平均留任率约为 95%，依据式（3－1）计算得到“特岗教师的留任率”指标得分＝受试地“特岗教师留任率”/100%（目标值）×100（百分制）＝95%/100%×100＝95。

结合调研数据，依据式（3－3）可以计算得到“政策效率”定性指标的得分（见表 5－3）。

---

① 备注：在调研过程中，各州市出于谨慎，均不愿意提供本地“普通高中应届毕业生升学率”数据，且在云南省统计年鉴和云南省教育发展公报等材料中也均没有该数据。经咨询专家，各州市的该指标数据均用云南省的“普通高中应届毕业生升学率”数据。

表 5－3 "政策效率"定性指标的相关数据（N＝200）

三级指标（定性）	5 非常大	4 比较大	3 一般	2 比较小	1 非常小	原始评分	计算得分
E222 政策执行部门的工作效率	10.00%	36.00%	46.00%	5.00%	3.00%	3.45	69.00

综合上述 4 个三级指标得分，结合各指标的权重可以计算得到政策效率各二级指标得分和总分（见表 5－4）。

表 5－4 "政策效率"绩效评估数据

三级指标	三级指标得分	三级指标权重值 $/W_i$	二级指标及权重值（W_i）	二级指标得分（对应百分值）	一级指标及权重值（W_i）	一级指标得分（对应百分值）
E211 特岗教师的成本收益比	100.00	0.0426	经济效率（$W_i=0.1194$）	11.93（99.92）	政策效率（$W_i=0.1989$）	18.66（93.79）
E212 国家的成本收益比	100.00	0.0767				
E221 特岗教师的留任率	95.00	0.0477	执行效率（$W_i=0.0796$）	6.82（85.69）		
E222 政策执行部门的工作效率	69.00	0.0318				

从表 5－4 可见：（1）楚雄州实施"特岗教师计划"的政策效率评分为 18.66 分（对应百分值为 93.79 分），其中，"经济效率"指标得分 11.93 分（对应百分值为 99.92 分），"执行效率"指标得分 6.82 分（对应百分值为 85.69 分）。（2）根据本研究选取的绩效评价等级标度｛5. 优，4. 良，3. 中，2. 低，1. 差｝以及绩效评价 5 等级赋值系数｛100，80，60，40，20｝，可以判断楚雄州实施"特岗教师计划"的政策效率为优等（80＜得分＝93.79＜100），且政策的"经济效率"（80＜得分＝99.92＜100）和"执行效率"（80＜得分＝85.69＜100）也都处于优等。

三、政策效益

结合调研数据，依据式（3－3）可以计算得到"政策效益"各定性指标的得分（见表 5－5）。

表 5－5 "政策效益"各定性指标的相关数据（N＝200）

三级指标（定性）	5 非常高	4 比较高	3 一般	2 比较低	1 非常低	原始评分	计算得分
E311 政策了解程度	25.00%	51.00%	20.00%	2.50%	1.50%	3.96	79.10
E312 政策与其他政策的协调性	9.00%	14.50%	52.50%	17.50%	6.50%	3.02	60.40

续表

三级指标（定性）	5 非常高	4 比较高	3 一般	2 比较低	1 非常低	原始评分	计算得分
E313 政策执行部门的工作态度	27.50%	56.00%	12.50%	1.50%	2.50%	4.05	80.90
E321 学生对特岗教师的满意度	25.00%	50.00%	17.50%	5.00%	2.50%	3.90	78.00
E322 特岗教师对工作的满意度	14.50%	49.00%	18.50%	13.00%	5.00%	3.55	71.00
E323 学校对特岗教师的满意度	20.00%	46.00%	22.50%	10.00%	1.50%	3.73	74.60
E324 公众对政策的满意度	25.00%	58.50%	12.00%	3.00%	1.50%	4.03	80.50

从表5-5可见：从政策效益各定性指标看，依据“特岗教师计划”利益相关者评分高低排序如下：政策执行部门的工作态度（得分=80.90）>公众对政策的满意度（得分=80.31）>政策了解程度（得分=79.10）>学生对特岗教师的满意度（得分=78.00）>学校对特岗教师的满意度（得分=74.60）>特岗教师对工作的满意度（得分=71.00）>政策与其他政策的协调性（得分=60.40）。

根据各指标权重可以计算得到政策效益各二级指标得分和总分（见表5-6）。

表5-6 “政策效益”绩效评估数据

三级指标	三级指标得分	三级指标权重值 $/W_i$	二级指标及权重值（W_i）	二级指标得分（对应百分值）	一级指标及权重值（W_i）	一级指标得分（对应百分值）
E311 政策了解程度	79.10	0.0589	回应度（W_i=0.1285）	9.63（74.97）	政策效益（W_i=0.3342）	25.38（75.97）
E312 政策与其他政策的协调性	60.40	0.0320				
E313 政策执行部门的工作态度	80.90	0.0376				
E321 学生对特岗教师的满意度	78.00	0.0621	满意度（W_i=0.2057）	15.74（76.59）		
E322 特岗教师对工作的满意度	71.00	0.0388				
E323 学校对特岗教师的满意度	74.60	0.0474				
E324 公众对政策的满意度	80.50	0.0574				

从表5－6可见：（1）楚雄州实施“特岗教师计划”的政策效益评分为25.38分（对应百分值为75.97分），其中，“回应度”指标得分9.63分（对应百分值为74.97分），“满意度”指标得分15.74分（对应百分值为76.59分）。（2）根据本研究选取的绩效评价等级标度｛5.优，4.良，3.中，2.低，1.差｝以及绩效评价5等级赋值系数｛100，80，60，40，20｝，可以判断当地实施“特岗教师计划”的政策效益为良等（60＜得分＝75.97＜80），且政策的“回应度”（60＜得分＝74.97＜80）和“满意度”（60＜得分＝76.59＜80）也都处于良等。

四、公平性

结合调研数据，依据式（3－3）可以计算得到政策“公平性”各定性指标的得分（见表5－7）。

表5－7 “公平性”各定性指标的相关数据（N＝200）

三级指标（定性）	5非常大	4比较大	3一般	2比较小	1非常小	原始评分	计算得分
E411特岗教师获得激励、培训、晋升等机会的公平性	35.00%	50.00%	12.00%	1.50%	1.50%	4.16	83.10
E412特岗教师工资待遇与公办教师的同等性	20.00%	35.50%	20.00%	14.50%	10.00%	3.41	68.20
E421大学生报考特岗教师岗位机会的公平性	40.00%	53.00%	6.00%	1.00%	0.00%	4.32	86.40
E422政策对城乡义务教育均衡发展的促进性	30.00%	49.00%	11.00%	5.00%	5.00%	3.94	78.80

从表5－7可见：从政策“公平性”各定性指标看，依据“特岗教师计划”利益相关者评分高低排序如下：大学生报考特岗教师岗位机会的公平性（得分＝86.40）＞特岗教师获得激励、培训、晋升等机会的公平性（得分＝83.10）＞政策对城乡义务教育均衡发展的促进性（得分＝78.80）＞特岗教师工资待遇与公办教师的同等性（得分＝68.20）。

根据各指标的权重可以计算得到公平性各二级指标得分和总分（见表5－8）。

表 5-8 “公平性”绩效评估数据

三级指标	三级指标得分	三级指标权重值/W_i	二级指标及权重值（W_i）	二级指标得分（对应百分值）	一级指标及权重值（W_i）	一级指标得分（对应百分值）
E411 特岗教师获得激励、培训、晋升等机会的公平性	83.10	0.0541	内部公平（W_i=0.1159）	8.71（75.16）	公平性（W_i=0.2319）	18.23（78.61）
E412 特岗教师工资待遇与公办教师的同等性	68.20	0.0618				
E421 大学生报考特岗教师岗位机会的公平性	86.40	0.0507	外部公平（W_i=0.1159）	9.52（82.12）		
E422 政策对城乡义务教育均衡发展的促进性	78.80	0.0652				

从表5-8可见：（1）楚雄州实施“特岗教师计划”的公平性得分为18.23（对应百分值为78.61分），其中，“内部公平”指标得分8.71分（对应百分值为75.16分），“外部公平”指标得分9.52分（对应百分值为82.12分）。（2）根据本研究选取的绩效评价等级标度｛5. 优，4. 良，3. 中，2. 低，1. 差｝以及绩效评价5等级赋值系数｛100，80，60，40，20｝，可以判断当地实施“特岗教师计划”的公平性为良等（60＜得分＝75.97＜80），其中“内部公平”（60＜得分＝75.16＜80）也处于良等，而“外部公平”（80＜得分＝82.12＜100）处于优等。

五、政策绩效

综上所述，依据“特岗教师计划”绩效评估指标体系模型，可以计算得到楚雄州实施“特岗教师计划”的政策绩效（见表5-9）。

表 5-9 楚雄州实施“特岗教师计划”的政策绩效

一级指标	权重值（W_i）	一级指标得分（对应百分值）	绩效得分
E1 政策效果	0.2350	16.85（71.70）	79.12
E2 政策效率	0.1989	18.66（93.79）	
E3 政策效益	0.3342	25.38（75.97）	
E4 公平性	0.2319	18.23（78.61）	

从表5-9可见：楚雄州实施“特岗教师计划”的政策绩效得分为79.12，根据本研究选取的绩效评价等级标度｛5. 优，4. 良，3. 中，2. 低，1. 差｝

以及绩效评价 5 等级赋值系数 {100，80，60，40，20}，可以判断当地实施“特岗教师计划”的政策绩效为良等（60 < 得分 = 79. 12 < 80）。

第三节 保山市实施“特岗教师计划”的绩效评估

一、政策效果

保山市下辖一市一区三县，分别是腾冲市、隆阳区、施甸县、龙陵县和昌宁县。截至 2019 年 12 月，全市有普通初中 90 所（含 9 所九年一贯制学校），普通小学 826 所、教学点 34 个（含一师一校点 11 个）；初中在校生 93670 人（其中农村在校生 78014 人），小学在校生 190380 人（其中农村在校生 160182 人），初中专任教师 7208 人，小学专任教师 11178 人，初中生师比为 13. 00，小学生师比为 17. 03；小学教师本科及以上学历占比 57. 85%，初中教师本科及以上学历占比 92. 99%；小学毕业生升学率为 100. 56%，初中毕业生升普通高中占比 56. 67%，九年义务巩固率为 99. 75%①。

2007—2020 年间，保山市累计招聘特岗教师 7831 人，各县市区招聘特岗教师人数如下（见图 5 - 8）：隆阳区 2535 人、腾冲市 1870 人、龙陵县 1205 人、施甸县 1153 人、昌宁县 1068 人。

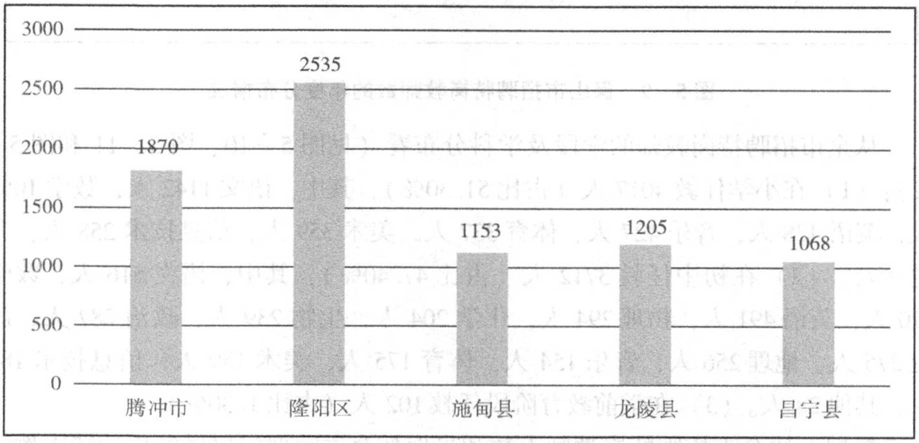

图 5 - 8 保山市各县市招聘特岗教师人数

① 2019 年云南教育事业统计摘要（云南省教育厅，2020 年 1 月）

从年度分布情况看（见图5-9）：2007—2008年，保山市招聘特岗教师的人数持续上升，2008年出现第一个峰值783人；2008—2011年，招聘特岗教师的人数缓慢下降，降到2011年的730人；2011—2013年，招聘特岗教师的认识持续回升，2013年出现历年招聘人数的最高值842人；2013—2020年，招聘特岗教师的人数又持续下降，从842人下降到2018年的224人，后略回升到2020年的240人。

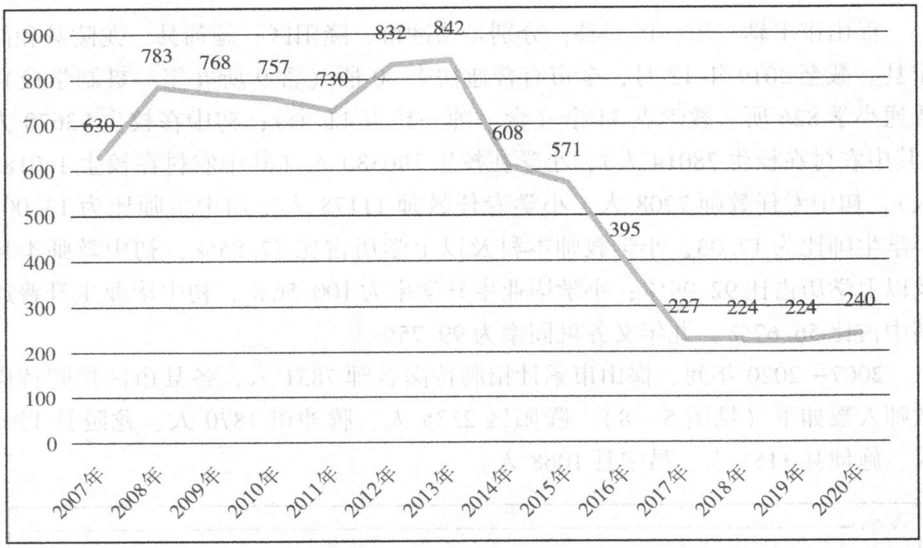

图5-9　保山市招聘特岗教师数的年度分布情况

从全市招聘特岗教师的学段及学科分布看（见图5-10、图5-11和图5-12）：（1）在小学任教4017人（占比51.30%），其中，语文1142人，数学1057人，英语428人，音乐427人，体育337人，美术359人，信息技术258人，其他9人。（2）在初中任教3712人（占比47.40%），其中，语文516人，数学470人，英语491人，物理294人，化学204人，生物239人，政治287人，历史275人，地理256人，音乐154人，体育175人，美术139人，信息技术184人，其他28人。（3）在学前教育阶段任教102人（占比1.30%）

根据上述全市招聘特岗教师人数和当地教育主管部门提供的累计特岗教师招聘计划指标数，按照式（3-1）可计算出“招聘特岗教师人数”指标得分：“招聘特岗教师人数”/“特岗教师计划指标数” $=7831/7841\times100=99.87$，反映当地积极推进“特岗教师计划”的落实，招聘特岗教师数达到计划指标的99.87%。

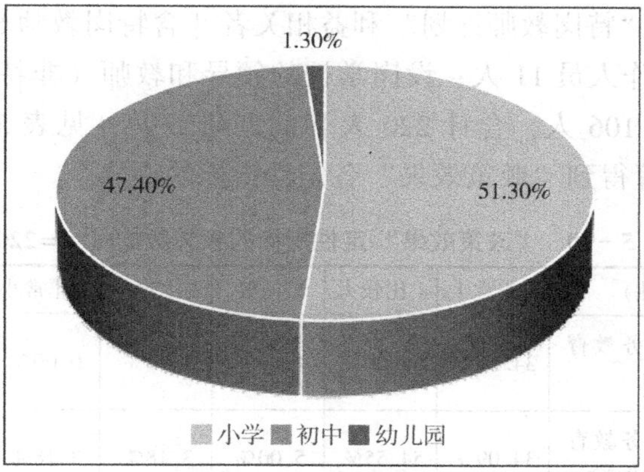

图 5－10　保山市招聘特岗教师的学段分布

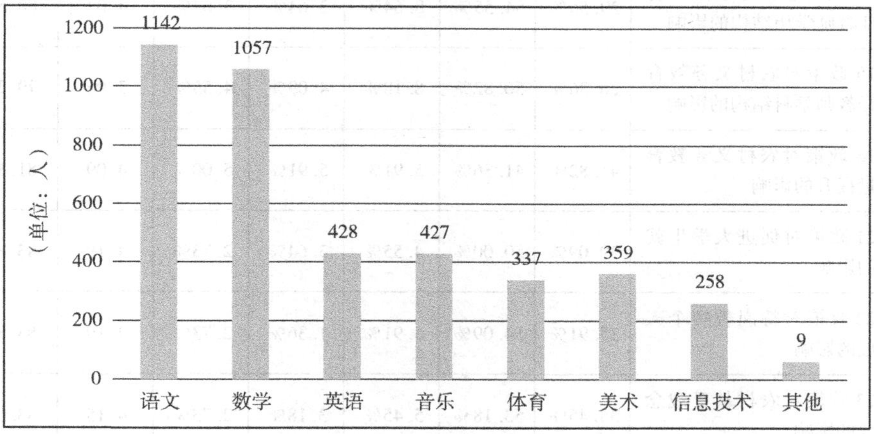

图 5－11　保山市小学学段任教特岗教师的学科分布

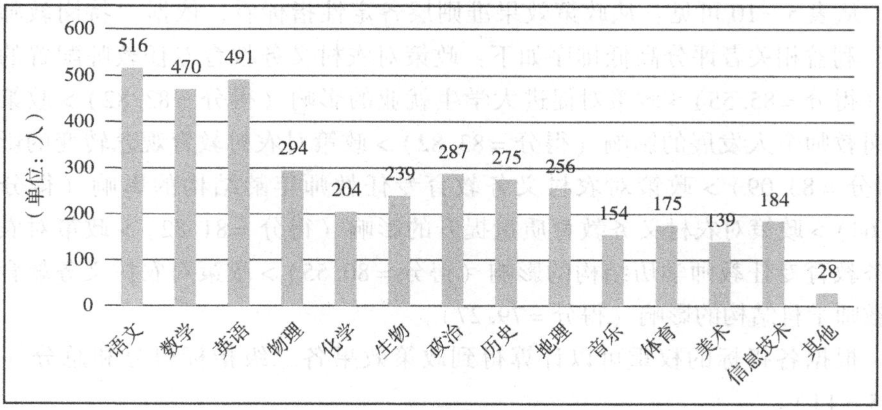

图 5－12　保山市初中学段任教特岗教师的学科分布

根据对当地“特岗教师计划”利益相关者［含特岗教师88人、教育主管部门的领导和工作人员11人、设岗学校的领导和教师（非特岗教师）15人、设岗学校的学生106人，合计220人］的调研数据（见表5－10），依据式（3－3）可以计算得到“政策效果”各定性指标的得分。

表5－10 “政策效果”定性指标的相关数据（N＝220）

三级指标（定性）	5非常大	4比较大	3一般	2比较小	1非常小	原始评分	计算得分
E112政策对农村义务教育专任教师配置的影响	34.55%	60.00%	4.09%	1.36%	0.00%	4.28	85.55
E113政策对农村义务教育专任教师年龄结构的影响	34.09%	54.55%	5.00%	3.18%	3.18%	4.13	82.64
E114政策对农村义务教育专任教师学历结构的影响	29.55%	54.55%	8.64%	3.64%	3.64%	4.03	80.55
E115政策对农村义务教育专任教师学科结构的影响	26.36%	56.82%	8.18%	4.09%	4.55%	3.96	79.27
E116政策对农村义务教育质量提升的影响	41.82%	41.36%	5.91%	5.91%	5.00%	4.09	81.82
E121政策对促进大学生就业的影响	39.09%	50.00%	4.55%	3.64%	2.73%	4.19	83.82
E122政策对特岗教师个人发展的影响	35.91%	54.09%	5.91%	1.36%	2.73%	4.19	83.82
E123政策对农村教育观念转变的影响	35.45%	53.18%	5.45%	3.18%	2.73%	4.15	83.09

从表5－10可见：从政策效果准则层各定性指标看，依据“特岗教师计划”利益相关者评分高低排序如下：政策对农村义务教育专任教师配置的影响（得分＝85.55）＞政策对促进大学生就业的影响（得分＝83.82）＞政策对特岗教师个人发展的影响（得分＝83.82）＞政策对农村教育观念转变的影响（得分＝83.09）＞政策对农村义务教育专任教师年龄结构的影响（得分＝82.64）＞政策对农村义务教育质量提升的影响（得分＝81.82）＞政策对农村义务教育专任教师学历结构的影响（得分＝80.55）＞政策对农村义务教育专任教师学科结构的影响（得分＝79.27）。

根据各指标的权重可以计算得到政策效果各二级指标得分和总分（见表5－11）。

表 5-11 “政策效果”绩效评估数据

三级指标	三级指标得分	三级指标权重值 $/W_i$	二级指标及权重值（W_i）	二级指标得分（对应百分值）	一级指标及权重值（W_i）	一级指标得分（对应百分值）
E111 招募特岗教师人数	99.87	0.0340	教育发展（W_i=0.1511）	13.01（86.12）	政策效果（W_i=0.2350）	20.02（85.21）
E112 政策对农村义务教育专任教师配置的影响	85.55	0.0300				
E113 政策对农村义务教育专任教师年龄结构的影响	82.64	0.0172				
E114 政策对农村义务教育专任教师学历结构的影响	80.55	0.0193				
E115 政策对农村义务教育专任教师学科结构的影响	79.27	0.0254				
E116 政策对农村义务教育质量提升的影响	81.82	0.0252				
E121 政策对促进大学生就业的影响	83.82	0.0252	社会效应（W_i=0.0839）	7.01（83.56）		
E122 政策对特岗教师个人发展的影响	83.82	0.0291				
E123 政策对农村教育观念转变的影响	83.09	0.0296				

从表 5-11 可见：（1）保山市实施“特岗教师计划”的政策效果评分为 20.02 分（对应百分值为 85.21 分），其中，“教育发展”指标得分 13.01 分（对应百分值为 86.12 分），“社会效应”指标得分 7.01 分（对应百分值为 83.56 分）。（2）根据本研究选取的绩效评价等级标度｛5. 优，4. 良，3. 中，2. 低，1. 差｝以及绩效评价 5 等级赋值系数｛100，80，60，40，20｝。由此可以判断保山市实施“特岗教师计划”的政策效果为优等（80＜得分＝85.21＜100），且政策对“教育发展”（80＜得分＝86.12＜100）的促进作用，以及政策的“社会效应”（80＜得分＝83.56＜100）也处于优等。

二、政策效率

根据云南省统计年鉴（2020 年）查阅的保山市事业单位职工平均工资（9.37 万元），以及对当地特岗教师（88 人）调查得到特岗教师年均消费支出（6.52 万元），依据式（3－2）可以计算得到“特岗教师的成本收益比”指标得分：“城镇单位（事业）职工平均工资”/受试地“特岗教师年均消费支出”×100（百分制）=9.37/6.52×100=143.71>100 分（最终计算政策绩效总分时，该指标取百分制上限即 100 分），反映对于当地特岗教师而言，政策的“特岗教师的成本收益比”较好，处于优等（100<得分=143.71）。

根据云南省教育事业统计（2020 年）查阅的保山市小学生师比（17.03）、小学毕业生升学率（100.56%）、初中毕业生升普通高中占比（56.67%）、普通高中应届毕业生升学率（77.55%），依据式（3－2）可以计算得到“国家的成本收益比”指标得分=受试地“特岗教师政策收益”影子价格/受试地“特岗教师政策投入成本”×100（百分制）=受试地 1 个特岗教师在三年履约期内培养产出 1 个大学生（本科）的概率×100（百分制）=受试地［1（特岗教师）×“小学师生比”×“小学毕业生升学率”×“初中毕业生升学率”×“普通高中应届毕业生升学率”］×3 年（特岗教师履约期）/4 年（教育类本科生平均学年）×100（百分制）=1×17.03×100.56%×56.67%×77.55%×3/4×100=564.46>100 分（最终计算政策绩效总分时，该指标取百分制上限即 100 分），反映对当地实施特岗教师计划而言，“国家的成本收益比”较好，处于优等（100<得分=564.46）。

根据对当地教育主管部门的调研，得到当地特岗教师历年平均留任率约为 99%，依据式（3－1）计算得到“特岗教师的留任率”指标得分=受试地“特岗教师留任率”/100%（目标值）×100（百分制）=99%/100%×100=99 分。

结合调研数据，依据式（3－3）可以计算得到“政策效率”定性指标的得分（见表 5－12）。

表 5－12 “政策效率”定性指标的相关数据（N=220）

三级指标（定性）	5 非常高	4 比较高	3 一般	2 比较低	1 非常低	原始评分	计算得分
E222 政策执行部门的工作效率	30.45%	49.55%	13.64%	3.64%	2.73%	4.01	80.27

综合上述 4 个三级指标得分，结合各指标的权重可以计算得到政策效率各

二级指标得分和总分（见表5－13）。

表5－13 “政策效率”绩效评估数据

三级指标	三级指标得分	三级指标权重值/W_i	二级指标及权重值（W_i）	二级指标得分（对应百分值）	一级指标及权重值（W_i）	一级指标得分（对应百分值）
E211 特岗教师的成本收益比	100.00	0.0426	经济效率（W_i = 0.1194）	11.93（99.92）	政策效率（W_i = 0.1989）	19.20（96.56）
E212 国家的成本收益比	100.00	0.0767				
E221 特岗教师的留任率	99.00	0.0477	执行效率（W_i = 0.0796）	7.27（91.39）		
E222 政策执行部门的工作效率	80.27	0.0318				

从表5－13可见：（1）保山市实施“特岗教师计划”的政策效率评分为19.20分（对应百分值为96.56分），其中，“经济效率”指标得分11.93分（对应百分值为99.92分），“执行效率”指标得分7.27分（对应百分值为91.39分）。（2）根据本研究选取的绩效评价等级标度｛5.优，4.良，3.中，2.低，1.差｝以及绩效评价5等级赋值系数｛100，80，60，40，20｝，可以判断当地实施“特岗教师计划”的政策效率为优等（80＜得分＝96.56＜100），且政策的“经济效率”（80＜得分＝99.92＜100）和“执行效率”（80＜得分＝91.39＜100）也都处于优等。

三、政策效益

结合调研数据，依据式（3－3）可以计算得到“政策效益”各定性指标的得分（见表5－14）。

表5－14 “政策效益”各定性指标的相关数据（N＝220）

三级指标（定性）	5 非常高	4 比较高	3 一般	2 比较低	1 非常低	原始评分	计算得分
E311 政策了解程度	35.00%	50.91%	10.45%	2.27%	1.36%	4.16	83.18
E312 政策与其他政策的协调性	22.27%	46.36%	16.36%	9.09%	5.91%	3.70	74.00
E313 政策执行部门的工作态度	34.09%	60.00%	3.64%	1.36%	0.91%	4.25	85.00
E321 学生对特岗教师的满意度	36.36%	45.91%	11.36%	4.09%	2.27%	4.10	82.00
E322 特岗教师对工作的满意度	35.91%	50.91%	3.18%	8.18%	1.82%	4.11	82.18

续表

三级指标（定性）	5 非常高	4 比较高	3 一般	2 比较低	1 非常低	原始评分	计算得分
E323 学校对特岗教师的满意度	35.00%	46.36%	9.09%	8.18%	1.36%	4.05	81.09
E324 公众对政策的满意度	36.82%	48.64%	10.45%	2.73%	1.36%	4.17	83.36

从表 5－14 可见：从政策效益各定性指标看，依据“特岗教师计划”利益相关者评分高低排序如下：政策执行部门的工作态度（得分＝85.00）＞公众对政策的满意度（得分＝83.36）＞政策了解程度（得分＝83.18）＞特岗教师对工作的满意度（得分＝82.18）＞学生对特岗教师的满意度（得分＝82.00）＞学校对特岗教师的满意度（得分＝81.09）＞政策与其他政策的协调性（得分＝74.00）。

根据各指标的权重可以计算得到政策效益各二级指标得分和总分（见表 5－15）。

表 5－15 “政策效益”绩效评估数据

三级指标	三级指标得分	三级指标权重值 $/W_i$	二级指标及权重值（W_i）	二级指标得分（对应百分值）	一级指标及权重值（W_i）	一级指标得分（对应百分值）
E311 政策了解程度	83.18	0.0589	回应度（W_i ＝0.1285）	10.46（81.43）	政策效益（W_i ＝0.3342）	27.37（81.91）
E312 政策与其他政策的协调性	74.00	0.0320				
E313 政策执行部门的工作态度	85.00	0.0376				
E321 学生对特岗教师的满意度	82.00	0.0621	满意度（W_i ＝0.2057）	16.91（82.21）		
E322 特岗教师对工作的满意度	82.18	0.0388				
E323 学校对特岗教师的满意度	81.09	0.0474				
E324 公众对政策的满意度	83.36	0.0574				

从表 5－15 可见：（1）保山市实施“特岗教师计划”的政策效益评分为 27.37 分（对应百分值为 81.91 分），其中，“回应度”指标得分 10.46 分（对应百分值为 81.43 分），“满意度”指标得分 16.91 分（对应百分值为 82.21 分）。（2）根据本研究选取的绩效评价等级标度｛5. 优，4. 良，3. 中，2. 低，1. 差｝以及绩效评价 5 等级赋值系数｛100，80，60，40，20｝，可以

判断当地实施“特岗教师计划”的政策效益为优等（80 < 得分 = 81.91 < 100），且政策的“回应度”（80 < 得分 = 81.43 < 100）和“满意度”（80 < 得分 = 82.21 < 100）也都处于优等。

四、公平性

结合调研数据，依据式（3-3）可以计算得到政策“公平性”各定性指标的得分（见表5-16）。

表5-16 “公平性”各定性指标的相关数据（N=220）

三级指标（定性）	5 非常大	4 比较大	3 一般	2 比较小	1 非常小	原始评分	计算得分
E411 特岗教师获得激励、培训、晋升等机会的公平性	36.36%	54.55%	6.36%	1.36%	1.36%	4.23	84.64
E412 特岗教师工资待遇与公办教师的同等性	30.45%	44.55%	11.82%	8.64%	4.55%	3.88	77.55
E421 大学生报考特岗教师岗位机会的公平性	41.82%	52.73%	4.55%	0.91%	0.00%	4.35	87.09
E422 政策对城乡义务教育均衡发展的促进性	45.00%	44.55%	5.45%	2.73%	2.27%	4.27	85.45

从表5-16可见：从政策“公平性”各定性指标看，依据“特岗教师计划”利益相关者评分高低排序如下：大学生报考特岗教师岗位机会的公平性（得分=87.09）> 政策对城乡义务教育均衡发展的促进性（得分=85.45）> 特岗教师获得激励、培训、晋升等机会的公平性（得分=84.64）> 特岗教师工资待遇与公办教师的同等性（得分=77.55）。

根据各指标的权重可以计算得到公平性各二级指标得分和总分（见表5-17）。

表5-17 “公平性”绩效评估数据

<table>
<tr><th>三级指标</th><th>三级指标得分</th><th>三级指标权重值/Wi</th><th>二级指标及权重值（Wi）</th><th>二级指标得分（对应百分值）</th><th>一级指标及权重值（Wi）</th><th>一级指标得分（对应百分值）</th></tr>
<tr><td>E411 特岗教师获得激励、培训、晋升等机会的公平性</td><td>84.64</td><td>0.0541</td><td rowspan="2">内部公平（W_i=0.1159）</td><td rowspan="2">9.37（80.86）</td><td rowspan="4">公平性（W_i=0.2319）</td><td rowspan="4">19.36（83.48）</td></tr>
<tr><td>E412 特岗教师工资待遇与公办教师的同等性</td><td>77.55</td><td>0.0618</td></tr>
<tr><td>E421 大学生报考特岗教师岗位机会的公平性</td><td>87.09</td><td>0.0507</td><td rowspan="2">外部公平（W_i=0.1159）</td><td rowspan="2">9.99（86.17）</td></tr>
<tr><td>E422 政策对城乡义务教育均衡发展的促进性</td><td>85.45</td><td>0.0652</td></tr>
</table>

从表5－17可见：(1) 保山市实施“特岗教师计划”的公平性得分为19.36（对应百分值为83.48分），其中，“内部公平”指标得分9.37分（对应百分值为80.86分），“外部公平”指标得分9.99分（对应百分值为86.17分）。(2) 根据本研究选取的绩效评价等级标度｛5. 优，4. 良，3. 中，2. 低，1. 差｝以及绩效评价5等级赋值系数｛100，80，60，40，20｝，可以判断当地实施“特岗教师计划”的公平性为优等（80＜得分＝83.48＜100），其中“内部公平”（80＜得分＝80.86＜100）和“外部公平”（80＜得分＝86.17＜100）也都处于优等。

五、政策绩效

综上所述，依据“特岗教师计划”绩效评估指标体系模型，可以计算得到保山市实施“特岗教师计划”的政策绩效（见表5－18）。

表5－18　保山市实施“特岗教师计划”的政策绩效

一级指标	权重值（W_i）	一级指标得分（对应百分值）	绩效得分
E1 政策效果	0.2350	20.02（85.21）	85.96
E2 政策效率	0.1989	19.20（96.56）	
E3 政策效益	0.3342	27.37（81.91）	
E4 公平性	0.2319	19.36（83.48）	

从表5－18可见：保山市实施“特岗教师计划”的政策绩效得分为85.96，根据本研究选取的绩效评价等级标度｛5. 优，4. 良，3. 中，2. 低，1. 差｝以及绩效评价5等级赋值系数｛100，80，60，40，20｝，可以判断当地实施“特岗教师计划”的政策绩效为优等（80＜得分＝85.96＜100）。

第四节　丽江市实施“特岗教师计划”的绩效评估

一、政策效果

丽江市下辖古城区、玉龙纳西族自治县、永胜县、华坪县、宁蒗彝族自治县1区4县，63个乡（镇、街道办事处），其中4个街道、13个镇、28个乡、18个民族乡。截至2019年12月，全市有普通初中54所（含16所九年一贯制学校），普通小学394所、教学点73个（含一师一校点3个）；初中在校生

42343 人（其中农村在校生 34035 人），小学在校生 87788 人（其中农村在校生 71343 人），初中专任教师 3572 人，小学专任教师 6862 人，初中生师比为 11.85，小学生师比为 12.79；小学教师本科及以上学历占比 48.46%，初中教师本科及以上学历占比 86.79%；小学毕业生升学率为 98.61%，初中毕业生升普通高中占比 58.05%，九年义务巩固率为 92.11%①。

丽江市于 2009 年起开始招聘特岗教师，累计招聘特岗教师 410 人，各县区依据招聘特岗教师数量由多到少排列如下（见图 5－13）：宁蒗县 320 人、玉龙县 60 人、永胜县 30 人；从年度分布情况看，2009 年 160 人、2010 年 150 人、2012 年 100 人，其他年度均没有招聘特岗教师。

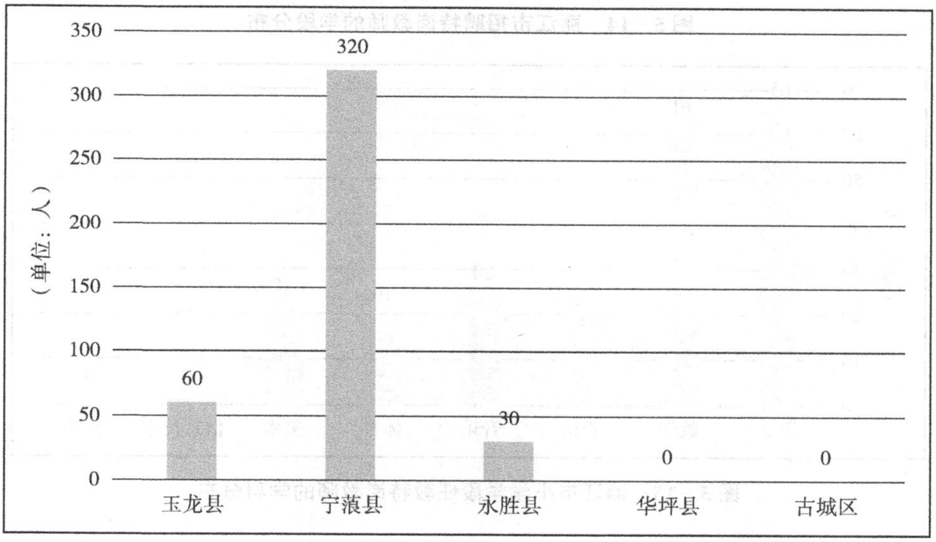

图 5－13 丽江市各县区招聘特岗教师人数

全市招聘特岗教师的学段及学科分布，见图 5－14、图 5－15 和图 5－16：(1) 在小学任教 230 人（占比 56.10%），其中，语文 65 人，数学 61 人，英语 25 人，音乐 24 人，体育 19 人，美术 21 人，信息技术 15 人，其他 1 人。(2) 在初中任教 180 人（占比 43.90%），其中，语文 21 人，数学 24 人，英语 36 人，物理 15 人，化学 15 人，生物 24 人，政治 6 人，历史 6 人，地理 9 人，音乐 6 人，体育 6 人，美术 6 人，信息技术 6 人。

① 2019 年云南教育事业统计摘要（云南省教育厅，2020 年 1 月）

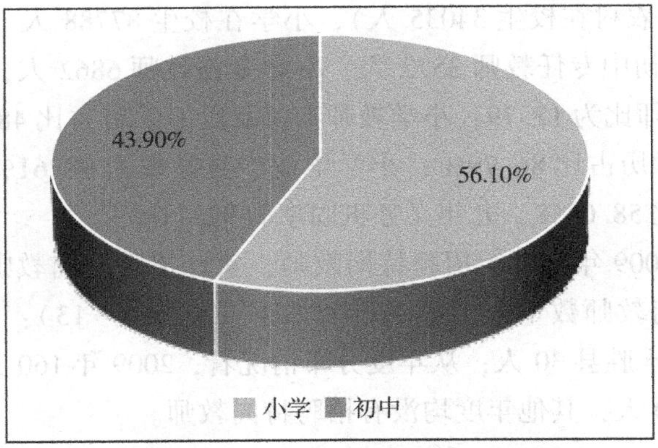

图 5－14　丽江市招聘特岗教师的学段分布

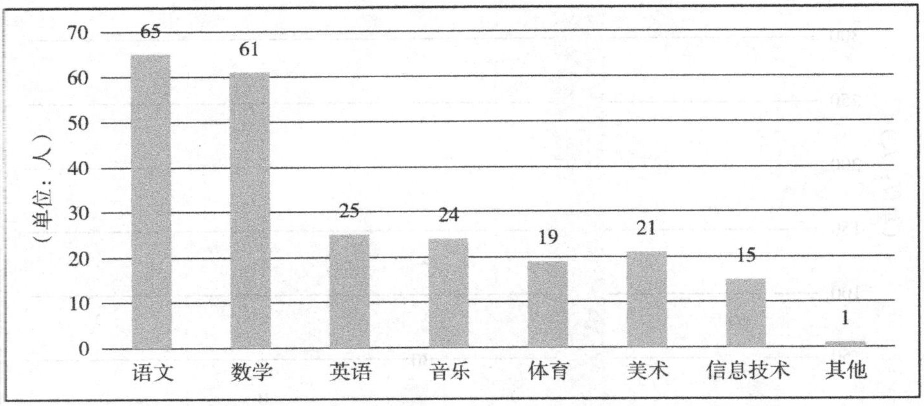

图 5－15　丽江市小学学段任教特岗教师的学科分布

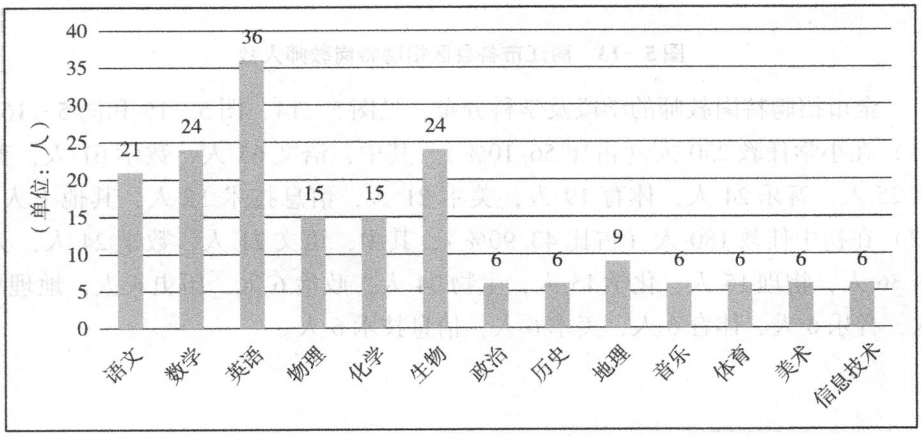

图 5－16　丽江市初中学段任教特岗教师的学科分布

根据上述全市招聘特岗教师人数和当地教育主管部门提供的累计特岗教师招聘计划指标数，按照式（3－1）可计算出“招聘特岗教师人数”指标得分：“招聘特岗教师人数”/“特岗教师计划指标数”＝410/410×100＝100.00，反映当地积极推进“特岗教师计划”的落实，招聘特岗教师数达到计划指标的100.00%。

根据对当地“特岗教师计划”利益相关者［含特岗教师80人、教育主管部门的领导和工作人员9人、设岗学校的领导和教师（非特岗教师）11人、设岗学校的学生100人，合计200人］的调研数据（见表5－19），依据式（3－3）可以计算得到“政策效果”各定性指标的得分。

表5－19　“政策效果”定性指标的相关数据（N＝200）

三级指标（定性）	5 非常大	4 比较大	3 一般	2 比较小	1 非常小	原始评分	计算得分
E112 政策对农村义务教育专任教师配置的影响	10.00%	71.00%	15.50%	3.00%	0.50%	3.87	77.40
E113 政策对农村义务教育专任教师年龄结构的影响	9.50%	40.00%	38.50%	9.00%	3.00%	3.44	68.80
E114 政策对农村义务教育专任教师学历结构的影响	5.00%	39.50%	39.50%	11.00%	5.00%	3.29	65.70
E115 政策对农村义务教育专任教师学科结构的影响	5.50%	29.50%	36.50%	19.50%	9.00%	3.03	60.60
E116 政策对农村义务教育质量提升的影响	7.50%	29.00%	39.50%	15.00%	9.00%	3.11	62.20
E121 政策对促进大学生就业的影响	18.00%	35.00%	35.00%	7.50%	4.50%	3.55	70.90
E122 政策对特岗教师个人发展的影响	19.50%	41.00%	30.00%	7.00%	2.50%	3.68	73.60
E123 政策对农村教育观念转变的影响	7.50%	19.50%	48.50%	16.00%	8.50%	3.02	60.30

从表5－19可见：从政策效果准则层各定性指标看，依据“特岗教师计划”利益相关者评分高低排序如下：政策对农村义务教育专任教师配置的影响（得分＝77.40）＞政策对特岗教师个人发展的影响（得分＝73.60）＞政策对促进大学生就业的影响（得分＝70.90）＞政策对农村义务教育专任教师年龄结构的影响（得分＝68.80）＞政策对农村义务教育专任教师学历结构的影响（得分＝65.70）＞政策对农村义务教育质量提升的影响（得分＝62.20）＞政策对农村义务教育专任教师学科结构的影响（得分＝60.60）＞政策对农村

教育观念转变的影响（得分 =60.30）。

根据各指标的权重可以计算得到政策效果各二级指标得分和总分（见表 5-20）。

表 5-20 “政策效果”绩效评估数据

三级指标	三级指标得分	三级指标权重值 /W_i	二级指标及权重值（W_i）	二级指标得分（对应百分值）	一级指标及权重值（W_i）	一级指标得分（对应百分值）
E111 招募特岗教师人数	100.00	0.0340	教育发展（W_i =0.1511）	11.28（74.65）	政策效果（W_i =0.2350）	16.99（72.31）
E112 政策对农村义务教育专任教师配置的影响	77.40	0.0300				
E113 政策对农村义务教育专任教师年龄结构的影响	68.80	0.0172				
E114 政策对农村义务教育专任教师学历结构的影响	65.70	0.0193				
E115 政策对农村义务教育专任教师学科结构的影响	60.60	0.0254				
E116 政策对农村义务教育质量提升的影响	62.20	0.0252				
E121 政策对促进大学生就业的影响	70.90	0.0252	社会效应（W_i =0.0839）	5.71（68.10）		
E122 政策对特岗教师个人发展的影响	73.60	0.0291				
E123 政策对农村教育观念转变的影响	60.30	0.0296				

从表 5-20 可见：（1）丽江市实施“特岗教师计划”的政策效果评分为 16.99 分（对应百分值为 72.31 分），其中，“教育发展”指标得分 11.28 分（对应百分值为 74.65 分），“社会效应”指标得分 5.71 分（对应百分值为 68.10 分）。（2）根据本研究选取的绩效评价等级标度｛5. 优，4. 良，3. 中，2. 低，1. 差｝以及绩效评价 5 等级赋值系数｛100，80，60，40，20｝，可以判断当地实施“特岗教师计划”的政策效果为良等（60 < 得分 =72.31 < 80），且政策对“教育发展”（60 < 得分 =74.65 < 80）的促进作用，以及政策的“社会效应”（60 < 得分 =68.10 < 80）也处于良等。

二、政策效率

根据云南省统计年鉴（2020 年）查阅的丽江市事业单位职工平均工资（11.33 万元），以及对当地特岗教师（80 人）调查得到特岗教师年均消费支出（7.80 万元），依据式（3－2）可以计算得到“特岗教师的成本收益比”指标得分：“城镇单位（事业）职工平均工资”/受试地“特岗教师年均消费支出”×100（百分制）=11.33/7.80×100=145.26>100 分（最终计算政策绩效总分时，该指标取百分制上限即 100 分），反映对于当地特岗教师而言，政策的“特岗教师的成本收益比”较好，处于优等（100<得分=145.26）。

根据云南省教育事业统计（2020 年）查阅的丽江市小学生师比（12.79）、小学毕业生升学率（98.61%）、初中毕业生升普通高中占比（58.05%）、普通高中应届毕业生升学率（77.55%），依据式（3－2）可以计算得到“国家的成本收益比”指标得分=受试地“特岗教师政策收益”影子价格/受试地“特岗教师政策投入成本”×100（百分制）=受试地 1 个特岗教师在三年履约期内培养产出 1 个大学生（本科）的概率×100（百分制）=受试地［1（特岗教师）×“小学师生比”×“小学毕业生升学率”×“初中毕业生升学率”×“普通高中应届毕业生升学率”］×3 年（特岗教师履约期）/4 年（教育类本科生平均学年）×100（百分制）=1×12.79×98.61%×58.05%×77.55%×3/4×100=425.83>100 分（最终计算政策绩效总分时，该指标取百分制上限即 100 分），反映对当地实施特岗教师计划而言，“国家的成本收益比”较好，处于优等（100<得分=425.83）。

根据对当地教育主管部门的调研，得到当地特岗教师历年平均留任率约为 98%，依据式（3－1）计算得到“特岗教师的留任率”指标得分=受试地“特岗教师留任率”/100%（目标值）×100（百分制）=99%/100%×100=98 分。

结合调研数据，依据式（3－3）可以计算得到“政策效率”定性指标的得分（见表 5－21）。

表 5－21 “政策效率”定性指标的相关数据（N=200）

三级指标（定性）	5 非常高	4 比较高	3 一般	2 比较低	1 非常低	原始评分	计算得分
E222 政策执行部门的工作效率	17.50%	41.00%	36.00%	2.50%	3.00%	3.68	73.50

综合上述 4 个三级指标得分，结合各指标的权重可以计算得到政策效率各二级指标得分和总分（见表 5－22）。

表 5－22 “政策效率”绩效评估数据

三级指标	三级指标得分	三级指标权重值/W_i	二级指标及权重值（W_i）	二级指标得分（对应百分值）	一级指标及权重值（W_i）	一级指标得分（对应百分值）
E211 特岗教师的成本收益比	100.00	0.0426	经济效率（$W_i=0.1194$）	11.93（99.92）	政策效率（$W_i=0.1989$）	18.94（95.23）
E212 国家的成本收益比	100.00	0.0767				
E221 特岗教师的留任率	98.00	0.0477	执行效率（$W_i=0.0796$）	7.01（88.09）		
E222 政策执行部门的工作效率	73.50	0.0318				

从表 5－22 可见：（1）丽江市实施“特岗教师计划”的政策效率评分为 18.94 分（对应百分值为 95.23 分），其中，“经济效率”指标得分 11.93 分（对应百分值为 99.92 分），“执行效率”指标得分 7.01 分（对应百分值为 88.09 分）。（2）根据本研究选取的绩效评价等级标度｛5. 优，4. 良，3. 中，2. 低，1. 差｝以及绩效评价 5 等级赋值系数｛100，80，60，40，20｝，可以判断当地实施“特岗教师计划”的政策效率为优等（80 < 得分 = 95.23 < 100），且政策的“经济效率”（80 < 得分 = 99.92 < 100）和“执行效率”（80 < 得分 = 88.09 < 100）也处于优等。

三、政策效益

结合调研数据，依据式（3－3）可以计算得到“政策效益”各定性指标的得分（见表 5－23）。

表 5－23 “政策效益”各定性指标的相关数据（N = 200）

三级指标（定性）	5 非常高	4 比较高	3 一般	2 比较低	1 非常低	原始评分	计算得分
E311 政策了解程度	30.00%	50.50%	15.00%	3.00%	1.50%	4.05	80.90
E312 政策与其他政策的协调性	10.00%	16.50%	50.50%	16.50%	6.50%	3.07	61.40
E313 政策执行部门的工作态度	32.50%	56.00%	7.50%	2.00%	2.00%	4.15	83.00
E321 学生对特岗教师的满意度	27.50%	49.50%	17.00%	3.50%	2.50%	3.96	79.20
E322 特岗教师对工作的满意度	24.50%	49.00%	14.50%	8.00%	4.00%	3.82	76.40
E323 学校对特岗教师的满意度	22.50%	48.50%	16.50%	11.00%	1.50%	3.80	75.90
E324 公众对政策的满意度	30.00%	55.00%	9.00%	4.50%	1.50%	4.08	81.50

从表 5－23 可见：从政策效益各定性指标看，依据“特岗教师计划”利益相关者评分高低排序如下：政策执行部门的工作态度（得分 = 83.00）> 公众对政策的满意度（得分 = 81.50）> 政策了解程度（得分 = 80.90）> 学生对特岗教师的满意度（得分 = 79.20）> 特岗教师对工作的满意度（得分 = 76.40）> 学校对特岗教师的满意度（得分 = 75.90）> 政策与其他政策的协调性（得分 = 61.40）。

根据各指标的权重可以计算得到政策效益各二级指标得分和总分（见表 5－24）。

表 5－24 “政策效益”绩效评估数据

<table>
<tr><th>三级指标</th><th>三级指标得分</th><th>三级指标权重值 /W_i</th><th>二级指标及权重值（W_i）</th><th>二级指标得分（对应百分值）</th><th>一级指标及权重值（W_i）</th><th>一级指标得分（对应百分值）</th></tr>
<tr><td>E311 政策了解程度</td><td>80.90</td><td>0.0589</td><td rowspan="3">回应度
（W_i = 0.1285）</td><td rowspan="3">9.85
（76.66）</td><td rowspan="7">政策效益
（W_i = 0.3342）</td><td rowspan="7">26.01
（77.82）</td></tr>
<tr><td>E312 政策与其他政策的协调性</td><td>61.40</td><td>0.0320</td></tr>
<tr><td>E313 政策执行部门的工作态度</td><td>83.00</td><td>0.0376</td></tr>
<tr><td>E321 学生对特岗教师的满意度</td><td>79.20</td><td>0.0621</td><td rowspan="4">满意度
（W_i = 0.2057）</td><td rowspan="4">16.16
（78.55）</td></tr>
<tr><td>E322 特岗教师对工作的满意度</td><td>76.40</td><td>0.0388</td></tr>
<tr><td>E323 学校对特岗教师的满意度</td><td>75.90</td><td>0.0474</td></tr>
<tr><td>E324 公众对政策的满意度</td><td>81.50</td><td>0.0574</td></tr>
</table>

从表 5－24 可见：（1）丽江市实施“特岗教师计划”的政策效益评分为 26.01 分（对应百分值为 77.82 分），其中，“回应度”指标得分 9.85 分（对应百分值为 76.66 分），“满意度”指标得分 16.16 分（对应百分值为 78.55 分）。（2）根据本研究选取的绩效评价等级标度｛5. 优，4. 良，3. 中，2. 低，1. 差｝以及绩效评价 5 等级赋值系数｛100，80，60，40，20｝，可以判断当地实施“特岗教师计划”的政策效益为良等（60 < 得分 = 77.82 < 80），且政策的“回应度”（60 < 得分 = 76.66 < 80）和“满意度”（60 < 得分 = 78.55 < 80）也都处于良等。

四、公平性

结合调研数据，依据式（3-3）可以计算得到政策"公平性"各定性指标的得分（见表5-25）。

表5-25 "公平性"各定性指标的相关数据（N=200）

三级指标（定性）	5非常大	4比较大	3一般	2比较小	1非常小	原始评分	计算得分
E411 特岗教师获得激励、培训、晋升等机会的公平性	35.50%	54.50%	7.00%	1.50%	1.50%	4.21	84.20
E412 特岗教师工资待遇与公办教师的同等性	25.00%	41.00%	15.00%	12.50%	6.50%	3.66	73.10
E421 大学生报考特岗教师岗位机会的公平性	43.50%	50.00%	5.50%	1.00%	0.00%	4.36	87.20
E422 政策对城乡义务教育均衡发展的促进性	35.00%	44.00%	16.00%	2.50%	2.50%	4.07	81.30

从表5-25可见：从政策"公平性"各定性指标看，依据"特岗教师计划"利益相关者评分高低排序如下：大学生报考特岗教师岗位机会的公平性（得分=87.20）>特岗教师获得激励、培训、晋升等机会的公平性（得分=84.20）>政策对城乡义务教育均衡发展的促进性（得分=81.30）>特岗教师工资待遇与公办教师的同等性（得分=73.10）。

根据各指标的权重可以计算得到公平性各二级指标得分和总分（见表5-26）。

表5-26 "公平性"绩效评估数据

三级指标	三级指标得分	三级指标权重值/W_i	二级指标及权重值（W_i）	二级指标得分（对应百分值）	一级指标及权重值（W_i）	一级指标得分（对应百分值）
E411 特岗教师获得激励、培训、晋升等机会的公平性	84.20	0.0541	内部公平（W_i=0.1159）	9.07（78.28）	公平性（W_i=0.2319）	18.79（81.05）
E412 特岗教师工资待遇与公办教师的同等性	73.10	0.0618				
E421 大学生报考特岗教师岗位机会的公平性	87.20	0.0507	外部公平（W_i=0.1159）	9.72（83.88）		
E422 政策对城乡义务教育均衡发展的促进性	81.30	0.0652				

从表5－26可见：（1）丽江市实施“特岗教师计划”的公平性得分为18.79（对应百分值为81.05分），其中，“内部公平”指标得分9.07分（对应百分值为78.28分），“外部公平”指标得分9.72分（对应百分值为83.88分）。（2）根据本研究选取的绩效评价等级标度｛5. 优，4. 良，3. 中，2. 低，1. 差｝以及绩效评价5等级赋值系数｛100，80，60，40，20｝，可以判断当地实施“特岗教师计划”的公平性为优等（80＜得分＝81.05＜100），其中“内部公平”（60＜得分＝78.28＜80）处于良等，而“外部公平”（80＜得分＝83.88＜100）处于优等。

五、政策绩效

综上所述，依据“特岗教师计划”绩效评估指标体系模型，可以计算得到丽江市实施“特岗教师计划”的政策绩效（见表5－27）。

表5－27 丽江市实施“特岗教师计划”的政策绩效

一级指标	权重值（W_i）	一级指标得分（对应百分值）	绩效得分
E1 政策效果	0.2350	16.99（72.31）	80.73
E2 政策效率	0.1989	18.94（95.23）	
E3 政策效益	0.3342	26.01（77.82）	
E4 公平性	0.2319	18.79（81.05）	

从表5－27可见：丽江市实施“特岗教师计划”的政策绩效得分为80.73，根据本研究选取的绩效评价等级标度｛5. 优，4. 良，3. 中，2. 低，1. 差｝以及绩效评价5等级赋值系数｛100，80，60，40，20｝，可以判断当地实施“特岗教师计划”的政策绩效为优等（80＜得分＝80.73＜100）。

第五节 红河州实施“特岗教师计划”的绩效评估

一、政策效果

红河哈尼族彝族自治州（简称红河州）辖4个市、6个县和3个自治县，分别是蒙自市、个旧市、开远市、弥勒市、绿春县、建水县、石屏县、泸西县、元阳县、红河县、金平苗族瑶族傣族自治县、河口瑶族自治县和屏边苗族自治县。截至2019年12月，全州有普通初中156所（含10所九年一贯制学校），普通小学896所、教学点728个（含一师一校点126个）；初中在校生

183246人（其中农村在校生145642人），小学在校生414567人（其中农村在校生346719人），初中专任教师12432人，小学专任教师23433人，初中生师比为14.74，小学生师比为17.69；小学教师本科及以上学历占比51.17%，初中教师本科及以上学历占比92.45%；小学毕业生升学率为99.88%，初中毕业生升普通高中占比54.69%，九年义务巩固率为93.48%①。

红河州自2009年起招聘特岗教师，累计招聘特岗教师10569人，其中，蒙自市214人、个旧市410人、开远市155人、弥勒市478人、绿春县1105人、建水县481人、石屏县701人、泸西县919人、元阳县1815人、红河县1660人、金平县1719人、河口县482人、屏边县430人，具体分布详见图5-17。

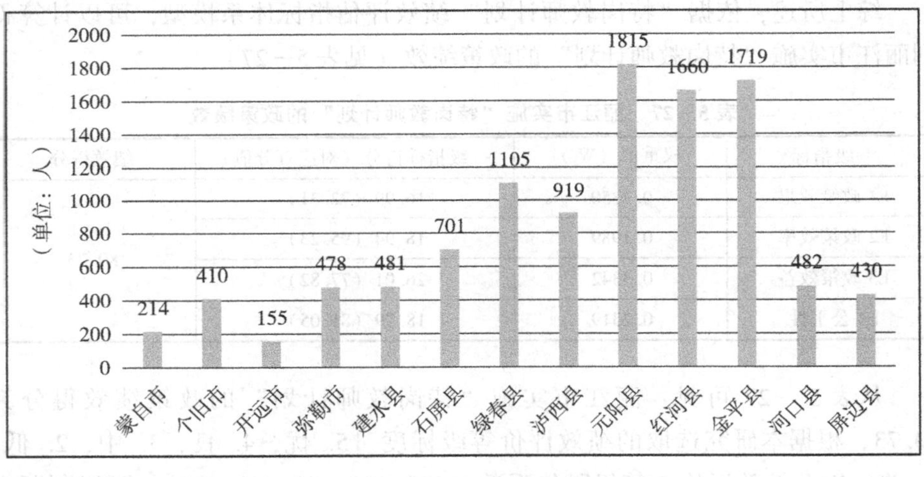

图5-17 红河州各县市招聘特岗教师人数

全州招聘特岗教师数量的年度分布情况如图5-18所示：最多的年份（2013年）招聘了1184人，最少的年份（2017年）招聘了530人，2013年、2014年、2016年是三个招聘人数较多的年份，年度招聘人数的具体变化如下：2009年—2013年招聘人数呈上升趋势，2013年出现第一个峰值（1012人）；2013年—2015年招聘人数呈下降趋势，2016年招聘人数略有回升、出现第二个峰值（110人）；2016年—2017年招聘人数呈下降趋势，2017年达到最低值（530人），2017—2020年招聘人数略有回升，2018年招了580人、2019年招了565人、2020年招了585人。

① 2019年云南教育事业统计摘要（云南省教育厅，2020年1月）

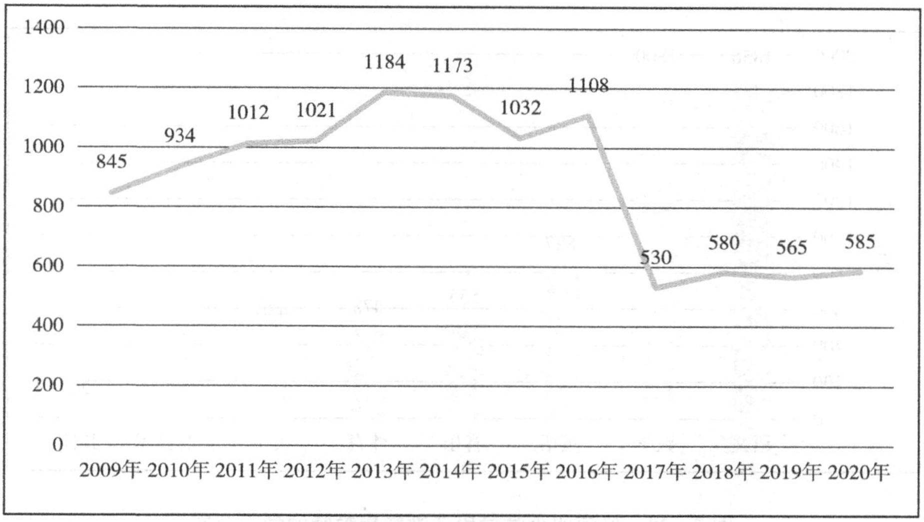

图 5－18　红河州招聘特岗教师数的年度分布情况

从全州招聘特岗教师的学段及学科分布见图 5－19、图 5－20 和图 5－21：（1）在小学任教 6362 人（占比 60.19%），其中，语文 1856 人，数学 1860 人，英语 827 人，音乐 535 人，体育 478 人，美术 450 人，信息技术 330 人，其他 26 人。（2）在初中任教 4008 人（占比 37.93%）。初中学段（共 4008 人），语文 511 人，数学 538 人，英语 585 人，物理 292 人，化学 193 人，生物 265 人，政治 232 人，历史 257 人，地理 296 人，音乐 195 人，体育 267 人，美术 141 人，信息技术 169 人，其他 67 人。（3）在幼儿园任教 199 人（占比 1.88%）。

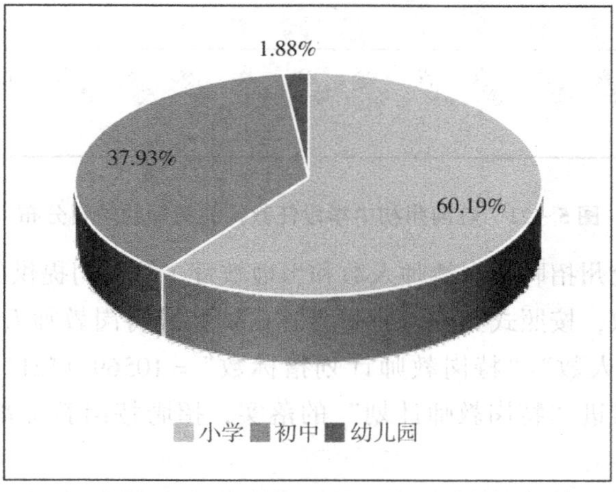

图 5－19　红河州招聘特岗教师的学段分布

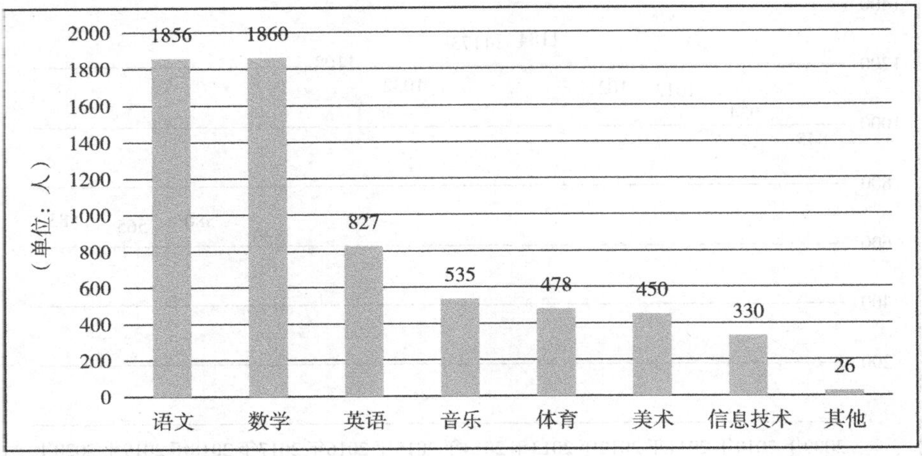

图 5-20　红河州小学学段任教特岗教师的学科分布

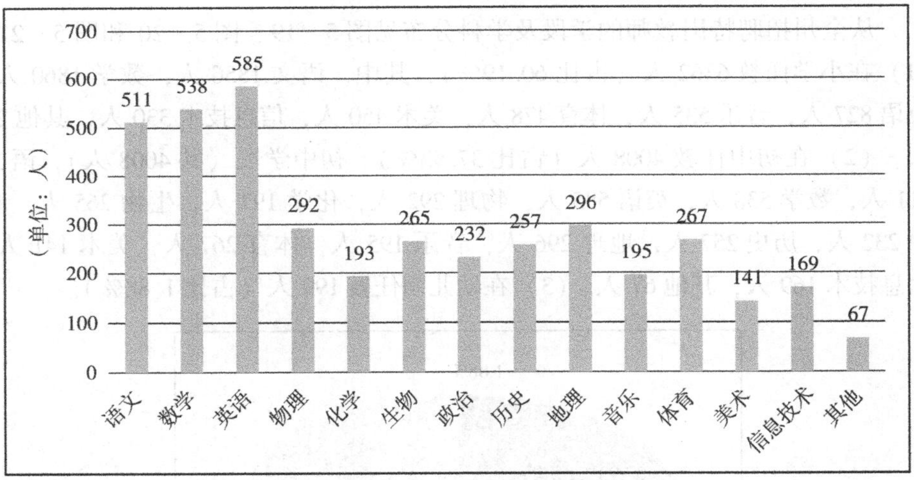

图 5-21　红河州初中学段任教特岗教师的学科分布

根据上述全州招聘特岗教师人数和当地教育主管部门提供的累计特岗教师招聘计划指标数，按照式（3-1）可计算出"招聘特岗教师人数"指标得分："招聘特岗教师人数"/"特岗教师计划指标数" = 10569/11217 × 100 = 94.22，反映当地积极推进"特岗教师计划"的落实，招聘特岗教师数达到计划指标的 94.22%。

根据对当地"特岗教师计划"利益相关者［含特岗教师 95 人、教育主管部门的领导和工作人员9人、设岗学校的领导和教师（非特岗教师）11人、设岗学校的学生105人，合计220人］的调研数据（见表5－28），依据式（3－3）可以计算得到“政策效果”各定性指标的得分。

表5－28 “政策效果”定性指标的相关数据（N＝220）

三级指标（定性）	5非常大	4比较大	3一般	2比较小	1非常小	原始评分	计算得分
E112政策对农村义务教育专任教师配置的影响	40.00%	55.45%	2.73%	1.36%	0.45%	4.33	86.64
E113政策对农村义务教育专任教师年龄结构的影响	38.64%	54.55%	2.27%	2.27%	2.27%	4.25	85.00
E114政策对农村义务教育专任教师学历结构的影响	34.09%	54.55%	5.45%	3.64%	2.27%	4.15	82.91
E115政策对农村义务教育专任教师学科结构的影响	30.91%	56.82%	3.64%	5.00%	3.64%	4.06	81.27
E116政策对农村义务教育质量提升的影响	46.36%	41.36%	5.91%	5.91%	0.45%	4.27	85.45
E121政策对促进大学生就业的影响	44.55%	48.18%	2.27%	2.73%	2.27%	4.30	86.00
E122政策对特岗教师个人发展的影响	40.09%	53.60%	2.70%	1.80%	1.80%	4.28	85.68
E123政策对农村教育观念转变的影响	40.00%	51.82%	3.64%	3.18%	1.36%	4.26	85.18

从表5－28可见：从政策效果准则层各定性指标看，依据“特岗教师计划”利益相关者评分高低排序如下：政策对农村义务教育专任教师配置的影响（得分＝86.64）＞政策对促进大学生就业的影响（得分＝86.00）＞政策对特岗教师个人发展的影响（得分＝85.68）＞政策对农村义务教育质量提升的影响（得分＝85.45）＞政策对农村教育观念转变的影响（得分＝85.18）＞政策对农村义务教育专任教师年龄结构的影响（得分＝85.00）＞政策对农村义务教育专任教师学历结构的影响（得分＝82.91）＞政策对农村义务教育专任教师学科结构的影响（得分＝81.27）。

根据各指标的权重可以计算得到政策效果各二级指标得分和总分（见表5－29）。

表 5－29 “政策效果”绩效评估数据

三级指标	三级指标得分	三级指标权重值/W_i	二级指标及权重值（W_i）	二级指标得分（对应百分值）	一级指标及权重值（W_i）	一级指标得分（对应百分值）
E111 招募特岗教师人数	94.22	0.0340	教育发展（W_i = 0.1511）	13.08（86.58）	政策效果（W_i = 0.2350）	20.26（86.23）
E112 政策对农村义务教育专任教师配置的影响	86.64	0.0300				
E113 政策对农村义务教育专任教师年龄结构的影响	85.00	0.0172				
E114 政策对农村义务教育专任教师学历结构的影响	82.91	0.0193				
E115 政策对农村义务教育专任教师学科结构的影响	81.27	0.0254				
E116 政策对农村义务教育质量提升的影响	85.45	0.0252				
E121 政策对促进大学生就业的影响	86.00	0.0252	社会效应（W_i = 0.0839）	7.18（85.60）		
E122 政策对特岗教师个人发展的影响	85.68	0.0291				
E123 政策对农村教育观念转变的影响	85.18	0.0296				

从表 5－29 可见：（1）红河州实施“特岗教师计划”的政策效果评分为 20.26 分（对应百分值为 86.23 分），其中，“教育发展”指标得分 13.08 分（对应百分值为 86.58 分），“社会效应”指标得分 7.18 分（对应百分值为 85.60 分）。（2）根据本研究选取的绩效评价等级标度｛5. 优，4. 良，3. 中，2. 低，1. 差｝以及绩效评价 5 等级赋值系数｛100，80，60，40，20｝，可以判断红河州实施“特岗教师计划”的政策效果为优等（80 < 得分 = 86.23 < 100），且政策对“教育发展”（80 < 得分 = 86.58 < 100）的促进作用，以及政策的“社会效应”（80 < 得分 = 85.60 < 100）也处于优等。

二、政策效率

根据云南省统计年鉴（2020 年）查阅的红河州事业单位职工平均工资（8.63 万元），以及对当地特岗教师（95 人）调查得到特岗教师年均消费支出（6.48万元），依据式（3－2）可以计算得到“特岗教师的成本收益比”指标得分：“城镇单位（事业）职工平均工资”/受试地“特岗教师年均消费支出”×100（百分制）=8.63/6.48×100=133.18>100分（最终计算政策绩效总分时，该指标取百分制上限即100分），反映对于当地特岗教师而言，政策的“特岗教师的成本收益比”较好，处于优等（100<得分=133.18）。

根据云南省教育事业统计（2020年）查阅的红河州小学生师比（17.69）、小学毕业生升学率（99.88%）、初中毕业生升普通高中占比（54.69%）、普通高中应届毕业生升学率（77.55%），依据式（3－2）可以计算得到“国家的成本收益比”指标得分=受试地“特岗教师政策收益”影子价格/受试地“特岗教师政策投入成本”×100（百分制）=受试地1个特岗教师在三年履约期内培养产出1个大学生（本科）的概率×100（百分制）=受试地[1（特岗教师）×“小学师生比”×“小学毕业生升学率”×“初中毕业生升学率”×“普通高中应届毕业生升学率”]×3年（特岗教师履约期）/4年（教育类本科生平均学年）×100（百分制）=1×17.69×99.88%×54.69%×77.55%×3/4×100=562.03>100分（最终计算政策绩效总分时，该指标取百分制上限即100分），反映对当地实施特岗教师计划而言，“国家的成本收益比”较好，处于优等（100<得分=562.03）。

根据对当地教育主管部门的调研，得到当地特岗教师历年平均留任率约为98.5%，依据式（3－1）计算得到“特岗教师的留任率”指标得分=受试地“特岗教师留任率”/100%（目标值）×100（百分制）=98.5%/100%×100=98.5分。

结合调研数据，依据式（3－3）可以计算得到“政策效率”定性指标的得分（见表5－30）。

表5－30　“政策效率”定性指标的相关数据（N=220）

三级指标（定性）	5非常高	4比较高	3一般	2比较低	1非常低	原始评分	计算得分
E222政策执行部门的工作效率	39.55%	49.55%	7.27%	2.27%	1.36%	4.24	84.73

综合上述4个三级指标得分，结合各指标的权重可以计算得到政策效率各二级指标得分和总分（见表5－31）。

表5-31 “政策效率”绩效评估数据

三级指标	三级指标得分	三级指标权重值 /W_i	二级指标及权重值（W_i）	二级指标得分（对应百分值）	一级指标及权重值（W_i）	一级指标得分（对应百分值）
E211 特岗教师的成本收益比	100.00	0.0426	经济效率（W_i=0.1194）	11.93（99.92）	政策效率（W_i=0.1989）	19.32（97.15）
E212 国家的成本收益比	100.00	0.0767				
E221 特岗教师的留任率	98.50	0.0477	执行效率（W_i=0.0796）	7.39（92.87）		
E222 政策执行部门的工作效率	84.73	0.0318				

从表5-31可见：（1）红河州实施“特岗教师计划”的政策效率评分为19.32分（对应百分值为97.15分），其中，“经济效率”指标得分11.93分（对应百分值为99.92分），“执行效率”指标得分7.39分（对应百分值为92.87分）。（2）根据本研究选取的绩效评价等级标度{5.优，4.良，3.中，2.低，1.差}以及绩效评价5等级赋值系数{100，80，60，40，20}，可以判断当地实施“特岗教师计划”的政策效率为优等（80<得分=97.15<100），且政策的“经济效率”（80<得分=99.92<100）和“执行效率”（80<得分=92.87<100）也都处于优等。

三、政策效益

结合调研数据，依据式（3-3）可以计算得到“政策效益”各定性指标的得分（见表5-32）。

表5-32 “政策效益”各定性指标的相关数据（N=220）

三级指标（定性）	5 非常高	4 比较高	3 一般	2 比较低	1 非常低	原始评分	计算得分
E311 政策了解程度	40.45%	50.00%	7.27%	1.36%	0.91%	4.28	85.55
E312 政策与其他政策的协调性	26.82%	47.73%	11.82%	8.64%	5.00%	3.83	76.55
E313 政策执行部门的工作态度	34.09%	60.91%	2.27%	1.82%	0.91%	4.25	85.09
E321 学生对特岗教师的满意度	38.64%	45.91%	9.09%	4.09%	2.27%	4.15	82.91
E322 特岗教师对工作的满意度	40.45%	50.91%	3.18%	3.64%	1.82%	4.25	84.91
E323 学校对特岗教师的满意度	39.55%	46.82%	5.45%	6.82%	1.36%	4.16	83.27
E324 公众对政策的满意度	41.36%	48.64%	5.91%	2.73%	1.36%	4.26	85.18

从表5-32可见：从政策效益各定性指标看，依据“特岗教师计划”利益相关者评分高低排序如下：政策了解程度（得分=85.55）>公众对政策的满意度（得分=85.18）>政策执行部门的工作态度（得分=85.09）>特岗教师对工作的满意度（得分=84.91）>学校对特岗教师的满意度（得分=83.27）>学生对特岗教师的满意度（得分=82.91）>政策与其他政策的协调性（得分=76.55）。

根据各指标的权重可以计算得到政策效益各二级指标得分和总分（见表5-33）。

表5-33 “政策效益”绩效评估数据

三级指标	三级指标得分	三级指标权重值/W_i	二级指标及权重值（W_i）	二级指标得分（对应百分值）	一级指标及权重值（W_i）	一级指标得分（对应百分值）
E311 政策了解程度	85.55	0.0589	回应度（W_i=0.1285）	10.69（83.17）	政策效益（W_i=0.3342）	27.97（83.68）
E312 政策与其他政策的协调性	76.55	0.0320				
E313 政策执行部门的工作态度	85.09	0.0376				
E321 学生对特岗教师的满意度	82.91	0.0621	满意度（W_i=0.2057）	17.28（84.00）		
E322 特岗教师对工作的满意度	84.91	0.0388				
E323 学校对特岗教师的满意度	83.27	0.0474				
E324 公众对政策的满意度	85.18	0.0574				

从表5-33可见：（1）红河州实施“特岗教师计划”的政策效益评分为27.97分（对应百分值为83.68分），其中，“回应度”指标得分10.69分（对应百分值为83.17分），“满意度”指标得分17.28分（对应百分值为84.00分）。（2）根据本研究选取的绩效评价等级标度{5. 优，4. 良，3. 中，2. 低，1. 差}以及绩效评价5等级赋值系数{100，80，60，40，20}，可以判断当地实施“特岗教师计划”的政策效益为优等（80<得分=83.68<100），且政策的“回应度”（80<得分=83.17<100）和“满意度”（80<得分=84.00<100）也都处于优等。

四、公平性

结合调研数据，依据式（3－3）可以计算得到政策“公平性”各定性指标的得分（见表5－34）。

表5－34 “公平性”各定性指标的相关数据（N＝220）

三级指标（定性）	5 非常大	4 比较大	3 一般	2 比较小	1 非常小	原始评分	计算得分
E411 特岗教师获得激励、培训、晋升等机会的公平性	40.91%	55.00%	1.82%	1.36%	0.91%	4.34	86.73
E412 特岗教师工资待遇与公办教师的同等性	35.00%	49.09%	7.27%	5.00%	3.64%	4.07	81.36
E421 大学生报考特岗教师岗位机会的公平性	42.27%	53.64%	3.64%	0.45%	0.00%	4.38	87.55
E422 政策对城乡义务教育均衡发展的促进性	47.73%	44.55%	5.00%	1.36%	1.36%	4.36	87.18

从表5－34可见：从政策“公平性”各定性指标看，依据“特岗教师计划”利益相关者评分高低排序如下：大学生报考特岗教师岗位机会的公平性（得分＝87.55）＞政策对城乡义务教育均衡发展的促进性（得分＝87.18）＞特岗教师获得激励、培训、晋升等机会的公平性（得分＝86.73）＞特岗教师工资待遇与公办教师的同等性（得分＝81.36）。

根据各指标的权重可以计算得到公平性各二级指标得分和总分（见表5－35）。

表5－35 “公平性”绩效评估数据

三级指标	三级指标得分	三级指标权重值/W_i	二级指标及权重值（W_i）	二级指标得分（对应百分值）	一级指标及权重值（W_i）	一级指标得分（对应百分值）
E411 特岗教师获得激励、培训、晋升等机会的公平性	86.73	0.0541	内部公平（W_i＝0.1159）	9.72（83.87）	公平性（W_i＝0.2319）	19.84（85.57）
E412 特岗教师工资待遇与公办教师的同等性	81.36	0.0618				
E421 大学生报考特岗教师岗位机会的公平性	87.55	0.0507	外部公平（W_i＝0.1159）	10.12（87.34）		
E422 政策对城乡义务教育均衡发展的促进性	87.18	0.0652				

从表5－35可见：（1）红河州实施“特岗教师计划”的公平性得分为19.84（对应百分值为85.57分），其中，“内部公平”指标得分9.72分（对应百分值为83.87分），“外部公平”指标得分10.12分（对应百分值为87.34分）。（2）根据本研究选取的绩效评价等级标度｛5. 优，4. 良，3. 中，2. 低，1. 差｝以及绩效评价5等级赋值系数｛100，80，60，40，20｝，可以判断当地实施“特岗教师计划”的公平性为优等（80＜得分＝85.57＜100），其中“内部公平”（80＜得分＝83.87＜100）和“外部公平”（80＜得分＝87.34＜100）也都处于优等。

五、政策绩效

综上所述，依据“特岗教师计划”绩效评估指标体系模型，可以计算得到红河州实施“特岗教师计划”的政策绩效（见表5－36）。

表5－36 红河州实施“特岗教师计划”的政策绩效

一级指标	权重值（W_i）	一级指标得分（对应百分值）	绩效得分
E1 政策效果	0.2350	20.26（86.23）	87.39
E2 政策效率	0.1989	19.32（97.15）	
E3 政策效益	0.3342	27.97（83.68）	
E4 公平性	0.2319	19.84（85.57）	

从表5－36可见：红河州实施“特岗教师计划”的政策绩效得分为87.39，根据本研究选取的绩效评价等级标度｛5. 优，4. 良，3. 中，2. 低，1. 差｝以及绩效评价5等级赋值系数｛100，80，60，40，20｝，可以判断当地实施“特岗教师计划”的政策绩效为优等（80＜得分＝87.39＜100）。

第六节 临沧市实施“特岗教师计划”的绩效评估

一、政策效果

临沧市下辖1区7县，分别是临翔区、凤庆县、永德县、镇康县、云县、沧源佤族自治县（简称沧源县）、耿马傣族佤族自治县（简称耿马县）和双江拉祜族佤族布朗族傣族自治县（简称双江县）。截至2019年12月，全市有普通初中103所（含12所九年一贯制学校），普通小学834所、教学点177个（含一师一校点67个）；初中在校生89270人（其中农村在校生78485人），小学在校生198792人（其中农村在校生186773人），初中专任教师6407人，小学专任教师12295人，初中生师比为13.93，小学生师比为16.17；小学教师本科及以上学历占比43.36%，初中教师本科及以上学历占比85.92%；小学毕业生升学率为100.40%，初中毕业生升普通高中占比50.33%，九年义务巩固率为97.88%[①]。

临沧市自2007年起招聘特岗教师，2007—2020年间累计招聘特岗教师5037人，各县区招聘特岗教师数量如图5－22所示：凤庆县1131人，云县934人，临翔区531人，沧源县527人，永德县523人，耿马县517人，双江县463人，镇康县411人。

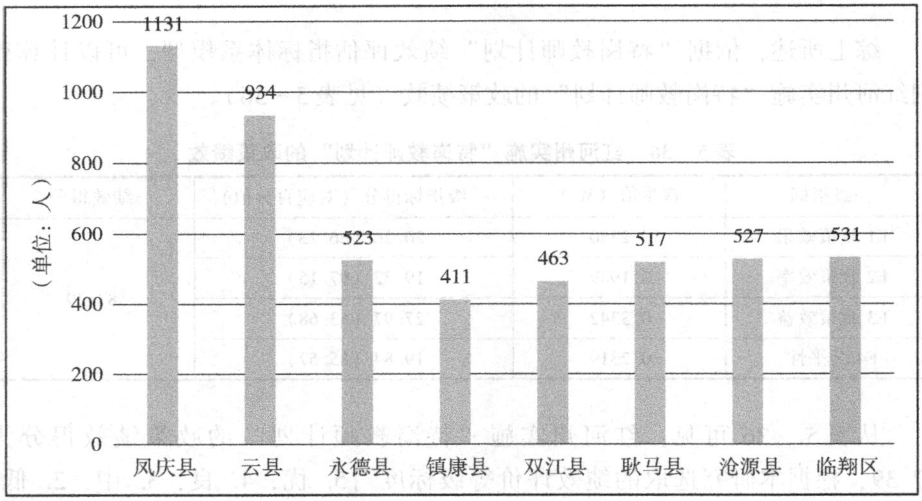

图5－22　临沧市各区县招聘特岗教师人数

全市招聘特岗教师数量的年度分布情况如图5－23所示，最多的年份（2016年）招聘了505人，最少的年份（2012年）招聘了226人，2008年、2014年、2016年是三个招聘人数较多的年份，也是招聘人数变化的拐点，具体变化情况如下：2007—2008年招聘人数呈上升趋势，2008年出现第一个人数变化的拐点（483人）；2009—2012年招聘人数呈下降趋势，2012年出现第二个人数变化的拐点（226人）；2013—2016年招聘人数呈先上升、后下降、再上升的趋势，2016年招聘人数出现第三个人数变化的拐点（505人）；2016—2018年呈下降趋势，2019—2020年招聘人数呈先上升、后下降趋势。

① 2019年云南教育事业统计摘要（云南省教育厅，2020年1月）

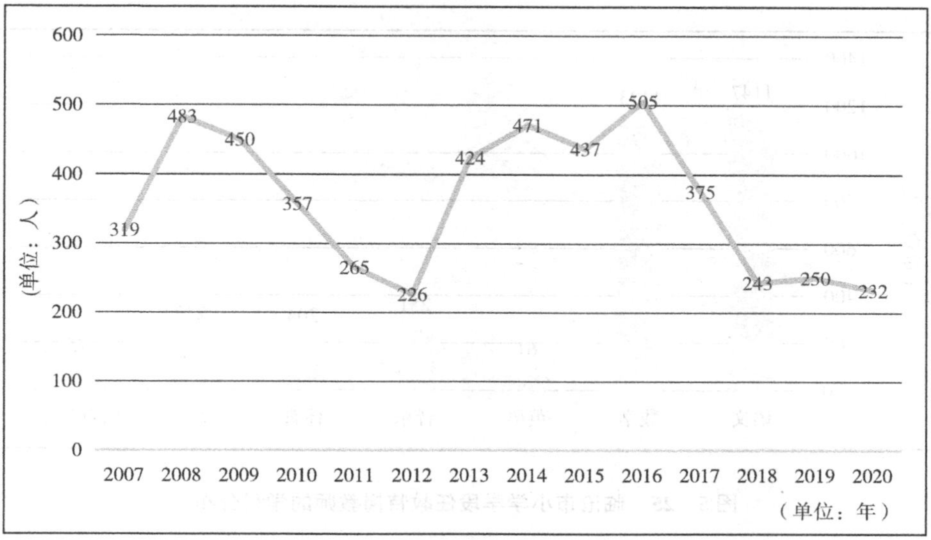

图 5－23　临沧市招聘特岗教师数的年度分布情况

从全市 2007 年—2020 年招聘特岗教师的学段及学科分布看（如图 5－24、图 5－25 和图 5－26 所示）：（1）在小学任教 3073 人（占比 61. 01%），其中，语文 1147 人，数学 1123 人，英语 61 人，音乐 251 人，体育 204 人，美术 212 人，信息技术 75 人；（2）在初中任教 1666 人（占比 33. 07%），其中，语文 190 人，数学 232 人，英语 244 人，物理 188 人，化学 99 人，生物 88 人，政治 105 人，历史 115 人，地理 129 人，音乐 68 人，体育 74 人，美术 64 人，信息技术 70 人，如下图 5 所示。（3）在幼儿园任教 298 人（占比 5. 92%）。

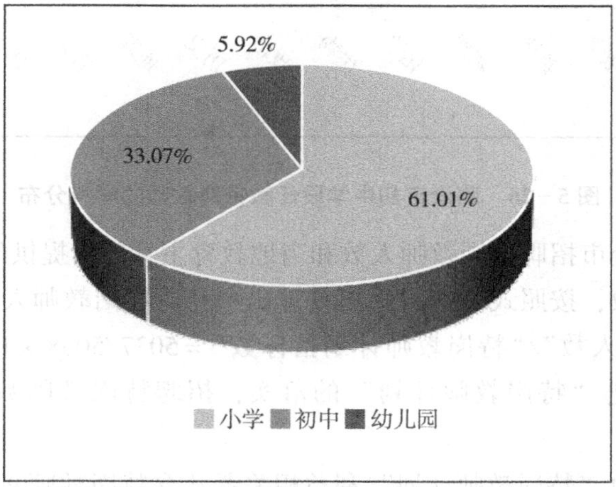

图 5－24　临沧市招聘特岗教师的学段分布

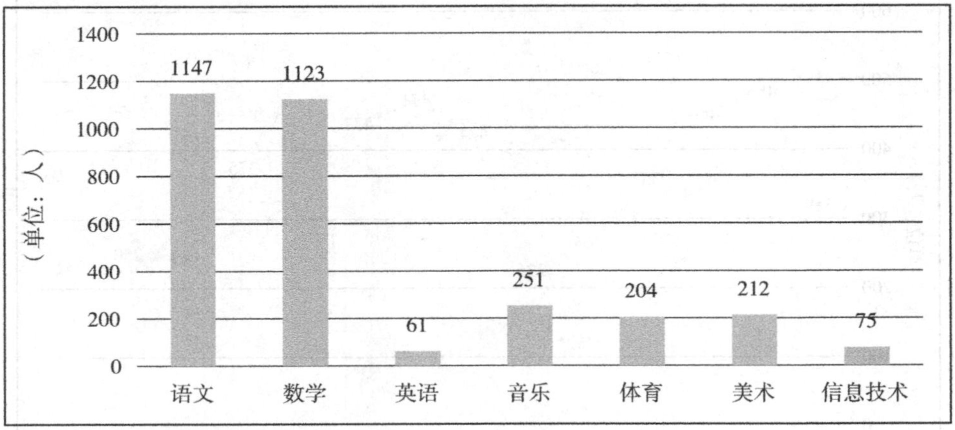

图 5-25　临沧市小学学段任教特岗教师的学科分布

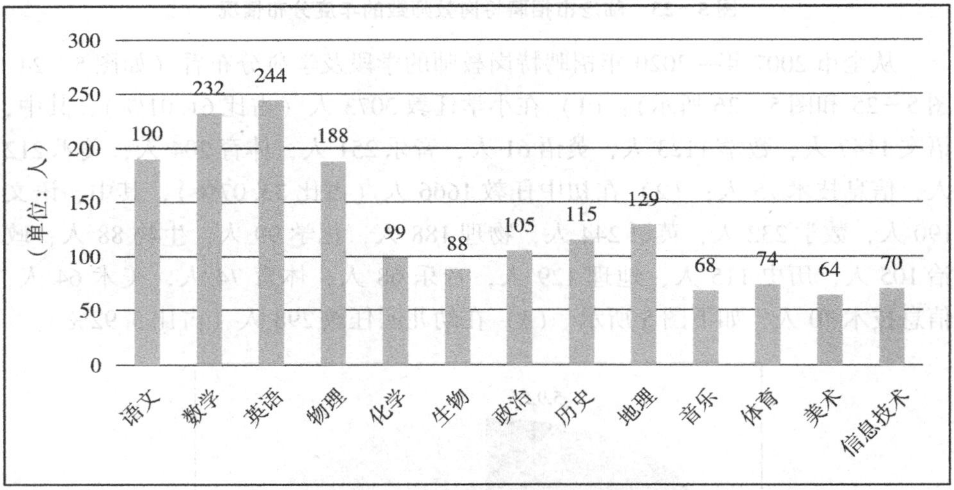

图 5-26　临沧市初中学段任教特岗教师的学科分布

根据上述全市招聘特岗教师人数和当地教育主管部门提供的累计特岗教师招聘计划指标数，按照式（3-1）可计算出“招聘特岗教师人数”指标得分：“招聘特岗教师人数”/“特岗教师计划指标数” = 5037/5068 × 100 = 99.39，反映当地积极推进“特岗教师计划”的落实，招聘特岗教师数达到计划指标的 99.39%。

根据对当地“特岗教师计划”利益相关者［含特岗教师 90 人、教育主管部门的领导和工作人员 10 人、设岗学校的领导和教师（非特岗教师）12 人、设岗学校的学生 108 人，合计 220 人］的调研数据（见表 5－37），依据式（3－3）可以计算得到“政策效果”各定性指标的得分。

表 5－37 “政策效果”定性指标的相关数据（N＝220）

三级指标（定性）	5 非常大	4 比较大	3 一般	2 比较小	1 非常小	原始评分	计算得分
E112 政策对农村义务教育专任教师配置的影响	34. 09%	59. 09%	4. 55%	2. 27%	0. 00%	4. 25	85. 00
E113 政策对农村义务教育专任教师年龄结构的影响	32. 73%	53. 64%	7. 27%	3. 18%	3. 18%	4. 10	81. 91
E114 政策对农村义务教育专任教师学历结构的影响	29. 55%	52. 27%	10. 00%	5. 00%	3. 18%	4. 00	80. 00
E115 政策对农村义务教育专任教师学科结构的影响	26. 36%	54. 55%	10. 00%	4. 55%	4. 55%	3. 94	78. 73
E116 政策对农村义务教育质量提升的影响	40. 45%	42. 27%	6. 82%	5. 45%	5. 00%	4. 08	81. 55
E121 政策对促进大学生就业的影响	39. 55%	46. 82%	5. 91%	5. 45%	2. 27%	4. 16	83. 18
E122 政策对特岗教师个人发展的影响	37. 73%	54. 09%	4. 55%	1. 36%	2. 27%	4. 24	84. 73
E123 政策对农村教育观念转变的影响	35. 45%	50. 91%	6. 82%	3. 18%	3. 64%	4. 11	82. 27

从表 5－37 可见：从政策效果准则层各定性指标看，依据“特岗教师计划”利益相关者评分高低排序如下：政策对农村义务教育专任教师配置的影响（得分＝85. 00）＞政策对特岗教师个人发展的影响（得分＝84. 73）＞政策对促进大学生就业的影响（得分＝83. 18）＞政策对农村教育观念转变的影响（得分＝82. 27）＞政策对农村义务教育专任教师年龄结构的影响（得分＝81. 91）＞政策对农村义务教育质量提升的影响（得分＝81. 55）＞政策对农村义务教育专任教师学历结构的影响（得分＝80. 00）＞政策对农村义务教育专任教师学科结构的影响（得分＝78. 73）。

根据各指标的权重可以计算得到政策效果各二级指标得分和总分（见表 5－38）。

表 5-38 “政策效果”绩效评估数据

三级指标	三级指标得分	三级指标权重值/W_i	二级指标及权重值（W_i）	二级指标得分（对应百分值）	一级指标及权重值（W_i）	一级指标得分（对应百分值）
E111 招募特岗教师人数	99.39	0.0340	教育发展（W_i=0.1511）	12.94（85.62）	政策效果（W_i=0.2350）	19.93（84.82）
E112 政策对农村义务教育专任教师配置的影响	85.00	0.0300				
E113 政策对农村义务教育专任教师年龄结构的影响	81.91	0.0172				
E114 政策对农村义务教育专任教师学历结构的影响	80.00	0.0193				
E115 政策对农村义务教育专任教师学科结构的影响	78.73	0.0254				
E116 政策对农村义务教育质量提升的影响	81.55	0.0252				
E121 政策对促进大学生就业的影响	83.18	0.0252	社会效应（W_i=0.0839）	7.00（83.40）		
E122 政策对特岗教师个人发展的影响	84.73	0.0291				
E123 政策对农村教育观念转变的影响	82.27	0.0296				

从表 5-38 可见：（1）临沧市实施“特岗教师计划”的政策效果评分为 19.93 分（对应百分值为 84.82 分），其中，“教育发展”指标得分 12.94 分（对应百分值为 85.62 分），“社会效应”指标得分 7.00 分（对应百分值为 83.40 分）。（2）根据本研究选取的绩效评价等级标度｛5. 优，4. 良，3. 中，2. 低，1. 差｝以及绩效评价 5 等级赋值系数｛100，80，60，40，20｝，可以判断当地实施“特岗教师计划”的政策效果为优等（80 < 得分 = 84.82 < 100），且政策对“教育发展”（80 < 得分 = 85.62 < 100）的促进作用，以及政策的“社会效应”（80 < 得分 = 83.40 < 100）也处于优等。

二、政策效率

根据云南省统计年鉴（2020 年）查阅的临沧市事业单位职工平均工资（11.16 万元），以及对当地特岗教师（90 人）调查得到特岗教师年均消费支出（7.92 万元），依据式（3－2）可以计算得到“特岗教师的成本收益比”指标得分：“城镇单位（事业）职工平均工资”/受试地“特岗教师年均消费支出”×100（百分制）＝11.16/7.92×100＝140.91＞100 分（最终计算政策绩效总分时，该指标取百分制上限即 100 分），反映对于当地特岗教师而言，政策的“特岗教师的成本收益比”较好，处于优等（100＜得分＝140.91）。

根据云南省教育事业统计（2020 年）查阅的保山市小学生师比（16.17）、小学毕业生升学率（100.40%）、初中毕业生升普通高中占比（50.33%）、普通高中应届毕业生升学率（77.55%），依据式（3－2）可以计算得到“国家的成本收益比”指标得分＝受试地“特岗教师政策收益”影子价格/受试地“特岗教师政策投入成本”×100（百分制）＝受试地 1 个特岗教师在三年履约期内培养产出 1 个大学生（本科）的概率×100（百分制）＝受试地［1（特岗教师）×“小学师生比”×“小学毕业生升学率”×“初中毕业生升学率”×“普通高中应届毕业生升学率”］×3 年（特岗教师履约期）/4 年（教育类本科生平均学年）×100（百分制）＝1×16.17×100.40%×50.33%×77.55%×3/4×100＝475.24＞100 分（最终计算政策绩效总分时，该指标取百分制上限即 100 分），反映对当地实施特岗教师计划而言，“国家的成本收益比”较好，处于优等（100＜得分＝475.24）。

根据对当地教育主管部门的调研，得到当地特岗教师历年平均留任率约为 98%，依据式（3－1）计算得到“特岗教师的留任率”指标得分＝受试地“特岗教师留任率”/100%（目标值）×100（百分制）＝98%/100%×100＝98 分。

结合调研数据，依据式（3－3）可以计算得到“政策效率”定性指标的得分（见表 5－39）。

表 5－39　“政策效率”定性指标的相关数据（N＝220）

三级指标（定性）	5 非常高	4 比较高	3 一般	2 比较低	1 非常低	原始评分	计算得分
E222 政策执行部门的工作效率	30.00%	51.36%	12.27%	3.64%	2.73%	4.02	80.45

综合上述 4 个三级指标得分，结合各指标的权重可以计算得到政策效率各二级指标得分和总分（见表 5－40）。

表5-40 “政策效率”绩效评估数据

三级指标	三级指标得分	三级指标权重值/W_i	二级指标及权重值（W_i）	二级指标得分（对应百分值）	一级指标及权重值（W_i）	一级指标得分（对应百分值）
E211 特岗教师的成本收益比	100.00	0.0426	经济效率（W_i=0.1194）	11.93（99.92）	政策效率（W_i=0.1989）	19.16（96.33）
E212 国家的成本收益比	100.00	0.0767				
E221 特岗教师的留任率	98.00	0.0477	执行效率（W_i=0.0796）	7.23（90.83）		
E222 政策执行部门的工作效率	80.37	0.0318				

从表5-40可见：（1）临沧市实施“特岗教师计划”的政策效率评分为19.16分（对应百分值为96.33分），其中，“经济效率”指标得分11.93分（对应百分值为99.92分），“执行效率”指标得分7.23分（对应百分值为90.83分）。（2）根据本研究选取的绩效评价等级标度｛5.优，4.良，3.中，2.低，1.差｝以及绩效评价5等级赋值系数｛100，80，60，40，20｝，可以判断当地实施“特岗教师计划”的政策效率为优等（80＜得分=96.33＜100），且政策的“经济效率”（80＜得分=99.92＜100）和“执行效率”（80＜得分=90.83＜100）也都处于优等。

三、政策效益

结合调研数据，依据式（3-3）可以计算得到“政策效益”各定性指标的得分（见表5-41）。

表5-41 “政策效益”各定性指标的相关数据（N=220）

三级指标（定性）	5 非常高	4 比较高	3 一般	2 比较低	1 非常低	原始评分	计算得分
E311 政策了解程度	34.09%	51.36%	10.91%	2.73%	0.91%	4.15	83.00
E312 政策与其他政策的协调性	22.73%	45.45%	16.82%	9.55%	5.45%	3.70	74.09
E313 政策执行部门的工作态度	35.00%	59.09%	3.64%	1.36%	0.91%	4.26	85.18
E321 学生对特岗教师的满意度	34.55%	45.45%	13.18%	4.55%	2.27%	4.05	81.09
E322 特岗教师对工作的满意度	36.36%	51.36%	4.09%	6.36%	1.82%	4.14	82.82
E323 学校对特岗教师的满意度	35.00%	45.45%	9.09%	9.09%	1.36%	4.04	80.73
E324 公众对政策的满意度	36.36%	48.18%	10.45%	3.18%	1.82%	4.14	82.82

从表5-41可见：从政策效益各定性指标看，依据“特岗教师计划”利益相关者评分高低排序如下：政策执行部门的工作态度（得分=85.18）>政策了解程度（得分=83.00）>公众对政策的满意度（得分=82.82）>特岗教师对工作的满意度（得分=82.82）>学生对特岗教师的满意度（得分=81.09）>学校对特岗教师的满意度（得分=80.73）>政策与其他政策的协调性（得分=74.09）。

根据各指标的权重可以计算得到政策效益各二级指标得分和总分（见表5-42）。

表5-42 “政策效益”绩效评估数据

三级指标	三级指标得分	三级指标权重值 $/W_i$	二级指标及权重值（W_i）	二级指标得分（对应百分值）	一级指标及权重值（W_i）	一级指标得分（对应百分值）
E311 政策了解程度	83.00	0.0589	回应度（W_i=0.1285）	10.46（81.42）	政策效益（W_i=0.3342）	27.29（81.66）
E312 政策与其他政策的协调性	74.09	0.0320				
E313 政策执行部门的工作态度	85.18	0.0376				
E321 学生对特岗教师的满意度	81.09	0.0621	满意度（W_i=0.2057）	16.83（81.81）		
E322 特岗教师对工作的满意度	82.82	0.0388				
E323 学校对特岗教师的满意度	80.73	0.0474				
E324 公众对政策的满意度	82.82	0.0574				

从表5-42可见：（1）临沧市实施“特岗教师计划”的政策效益评分为27.29分（对应百分值为81.66分），其中，“回应度”指标得分10.46分（对应百分值为81.42分），“满意度”指标得分16.83分（对应百分值为81.81分）。（2）根据本研究选取的绩效评价等级标度{5.优，4.良，3.中，2.低，1.差}以及绩效评价5等级赋值系数{100，80，60，40，20}，可以判断当地实施“特岗教师计划”的政策效益为优等（80<得分=81.66<100），且政策的“回应度”（80<得分=81.42<100）和“满意度”（80<得分=81.81<100）也都处于优等。

四、公平性

结合调研数据，依据式（3－3）可以计算得到政策"公平性"各定性指标的得分（见表5－43）。

表5－43　"公平性"各定性指标的相关数据（N＝220）

三级指标（定性）	5非常大	4比较大	3一般	2比较小	1非常小	原始评分	计算得分
E411 特岗教师获得激励、培训、晋升等机会的公平性	36.36%	50.00%	10.45%	1.82%	1.36%	4.18	83.64
E412 特岗教师工资待遇与公办教师的同等性	29.55%	44.09%	13.18%	9.09%	4.09%	3.86	77.18
E421 大学生报考特岗教师岗位机会的公平性	40.91%	52.27%	5.45%	1.36%	0.00%	4.33	86.55
E422 政策对城乡义务教育均衡发展的促进性	44.09%	45.00%	6.36%	2.27%	2.27%	4.26	85.27

从表5－43可见：从政策"公平性"各定性指标看，依据"特岗教师计划"利益相关者评分高低排序如下：大学生报考特岗教师岗位机会的公平性（得分＝86.55）＞政策对城乡义务教育均衡发展的促进性（得分＝85.27）＞特岗教师获得激励、培训、晋升等机会的公平性（得分＝83.64）＞特岗教师工资待遇与公办教师的同等性（得分＝77.18）。

根据各指标的权重可以计算得到公平性各二级指标得分和总分（见表5－44）。

表5－44　"公平性"绩效评估数据

三级指标	三级指标得分	三级指标权重值/W_i	二级指标及权重值（W_i）	二级指标得分（对应百分值）	一级指标及权重值（W_i）	一级指标得分（对应百分值）
E411 特岗教师获得激励、培训、晋升等机会的公平性	83.64	0.0541	内部公平（W_i＝0.1159）	9.29（80.19）	公平性（W_i＝0.2319）	19.24（82.98）
E412 特岗教师工资待遇与公办教师的同等性	77.18	0.0618				
E421 大学生报考特岗教师岗位机会的公平性	86.55	0.0507	外部公平（W_i＝0.1159）	9.95（85.83）		
E422 政策对城乡义务教育均衡发展的促进性	85.27	0.0652				

从表5－44可见：（1）临沧市实施“特岗教师计划”的公平性得分为19.24（对应百分值为82.98分），其中，“内部公平”指标得分9.29分（对应百分值为80.19分），“外部公平”指标得分9.95分（对应百分值为85.83分）。（2）根据本研究选取的绩效评价等级标度｛5.优，4.良，3.中，2.低，1.差｝以及绩效评价5等级赋值系数｛100，80，60，40，20｝，可以判断当地实施“特岗教师计划”的公平性为优等（80＜得分＝82.98＜100），其中“内部公平”（80＜得分＝80.19＜100）和“外部公平”（80＜得分＝85.83＜100）也都处于优等。

五、政策绩效

综上所述，依据“特岗教师计划”绩效评估指标体系模型，可以计算得到临沧市实施“特岗教师计划”的政策绩效（见表5－45）。

表5－45　临沧市实施“特岗教师计划”的政策绩效

一级指标	权重值（W_i）	一级指标得分（对应百分值）	绩效得分
E1 政策效果	0.2350	19.93（84.82）	85.62
E2 政策效率	0.1989	19.16（96.33）	
E3 政策效益	0.3342	27.29（81.66）	
E4 公平性	0.2319	19.24（82.98）	

从表5－45可见：临沧市实施“特岗教师计划”的政策绩效得分为85.62，根据本研究选取的绩效评价等级标度｛5.优，4.良，3.中，2.低，1.差｝以及绩效评价5等级赋值系数｛100，80，60，40，20｝，可以判断当地实施“特岗教师计划”的政策绩效为优等（80＜得分＝85.62＜100）。

第七节　大理州实施“特岗教师计划”的绩效评估

一、政策效果

大理白族自治州（简称大理州）下辖大理市、祥云县、弥渡县、宾川县、永平县、云龙县、洱源县、鹤庆县、剑川县、漾濞彝族自治县、巍山彝族回族自治县、南涧彝族自治县，共1个市和11个县。截至2019年12月，全州有普通初中152所（含9所九年一贯制学校），普通小学897所、教学点341个（含一师一校点66个）；初中在校生122125人（其中农村在校生107140人），小学在校生237773人（其中农村在校生207805人），初中专任教师9426人，小学专任教师13995人，初中生师比为12.96，小学生师比为16.99；小学教师本科及以上学历占比45.72%，初中教师本科及以上学历占比81.50%；小学毕业生升学率为99.22%，初中毕业生升普通高中占比46.77%，九年义务巩固率为97.63%[①]。

2006—2020年间，大理州累计招聘特岗3754人，其中，大理市0人、祥云县471人、弥渡县621人、宾川县292人、永平县361人、云龙县361人、洱源县406人、鹤庆县177人、剑川县199人、漾濞彝族自治县241人、巍山彝族回族自治县400人、南涧彝族自治县260人，具体分布详见图5-27。

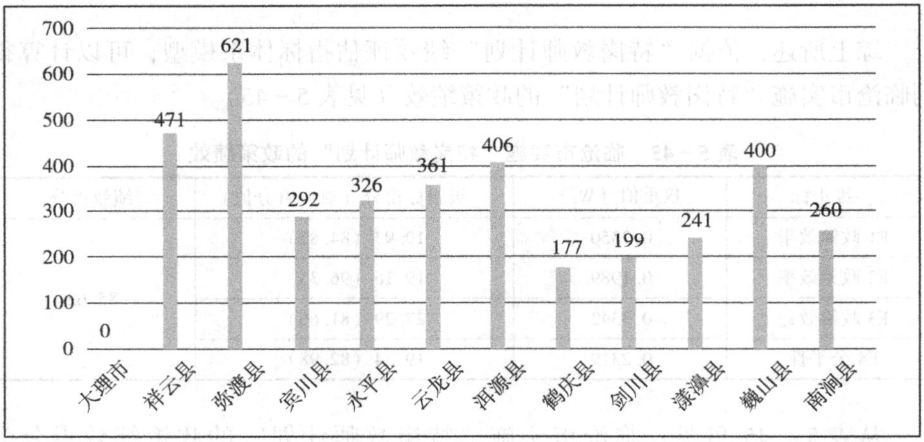

图5-27　大理州各县市招聘特岗教师人数

从大理州招聘特岗教师的年度分布情况看（见图5-28）：全州从2006年开始招聘特岗教师，首年招聘了193人，次年（2007年）降到17人，也是历史上招聘人数最少的年份；2007—2009年，招聘人数呈上升趋势，2009年出现招聘人数的第一个小高峰（239人）；2009—2011年，招聘人数呈下降趋势，从239人降到2011年的79人；2011—2014年，招聘人数呈上升趋势，2014年出现招聘人数的第二个高峰、也是历史上招聘人数最多的年份、共招聘了732人；2011—2018年，招聘人数呈下降趋势，从732人降到2018年的54人；2018—2020年，招聘人数呈回升趋势，2019年招了166人、2020年招了231人。

① 2019年云南教育事业统计摘要（云南省教育厅，2020年1月）

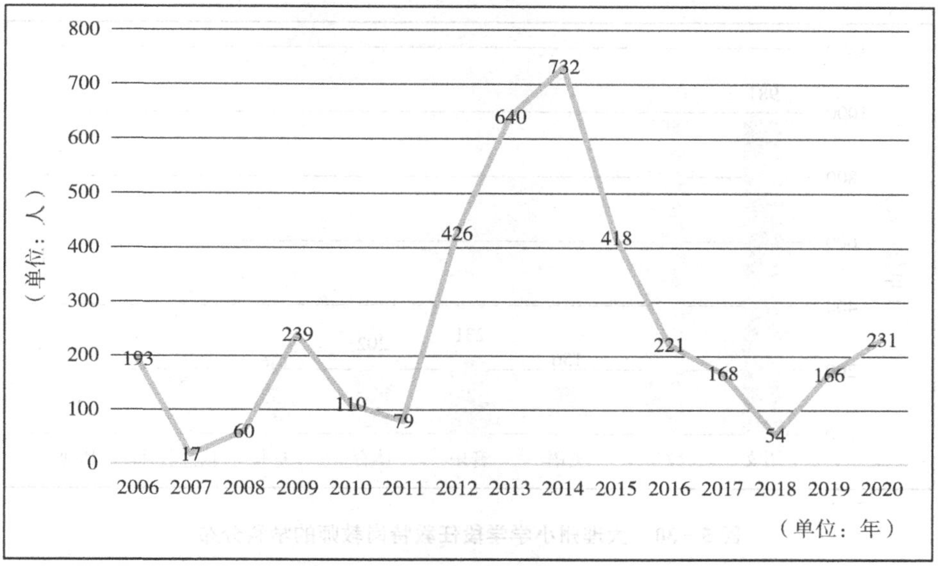

图 5－28　大理州招聘特岗教师人数的年度变化

全州招聘特岗教师的学段及学科分布如图 5－29、图 5－30 和图 5－31 所示：（1）在小学任教 2679 人（占比 71.36%），其中，语文 981 人，数学 882 人，英语 156 人，音乐 231 人，体育 202 人，美术 146 人，信息技术 80 人，其他 1 人。（2）在初中任教 1075 人（占比 28.64%），其中，语文 111 人，数学 226 人，英语 137 人，物理 101 人，化学 77 人，生物 46 人，政治 56 人，历史 51 人，地理 61 人，音乐 47 人，体育 75 人，美术 36 人，信息技术 51 人。

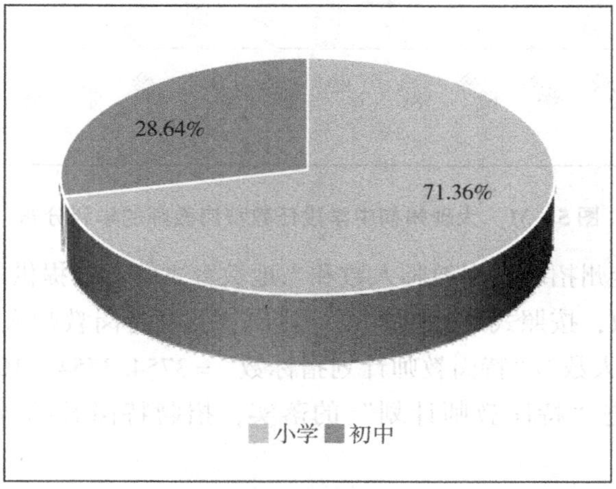

图 5－29　大理州招聘特岗教师的学段分布

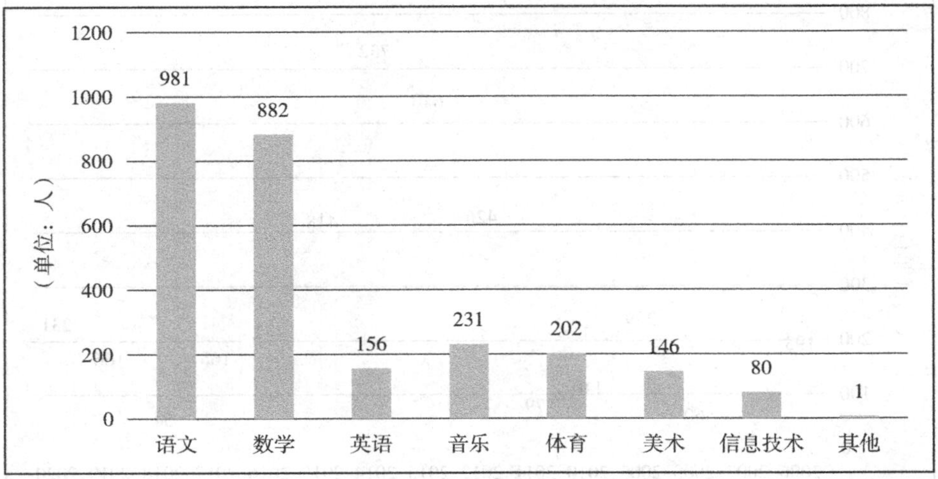

图5-30　大理州小学学段任教特岗教师的学科分布

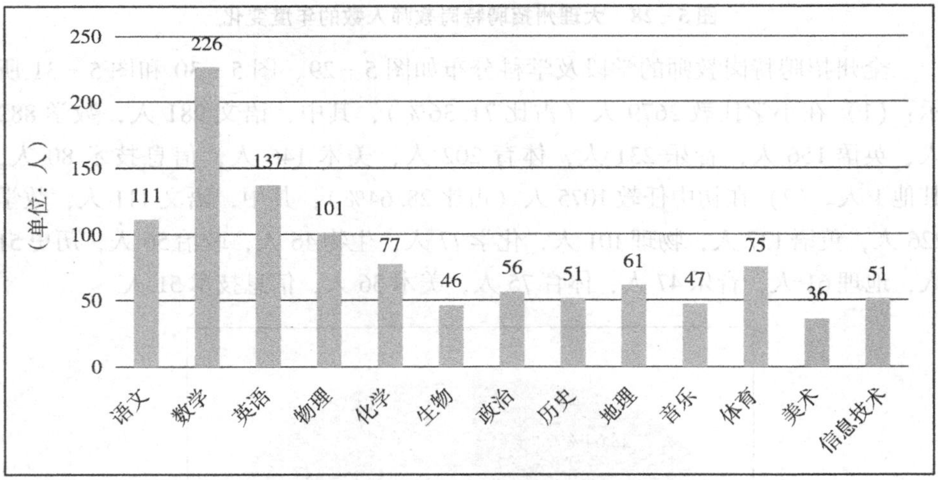

图5-31　大理州初中学段任教特岗教师的学科分布

根据上述全州招聘特岗教师人数和当地教育主管部门提供的累计特岗教师招聘计划指标数，按照式（3-1）可计算出“招聘特岗教师人数”指标得分：“招聘特岗教师人数”/“特岗教师计划指标数”=3754/3754×100=100.00，反映当地积极推进“特岗教师计划”的落实，招聘特岗教师数达到计划指标的100.00%。

根据对当地“特岗教师计划”利益相关者［含特岗教师82人、教育主管部门的领导和工作人员 8 人、设岗学校的领导和教师（非特岗教师）10 人、设岗学校的学生 120 人，合计 220 人］的调研数据（见表 5 - 46），依据式（3 - 3）可以计算得到“政策效果”各定性指标的得分。

表 5 - 46　“政策效果”定性指标的相关数据（N = 220）

三级指标（定性）	5 非常大	4 比较大	3 一般	2 比较小	1 非常小	原始评分	计算得分
E112 政策对农村义务教育专任教师配置的影响	33.18%	56.82%	7.73%	2.27%	0.00%	4.21	84.18
E113 政策对农村义务教育专任教师年龄结构的影响	31.82%	54.55%	6.82%	4.09%	2.73%	4.09	81.73
E114 政策对农村义务教育专任教师学历结构的影响	30.45%	52.73%	9.09%	5.00%	2.73%	4.03	80.64
E115 政策对农村义务教育专任教师学科结构的影响	26.36%	53.64%	9.09%	5.45%	5.45%	3.90	78.00
E116 政策对农村义务教育质量提升的影响	40.91%	40.91%	7.73%	5.45%	5.00%	4.07	81.45
E121 政策对促进大学生就业的影响	40.00%	47.27%	5.00%	5.00%	2.73%	4.17	83.36
E122 政策对特岗教师个人发展的影响	38.64%	54.55%	4.09%	1.36%	1.36%	4.28	85.55
E123 政策对农村教育观念转变的影响	35.91%	50.00%	6.36%	4.09%	3.64%	4.10	82.09

从表 5 - 46 可见：从政策效果准则层各定性指标看，依据“特岗教师计划”利益相关者评分高低排序如下：政策对特岗教师个人发展的影响（得分 = 85.55）> 政策对农村义务教育专任教师配置的影响（得分 = 84.18）> 政策对促进大学生就业的影响（得分 = 83.36）> 政策对农村教育观念转变的影响（得分 = 82.09）> 政策对农村义务教育专任教师年龄结构的影响（得分 = 81.73）> 政策对农村义务教育质量提升的影响（得分 = 81.45）> 政策对农村义务教育专任教师学历结构的影响（得分 = 80.64）> 政策对农村义务教育专任教师学科结构的影响（得分 = 78.00）。

根据各指标的权重可以计算得到政策效果各二级指标得分和总分（见表 5 - 47）。

表 5-47 “政策效果”绩效评估数据

三级指标	三级指标得分	三级指标权重值/W_i	二级指标及权重值（W_i）	二级指标得分（对应百分值）	一级指标及权重值（W_i）	一级指标得分（对应百分值）
E111 招募特岗教师人数	100.00	0.0340	教育发展（$W_i=0.1511$）	12.92（85.51）	政策效果（$W_i=0.2350$）	19.94（84.86）
E112 政策对农村义务教育专任教师配置的影响	84.18	0.0300				
E113 政策对农村义务教育专任教师年龄结构的影响	81.73	0.0172				
E114 政策对农村义务教育专任教师学历结构的影响	80.64	0.0193				
E115 政策对农村义务教育专任教师学科结构的影响	78.00	0.0254				
E116 政策对农村义务教育质量提升的影响	81.45	0.0252				
E121 政策对促进大学生就业的影响	83.36	0.0252	社会效应（$W_i=0.0839$）	7.02（83.67）		
E122 政策对特岗教师个人发展的影响	85.55	0.0291				
E123 政策对农村教育观念转变的影响	82.09	0.0296				

从表 5-47 可见：（1）大理州实施“特岗教师计划”的政策效果评分为 19.94 分（对应百分值为 84.86 分），其中，“教育发展”指标得分 12.92 分（对应百分值为 85.51 分），“社会效应”指标得分 7.02 分（对应百分值为 83.67 分）。（2）根据本研究选取的绩效评价等级标度{5. 优，4. 良，3. 中，2. 低，1. 差}以及绩效评价 5 等级赋值系数{100，80，60，40，20}，可以判断当地实施“特岗教师计划”的政策效果为优等（80 < 得分 = 84.86 < 100），且政策对“教育发展”（80 < 得分 = 85.51 < 100）的促进作用，以及政策的“社会效应”（80 < 得分 = 83.67 < 100）也处于优等。

二、政策效率

根据云南省统计年鉴（2020 年）查阅的大理州事业单位职工平均工资（11.38 万元），以及对当地特岗教师（82 人）调查得到特岗教师年均消费支出（8.16 万元），依据式（3－2）可以计算得到“特岗教师的成本收益比”指标得分：“城镇单位（事业）职工平均工资”/受试地“特岗教师年均消费支出”×100（百分制）=11.38/8.16×100=139.46>100 分（最终计算政策绩效总分时，该指标取百分制上限即 100 分），反映对于当地特岗教师而言，政策的“特岗教师的成本收益比”较好，处于优等（100<得分=139.46）。

根据云南省教育事业统计（2020 年）查阅的大理州小学生师比（16.99）、小学毕业生升学率（99.22%）、初中毕业生升普通高中占比（46.77%）、普通高中应届毕业生升学率（77.55%），依据式（3－2）可以计算得到“国家的成本收益比”指标得分=受试地“特岗教师政策收益”影子价格/受试地“特岗教师政策投入成本”×100（百分制）=受试地 1 个特岗教师在三年履约期内培养产出 1 个大学生（本科）的概率×100（百分制）=受试地［1（特岗教师）×“小学师生比”×“小学毕业生升学率”×“初中毕业生升学率”×“普通高中应届毕业生升学率”］×3 年（特岗教师履约期）/4 年（教育类本科生平均学年）×100（百分制）=1×16.99×99.22%×46.77%×77.55%×3/4×100=458.57>100 分（最终计算政策绩效总分时，该指标取百分制上限即 100 分），反映对当地实施特岗教师计划而言，“国家的成本收益比”较好，处于优等（100<得分=458.57）。

根据对当地教育主管部门的调研，得到当地特岗教师历年平均留任率约为 98.5%，依据式（3－1）计算得到“特岗教师的留任率”指标得分=受试地“特岗教师留任率”/100%（目标值）×100（百分制）=98.5%/100%×100=98.5 分。

结合调研数据，依据式（3－3）可以计算得到“政策效率”定性指标的得分（见表 5－48）。

表 5－48 “政策效率”定性指标的相关数据（N=220）

三级指标（定性）	5 非常高	4 比较高	3 一般	2 比较低	1 非常低	原始评分	计算得分
E222 政策执行部门的工作效率	34.09%	49.55%	10.91%	3.18%	2.27%	4.10	82.00

综合上述 4 个三级指标得分，结合各指标的权重可以计算得到政策效率各二级指标得分和总分（见表 5－49）。

表 5－49 “政策效率”绩效评估数据

三级指标	三级指标得分	三级指标权重值 $/W_i$	二级指标及权重值（W_i）	二级指标得分（对应百分值）	一级指标及权重值（W_i）	一级指标得分（对应百分值）
E211 特岗教师的成本收益比	100.00	0.0426	经济效率（W_i = 0.1194）	11.93（99.92）	政策效率（W_i = 0.1989）	19.24（96.71）
E212 国家的成本收益比	100.00	0.0767				
E221 特岗教师的留任率	98.50	0.0477	执行效率（W_i = 0.0796）	7.31（91.78）		
E222 政策执行部门的工作效率	82.00	0.0318				

从表 5－49 可见：（1）大理州实施“特岗教师计划”的政策效率评分为 19.24 分（对应百分值为 96.71 分），其中，“经济效率”指标得分 11.93 分（对应百分值为 99.92 分），“执行效率”指标得分 7.31 分（对应百分值为 91.78 分）。（2）根据本研究选取的绩效评价等级标度｛5. 优，4. 良，3. 中，2. 低，1. 差｝以及绩效评价 5 等级赋值系数｛100，80，60，40，20｝，可以判断当地实施“特岗教师计划”的政策效率为优等（80 < 得分 = 96.71 < 100），且政策的“经济效率”（80 < 得分 = 99.92 < 100）和“执行效率”（80 < 得分 = 91.78 < 100）也都处于优等。

三、政策效益

结合调研数据，依据式（3－3）可以计算得到“政策效益”各定性指标的得分（见表 5－50）。

表 5－50 “政策效益”各定性指标的相关数据（N = 220）

三级指标（定性）	5 非常高	4 比较高	3 一般	2 比较低	1 非常低	原始评分	计算得分
E311 政策了解程度	35.91%	50.00%	10.00%	2.73%	1.36%	4.16	83.27
E312 政策与其他政策的协调性	22.73%	47.73%	15.91%	9.09%	4.55%	3.75	75.00
E313 政策执行部门的工作态度	36.36%	55.45%	5.45%	1.82%	0.91%	4.25	84.91
E321 学生对特岗教师的满意度	36.82%	45.45%	10.45%	5.00%	2.27%	4.10	81.91
E322 特岗教师对工作的满意度	34.55%	50.45%	5.00%	8.64%	1.36%	4.08	81.64
E323 学校对特岗教师的满意度	35.00%	48.18%	7.27%	8.18%	1.36%	4.07	81.45
E324 公众对政策的满意度	38.64%	46.82%	10.00%	3.18%	1.36%	4.18	83.64

从表5－50可见：从政策效益各定性指标看，依据“特岗教师计划”利益相关者评分高低排序如下：政策执行部门的工作态度（得分＝84.91）>公众对政策的满意度（得分＝83.64）>政策了解程度（得分＝83.27）>学生对特岗教师的满意度（得分＝81.91）>特岗教师对工作的满意度（得分＝81.64）>学校对特岗教师的满意度（得分＝81.45）>政策与其他政策的协调性（得分＝75.00）。

根据各指标的权重可以计算得到政策效益各二级指标得分和总分（见表5－51）。

表5－51 “政策效益”绩效评估数据

三级指标	三级指标得分	三级指标权重值/W_i	二级指标及权重值（W_i）	二级指标得分（对应百分值）	一级指标及权重值（W_i）	一级指标得分（对应百分值）
E311 政策了解程度	83.27	0.0589	回应度（W_i＝0.1285）	10.50（81.69）	政策效益（W_i＝0.3342）	27.41（82.03）
E312 政策与其他政策的协调性	75.00	0.0320				
E313 政策执行部门的工作态度	84.91	0.0376				
E321 学生对特岗教师的满意度	81.91	0.0621	满意度（W_i＝0.2057）	16.92（82.23）		
E322 特岗教师对工作的满意度	81.64	0.0388				
E323 学校对特岗教师的满意度	81.45	0.0474				
E324 公众对政策的满意度	83.64	0.0574				

从表5－51可见：（1）大理州实施“特岗教师计划”的政策效益评分为27.41分（对应百分值为82.03分），其中，“回应度”指标得分10.50分（对应百分值为81.69分），“满意度”指标得分16.92分（对应百分值为82.23分）。（2）根据本研究选取的绩效评价等级标度｛5. 优，4. 良，3. 中，2. 低，1. 差｝以及绩效评价5等级赋值系数｛100，80，60，40，20｝，可以判断当地实施“特岗教师计划”的政策效益为优等（80＜得分＝82.03＜100），且政策的“回应度”（80＜得分＝81.69＜100）和“满意度”（80＜得分＝82.23＜100）也都处于优等。

四、公平性

结合调研数据，依据式（3-3）可以计算得到政策"公平性"各定性指标的得分（见表5-52）。

表5-52 "公平性"各定性指标的相关数据（N=220）

三级指标（定性）	5 非常大	4 比较大	3 一般	2 比较小	1 非常小	原始评分	计算得分
E411 特岗教师获得激励、培训、晋升等机会的公平性	35.00%	54.55%	7.27%	1.82%	1.36%	4.20	84.00
E412 特岗教师工资待遇与公办教师的同等性	29.55%	45.45%	11.36%	9.09%	4.55%	3.86	77.27
E421 大学生报考特岗教师岗位机会的公平性	43.64%	51.82%	4.09%	0.45%	0.00%	4.39	87.73
E422 政策对城乡义务教育均衡发展的促进性	40.91%	45.45%	6.36%	5.45%	1.82%	4.18	83.64

从表5-52可见：从政策"公平性"各定性指标看，依据"特岗教师计划"利益相关者评分高低排序如下：大学生报考特岗教师岗位机会的公平性（得分=87.73）>特岗教师获得激励、培训、晋升等机会的公平性（得分=84.00）>政策对城乡义务教育均衡发展的促进性（得分=83.64）>特岗教师工资待遇与公办教师的同等性（得分=77.27）。

根据各指标的权重可以计算得到公平性各二级指标得分和总分（见表5-53）。

表5-53 "公平性"绩效评估数据

<table>
<tr><th>三级指标</th><th>三级指标得分</th><th>三级指标权重值/W_i</th><th>二级指标及权重值（W_i）</th><th>二级指标得分（对应百分值）</th><th>一级指标及权重值（W_i）</th><th>一级指标得分（对应百分值）</th></tr>
<tr><td>E411 特岗教师获得激励、培训、晋升等机会的公平性</td><td>84.00</td><td>0.0541</td><td rowspan="2">内部公平（W_i=0.1159）</td><td rowspan="2">9.32（80.41）</td><td rowspan="4">公平性（W_i=0.2319）</td><td rowspan="4">19.22（82.88）</td></tr>
<tr><td>E412 特岗教师工资待遇与公办教师的同等性</td><td>77.27</td><td>0.0618</td></tr>
<tr><td>E421 大学生报考特岗教师岗位机会的公平性</td><td>87.73</td><td>0.0507</td><td rowspan="2">外部公平（W_i=0.1159）</td><td rowspan="2">9.90（85.43）</td></tr>
<tr><td>E422 政策对城乡义务教育均衡发展的促进性</td><td>83.64</td><td>0.0652</td></tr>
</table>

从表5－53可见：（1）大理州实施“特岗教师计划”的公平性得分为19.22（对应百分值为82.88分），其中，“内部公平”指标得分9.32分（对应百分值为80.41分），“外部公平”指标得分9.90分（对应百分值为85.43分）。（2）根据本研究选取的绩效评价等级标度｛5. 优，4. 良，3. 中，2. 低，1. 差｝以及绩效评价5等级赋值系数｛100，80，60，40，20｝，可以判断当地实施“特岗教师计划”的公平性为优等（80＜得分＝82.88＜100），其中“内部公平”（80＜得分＝80.41＜100）和“外部公平”（80＜得分＝85.43＜100）也都处于优等。

五、政策绩效

综上所述，依据“特岗教师计划”绩效评估指标体系模型，可以计算得到大理州实施“特岗教师计划”的政策绩效（见表5－54）。

表5－54 大理州实施“特岗教师计划”的政策绩效

一级指标	权重值（W_i）	一级指标得分（对应百分值）	绩效得分
E1 政策效果	0.2350	19.94（84.86）	85.81
E2 政策效率	0.1989	19.24（96.71）	
E3 政策效益	0.3342	27.41（82.03）	
E4 公平性	0.2319	19.22（82.88）	

从表5－54可见：大理州实施“特岗教师计划”的政策绩效得分为85.81，根据本研究选取的绩效评价等级标度｛5. 优，4. 良，3. 中，2. 低，1. 差｝以及绩效评价5等级赋值系数｛100，80，60，40，20｝，可以判断当地实施“特岗教师计划”的政策绩效为优等（80＜得分＝85.81＜100）。

第八节 普洱市实施“特岗教师计划”的绩效评估

一、政策效果

普洱市下辖1区、9县，分别是思茅区、墨江哈尼族自治县（简称墨江县）、景东彝族自治县（简称景东县）、景谷傣族彝族自治县（简称景谷县）、镇沅彝族哈尼族拉祜族自治县（简称镇沅县）、江城哈尼族彝族自治县（简称江城县）、澜沧拉祜族自治县（简称澜沧县）、西盟佤族自治县（简称西盟县）、孟连傣族拉祜族佤族自治县（简称孟连县）和宁洱哈尼族彝族自治县

（简称宁洱县）。截至2019年12月，全市有普通初中103所（含19所九年一贯制学校），普通小学503所、教学点38个（含一师一校点1个）；初中在校生84477人（其中农村在校生73740人），小学在校生190492人（其中农村在校生170581人），初中专任教师6467人，小学专任教师11541人，初中生师比为13.06，小学生师比为16.51；小学教师本科及以上学历占比47.93%，初中教师本科及以上学历占比89.18%；小学毕业生升学率为99.18%，初中毕业生升普通高中占比47.28%，九年义务巩固率为94.95%[①]。

普洱市自2007年起招聘特岗教师，2007—2020年间累计招聘特岗教师2390人，其中，思茅区0人、孟连县199人、澜沧县261人、西盟县313人、江城县142人、宁洱县30人、墨江县140人、景谷县365人、景东县643人、镇沅县297人，具体分布详见图5－32。

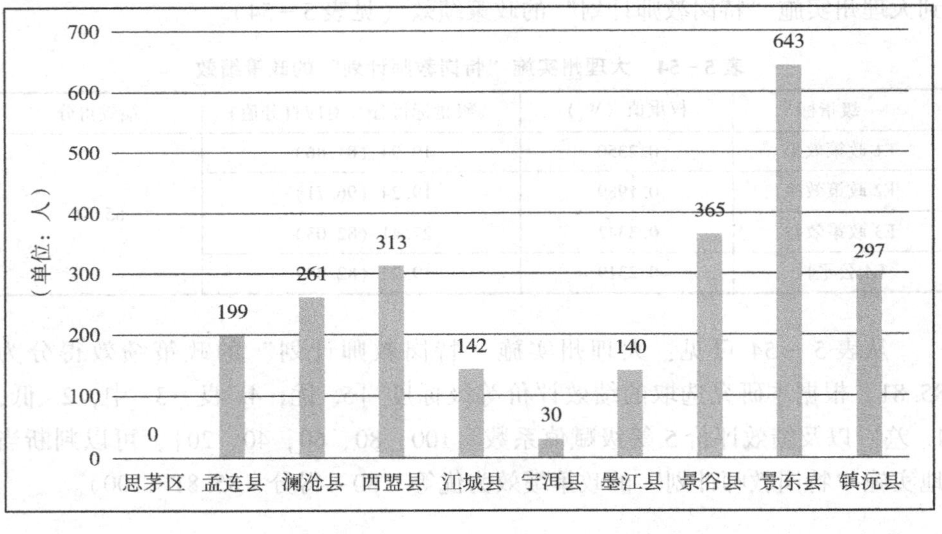

图5－32　普洱市各县市招聘特岗教师人数

从全市招聘特岗教师的年度分布情况看（见图5－33）：2007—2008年，招聘人数呈上升趋势，2008年出现第一个招聘人数峰值（120人）；2008—2011年间，招聘人数呈先下降、后上升、再下降的波动，出现招聘人数最少的两个年份2009年（招聘了10人）和2011年（招聘了30人）；2011—2016年，招聘人数呈上升趋势，2016年出现第二招聘人数峰值（422人）、这也是历史上招聘人数最多的一年；2016—2020年，招聘人数呈先下降、后回升、

① 2019年云南教育事业统计摘要（云南省教育厅，2020年1月）

再下降趋势，从422人降到2018年的175人，后回升到2019年的222人，再下降到2020年的114人。

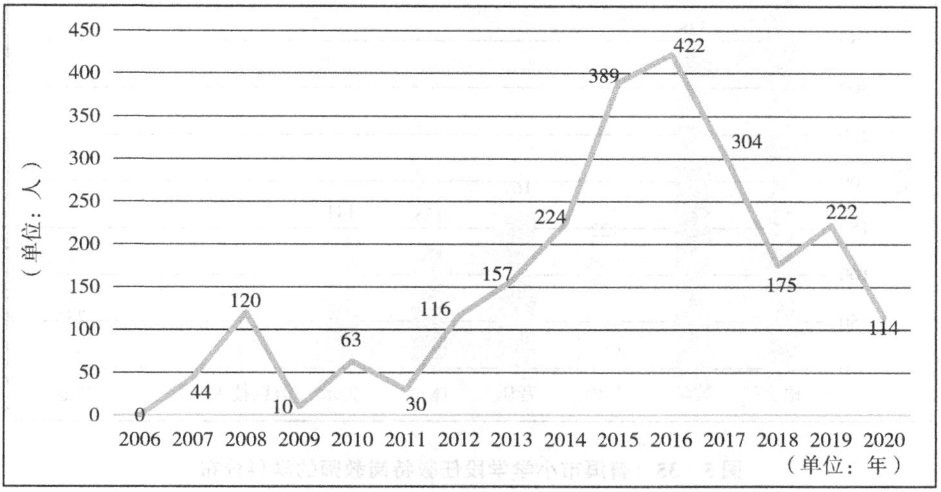

图5－33　普洱市招聘特岗教师数的年度发布情况

从全市招聘特岗教师的学段及学科分布看（见图5－34、图5－35和图5－36）：其一，在小学任教1476人（占比61.76%），其中，语文423人；数学338人；英语122人；音乐167人；体育138人；美术141人；科学55人；信息技术64人；其他28人。其二，在初中任教835人（占比34.94%），其中，语文94人；数学125人；英语123人；物理66人；化学45人；生物44人；政治42人；历史41人；地理47人；音乐63人；体育45人；美术44人；信息技术35人；其他21人。其三，在幼儿园从事学前教育工作79人（占比3.30%）。

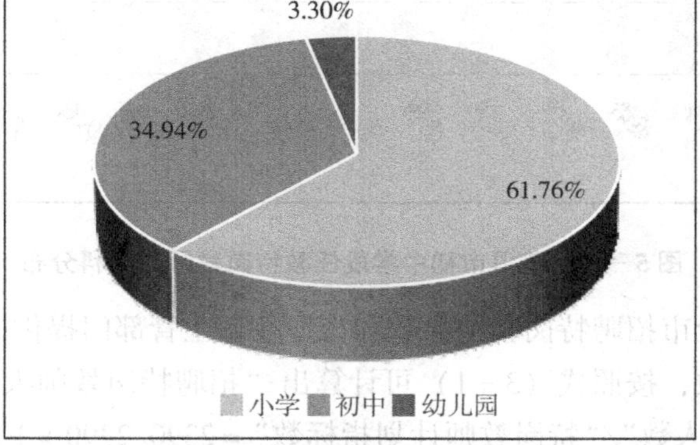

图5－34　普洱市招聘特岗教师的学段分布

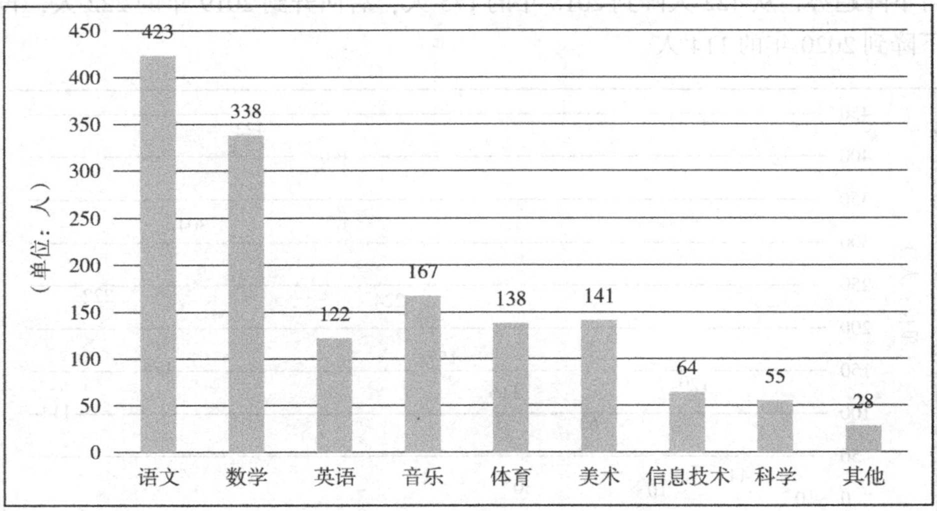

图5-35　普洱市小学学段任教特岗教师的学科分布

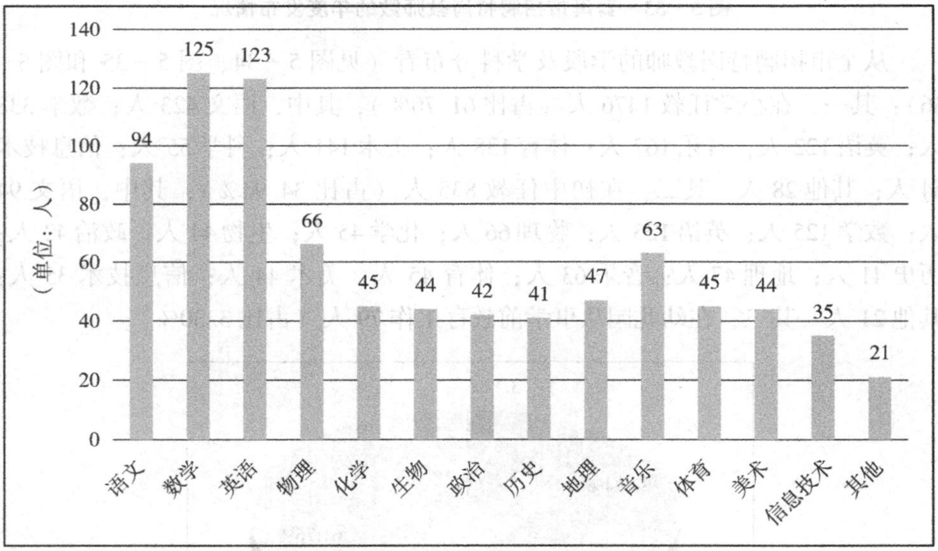

图5-36　普洱市初中学段任教特岗教师的学科分布

根据上述全市招聘特岗教师人数和当地教育主管部门提供的累计特岗教师招聘计划指标数，按照式（3-1）可计算出"招聘特岗教师人数"指标得分："招聘特岗教师人数"/"特岗教师计划指标数"=2390/2390×100=100.00，反映当地积极推进"特岗教师计划"的落实，招聘特岗教师数达到计划指标的100.00%。

根据对当地"特岗教师计划"利益相关者［含特岗教师90人、教育主管部门的领导和工作人员12人、设岗学校的领导和教师（非特岗教师）15人、设岗学校的学生103人，合计220人］的调研数据（见表5－55），依据式（3－3）可以计算得到"政策效果"各定性指标的得分。

表5－55 "政策效果"定性指标的相关数据（N＝220）

三级指标（定性）	5 非常大	4 比较大	3 一般	2 比较小	1 非常小	原始评分	计算得分
E112 政策对农村义务教育专任教师配置的影响	31.82%	55.91%	8.18%	3.18%	0.91%	4.15	82.91
E113 政策对农村义务教育专任教师年龄结构的影响	30.91%	54.55%	7.27%	4.09%	3.18%	4.06	81.18
E114 政策对农村义务教育专任教师学历结构的影响	30.00%	52.27%	9.55%	5.45%	2.73%	4.01	80.27
E115 政策对农村义务教育专任教师学科结构的影响	25.91%	53.18%	9.09%	5.91%	5.91%	3.87	77.45
E116 政策对农村义务教育质量提升的影响	42.27%	42.73%	5.91%	4.55%	4.55%	4.14	82.73
E121 政策对促进大学生就业的影响	39.09%	46.36%	5.45%	5.45%	3.64%	4.12	82.36
E122 政策对特岗教师个人发展的影响	39.09%	52.73%	4.55%	2.27%	1.36%	4.26	85.18
E123 政策对农村教育观念转变的影响	35.00%	52.27%	7.73%	2.73%	2.27%	4.15	83.00

从表5－55可见：从政策效果准则层各定性指标看，依据"特岗教师计划"利益相关者评分高低排序如下：政策对特岗教师个人发展的影响（得分＝85.18）＞政策对农村教育观念转变的影响（得分＝83.00）＞政策对农村义务教育专任教师配置的影响（得分＝82.91）＞政策对农村义务教育质量提升的影响（得分＝82.73）＞政策对促进大学生就业的影响（得分＝82.36）＞政策对农村义务教育专任教师年龄结构的影响（得分＝81.18）＞政策对农村义务教育专任教师学历结构的影响（得分＝80.27）＞政策对农村义务教育专任教师学科结构的影响（得分＝77.45）。

根据各指标的权重可以计算得到政策效果各二级指标得分和总分（见表5－56）。

表5－56 “政策效果”绩效评估数据

三级指标	三级指标得分	三级指标权重值/W_i	二级指标及权重值（W_i）	二级指标得分（对应百分值）	一级指标及权重值（W_i）	一级指标得分（对应百分值）
E111 招募特岗教师人数	100.00	0.0340	教育发展（W_i＝0.1511）	12.88（85.27）	政策效果（W_i＝0.2350）	19.90（84.66）
E112 政策对农村义务教育专任教师配置的影响	82.91	0.0300				
E113 政策对农村义务教育专任教师年龄结构的影响	81.18	0.0172				
E114 政策对农村义务教育专任教师学历结构的影响	80.27	0.0193				
E115 政策对农村义务教育专任教师学科结构的影响	77.45	0.0254				
E116 政策对农村义务教育质量提升的影响	82.73	0.0252				
E121 政策对促进大学生就业的影响	82.36	0.0252	社会效应（W_i＝0.0839）	7.01（83.57）		
E122 政策对特岗教师个人发展的影响	85.18	0.0291				
E123 政策对农村教育观念转变的影响	83.00	0.0296				

从表5－56可见：（1）普洱市实施“特岗教师计划”的政策效果评分为19.90分（对应百分值为84.66分），其中，“教育发展”指标得分12.88分（对应百分值为85.27分），“社会效应”指标得分7.01分（对应百分值为83.57分）。（2）根据本研究选取的绩效评价等级标度｛5. 优，4. 良，3. 中，2. 低，1. 差｝以及绩效评价5等级赋值系数｛100，80，60，40，20｝，可以判断当地实施“特岗教师计划”的政策效果为优等（80 < 得分 = 84.66 < 100），且政策对“教育发展”（80 <得分 =85.27 <100）的促进作用，以及政策的“社会效应”（80 <得分 =83.57 <100）也处于优等。

二、政策效率

根据云南省统计年鉴（2020年）查阅的普洱市事业单位职工平均工资（10.46万元），以及对当地特岗教师（90人）调查得到特岗教师年均消费支出（7.30 万元），依据式（3－2）可以计算得到“特岗教师的成本收益比”指标得分：“城镇单位（事业）职工平均工资”/受试地“特岗教师年均消费支出”×100（百分制）＝10.46/7.30×100＝143.29＞100 分（最终计算政策绩效总分时，该指标取百分制上限即 100 分），反映对于当地特岗教师而言，政策的“特岗教师的成本收益比”较好，处于优等（100＜得分＝143.291）。

根据云南省教育事业统计（2020 年）查阅的普洱市小学生师比（16.51）、小学毕业生升学率（99.18%）、初中毕业生升普通高中占比（47.28%）、普通高中应届毕业生升学率（77.55%），依据式（3－2）可以计算得到“国家的成本收益比”指标得分＝受试地“特岗教师政策收益”影子价格/受试地“特岗教师政策投入成本”×100（百分制）＝受试地 1 个特岗教师在三年履约期内培养产出 1 个大学生（本科）的概率×100（百分制）＝受试地［1（特岗教师）×“小学师生比”×“小学毕业生升学率”×“初中毕业生升学率”×“普通高中应届毕业生升学率”］×3 年（特岗教师履约期）/4 年（教育类本科生平均学年）×100（百分制）＝1×16.51×99.18%×47.28%×77.55%×3/4×100＝450.29＞100 分（最终计算政策绩效总分时，该指标取百分制上限即 100 分），反映对当地实施特岗教师计划而言，“国家的成本收益比”较好，处于优等（100＜得分＝450.29）。

根据对当地教育主管部门的调研，得到当地特岗教师历年平均留任率约为 97%，依据式（3－1）计算得到“特岗教师的留任率”指标得分＝受试地“特岗教师留任率”/100%（目标值）×100（百分制）＝97%/100%×100＝97 分。

结合调研数据，依据式（3－3）可以计算得到“政策效率”定性指标的得分（见表 5－57）。

表 5－57 “政策效率”定性指标的相关数据（N＝220）

三级指标（定性）	5 非常高	4 比较高	3 一般	2 比较低	1 非常低	原始评分	计算得分
E222 政策执行部门的工作效率	32.73%	49.55%	12.27%	2.73%	2.73%	4.07	81.36

综合上述 4 个三级指标得分，结合各指标的权重可以计算得到政策效率各二级指标得分和总分（见表 5－58）。

表5－58 “政策效率”绩效评估数据

三级指标	三级指标得分	三级指标权重值/W_i	二级指标及权重值（W_i）	二级指标得分（对应百分值）	一级指标及权重值（W_i）	一级指标得分（对应百分值）
E211 特岗教师的成本收益比	100.00	0.0426	经济效率（W_i=0.1194）	11.93（99.92）	政策效率（W_i=0.1989）	19.14（96.25）
E212 国家的成本收益比	100.00	0.0767				
E221 特岗教师的留任率	97.00	0.0477	执行效率（W_i=0.0796）	7.21（90.63）		
E222 政策执行部门的工作效率	81.36	0.0318				

从表5－58可见：（1）普洱市实施“特岗教师计划”的政策效率评分为19.14分（对应百分值为96.25分），其中，“经济效率”指标得分11.93分（对应百分值为99.92分），“执行效率”指标得分7.21分（对应百分值为90.63分）。（2）根据本研究选取的绩效评价等级标度{5.优，4.良，3.中，2.低，1.差}以及绩效评价5等级赋值系数{100，80，60，40，20}，可以判断当地实施“特岗教师计划”的政策效率为优等（80＜得分＝96.25＜100），且政策的“经济效率”（80＜得分＝99.92＜100）和“执行效率”（80＜得分＝90.63＜100）也都处于优等。

三、政策效益

结合调研数据，依据式（3－3）可以计算得到“政策效益”各定性指标的得分（见表5－59）。

表5－59 “政策效益”各定性指标的相关数据（N＝220）

三级指标（定性）	5 非常高	4 比较高	3 一般	2 比较低	1 非常低	原始评分	计算得分
E311 政策了解程度	34.09%	51.36%	9.09%	3.64%	1.82%	4.12	82.45
E312 政策与其他政策的协调性	22.73%	47.27%	15.91%	9.55%	4.55%	3.74	74.82
E313 政策执行部门的工作态度	36.36%	54.55%	5.45%	2.27%	1.36%	4.22	84.45
E321 学生对特岗教师的满意度	36.36%	44.55%	10.45%	5.91%	2.73%	4.06	81.18
E322 特岗教师对工作的满意度	35.45%	50.00%	5.45%	7.73%	1.36%	4.10	82.09
E323 学校对特岗教师的满意度	35.45%	47.27%	7.73%	8.18%	1.36%	4.07	81.45
E324 公众对政策的满意度	38.18%	46.36%	10.45%	3.64%	1.36%	4.16	83.27

从表 5－59 可见：从政策效益各定性指标看，依据“特岗教师计划”利益相关者评分高低排序如下：政策执行部门的工作态度（得分 = 84.45）> 公众对政策的满意度（得分 = 83.27）> 政策了解程度（得分 = 82.45）> 特岗教师对工作的满意度（得分 = 82.09）> 学生对特岗教师的满意度（得分 = 81.45）> 学校对特岗教师的满意度（得分 = 81.18）> 政策与其他政策的协调性（得分 = 74.82）。

根据各指标的权重可以计算得到政策效益各二级指标得分和总分（见表 5－60）。

表 5－60 “政策效益”绩效评估数据

三级指标	三级指标得分	三级指标权重值 $/W_i$	二级指标及权重值（W_i）	二级指标得分（对应百分值）	一级指标及权重值（W_i）	一级指标得分（对应百分值）
E311 政策了解程度	82.45	0.0589	回应度（W_i = 0.1285）	10.43（81.14）	政策效益（W_i = 0.3342）	27.29（81.67）
E312 政策与其他政策的协调性	74.82	0.0320				
E313 政策执行部门的工作态度	84.45	0.0376				
E321 学生对特岗教师的满意度	81.18	0.0621	满意度（W_i = 0.2057）	16.87（82.00）		
E322 特岗教师对工作的满意度	82.09	0.0388				
E323 学校对特岗教师的满意度	81.45	0.0474				
E324 公众对政策的满意度	83.27	0.0574				

从表 5－60 可见：（1）普洱市实施“特岗教师计划”的政策效益评分为 27.29 分（对应百分值为 81.67 分），其中，“回应度”指标得分 10.43 分（对应百分值为 81.14 分），“满意度”指标得分 16.87 分（对应百分值为 82.00 分）。（2）根据本研究选取的绩效评价等级标度｛5. 优，4. 良，3. 中，2. 低，1. 差｝以及绩效评价 5 等级赋值系数｛100，80，60，40，20｝，可以判断当地实施“特岗教师计划”的政策效益为优等（80 < 得分 = 81.67 < 100），且政策的“回应度”（80 < 得分 = 81.14 < 100）和“满意度”（80 < 得分 = 82.00 < 100）也都处于优等。

四、公平性

结合调研数据，依据式（3－3）可以计算得到政策“公平性”各定性指标的得分（见表5－61）。

表5－61　“公平性”各定性指标的相关数据（N＝220）

三级指标（定性）	5 非常大	4 比较大	3 一般	2 比较小	1 非常小	原始评分	计算得分
E411 特岗教师获得激励、培训、晋升等机会的公平性	34.09%	53.64%	8.64%	2.27%	1.36%	4.17	83.36
E412 特岗教师工资待遇与公办教师的同等性	29.55%	44.55%	11.36%	9.55%	5.00%	3.84	76.82
E421 大学生报考特岗教师岗位机会的公平性	42.27%	50.45%	4.55%	1.82%	0.91%	4.31	86.27
E422 政策对城乡义务教育均衡发展的促进性	40.00%	46.36%	6.36%	5.91%	1.36%	4.18	83.55

从表5－61可见：从政策“公平性”各定性指标看，依据“特岗教师计划”利益相关者评分高低排序如下：大学生报考特岗教师岗位机会的公平性（得分＝86.27）＞政策对城乡义务教育均衡发展的促进性（得分＝83.55）＞特岗教师获得激励、培训、晋升等机会的公平性（得分＝83.36）＞特岗教师工资待遇与公办教师的同等性（得分＝76.82）。

根据各指标的权重可以计算得到公平性各二级指标得分和总分（见表5－62）。

表6－2　“公平性”绩效评估数据

<table>
<tr><th>三级指标</th><th>三级指标得分</th><th>三级指标权重值／W_i</th><th>二级指标及权重值（W_i）</th><th>二级指标得分（对应百分值）</th><th>一级指标及权重值（W_i）</th><th>一级指标得分（对应百分值）</th></tr>
<tr><td>E411 特岗教师获得激励、培训、晋升等机会的公平性</td><td>83.36</td><td>0.0541</td><td rowspan="2">内部公平（W_i＝0.1159）</td><td rowspan="2">9.26（79.87）</td><td rowspan="4">公平性（W_i＝0.2319）</td><td rowspan="4">19.08（82.27）</td></tr>
<tr><td>E412 特岗教师工资待遇与公办教师的同等性</td><td>76.82</td><td>0.0618</td></tr>
<tr><td>E421 大学生报考特岗教师岗位机会的公平性</td><td>86.27</td><td>0.0507</td><td rowspan="2">外部公平（W_i＝0.1159）</td><td rowspan="2">9.82（84.74）</td></tr>
<tr><td>E422 政策对城乡义务教育均衡发展的促进性</td><td>83.55</td><td>0.0652</td></tr>
</table>

从表5－62可见：（1）普洱市实施“特岗教师计划”的公平性得分为19.08（对应百分值为82.27分），其中，“内部公平”指标得分9.26分（对应百分值为79.87分），“外部公平”指标得分9.82分（对应百分值为84.74分）。（2）根据本研究选取的绩效评价等级标度｛5.优，4.良，3.中，2.低，1.差｝以及绩效评价5等级赋值系数｛100，80，60，40，20｝，可以判断当地实施“特岗教师计划”的公平性为优等（80＜得分＝82.27＜100），其中“内部公平”（80＜得分＝79.87＜100）处于良等，“外部公平”（80＜得分＝84.74＜100）也都处于优等。

五、政策绩效

综上所述，依据“特岗教师计划”绩效评估指标体系模型，可以计算得到普洱市实施“特岗教师计划”的政策绩效（见表5－63）。

表5－63　普洱市实施“特岗教师计划”的政策绩效

一级指标	权重值（W_i）	一级指标得分（对应百分值）	绩效得分
E1 政策效果	0.2350	19.90（84.66）	85.41
E2 政策效率	0.1989	19.14（96.25）	
E3 政策效益	0.3342	27.29（81.67）	
E4 公平性	0.2319	19.08（82.27）	

从表5－63可见：普洱市实施“特岗教师计划”的政策绩效得分为85.41，根据本研究选取的绩效评价等级标度｛5.优，4.良，3.中，2.低，1.差｝以及绩效评价5等级赋值系数｛100，80，60，40，20｝，可以判断当地实施“特岗教师计划”的政策绩效为优等（80＜得分＝85.41＜100）。

第九节　德宏州实施“特岗教师计划”的绩效评估

一、政策效果

德宏傣族景颇族自治州（简称德宏州）辖2个县级市和3个县，分别是芒市、瑞丽市、陇川县、梁河县和盈江县。截至2019年12月，全州有普通初中56所（含7所九年一贯制学校），普通小学234所、教学点129个（含一师一校点10个）；初中在校生49528人（其中农村在校生34253人），小学在校生118099人（其中农村在校生90203人），初中专任教师3837人，小学专任教师6962人，初中生师比为12.91，小学生师比为16.96；小学教师本科及以上学历占比58.60%，初中教师本科及以上学历占比94.29%；小学毕业生升学率为97.79%，初中毕业生升普通高中占比45.63%，九年义务巩固率为96.06%①。

德宏州自2008年起招聘特岗教师，累计招聘特岗教师2327人，各县市招聘特岗教师数量分布如下（见图5－37）：芒市986人、瑞丽市390人、梁河县170人、盈江县546人、陇川县235人。

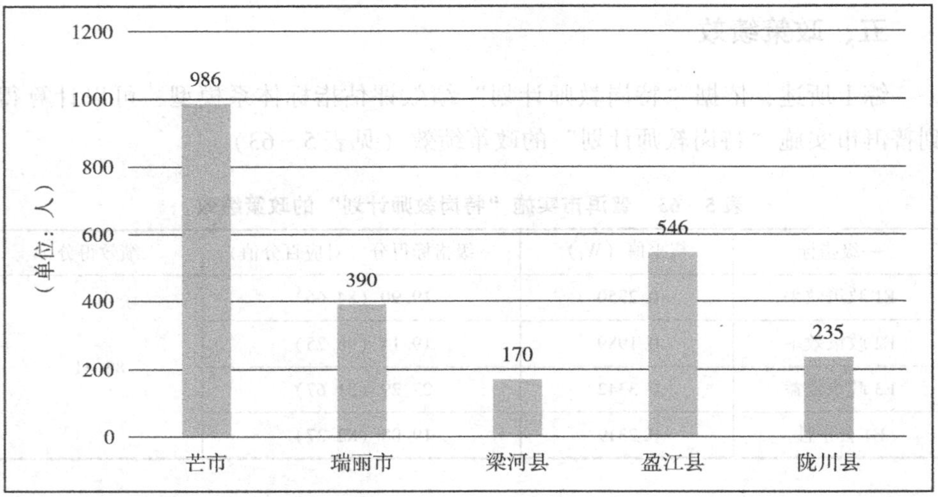

图5－37　德宏州各县市招聘特岗教师人数

从全州招聘特岗教师的年度分布情况看（见图5－38）：2008年—2012年，招聘人数呈持续上升趋势，2012年是招聘特岗教师最多的一年，招了570人；2012年—2015年，招聘人数呈下降趋势，降到2015年的56人，然后2016年、2017年、2018年停招了3年；2019年—2020年招聘人数有所回升，2019年招了55人、2020年招了56人。总体上，各年招聘人数在55—570人之间变动，呈“倒V型”变动趋势。

① 2019年云南教育事业统计摘要（云南省教育厅，2020年1月）

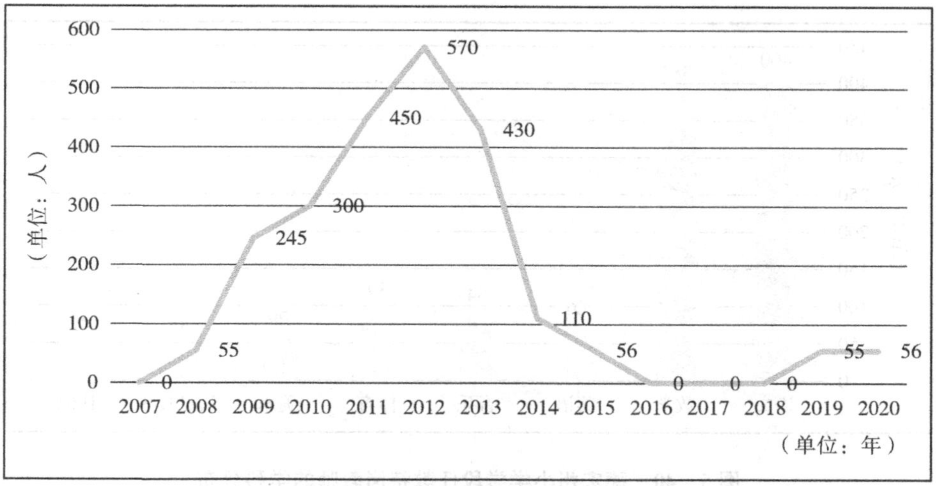

图 5－38　德宏州招聘特岗教师人数的年度变化

从全州（德宏）招聘特岗教师的学段及学科分布看（见图 5－39、图 5－40、图 5－41 和图 5－42）：（1）小学学段 1164 人（占比 50.02%）：语文 400 人，数学 383 人，英语 66 人，音乐 84 人，体育 89 人，美术 56 人，信息技术 44 人，其他 42 人。（2）初中学段 1070 人（占比 45.98%），语文 157 人，数学 172 人，英语 150 人，物理 97 人，化学 60 人，生物 46 人，政治 72 人，历史 62 人，地理 66 人，音乐 34 人，体育 49 人，美术 34 人，信息技术 46 人，其他 25 人。（3）高中学段 73 人（占比 3.14%），语文 10 人，数学 11 人，英语 8 人，物理 5 人，化学 4 人，生物 4 人，政治 5 人，历史 7 人，地理 5 人，体育 3 人，美术 4 人，其他 7 人。（2）幼儿园学段 20 人（占比 0.86%）。

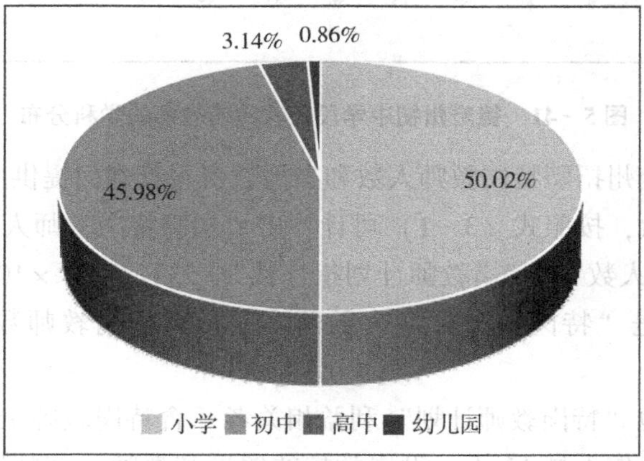

图 5－39　德宏州招聘特岗教师的学段分布

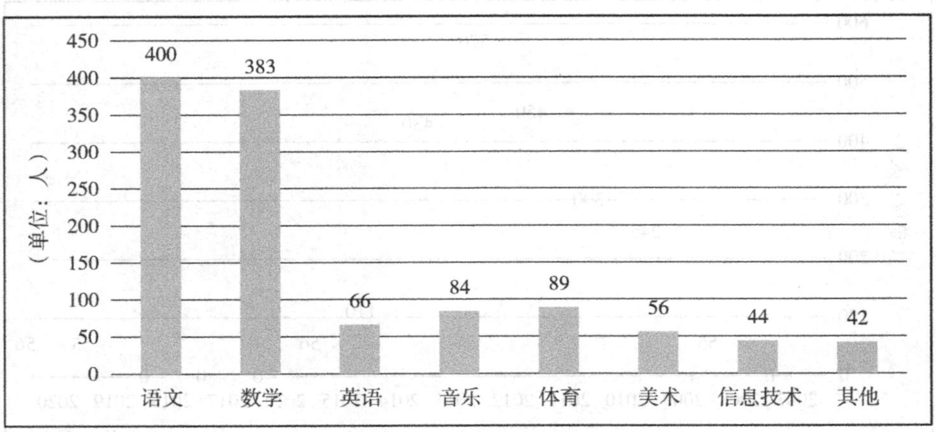

图 5-40　德宏州小学学段任教特岗教师的学科分布

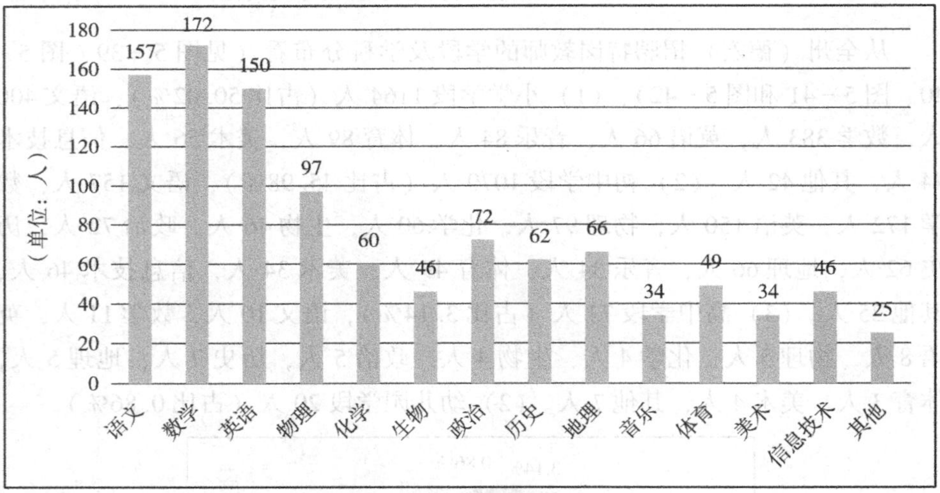

图 5-41　德宏州初中学段任教特岗教师的学科分布

根据上述全州招聘特岗教师人数和当地教育主管部门提供的累计特岗教师招聘计划指标数，按照式（3-1）可计算出“招聘特岗教师人数”指标得分：“招聘特岗教师人数”/“特岗教师计划指标数”=2327/2327×100=100.00，反映当地积极推进“特岗教师计划”的落实，招聘特岗教师数达到计划指标的100.00%。

根据对当地“特岗教师计划”利益相关者［含特岗教师75人、教育主管部门的领导和工作人员11人、设岗学校的领导和教师（非特岗教师）15人、设岗学校的学生 99 人，合计 200 人］的调研数据（见表 5－64），依据式（3－3）可以计算得到“政策效果”各定性指标的得分。

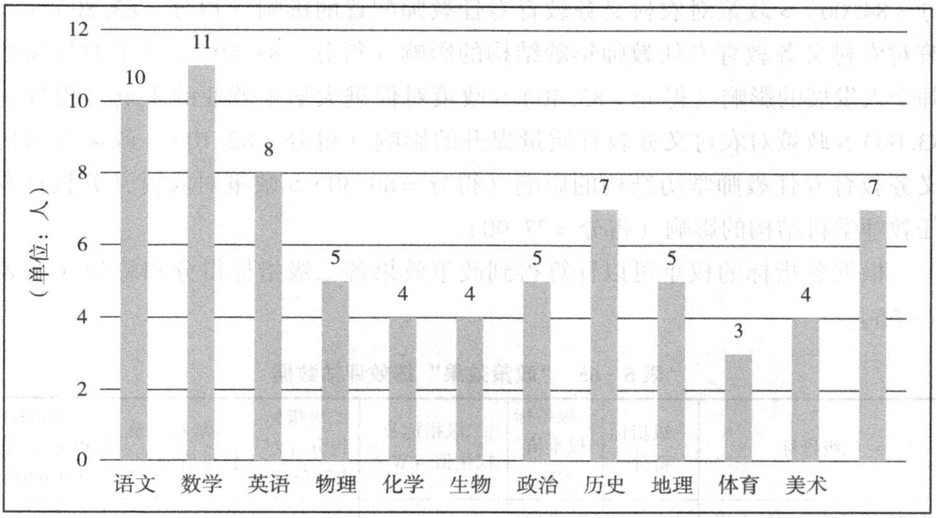

图 5－42　德宏州高中学段任教特岗教师的学科分布

表 5－64　“政策效果”定性指标的相关数据（N＝200）

三级指标（定性）	5 非常大	4 比较大	3 一般	2 比较小	1 非常小	原始评分	计算得分
E112 政策对农村义务教育专任教师配置的影响	28.50%	65.50%	3.50%	1.50%	1.00%	4.19	83.80
E113 政策对农村义务教育专任教师年龄结构的影响	34.50%	54.50%	6.00%	4.00%	1.00%	4.18	83.50
E114 政策对农村义务教育专任教师学历结构的影响	30.00%	54.50%	5.50%	7.00%	3.00%	4.02	80.30
E115 政策对农村义务教育专任教师学科结构的影响	33.00%	41.00%	12.50%	9.50%	4.00%	3.90	77.90
E116 政策对农村义务教育质量提升的影响	35.50%	49.00%	7.50%	6.50%	1.50%	4.11	82.10
E121 政策对促进大学生就业的影响	39.00%	44.00%	11.50%	4.00%	1.50%	4.15	83.00
E122 政策对特岗教师个人发展的影响	38.50%	47.50%	8.00%	4.50%	1.50%	4.17	83.40
E123 政策对农村教育观念转变的影响	40.00%	48.50%	6.00%	2.50%	3.00%	4.20	84.00

从表5-64可见：从政策效果准则层各定性指标看，依据“特岗教师计划”利益相关者评分高低排序如下：政策对农村教育观念转变的影响（得分=84.00）>政策对农村义务教育专任教师配置的影响（得分=83.80）>政策对农村义务教育专任教师年龄结构的影响（得分=83.50）>政策对特岗教师个人发展的影响（得分=83.40）>政策对促进大学生就业的影响（得分=83.00）>政策对农村义务教育质量提升的影响（得分=82.10）>政策对农村义务教育专任教师学历结构的影响（得分=80.30）>政策对农村义务教育专任教师学科结构的影响（得分=77.90）。

根据各指标的权重可以计算得到政策效果各二级指标得分和总分（见表5-65）。

表5-65 “政策效果”绩效评估数据

三级指标	三级指标得分	三级指标权重值/W_i	二级指标及权重值（W_i）	二级指标得分（对应百分值）	一级指标及权重值（W_i）	一级指标得分（对应百分值）
E111 招募特岗教师人数	100.00	0.0340	教育发展（W_i=0.1511）	12.95（85.69）	政策效果（W_i=0.2350）	19.95（84.90）
E112 政策对农村义务教育专任教师配置的影响	83.80	0.0300				
E113 政策对农村义务教育专任教师年龄结构的影响	83.50	0.0172				
E114 政策对农村义务教育专任教师学历结构的影响	80.30	0.0193				
E115 政策对农村义务教育专任教师学科结构的影响	77.90	0.0254				
E116 政策对农村义务教育质量提升的影响	82.10	0.0252				
E121 政策对促进大学生就业的影响	83.00	0.0252	社会效应（W_i=0.0839）	7.00（83.49）		
E122 政策对特岗教师个人发展的影响	83.40	0.0291				
E123 政策对农村教育观念转变的影响	84.00	0.0296				

从表5-65可见：（1）德宏州实施“特岗教师计划”的政策效果评分为

19.95 分（对应百分值为 84.90 分），其中，"教育发展"指标得分 12.95 分（对应百分值为 85.69 分），"社会效应"指标得分 7.00 分（对应百分值为 83.49 分）。（2）根据本研究选取的绩效评价等级标度｛5. 优，4. 良，3. 中，2. 低，1. 差｝以及绩效评价 5 等级赋值系数｛100，80，60，40，20｝，可以判断当地实施"特岗教师计划"的政策效果为优等（80 < 得分 = 84.90 < 100），且政策对"教育发展"（80 < 得分 = 85.69 < 100）的促进作用，以及政策的"社会效应"（80 < 得分 = 83.49 < 100）也处于优等。

二、政策效率

根据云南省统计年鉴（2020 年）查阅的德宏州事业单位职工平均工资（10.61 万元），以及对当地特岗教师（75 人）调查得到特岗教师年均消费支出（7.33 万元），依据式（3 - 2）可以计算得到"特岗教师的成本收益比"指标得分："城镇单位（事业）职工平均工资"/受试地"特岗教师年均消费支出"×100（百分制）= 10.61/7.33 ×100 = 144.75 > 100 分（最终计算政策绩效总分时，该指标取百分制上限即 100 分），反映对于当地特岗教师而言，政策的"特岗教师的成本收益比"较好，处于优等（100 < 得分 = 144.75）。

根据云南省教育事业统计（2020 年）查阅的德宏州小学生师比（16.96）、小学毕业生升学率（97.79%）、初中毕业生升普通高中占比（45.63%）、普通高中应届毕业生升学率（77.55%），依据式（3 - 2）可以计算得到"国家的成本收益比"指标得分 = 受试地"特岗教师政策收益"影子价格/受试地"特岗教师政策投入成本"×100（百分制）= 受试地 1 个特岗教师在三年履约期内培养产出 1 个大学生（本科）的概率 ×100（百分制）= 受试地［1（特岗教师）×"小学师生比"×"小学毕业生升学率"×"初中毕业生升学率"×"普通高中应届毕业生升学率"］×3 年（特岗教师履约期）/4 年（教育类本科生平均学年）×100（百分制）= 1 ×16.96 ×97.79% ×45.63% ×77.55% ×3/4 × 100 = 440.16 > 100 分（最终计算政策绩效总分时，该指标取百分制上限即 100 分），反映对当地实施特岗教师计划而言，"国家的成本收益比"较好，处于优等（100 < 得分 = 440.16）。

根据对当地教育主管部门的调研，得到当地特岗教师历年平均留任率约为 97%，依据式（3 - 1）计算得到"特岗教师的留任率"指标得分 = 受试地"特岗教师留任率"/100%（目标值）×100（百分制）= 97%/100% ×100 = 97 分。

结合调研数据，依据式（3 - 3）可以计算得到"政策效率"定性指标的得分（见表 5 - 66）。

表 5－66 "政策效率"定性指标的相关数据（N＝200）

三级指标（定性）	5 非常高	4 比较高	3 一般	2 比较低	1 非常低	原始评分	计算得分
E222 政策执行部门的工作效率	35.00%	45.00%	12.00%	6.50%	1.50%	4.06	81.10

综合上述 4 个三级指标得分，结合各指标的权重可以计算得到政策效率各二级指标得分和总分（见表 5－67）。

表 5－67 "政策效率"绩效评估数据

三级指标	三级指标得分	三级指标权重值 /W_i	二级指标及权重值（W_i）	二级指标得分（对应百分值）	一级指标及权重值（W_i）	一级指标得分（对应百分值）
E211 特岗教师的成本收益比	100.00	0.0426	经济效率（W_i＝0.1194）	11.93（99.92）	政策效率（W_i＝0.1989）	19.14（96.21）
E212 国家的成本收益比	100.00	0.0767				
E221 特岗教师的留任率	97.00	0.0477	执行效率（W_i＝0.0796）	7.21（90.53）		
E222 政策执行部门的工作效率	81.10	0.0318				

从表 5－67 可见：（1）德宏州实施"特岗教师计划"的政策效率评分为 19.14 分（对应百分值为 96.21 分），其中，"经济效率"指标得分 11.93 分（对应百分值为 99.92 分），"执行效率"指标得分 7.21 分（对应百分值为 90.53 分）。（2）根据本研究选取的绩效评价等级标度｛5. 优，4. 良，3. 中，2. 低，1. 差｝以及绩效评价 5 等级赋值系数｛100，80，60，40，20｝，可以判断当地实施"特岗教师计划"的政策效率为优等（80＜得分＝96.21＜100），且政策的"经济效率"（80＜得分＝99.92＜100）和"执行效率"（80＜得分＝90.53＜100）也都处于优等。

三、政策效益

结合调研数据，依据式（3－3）可以计算得到"政策效益"各定性指标的得分（见表 5－68）。

表 5－68 "政策效益"各定性指标的相关数据（N＝200）

三级指标（定性）	5 非常高	4 比较高	3 一般	2 比较低	1 非常低	原始评分	计算得分
E311 政策了解程度	42.50%	47.00%	6.50%	3.00%	1.00%	4.27	85.40
E312 政策与其他政策的协调性	39.00%	35.00%	12.50%	12.50%	1.00%	3.99	79.70

续表

三级指标（定性）	5 非常高	4 比较高	3 一般	2 比较低	1 非常低	原始评分	计算得分
E313 政策执行部门的工作态度	47.50%	45.00%	2.50%	2.50%	2.50%	4.33	86.50
E321 学生对特岗教师的满意度	41.50%	43.00%	9.50%	5.00%	1.00%	4.19	83.80
E322 特岗教师对工作的满意度	44.50%	41.00%	5.50%	7.50%	1.50%	4.20	83.90
E323 学校对特岗教师的满意度	40.00%	44.50%	7.50%	7.00%	1.00%	4.16	83.10
E324 公众对政策的满意度	41.50%	48.50%	7.00%	1.50%	1.50%	4.27	85.40

从表 5－68 可见：从政策效益各定性指标看，依据“特岗教师计划”利益相关者评分高低排序如下：政策执行部门的工作态度（得分＝86.50）＞政策了解程度（得分＝85.40）＞公众对政策的满意度（得分＝83.40）＞特岗教师对工作的满意度（得分＝83.90）＞学生对特岗教师的满意度（得分＝83.80）＞学校对特岗教师的满意度（得分＝83.10）＞政策与其他政策的协调性（得分＝79.70）。

根据各指标的权重可以计算得到政策效益各二级指标得分和总分（见表 5－69）。

表 5－69 “政策效益”绩效评估数据

<table>
<tr><th>三级指标</th><th>三级指标得分</th><th>三级指标权重值 /W_i</th><th>二级指标及权重值（W_i）</th><th>二级指标得分（对应百分值）</th><th>一级指标及权重值（W_i）</th><th>一级指标得分（对应百分值）</th></tr>
<tr><td>E311 政策了解程度</td><td>85.40</td><td>0.0589</td><td rowspan="3">回应度（W_i＝0.1285）</td><td rowspan="3">10.83（84.30）</td><td rowspan="7">政策效益（W_i＝0.3342）</td><td rowspan="7">28.13（84.18）</td></tr>
<tr><td>E312 政策与其他政策的协调性</td><td>79.70</td><td>0.0320</td></tr>
<tr><td>E313 政策执行部门的工作态度</td><td>86.50</td><td>0.0376</td></tr>
<tr><td>E321 学生对特岗教师的满意度</td><td>83.80</td><td>0.0621</td><td rowspan="4">满意度（W_i＝0.2057）</td><td rowspan="4">17.30（84.10）</td></tr>
<tr><td>E322 特岗教师对工作的满意度</td><td>83.90</td><td>0.0388</td></tr>
<tr><td>E323 学校对特岗教师的满意度</td><td>83.10</td><td>0.0474</td></tr>
<tr><td>E324 公众对政策的满意度</td><td>85.40</td><td>0.0574</td></tr>
</table>

从表 5－69 可见：（1）德宏州实施“特岗教师计划”的政策效益评分为 28.13 分（对应百分值为 84.18 分），其中，“回应度”指标得分 10.83 分（对应百分值为 84.30 分），“满意度”指标得分 17.30 分（对应百分值为 84.10 分）。（2）根据本研究选取的绩效评价等级标度｛5. 优，4. 良，3. 中，2. 低，1. 差｝以及绩效评价 5 等级赋值系数｛100，80，60，40，20｝，可以判断当地实施“特岗教师计划”的政策效益为优等（80＜得分＝84.18＜100），且政策的“回应度”（80＜得分＝84.30＜100）和“满意度”（80＜得分＝84.10＜100）也都处于优等。

四、公平性

结合调研数据，依据式（3－3）可以计算得到政策“公平性”各定性指标的得分（见表 5－70）。

表 5－70 “公平性”各定性指标的相关数据（N＝200）

三级指标（定性）	5 非常大	4 比较大	3 一般	2 比较小	1 非常小	原始评分	计算得分
E411 特岗教师获得激励、培训、晋升等机会的公平性	43.00%	43.50%	9.50%	2.50%	1.50%	4.24	84.80
E412 特岗教师工资待遇与公办教师的同等性	36.00%	39.50%	10.00%	9.50%	5.00%	3.92	78.40
E421 大学生报考特岗教师岗位机会的公平性	43.50%	45.00%	8.00%	2.50%	1.00%	4.28	85.50
E422 政策对城乡义务教育均衡发展的促进性	44.00%	47.50%	4.50%	2.50%	1.50%	4.30	86.00

从表 5－70 可见：从政策“公平性”各定性指标看，依据“特岗教师计划”利益相关者评分高低排序如下：政策对城乡义务教育均衡发展的促进性（得分＝86.00）＞大学生报考特岗教师岗位机会的公平性（得分＝85.50）＞特岗教师获得激励、培训、晋升等机会的公平性（得分＝84.80）＞特岗教师工资待遇与公办教师的同等性（得分＝78.40）。

根据各指标的权重可以计算得到公平性各二级指标得分和总分（见表 5－71）。

表 5－71 "公平性"绩效评估数据

三级指标	三级指标得分	三级指标权重值/W_i	二级指标及权重值（W_i）	二级指标得分（对应百分值）	一级指标及权重值（W_i）	一级指标得分（对应百分值）
E411 特岗教师获得激励、培训、晋升等机会的公平性	84.80	0.0541	内部公平（W_i = 0.1159）	9.43（81.39）	公平性（W_i = 0.2319）	19.37（83.55）
E412 特岗教师工资待遇与公办教师的同等性	78.40	0.0618				
E421 大学生报考特岗教师岗位机会的公平性	85.50	0.0507	外部公平（W_i = 0.1159）	9.94（85.78）		
E422 政策对城乡义务教育均衡发展的促进性	86.00	0.0652				

从表 5－71 可见：（1）德宏州实施"特岗教师计划"的公平性得分为 19.37（对应百分值为 83.55 分），其中，"内部公平"指标得分 9.43 分（对应百分值为 81.39 分），"外部公平"指标得分 9.94 分（对应百分值为 85.78 分）。（2）根据本研究选取的绩效评价等级标度｛5. 优，4. 良，3. 中，2. 低，1. 差｝以及绩效评价 5 等级赋值系数｛100，80，60，40，20｝，可以判断当地实施"特岗教师计划"的公平性为优等（80 < 得分 = 83.55 < 100），其中"内部公平"（80 < 得分 = 81.39 < 100）和"外部公平"（80 < 得分 = 85.78 < 100）也都处于优等。

五、政策绩效

综上所述，依据"特岗教师计划"绩效评估指标体系模型，可以计算得到德宏州实施"特岗教师计划"的政策绩效（见表 5－72）。

表 5－72 德宏州实施"特岗教师计划"的政策绩效

一级指标	权重值（W_i）	一级指标得分（对应百分值）	绩效得分
E1 政策效果	0.2350	19.95（84.90）	86.59
E2 政策效率	0.1989	19.14（96.21）	
E3 政策效益	0.3342	28.13（84.18）	
E4 公平性	0.2319	19.37（83.55）	

从表 5－72 可见：德宏州实施"特岗教师计划"的政策绩效得分为 86.59，根据本研究选取的绩效评价等级标度｛5. 优，4. 良，3. 中，2. 低，1. 差｝以及绩效评价 5 等级赋值系数｛100，80，60，40，20｝，可以判断当地实施"特岗教师计划"的政策绩效为优等（80 < 得分 = 86.59 < 100）。

第十节　西双版纳州实施“特岗教师计划”的绩效评估

一、政策效果

西双版纳傣族自治州辖1市2县，分别是景洪市、勐海县和勐腊县。截至2019年12月，全州有普通初中29所（含3所九年一贯制学校），普通小学130所、教学点49个（含一师一校点5个）；初中在校生41599人（其中农村在校生32820人），小学在校生98175人（其中农村在校生81640人），初中专任教师2610人，小学专任教师5027人，初中生师比为15.94，小学生师比为19.53；小学教师本科及以上学历占比53.19%，初中教师本科及以上学历占比94.25%；小学毕业生升学率为95.18%，初中毕业生升普通高中占比44.81%，九年义务巩固率为94.62%①。

西双版纳州自2007年起招聘特岗教师，2007－2020年间累计招聘特岗2045人，其中，景洪市1099人，勐海县631人，勐腊县315人，具体分布详见图4－43。

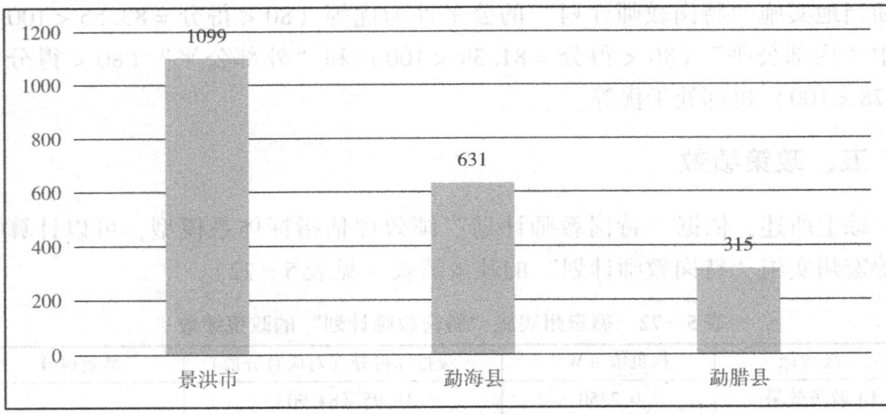

图5－43　西双版纳州各县市招聘特岗教师人数

全州招聘特岗教师数量的年度分布情况（如图5－44所示）：2006—2008年招聘人数呈上升趋势，2008年出现招聘人数的第一个峰值（217人）；2008—2010年招聘人数呈下降趋势，降到2010年的104人；2010—2014年招聘人数呈上升趋势，2014年出现招聘人数的第二个峰值（350人）、这也是招

① 2019年云南教育事业统计摘要（云南省教育厅，2020年1月）

聘人数最多的一年；2014—2017 年，招聘人数持续下降，降到 2017 年的历史最低值 12 人；2018 年招聘人数略有回升，招聘了 58 人，此后两年（2019 年、2020 年）均没有招聘特岗教师。各年份招聘人数在 12 人—304 人之间波动，总体呈现“先上升—后下降—再上升—再下降”的变化趋势。

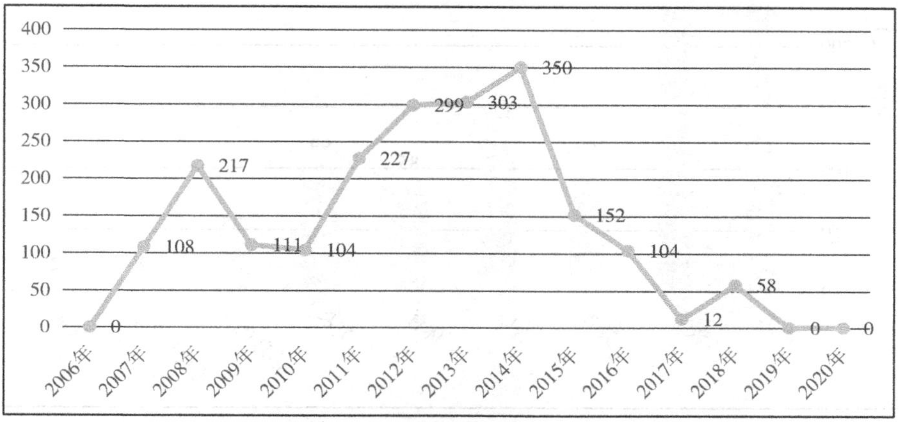

图 5-44　西双版纳州招聘特岗教师数的年度分布情况

从全州招聘特岗教师的学段及学科分布看（见图 5-45、图 5-46 和图 5-47）：（1）在小学任教 1033 人（占比 50.52%），其中，语文 298 人，数学 286 人，英语 99 人，道德与法治 2 人，音乐 127 人，体育 85 人，美术 99 人，信息技术 35 人，其他 2 人。（2）在初中任教 887 人（占比 43.37%），其中，语文 136 人，数学 145 人，英语 160 人，物理 103 人，化学 46 人，生物 43 人，政治 41 人，历史 39 人，地理 34 人，音乐 37 人，体育 38 人，美术 25 人，信息技术 39 人，其他 1 人。（3）幼儿园学段共 125 人（占比 6.11%）。

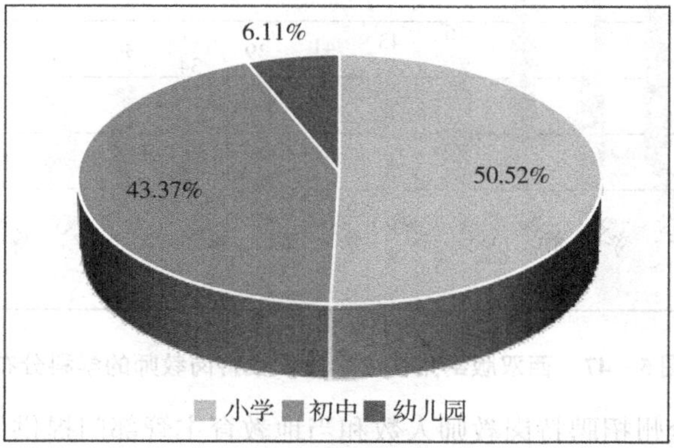

图 5-45　西双版纳州招聘特岗教师的学段分布

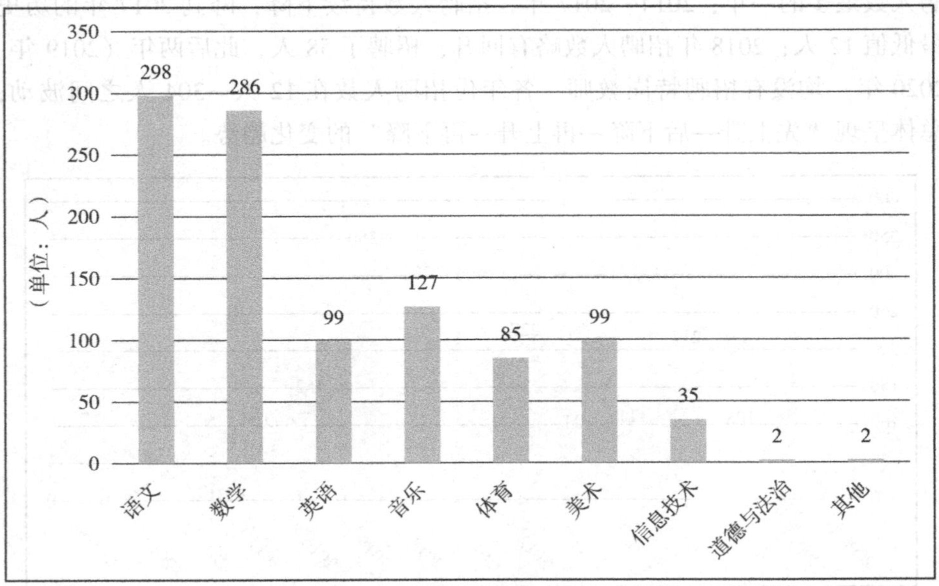

图 5－46　西双版纳州小学学段任教特岗教师的学科分布

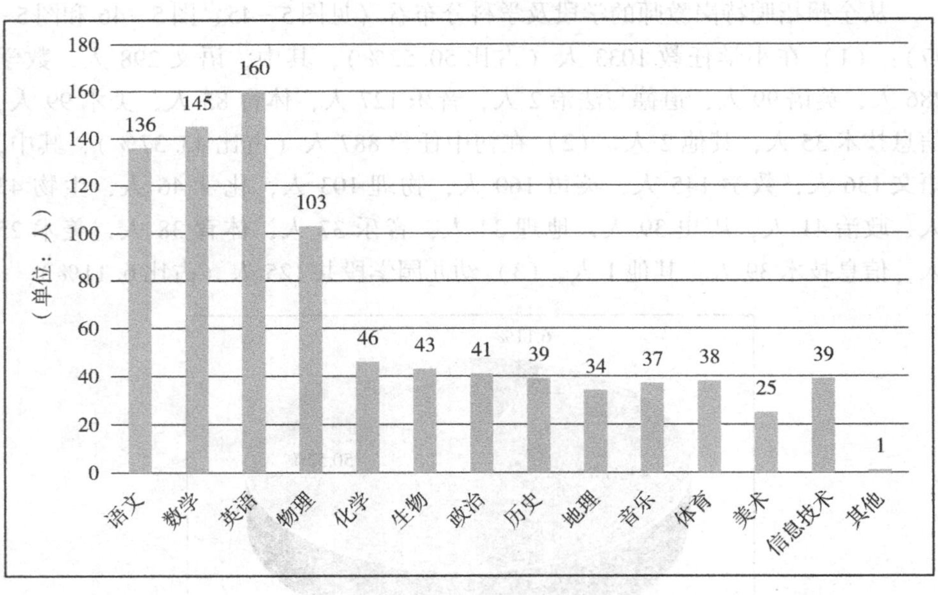

图 5－47　西双版纳州初中学段任教特岗教师的学科分布

根据上述全州招聘特岗教师人数和当地教育主管部门提供的累计特岗教师招聘计划指标数，按照式（3－1）可计算出“招聘特岗教师人数”指标得分：

“招聘特岗教师人数”/“特岗教师计划指标数”=2045/2045×100=100.00，反映当地积极推进“特岗教师计划”的落实，招聘特岗教师数达到计划指标的100.00%。

根据对当地“特岗教师计划”利益相关者［含特岗教师80人、教育主管部门的领导和工作人员8人、设岗学校的领导和教师（非特岗教师）12人、设岗学校的学生100人，合计200人］的调研数据（见表5-73），依据式（3-3）可以计算得到“政策效果”各定性指标的得分。

表5-73 “政策效果”定性指标的相关数据（N=200）

三级指标（定性）	5 非常大	4 比较大	3 一般	2 比较小	1 非常小	原始评分	计算得分
E112 政策对农村义务教育专任教师配置的影响	26.50%	68.00%	2.50%	2.50%	0.50%	4.18	83.50
E113 政策对农村义务教育专任教师年龄结构的影响	32.50%	53.50%	6.00%	5.00%	3.00%	4.08	81.50
E114 政策对农村义务教育专任教师学历结构的影响	30.50%	54.00%	4.00%	8.50%	3.00%	4.01	80.10
E115 政策对农村义务教育专任教师学科结构的影响	30.00%	40.00%	17.50%	9.50%	3.00%	3.85	76.90
E116 政策对农村义务教育质量提升的影响	35.50%	49.00%	7.50%	6.50%	1.50%	4.11	82.10
E121 政策对促进大学生就业的影响	39.50%	43.50%	11.00%	4.00%	2.00%	4.15	82.90
E122 政策对特岗教师个人发展的影响	33.50%	47.50%	13.00%	4.50%	1.50%	4.07	81.40
E123 政策对农村教育观念转变的影响	39.50%	47.00%	7.50%	3.00%	3.00%	4.17	83.40

从表5-73可见：从政策效果准则层各定性指标看，依据“特岗教师计划”利益相关者评分高低排序如下：政策对农村义务教育专任教师配置的影响（得分=83.50）>政策对农村教育观念转变的影响（得分=83.40）>政策对促进大学生就业的影响（得分=82.90）>政策对农村义务教育质量提升的影响（得分=82.10）>政策对农村义务教育专任教师年龄结构的影响（得分=81.50）>政策对特岗教师个人发展的影响（得分=81.40）>政策对农村义务教育专任教师学历结构的影响（得分=80.10）>政策对农村义务教育专任教师学科结构的影响（得分=76.90）。

根据各指标的权重可以计算得到政策效果各二级指标得分和总分（见表5－74）。

表5－74 “政策效果”绩效评估数据

三级指标	三级指标得分	三级指标权重值/W_i	二级指标及权重值（W_i）	二级指标得分（对应百分值）	一级指标及权重值（W_i）	一级指标得分（对应百分值）
E111 招募特岗教师人数	100.00	0.0340	教育发展（W_i=0.1511）	12.87（85.21）	政策效果（W_i=0.2350）	19.80（84.26）
E112 政策对农村义务教育专任教师配置的影响	83.50	0.0300				
E113 政策对农村义务教育专任教师年龄结构的影响	81.50	0.0172				
E114 政策对农村义务教育专任教师学历结构的影响	80.10	0.0193				
E115 政策对农村义务教育专任教师学科结构的影响	76.90	0.0254				
E116 政策对农村义务教育质量提升的影响	82.10	0.0252				
E121 政策对促进大学生就业的影响	82.90	0.0252	社会效应（W_i=0.0839）	6.93（82.56）		
E122 政策对特岗教师个人发展的影响	81.40	0.0291				
E123 政策对农村教育观念转变的影响	83.40	0.0296				

从表5－74可见：（1）西双版纳州实施“特岗教师计划”的政策效果评分为19.80分（对应百分值为84.26分），其中，“教育发展”指标得分12.87分（对应百分值为85.21分），“社会效应”指标得分6.93分（对应百分值为82.56分）。（2）根据本研究选取的绩效评价等级标度｛5. 优，4. 良，3. 中，2. 低，1. 差｝以及绩效评价5等级赋值系数｛100，80，60，40，20｝，可以判断当地实施“特岗教师计划”的政策效果为优等（80＜得分＝84.26＜100），且政策对“教育发展”（80＜得分＝85.21＜100）的促进作用，以及政策的“社会效应”（80＜得分＝82.56＜100）也处于优等。

二、政策效率

根据云南省统计年鉴（2020 年）查阅的西双版纳州事业单位职工平均工资（10.10 万元），以及对当地特岗教师（80 人）调查得到特岗教师年均消费支出（7.68 万元），依据式（3－2）可以计算得到“特岗教师的成本收益比”指标得分：“城镇单位（事业）职工平均工资”/受试地“特岗教师年均消费支出”×100（百分制）=10.10/7.68×100=131.51>100 分（最终计算政策绩效总分时，该指标取百分制上限即 100 分），反映对于当地特岗教师而言，政策的“特岗教师的成本收益比”较好，处于优等（100<得分=131.51）。

根据云南省教育事业统计（2020 年）查阅的西双版纳州小学生师比（19.53）、小学毕业生升学率（95.18%）、初中毕业生升普通高中占比（44.81%）、普通高中应届毕业生升学率（77.55%），依据式（3－2）可以计算得到“国家的成本收益比”指标得分=受试地“特岗教师政策收益”影子价格/受试地“特岗教师政策投入成本”×100（百分制）=受试地 1 个特岗教师在三年履约期内培养产出 1 个大学生（本科）的概率×100（百分制）=受试地［1（特岗教师）×“小学师生比”×“小学毕业生升学率”×“初中毕业生升学率”×“普通高中应届毕业生升学率”］×3 年（特岗教师履约期）/4 年（教育类本科生平均学年）×100（百分制）=1×19.53×95.18%×44.81%×77.55%×3/4×100=484.47>100 分（最终计算政策绩效总分时，该指标取百分制上限即 100 分），反映对当地实施特岗教师计划而言，“国家的成本收益比”较好，处于优等（100<得分=484.47）。

根据对当地教育主管部门的调研，得到当地特岗教师历年平均留任率约为 97%，依据式（3－1）计算得到“特岗教师的留任率”指标得分=受试地“特岗教师留任率”/100%（目标值）×100（百分制）=97%/100%×100=97 分。

结合调研数据，依据式（3－3）可以计算得到“政策效率”定性指标的得分（见表 5－75）。

表 5－75　“政策效率”定性指标的相关数据（N=200）

三级指标（定性）	5 非常高	4 比较高	3 一般	2 比较低	1 非常低	原始评分	计算得分
E222 政策执行部门的工作效率	35.00%	46.00%	11.00%	5.50%	2.50%	4.06	81.10

综合上述 4 个三级指标得分，结合各指标的权重可以计算得到政策效率各二级指标得分和总分（见表 5－76）。

表 5－76 “政策效率”绩效评估数据

三级指标	三级指标得分	三级指标权重值/W_i	二级指标及权重值（W_i）	二级指标得分（对应百分值）	一级指标及权重值（W_i）	一级指标得分（对应百分值）
E211 特岗教师的成本收益比	100.00	0.0426	经济效率（W_i = 0.1194）	11.93（99.92）	政策效率（W_i = 0.1989）	19.14（96.21）
E212 国家的成本收益比	100.00	0.0767				
E221 特岗教师的留任率	97.00	0.0477	执行效率（W_i = 0.0796）	7.21（90.53）		
E222 政策执行部门的工作效率	81.10	0.0318				

从表 5－76 可见：（1）西双版纳州实施“特岗教师计划”的政策效率评分为 19.14 分（对应百分值为 96.21 分），其中，“经济效率”指标得分 11.93 分（对应百分值为 99.92 分），“执行效率”指标得分 7.21 分（对应百分值为 90.53 分）。（2）根据本研究选取的绩效评价等级标度｛5. 优，4. 良，3. 中，2. 低，1. 差｝以及绩效评价 5 等级赋值系数｛100，80，60，40，20｝，可以判断当地实施“特岗教师计划”的政策效率为优等（80 < 得分 = 96.21 < 100），且政策的“经济效率”（80 < 得分 = 99.92 < 100）和“执行效率”（80 < 得分 = 90.53 < 100）也都处于优等。

三、政策效益

结合调研数据，依据式（3－3）可以计算得到“政策效益”各定性指标的得分（见表 5－77）。

表 5－77 “政策效益”各定性指标的相关数据（N = 200）

三级指标（定性）	5 非常高	4 比较高	3 一般	2 比较低	1 非常低	原始评分	计算得分
E311 政策了解程度	37.50%	50.00%	6.50%	5.00%	1.00%	4.18	83.60
E312 政策与其他政策的协调性	34.00%	34.50%	22.50%	7.50%	1.50%	3.92	78.40
E313 政策执行部门的工作态度	42.50%	50.00%	2.50%	2.50%	2.50%	4.28	85.50
E321 学生对特岗教师的满意度	35.00%	50.00%	11.50%	2.50%	1.00%	4.16	83.10
E322 特岗教师对工作的满意度	34.50%	49.00%	6.00%	7.50%	3.00%	4.05	80.90
E323 学校对特岗教师的满意度	35.00%	49.50%	7.50%	7.00%	1.00%	4.11	82.10
E324 公众对政策的满意度	35.00%	54.00%	7.00%	2.00%	2.00%	4.18	83.60

从表 5－77 可见：从政策效益各定性指标看，依据“特岗教师计划”利益相关者评分高低排序如下：政策执行部门的工作态度（得分＝85.50）＞公众对政策的满意度（得分＝83.60）＞政策了解程度（得分＝83.60）＞学生对特岗教师的满意度（得分＝83.10）＞学校对特岗教师的满意度（得分＝82.10）＞特岗教师对工作的满意度（得分＝80.90）＞政策与其他政策的协调性（得分＝78.40）。

根据各指标的权重可以计算得到政策效益各二级指标得分和总分（见表 5－78）。

表 5－78 “政策效益”绩效评估数据

三级指标	三级指标得分	三级指标权重值 /W_i	二级指标及权重值（W_i）	二级指标得分（对应百分值）	一级指标及权重值（W_i）	一级指标得分（对应百分值）
E311 政策了解程度	83.60	0.0589	回应度（W_i＝0.1285）	10.65（82.86）	政策效益（W_i＝0.3342）	27.64（82.70）
E312 政策与其他政策的协调性	78.40	0.0320				
E313 政策执行部门的工作态度	85.50	0.0376				
E321 学生对特岗教师的满意度	83.10	0.0621	满意度（W_i＝0.2057）	16.99（82.59）		
E322 特岗教师对工作的满意度	80.90	0.0388				
E323 学校对特岗教师的满意度	82.10	0.0474				
E324 公众对政策的满意度	83.60	0.0574				

从表 5－78 可见：（1）西双版纳州实施“特岗教师计划”的政策效益评分为 27.64 分（对应百分值为 82.70 分），其中“回应度”指标得分 10.65 分（对应百分值为 82.86 分），“满意度”指标得分 16.99 分（对应百分值为 82.59 分）。（2）根据本研究选取的绩效评价等级标度｛5. 优，4. 良，3. 中，2. 低，1. 差｝以及绩效评价 5 等级赋值系数｛100，80，60，40，20｝，可以判断当地实施“特岗教师计划”的政策效益为优等（80＜得分＝82.70＜100），且政策的“回应度”（80＜得分＝82.86＜100）和“满意度”（80＜得分＝82.59＜100）也都处于优等。

四、公平性

结合调研数据，依据式（3－3）可以计算得到政策“公平性”各定性指标的得分（见表 5－79）。

表5-79 “公平性”各定性指标的相关数据（N=200）

三级指标（定性）	5 非常大	4 比较大	3 一般	2 比较小	1 非常小	原始评分	计算得分
E411 特岗教师获得激励、培训、晋升等机会的公平性	42.50%	44.00%	10.00%	2.50%	1.00%	4.25	84.90
E412 特岗教师工资待遇与公办教师的同等性	35.00%	39.50%	11.00%	9.00%	5.50%	3.90	77.90
E421 大学生报考特岗教师岗位机会的公平性	43.00%	45.50%	7.50%	3.00%	1.00%	4.27	85.30
E422 政策对城乡义务教育均衡发展的促进性	42.50%	48.50%	5.00%	2.50%	1.50%	4.28	85.60

从表5-79可见：从政策“公平性”各定性指标看，依据“特岗教师计划”利益相关者评分高低排序如下：政策对城乡义务教育均衡发展的促进性（得分=85.60）>大学生报考特岗教师岗位机会的公平性（得分=85.30）>特岗教师获得激励、培训、晋升等机会的公平性（得分=84.90）>特岗教师工资待遇与公办教师的同等性（得分=77.90）。

根据各指标的权重可以计算得到公平性各二级指标得分和总分（见表5-80）。

表5-80 “公平性”绩效评估数据

三级指标	三级指标得分	三级指标权重值 $/W_i$	二级指标及权重值（W_i）	二级指标得分（对应百分值）	一级指标及权重值（W_i）	一级指标得分（对应百分值）
E411 特岗教师获得激励、培训、晋升等机会的公平性	84.90	0.0541	内部公平（W_i=0.1159）	9.42（81.17）	公平性（W_i=0.2319）	19.31（83.28）
E412 特岗教师工资待遇与公办教师的同等性	77.90	0.0618				
E421 大学生报考特岗教师岗位机会的公平性	85.30	0.0507	外部公平（W_i=0.1159）	9.91（85.47）		
E422 政策对城乡义务教育均衡发展的促进性	85.60	0.0652				

从表5-80可见：（1）西双版纳州实施“特岗教师计划”的公平性得分为19.31（对应百分值为83.28分），其中，“内部公平”指标得分9.42分（对应百分值为81.17分），“外部公平”指标得分9.91分（对应百分值为85.47分）。（2）根据本研究选取的绩效评价等级标度{5. 优，4. 良，3. 中，2. 低，1. 差}以及绩效评价5等级赋值系数{100，80，60，40，20}，可以判断当地实施“特岗教师计划”的公平性为优等（80 < 得分 = 83.28 < 100），

其中“内部公平”（80 < 得分 = 81.17 < 100）和“外部公平”（80 < 得分 = 85.47 < 100）也都处于优等。

五、政策绩效

综上所述，依据“特岗教师计划”绩效评估指标体系模型，可以计算得到西双版纳州实施“特岗教师计划”的政策绩效（见表 5－81）。

表 5－81　西双版纳州实施“特岗教师计划”的政策绩效

一级指标	权重值（W_i）	一级指标得分（对应百分值）	绩效得分
E1 政策效果	0.2350	19.80（84.26）	85.89
E2 政策效率	0.1989	19.14（96.21）	
E3 政策效益	0.3342	27.64（82.70）	
E4 公平性	0.2319	19.31（83.28）	

从表 5－81 可见：西双版纳州实施“特岗教师计划”的政策绩效得分为 85.89，根据本研究选取的绩效评价等级标度｛5. 优，4. 良，3. 中，2. 低，1. 差｝以及绩效评价 5 等级赋值系数｛100，80，60，40，20｝，可以判断当地实施“特岗教师计划”的政策绩效为优等（80 < 得分 = 85.89 < 100）。

第十一节　怒江州实施“特岗教师计划”的绩效评估

一、政策效果

怒江傈僳族自治州（简称怒江州）辖 1 个县级市和 3 个县，分别是泸水市、福贡县、贡山独龙族怒族自治县（简称贡山县）和兰坪白族普米族自治县（简称兰坪县）。截至 2019 年 12 月，全州有普通初中 21 所（含 3 所九年一贯制学校），普通小学 78 所、教学点 89 个（含一师一校点 2 个）；初中在校生 22098 人（其中农村在校生 19351 人），小学在校生 50435 人（其中农村在校生 45256 人），初中专任教师 1740 人，小学专任教师 3335 人，初中生师比为 12.70，小学生师比为 15.12；小学教师本科及以上学历占比 42.07%，初中教师本科及以上学历占比 87.41%；小学毕业生升学率为 99.35%，初中毕业生升普通高中占比 58.65%，九年义务巩固率为 90.78%①。

怒江州自 2008 年起招聘特岗教师，2006 年—2020 年间累计招聘特岗教师 969 人，各县市招聘特岗教师人数分布如图 5－48 所示：泸水市 448 人，福贡

① 2019 年云南教育事业统计摘要（云南省教育厅，2020 年 1 月）

县255人，贡山县160人，兰坪县106人。

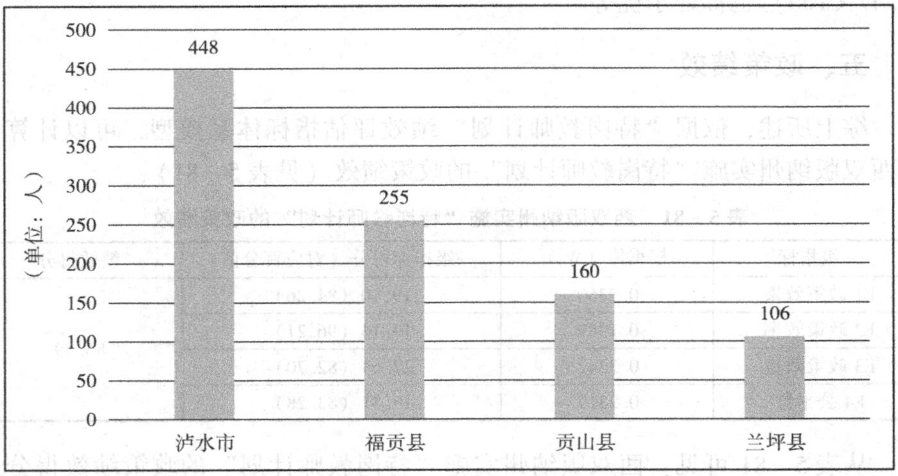

图5-48 怒江州各县市招聘特岗教师人数

全州招聘特岗教师数量的年度分布情况（如图5-49所示）：2017年是招聘特岗教师最多的一年，招了210人，其次是2016年，招了149人；除了停招的年份以外，招聘特岗教师最少的是2009年，招了12人，其次是2008年，招了75人，各年份招聘人数在12人—210人之间波动，总体呈现出“先上升—后下降—再上升—再下降”的变化趋势。

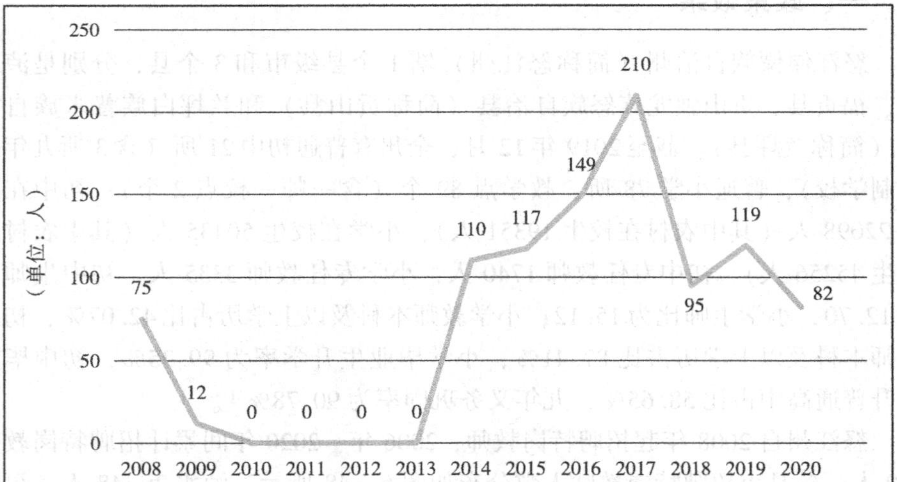

图5-49 怒江州招聘特岗教师人数的年度分布

从全州招聘特岗教师的学段及学科分布看（见图5－50、图5－51和图5－52）：（1）在小学任教476人（占比49.12%）其中，语文172人，数学146人，英语39人，音乐32人，体育32人，美术35人，信息技术18人，其他2人。（2）在初中任教379人（占比39.12%），其中，语文52人，数学54人，英语65人，物理28人，化学14人，生物25人，政治23人，历史23人，地理25人，音乐17人，体育22人，美术18人，信息技术13人。（3）在幼儿园从事学前教育工作114人（占比11.76%）。

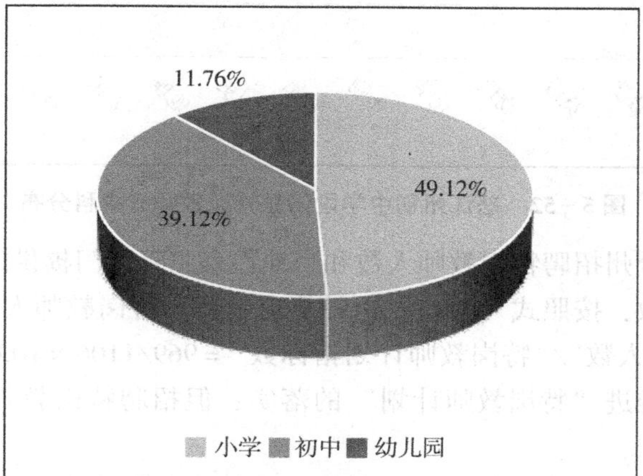

图5－50　怒江州招聘特岗教师的学段分布

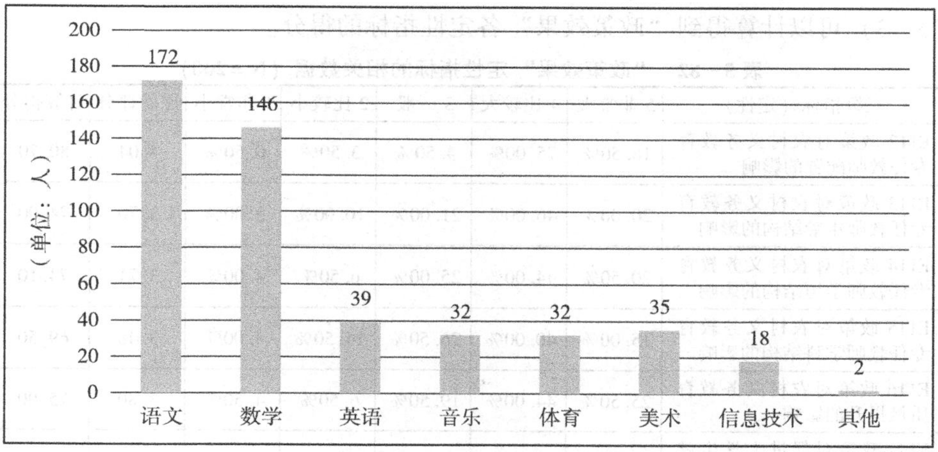

图5－51　怒江州小学学段任教特岗教师的学科分布

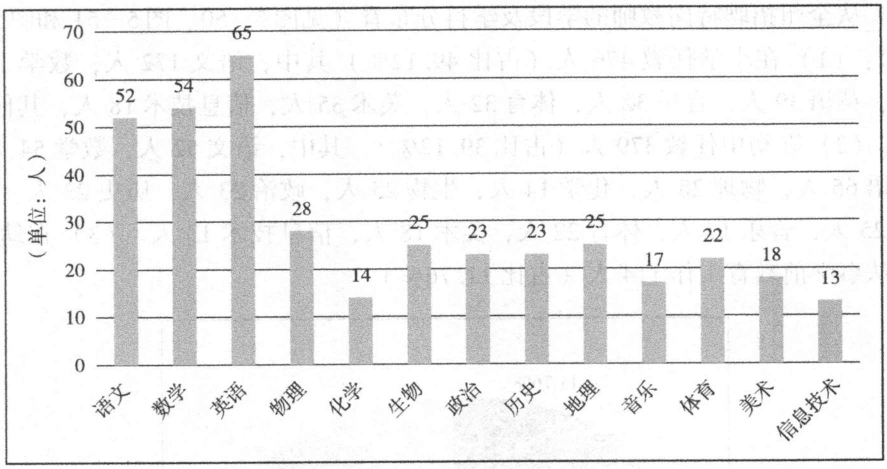

图 5-52　怒江州初中学段任教特岗教师的学科分布

根据上述全州招聘特岗教师人数和当地教育主管部门提供的累计特岗教师招聘计划指标数，按照式（3-1）可计算出"招聘特岗教师人数"指标得分："招聘特岗教师人数"/"特岗教师计划指标数"=969/1106×100=87.62，反映当地虽然积极推进"特岗教师计划"的落实，但招聘特岗教师数只达到计划指标的87.62%。

根据对当地"特岗教师计划"利益相关者［含特岗教师80人、教育主管部门的领导和工作人员10人、设岗学校的领导和教师（非特岗教师）12人、设岗学校的学生98人，合计200人］的调研数据（见表5-82），依据式（3-3）可以计算得到"政策效果"各定性指标的得分。

表 5-82　"政策效果"定性指标的相关数据（N=200）

三级指标（定性）	5 非常大	4 比较大	3 一般	2 比较小	1 非常小	原始评分	计算得分
E112 政策对农村义务教育专任教师配置的影响	16.50%	75.00%	4.50%	3.50%	0.50%	4.04	80.70
E113 政策对农村义务教育专任教师年龄结构的影响	20.00%	46.00%	21.00%	10.00%	3.00%	3.70	74.00
E114 政策对农村义务教育专任教师学历结构的影响	20.50%	44.00%	25.00%	6.50%	4.00%	3.71	74.10
E115 政策对农村义务教育专任教师学科结构的影响	15.00%	40.00%	26.50%	14.50%	4.00%	3.48	69.50
E116 政策对农村义务教育质量提升的影响	25.50%	44.00%	19.50%	6.50%	4.50%	3.80	75.90
E121 政策对促进大学生就业的影响	29.50%	38.50%	20.00%	9.00%	3.00%	3.83	76.50
E122 政策对特岗教师个人发展的影响	23.50%	42.50%	25.50%	6.50%	2.00%	3.79	75.80

续表

三级指标（定性）	5 非常大	4 比较大	3 一般	2 比较小	1 非常小	原始评分	计算得分
E123 政策对农村教育观念转变的影响	39.50%	44.50%	9.50%	2.50%	4.00%	4.13	82.60

从表 5-82 可见：从政策效果准则层各定性指标看，依据“特岗教师计划”利益相关者评分高低排序如下：政策对农村教育观念转变的影响（得分=82.60）>政策对农村义务教育专任教师配置的影响（得分=80.70）>政策对促进大学生就业的影响（得分=76.50）>政策对农村义务教育质量提升的影响（得分=75.90）>政策对特岗教师个人发展的影响（得分=75.80）>政策对农村义务教育专任教师学历结构的影响（得分=74.10）>政策对农村义务教育专任教师年龄结构的影响（得分=74.00）>政策对农村义务教育专任教师学科结构的影响（得分=69.50）。

根据各指标的权重可以计算得到政策效果各二级指标得分和总分（见表 5-83）。

表 5-83 “政策效果”绩效评估数据

<table>
<tr><th>三级指标</th><th>三级指标得分</th><th>三级指标权重值/W_i</th><th>二级指标及权重值（W_i）</th><th>二级指标得分（对应百分值）</th><th>一级指标及权重值（W_i）</th><th>一级指标得分（对应百分值）</th></tr>
<tr><td>E111 招募特岗教师人数</td><td>87.62</td><td>0.0340</td><td rowspan="6">教育发展（W_i=0.1511）</td><td rowspan="6">11.78（77.97）</td><td rowspan="9">政策效果（W_i=0.2350）</td><td rowspan="9">18.36（78.13）</td></tr>
<tr><td>E112 政策对农村义务教育专任教师配置的影响</td><td>80.70</td><td>0.0300</td></tr>
<tr><td>E113 政策对农村义务教育专任教师年龄结构的影响</td><td>74.00</td><td>0.0172</td></tr>
<tr><td>E114 政策对农村义务教育专任教师学历结构的影响</td><td>74.10</td><td>0.0193</td></tr>
<tr><td>E115 政策对农村义务教育专任教师学科结构的影响</td><td>69.50</td><td>0.0254</td></tr>
<tr><td>E116 政策对农村义务教育质量提升的影响</td><td>75.90</td><td>0.0252</td></tr>
<tr><td>E121 政策对促进大学生就业的影响</td><td>76.50</td><td>0.0252</td><td rowspan="3">社会效应（W_i=0.0839）</td><td rowspan="3">6.58（78.41）</td></tr>
<tr><td>E122 政策对特岗教师个人发展的影响</td><td>75.80</td><td>0.0291</td></tr>
<tr><td>E123 政策对农村教育观念转变的影响</td><td>82.60</td><td>0.0296</td></tr>
</table>

从表5-83可见：（1）怒江州实施“特岗教师计划”的政策效果评分为18.36分（对应百分值为78.13分），其中，“教育发展”指标得分11.78分（对应百分值为77.97分），“社会效应”指标得分6.58分（对应百分值为78.41分）。（2）根据本研究选取的绩效评价等级标度｛5. 优，4. 良，3. 中，2. 低，1. 差｝以及绩效评价5等级赋值系数｛100，80，60，40，20｝，可以判断当地实施“特岗教师计划”的政策效果为良等（60＜得分＝78.13＜80），且政策对“教育发展”（60＜得分＝77.97＜80）的促进作用，以及政策的“社会效应”（60＜得分＝78.41＜80）也处于良等。

二、政策效率

根据云南省统计年鉴（2020年）查阅的怒江州事业单位职工平均工资（8.79万元），以及对当地特岗教师（80人）调查得到特岗教师年均消费支出（7.44万元），依据式（3-2）可以计算得到“特岗教师的成本收益比”指标得分：“城镇单位（事业）职工平均工资”/受试地“特岗教师年均消费支出”×100（百分制）＝8.79/7.44×100＝118.15＞100分（最终计算政策绩效总分时，该指标取百分制上限即100分），反映对于当地特岗教师而言，政策的“特岗教师的成本收益比”较好，处于优等（100＜得分＝118.15）。

根据云南省教育事业统计（2020年）查阅的怒江州小学生师比（15.12）、小学毕业生升学率（99.35%）、初中毕业生升普通高中占比（58.65%）、普通高中应届毕业生升学率（77.55%），依据式（3-2）可以计算得到“国家的成本收益比”指标得分＝受试地“特岗教师政策收益”影子价格/受试地“特岗教师政策投入成本”×100（百分制）＝受试地1个特岗教师在三年履约期内培养产出1个大学生（本科）的概率×100（百分制）＝受试地［1（特岗教师）×“小学师生比”×“小学毕业生升学率”×“初中毕业生升学率”×“普通高中应届毕业生升学率”］×3年（特岗教师履约期）/4年（教育类本科生平均学年）×100（百分制）＝1×15.12×99.35%×58.65%×77.55%×3/4×100＝512.43＞100分（最终计算政策绩效总分时，该指标取百分制上限即100分），反映对当地实施特岗教师计划而言，“国家的成本收益比”较好，处于优等（100＜得分＝512.43）。

根据对当地教育主管部门的调研，得到当地特岗教师历年平均留任率约为96%，依据式（3-1）计算得到“特岗教师的留任率”指标得分＝受试地“特岗教师留任率”/100%（目标值）×100（百分制）＝96%/100%×100＝96分。

结合调研数据，依据式（3－3）可以计算得到“政策效率”定性指标的得分（见表5－84）。

表5－84 “政策效率”定性指标的相关数据（N＝200）

三级指标（定性）	5 非常高	4 比较高	3 一般	2 比较低	1 非常低	原始评分	计算得分
E222 政策执行部门的工作效率	25.00%	46.00%	21.00%	5.00%	3.00%	3.85	77.00

综合上述4个三级指标得分，结合各指标的权重可以计算得到政策效率各二级指标得分和总分（见表5－85）。

表5－85 “政策效率”绩效评估数据

三级指标	三级指标得分	三级指标权重值/W_i	二级指标及权重值（W_i）	二级指标得分（对应百分值）	一级指标及权重值（W_i）	一级指标得分（对应百分值）
E211 特岗教师的成本收益比	100.00	0.0426	经济效率（W_i＝0.1194）	11.93（99.92）	政策效率（W_i＝0.1989）	18.96（95.31）
E212 国家的成本收益比	100.00	0.0767				
E221 特岗教师的留任率	96.00	0.0477	执行效率（W_i＝0.0796）	7.03（88.29）		
E222 政策执行部门的工作效率	77.00	0.0318				

从表5－85可见：（1）怒江州实施“特岗教师计划”的政策效率评分为18.96分（对应百分值为95.31分），其中，“经济效率”指标得分11.93分（对应百分值为99.92分），“执行效率”指标得分7.03分（对应百分值为88.29分）。（2）根据本研究选取的绩效评价等级标度{5. 优，4. 良，3. 中，2. 低，1. 差}以及绩效评价5等级赋值系数{100，80，60，40，20}，可以判断当地实施“特岗教师计划”的政策效率为优等（80＜得分＝95.31＜100），且政策的“经济效率”（80＜得分＝99.92＜100）和“执行效率”（80＜得分＝88.29＜100）也都处于优等。

三、政策效益

结合调研数据，依据式（3－3）可以计算得到“政策效益”各定性指标的得分（见表5－86）。

表5-86 “政策效益”各定性指标的相关数据（N=200）

三级指标（定性）	5 非常高	4 比较高	3 一般	2 比较低	1 非常低	原始评分	计算得分
E311 政策了解程度	30.00%	51.00%	15.00%	3.00%	1.00%	4.06	81.20
E312 政策与其他政策的协调性	24.00%	29.50%	32.50%	7.50%	6.50%	3.57	71.40
E313 政策执行部门的工作态度	37.50%	56.00%	2.50%	1.50%	2.50%	4.25	84.90
E321 学生对特岗教师的满意度	30.00%	54.00%	12.50%	2.50%	1.00%	4.10	81.90
E322 特岗教师对工作的满意度	24.50%	54.00%	13.50%	5.00%	3.00%	3.92	78.40
E323 学校对特岗教师的满意度	30.00%	49.50%	12.50%	6.50%	1.50%	4.00	80.00
E324 公众对政策的满意度	30.00%	56.50%	7.00%	4.50%	2.00%	4.08	81.60

从表5-86可见：从政策效益各定性指标看，依据“特岗教师计划”利益相关者评分高低排序如下：政策执行部门的工作态度（得分=84.90）>学生对特岗教师的满意度（得分=81.90）>公众对政策的满意度（得分=81.60）>政策了解程度（得分=81.20）>学校对特岗教师的满意度（得分=80.00）>特岗教师对工作的满意度（得分=78.40）>政策与其他政策的协调性（得分=71.40）。

根据各指标权重可以计算得到政策效益各二级指标得分和总分（见表5-87）。

表5-87 “政策效益”绩效评估数据

<table>
<tr><th>三级指标</th><th>三级指标得分</th><th>三级指标权重值/W_i</th><th>二级指标及权重值（W_i）</th><th>二级指标得分（对应百分值）</th><th>一级指标及权重值（W_i）</th><th>一级指标得分（对应百分值）</th></tr>
<tr><td>E311 政策了解程度</td><td>81.20</td><td>0.0589</td><td rowspan="3">回应度（W_i=0.1285）</td><td rowspan="3">10.26（79.84）</td><td rowspan="7">政策效益（W_i=0.3342）</td><td rowspan="7">26.86（80.38）</td></tr>
<tr><td>E312 政策与其他政策的协调性</td><td>71.40</td><td>0.0320</td></tr>
<tr><td>E313 政策执行部门的工作态度</td><td>84.90</td><td>0.0376</td></tr>
<tr><td>E321 学生对特岗教师的满意度</td><td>81.90</td><td>0.0621</td><td rowspan="4">满意度（W_i=0.2057）</td><td rowspan="4">16.60（80.72）</td></tr>
<tr><td>E322 特岗教师对工作的满意度</td><td>78.40</td><td>0.0388</td></tr>
<tr><td>E323 学校对特岗教师的满意度</td><td>80.00</td><td>0.0474</td></tr>
<tr><td>E324 公众对政策的满意度</td><td>81.60</td><td>0.0574</td></tr>
</table>

从表5－87可见：（1）怒江州实施“特岗教师计划”的政策效益评分为26.86分（对应百分值为80.38分），其中，“回应度”指标得分10.26分（对应百分值为79.84分），“满意度”指标得分16.60分（对应百分值为80.72分）。（2）根据本研究选取的绩效评价等级标度｛5.优，4.良，3.中，2.低，1.差｝以及绩效评价5等级赋值系数｛100，80，60，40，20｝，可以判断当地实施“特岗教师计划”的政策效益为优等（80＜得分＝80.38＜100），政策的“回应度”（60＜得分＝79.84＜80）处于良等，政策的“满意度”（80＜得分＝80.72＜100）处于优等。

四、公平性

结合调研数据，依据式（3－3）可以计算得到政策“公平性”各定性指标的得分（见表5－88）。

表5－88　“公平性”各定性指标的相关数据（N＝200）

三级指标（定性）	5 非常大	4 比较大	3 一般	2 比较小	1 非常小	原始评分	计算得分
E411 特岗教师获得激励、培训、晋升等机会的公平性	40.00%	45.50%	12.00%	1.50%	1.00%	4.22	84.40
E412 特岗教师工资待遇与公办教师的同等性	30.00%	35.50%	20.00%	9.50%	5.00%	3.76	75.20
E421 大学生报考特岗教师岗位机会的公平性	44.00%	50.00%	5.00%	1.00%	0.00%	4.37	87.40
E422 政策对城乡义务教育均衡发展的促进性	40.00%	49.00%	5.00%	4.00%	2.00%	4.21	84.20

从表5－88可见：从政策“公平性”各定性指标看，依据“特岗教师计划”利益相关者评分高低排序如下：大学生报考特岗教师岗位机会的公平性（得分＝87.40）＞特岗教师获得激励、培训、晋升等机会的公平性（得分＝84.40）＞政策对城乡义务教育均衡发展的促进性（得分＝84.20）＞特岗教师工资待遇与公办教师的同等性（得分＝75.20）。

根据各指标的权重可以计算得到公平性各二级指标得分和总分（见表5－89）。

表5－89 "公平性"绩效评估数据

三级指标	三级指标得分	三级指标权重值 $/W_i$	二级指标及权重值（W_i）	二级指标得分（对应百分值）	一级指标及权重值（W_i）	一级指标得分（对应百分值）
E411 特岗教师获得激励、培训、晋升等机会的公平性	84.40	0.0541	内部公平（W_i＝0.1159）	9.21（79.49）	公平性（W_i＝0.2319）	19.13（82.51）
E412 特岗教师工资待遇与公办教师的同等性	75.20	0.0618				
E421 大学生报考特岗教师岗位机会的公平性	87.40	0.0507	外部公平（W_i＝0.1159）	9.92（85.60）		
E422 政策对城乡义务教育均衡发展的促进性	84.20	0.0652				

从表5－89可见：（1）怒江州实施"特岗教师计划"的公平性得分为19.13（对应百分值为82.51分），其中，"内部公平"指标得分9.21分（对应百分值为79.49分），"外部公平"指标得分9.92分（对应百分值为85.60分）。（2）根据本研究选取的绩效评价等级标度｛5.优，4.良，3.中，2.低，1.差｝以及绩效评价5等级赋值系数｛100，80，60，40，20｝，可以判断当地实施"特岗教师计划"的公平性为优等（80＜得分＝82.51＜100），其中"内部公平"（80＜得分＝79.49＜100）处于良等，"外部公平"（80＜得分＝85.60＜100）处于优等。

五、政策绩效

综上所述，依据"特岗教师计划"绩效评估指标体系模型，可以计算得到怒江州实施"特岗教师计划"的政策绩效（见表5－90）。

表5－90 怒江州实施"特岗教师计划"的政策绩效

一级指标	权重值（W_i）	一级指标得分（对应百分值）	绩效得分
E1 政策效果	0.2350	18.36（78.13）	83.31
E2 政策效率	0.1989	18.96（95.31）	
E3 政策效益	0.3342	26.86（80.38）	
E4 公平性	0.2319	19.13（82.51）	

从表5－90可见：怒江州实施"特岗教师计划"的政策绩效得分为83.31，根据本研究选取的绩效评价等级标度｛5.优，4.良，3.中，2.低，

1. 差} 以及绩效评价 5 等级赋值系数 {100，80，60，40，20}，可以判断当地实施“特岗教师计划”的政策绩效为优等（80 < 得分 = 83.31 < 100）。

第十二节 “特岗教师计划”绩效评估结果的比较与分析

一、政策绩效得分的比较与分析

根据前文统计得到的滇西边境山区 10 州市“特岗教师计划”政策绩效评估数据，经均值计算，整理得到表 5－91；运用 SPSS Statistics26 对“特岗教师计划”政策绩效准则层（一级指标）得分进行成对样本 T 检验，得到表 5－92；运用 SPSS Statistics26 对“特岗教师计划”政策绩效及准则层（一级指标）得分与各州市招聘特岗教师人数进行相关分析，得到表 5－93。

表 5－91 滇西边境山区各州市“特岗教师计划”政策绩效评估得分一览表

州市	招聘特岗教师数/人	政策效果	政策效率	政策效益	公平性	政策绩效
红河州	10569	86.23	97.15	83.68	85.57	87.39
保山市	7831	85.21	96.56	81.91	83.48	85.96
临沧市	5037.	84.82	96.33	81.66	82.98	85.62
大理州	3754	84.86	96.71	82.03	82.88	85.81
普洱市	2390	84.66	96.25	81.67	82.27	85.41
德宏州	2327	84.90	96.21	84.18	83.55	86.59
版纳州	2045	84.26	96.21	82.70	83.28	85.89
怒江州	969	78.13	95.31	80.38	82.51	83.31
楚雄州	658	71.70	93.79	75.97	78.61	79.12
丽江市	410	72.31	95.23	77.82	81.05	80.73
均值	3599	81.71	95.98	81.20	82.62	84.58

备注：表中各州市按招聘特岗教师人数由多到少排序。

表 5－92 “特岗教师计划”政策绩效一级指标得分配对样本检验

		配对差值					t	自由度	Sig.（双尾）
		平均值	标准 偏差	标准 误差平均值	差值 95% 置信区间				
					下限	上限			
配对 1	政策效果—政策效率	－14.26700	4.70215	1.48695	－17.63072	－10.90328	－9.595	9	.000
配对 2	政策效果—政策效益	.50800	3.30579	1.04538	－1.85682	2.87282	.486	9	.639

续表

		配对差值					t	自由度	Sig.（双尾）
		平均值	标准 偏差	标准 误差平均值	差值 95% 置信区间				
					下限	上限			
配对 3	政策效果—公平性	-.91000	4.14016	1.30923	-3.87169	2.05169	-.695	9	.505
配对 4	政策效率—政策效益	14.77500	1.73690	.54925	13.53250	16.01750	26.900	9	.000
配对 5	政策效率—公平性	13.35700	.99025	.31315	12.64862	14.06538	42.654	9	.000
配对 6	政策效益—公平性	-1.41800	1.12681	.35633	-2.22407	-.61193	-3.979	9	.003

备注：依据统计分析惯例，表中的双尾显著值，就是正文分析用的 P 值，后续相关表述均与此同。

表 5-93　招聘特岗教师人数与政策绩效的相关性

		招聘特岗教师人数	政策效果	政策效率	政策效益	公平性	政策绩效
招聘特岗教师数	皮尔逊相关性	1	.650*	.722*	.560	.737*	.660*
	Sig.（双尾）		.042	.018	.093	.015	.038
	个案数	10	10	10	10	10	10
政策效果	皮尔逊相关性	.650*	1	.916**	.937**	.849**	.981**
	Sig.（双尾）	.042		.000	.000	.002	.000
	个案数	10	10	10	10	10	10
政策效率	皮尔逊相关性	.722*	.916**	1	.896**	.927**	.945**
	Sig.（双尾）	.018	.000		.000	.000	.000
	个案数	10	10	10	10	10	10
政策效益	皮尔逊相关性	.560	.937**	.896**	1	.921**	.980**
	Sig.（双尾）	.093	.000	.000		.000	.000
	个案数	10	10	10	10	10	10
公平性	皮尔逊相关性	.737*	.849**	.927**	.921**	1	.927**
	Sig.（双尾）	.015	.002	.000	.000		.000
	个案数	10	10	10	10	10	10
政策绩效	皮尔逊相关性	.660*	.981**	.945**	.980**	.927**	1
	Sig.（双尾）	.038	.000	.000	.000	.000	
	个案数	10	10	10	10	10	10

*. 在 0.05 级别（双尾），相关性显著。

**. 在 0.01 级别（双尾），相关性显著。

从上述表5－91、表5－92和表5－93可见：

滇西边境山区10州市实施“特岗教师计划”的政策绩效均分为84.58，政策效果均分为81.71，政策效率均分为95.98，政策效益均分为81.20，公平性均分为82.62，根据本研究选取的绩效评价等级标度｛5. 优，4. 良，3. 中，2. 低，1. 差｝以及绩效评价5等级赋值系数｛100，80，60，40，20｝，可以判断滇西边境山区各州市实施“特岗教师计划”的政策绩效为优等（80＜得分＝84.58＜100），且政策绩效准则层（政策效果、政策效率、政策效益和公平性）也处于优等（80＜得分＜100）。

从政策绩效得分看，各州市依据得分高低排序如下：红河州（87.39分）＞德宏州（86.59分）＞保山市（85.96分）＞版纳州（85.89分）＞大理州（85.81分）＞临沧市（85.62分）＞普洱市（85.41分）＞怒江州（83.31分）＞丽江市（80.73分）＞楚雄州（79.12分），其中，政策绩效得分排名前三位的州市是红河州、德宏州和保山市，而政策绩效得分排名末三位的州市是楚雄州、丽江市、怒江州，这也是政策绩效得分低于平均分（84.58分）的3个州市。

从政策绩效的准则层看，依据得分高低排序如下：政策效率＞公平性＞政策效果＞政策效益。经统计分析，滇西边境山区10州市实施“特岗教师计划”的政策效果与政策效率的差异（$P=0.000<0.01$）、政策效率与政策效益的差异（$P=0.000<0.01$）、政策效率与公平性的差异（$P=0.000<0.01$）以及政策效益与公平性的差异（$P=0.003<0.01$）均有高度统计学意义，而政策效果与政策效益的差异（$P=0.639>0.05$）、政策效果与公平性的差异（$P=0.505>0.05$）均无统计学意义。

从招聘特岗教师人数与政策绩效的相关分析，结合相关系数的大小涵义｛$0.7\leqslant r<1$，高度相关；$0.4\leqslant r<0.7$，显著相关；$0\leqslant r<0.4$，低度相关｝可以判断：招聘特岗教师人数与政策效率（相关系数$r=0.722>0.7$）、与政策公平性高度相关（相关系数$r=0.737>0.7$）；招聘特岗教师人数与政策效果（相关系数$r=0.650$）、与政策效益（相关系数$r=0.560$）、以及与政策绩效（相关系数$r=0.660$）均显著相关（$0.4\leqslant r<0.7$）。这也说明，滇西边境山区各州市招聘特岗教师人数越多，实施该政策的绩效越高；但是，当某地招聘的特岗教师人数不变或变化不大时，也要关注从其他影响因素入手（因为招聘特岗教师人数与政策绩效的相关系数并没有到1）分析研究如何进一步提高“特岗教师计划”政策的实施绩效。

结合对“特岗教师计划”政策绩效评价指标的内涵及政策绩效评价数据分析可见：在过去15年间，滇西边境山区10州市通过实施“特岗教师计划”，招聘35990名特岗教师充实到农村义务教育阶段学校（主要是初中、小学，兼顾少部分幼儿园）任教，有效优化了师资队伍结构，提高了教育教学质量，促进了义务教育均衡发展，取得了显著成效。

二、政策绩效二级指标得分的分析与比较

根据前文得到的滇西边境山区10州市“特岗教师计划”政策绩效评估8个二级指标的结果数据，经均值计算，整理得到表5－94；运用SPSS Statistics26对8个二级指标得分进行成对样本T检验，得到表5－95；运用SPSS Statistics26对8个一级指标得分与各州市招聘特岗教师人数进行相关分析，得到表5－96。

表5－94 滇西边境山区“特岗教师计划”政策绩效评估二级指标得分一览表

州市	招聘特岗教师人数	教育发展	社会效应	经济效率	执行效率	回应度	满意度	内部公平	外部公平
红河州	10569	86.58	85.60	99.92	92.87	83.17	84.00	83.87	87.34
保山市	7831	86.12	83.56	99.92	91.39	81.43	82.21	80.86	86.17
临沧市	5037	85.62	83.40	99.92	90.83	81.42	81.81	80.19	85.83
大理市	3754	85.51	83.67	99.92	91.78	81.69	82.23	80.41	85.43
普洱市	2390	85.27	83.57	99.92	90.63	81.14	82.00	79.87	84.74
德宏州	2327	85.69	83.49	99.92	90.53	84.30	84.10	81.39	85.78
版纳州	2045	85.21	82.56	99.92	90.53	82.86	82.59	81.17	85.47
怒江州	969	77.97	78.41	99.92	88.29	79.84	80.72	79.49	85.60
楚雄州	658	74.10	67.38	99.92	85.69	74.97	76.59	75.16	82.12
丽江市	410	74.65	68.10	99.92	88.09	76.66	78.55	78.28	83.88
均值		82.67	79.97	99.92	90.06	80.75	81.48	80.07	85.24

备注：表中各州市按招聘特岗教师人数由多到少排序。

表5－95 “特岗教师计划”政策绩效二级指标得分配对样本检验

		配对差值					t	自由度	Sig.（双尾）
		平均值	标准 偏差	标准 误差平均值	差值95% 置信区间				
					下限	上限			
配对1	教育发展—社会效应	2.69800	2.26183	.71525	1.07998	4.31602	3.772	9	.004
配对2	教育发展—经济效率	－17.24800	5.01272	1.58516	－20.83388	－13.66212	－10.881	9	.000
配对3	教育发展—执行效率	－7.39100	3.15255	.99692	－9.64620	－5.13580	－7.414	9	.000

续表

		配对差值					t	自由度	Sig.(双尾)
		平均值	标准 偏差	标准 误差平均值	差值 95% 置信区间 下限	上限			
配对 4	教育发展—回应度	1. 92400	2. 61713	. 82761	. 05182	3. 79618	2. 325	9	. 045
配对 5	教育发展—满意度	1. 19200	3. 01972	. 95492	-. 96818	3. 35218	1. 248	9	. 243
配对 6	教育发展—内部公平	2. 60300	3. 38843	1. 07152	. 17906	5. 02694	2. 429	9	. 038
配对 7	教育发展—外部公平	-2. 56400	3. 98576	1. 26041	-5. 41524	. 28724	-2. 034	9	. 072
配对 8	社会效应—经济效率	-19. 94600	6. 69939	2. 11853	-24. 73846	-15. 15354	-9. 415	9	. 000
配对 9	社会效应—执行效率	-10. 08900	4. 86091	1. 53716	-13. 56629	-6. 61171	-6. 563	9	. 000
配对 10	社会效应—回应度	-. 77400	4. 10784	1. 29901	-3. 71257	2. 16457	-. 596	9	. 566
配对 11	社会效应—满意度	-1. 50600	4. 57656	1. 44724	-4. 77988	1. 76788	-1. 041	9	. 325
配对 12	社会效应—内部公平	-. 09500	4. 90446	1. 55093	-3. 60344	3. 41344	-. 061	9	. 952
配对 13	社会效应—外部公平	-5. 26200	5. 52780	1. 74804	-9. 21635	-1. 30765	-3. 010	9	. 015
配对 14	经济效率—执行效率	9. 85700	2. 11065	. 66745	8. 34713	11. 36687	14. 768	9	. 000
配对 15	经济效率—回应度	19. 17200	2. 90254	. 91786	17. 09565	21. 24835	20. 888	9	. 000
配对 16	经济效率—满意度	18. 44000	2. 33324	. 73784	16. 77090	20. 10910	24. 992	9	. 000
配对 17	经济效率—内部公平	19. 85100	2. 25672	. 71364	18. 23664	21. 46536	27. 817	9	. 000
配对 18	经济效率—外部公平	14. 68400	1. 41292	. 44680	13. 67326	15. 69474	32. 865	9	. 000
配对 19	执行效率—回应度	9. 31500	1. 51376	. 47869	8. 23212	10. 39788	19. 459	9	. 000
配对 20	执行效率—满意度	8. 58300	. 99024	. 31314	7. 87462	9. 29138	27. 409	9	. 000

续表

		配对差值					t	自由度	Sig.（双尾）
		平均值	标准 偏差	标准 误差平均值	差值 95% 置信区间				
					下限	上限			
配对 21	执行效率—内部公平	9.99400	.88511	.27990	9.36083	10.62717	35.706	9	.000
配对 22	执行效率—外部公平	4.82700	1.09117	.34506	4.04643	5.60757	13.989	9	.000
配对 23	回应度—满意度	-.73200	.68363	.21618	-1.22104	-.24296	-3.386	9	.008
配对 24	回应度—内部公平	.67900	1.29426	.40928	-.24686	1.60486	1.659	9	.131
配对 25	回应度—外部公平	-4.48800	1.83369	.57986	-5.79974	-3.17626	-7.740	9	.000
配对 26	满意度—内部公平	1.41100	.77424	.24484	.85714	1.96486	5.763	9	.000
配对 27	满意度—外部公平	-3.75600	1.22886	.38860	-4.63507	-2.87693	-9.665	9	.000
配对 28	内部公平—外部公平	-5.16700	.99336	.31413	-5.87760	-4.45640	-16.449	9	.000

表 5-96 招聘特岗教师人数与政策绩效二级指标的相关性

		招聘特岗教师数	教育发展	社会效应	经济效率	执行效率	回应度	满意度	内部公平	外部公平
招聘特岗教师数	皮尔逊相关性	1	.657*	.628	.b	.764*	.518	.590	.718*	.746*
	Sig.（双尾）		.039	.052	.	.010	.125	.072	.019	.013
	个案数	10	10	10	10	10	10	10	10	10
教育发展	皮尔逊相关性	.657*	1	.966**	.b	.928**	.918**	.917**	.828**	.793**
	Sig.（双尾）	.039		.000	.	.000	.000	.000	.003	.006
	个案数	10	10	10	10	10	10	10	10	10
社会效应	皮尔逊相关性	.628	.966**	1	.b	.909**	.937**	.940**	.857**	.862**
	Sig.（双尾）	.052	.000		.	.000	.000	.000	.002	.001
	个案数	10	10	10	10	10	10	10	10	10
经济效率	皮尔逊相关性	.b	.b	.b	.b	.b	.b	.b	.b	.b
	Sig.（双尾）	.	.	.		.	.	.	.	.
	个案数	10	10	10	10	10	10	10	10	10

续表

		招聘特岗教师数	教育发展	社会效应	经济效率	执行效率	回应度	满意度	内部公平	外部公平
执行效率	皮尔逊相关性	.764*	.928**	.909**	.b	1	.864**	.905**	.920**	.882**
	Sig.（双尾）	.010	.000	.000	.		.001	.000	.000	.001
	个案数	10	10	10	10	10	10	10	10	10
回应度	皮尔逊相关性	.518	.918**	.937**	.b	.864**	1	.989**	.904**	.861**
	Sig.（双尾）	.125	.000	.000	.	.001		.000	.000	.001
	个案数	10	10	10	10	10	10	10	10	10
满意度	皮尔逊相关性	.590	.917**	.940**	.b	.905**	.989**	1	.944**	.899**
	Sig.（双尾）	.072	.000	.000	.	.000	.000		.000	.000
	个案数	10	10	10	10	10	10	10	10	10
内部公平	皮尔逊相关性	.718*	.828**	.857**	.b	.920**	.904**	.944**	1	.957**
	Sig.（双尾）	.019	.003	.002	.	.000	.000	.000		.000
	个案数	10	10	10	10	10	10	10	10	10
外部公平	皮尔逊相关性	.746*	.793**	.862**	.b	.882**	.861**	.899**	.957**	1
	Sig.（双尾）	.013	.006	.001	.	.001	.001	.000	.000	
	个案数	10	10	10	10	10	10	10	10	10

*. 在 0.05 级别（双尾），相关性显著。

**. 在 0.01 级别（双尾），相关性显著。

b. 由于至少有一个变量为常量，因此无法进行计算。

从上述表 5-94、表 5-95 和表 5-96 可见：

滇西边境山区 10 州市实施“特岗教师计划”的政策绩效各二级指标依据得分高低排序如下：经济效率（99.92 分）> 执行效率（90.06 分）> 外部公平（85.24 分）> 教育发展（82.67 分）> 满意度（81.48 分）> 回应度（80.75 分）> 内部公平（80.07 分）> 社会效应（79.97 分），根据本研究选取的绩效评价等级标度 {5. 优，4. 良，3. 中，2. 低，1. 差} 以及绩效评价 5 等级赋值系数 {100，80，60，40，20}，可以判断：在滇西边境山区各州市实施“特岗教师计划”的政策绩效各二级指标中，除“社会效应”指标得分为良等（60 < 得分 < 80）以外，其他 7 个二级指标均处于优等（80 < 得分 < 100）。总体反映出政策执行的“经济效率”和“执行效率”较高（得分排名第 1 和第 2），而政策执行的“社会效应”和“内部公平”还有待提升（得分排名倒数第 1 和第 2）。

从各州市的二级指标得分看：红河州、保山市、临沧市、大理市、普洱市、德宏州、版纳州在所有8个二级指标上的得分均高于滇西边境山区10州市在上述指标得分的平均值，其中，红河州在8个二级指标上的得分均处于滇西边境山区10州市第一位；怒江州在“外部公平”指标上的得分高于滇西边境山区10州市在该指标得分的平均值；怒江州、楚雄州和丽江市在“教育发展”“社会效应”“执行效率”“回应度”“满意度”与“内部公平”6个二级指标上的得分均低于滇西边境山区10州市在上述指标得分的平均值；楚雄州和丽江市在“外部公平”指标上的得分也低于滇西边境山区10州市在该指标得分的平均值；除了“经济效率”指标得分以外，楚雄州在其余7个二级指标上的得分均处于滇西边境山区10州市末位，丽江市处于倒数第二。

从二级指标的成对样本T测试数据看：滇西边境山区10州市在“教育发展”与“满意度”的得分差异（$P=0.243>0.05$）、“教育发展”与“外部公平”的得分差异（$P=0.072>0.05$）、“社会效应”与“回应度”的得分差异（$P=0.566>0.05$）、“社会效应”与“满意度”的得分差异（$P=0.325>0.05$）、“社会效应”与“内部公平”的得分差异（$P=0.952>0.05$）、“回应度”与“内部公平”的得分差异（$P=0.131>0.05$）等6组二级指标得分差异上均无统计学意义；在“教育发展”与“回应度”的得分差异（$P=0.045<0.05$）、“教育发展”与“内部公平”的得分差异（$P=0.038<0.05$）、“社会效应”与“外部公平”的得分差异（$P=0.015<0.05$）等3组二级指标得分差异上有统计学意义；而在其他19组二级指标得分差异上有高度统计学意义（$P<0.01$）。

从招聘特岗教师人数与政策绩效各二级指标的相关分析，结合相关系数的大小涵义｛$0.7\leqslant r<1$，高度相关；$0.4\leqslant r<0.7$，显著相关；$0\leqslant r<0.4$，低度相关｝可以判断：招聘特岗教师人数与“执行效率”（相关系数$r=0.764$）、与“内部公平”（相关系数$r=0.718$）、与“外部公平”（相关系数$r=0.746$）均高度相关（$0.7\leqslant r<1$）；招聘特岗教师人数与“教育发展”（相关系数$r=0.657$）、与“社会效应”（相关系数$r=0.628$）、与“回应度”（相关系数$r=0.518$）、与“满意度”（相关系数$r=0.590$）均显著相关（$0.4\leqslant r<0.7$）；滇西边境山区10州市实施“特岗教师计划”政策的“经济效率”指标得分均达到上限且无差异（绩效评估用百分制，凡是高于100分时，均取上限100分进行计算），故招聘特岗教师人数与“经济效率”的相关性无法计算。这也进一步说明，对于滇西边境山区各州市而言，招聘特岗教师人数越多，实施该政策的绩效越高；但是，当某地招聘的特岗教师人数不变或变化不大时，可以从其他影响因素入手（因为招聘特岗教师人数与政策绩效二级指标的相关系数最

大值也没有到 1）分析研究如何进一步提高“特岗教师计划”政策的实施绩效。

三、政策绩效三级指标得分的分析与比较

（一）三级指标得分的总体比较与分析

根据前文得到的滇西边境山区 10 州市“特岗教师计划”政策绩效评估 24 个三级指标的结果数据，经均值计算并绘制条形图，得到图 5－53。

如图 5－53 所示：

滇西边境山区 10 州市实施“特岗教师计划”的政策绩效各三级指标依据得分高低排序如下：E211 特岗教师的成本收益比（100.00 分）、E212 国家的成本收益比（100 分）、E111 招募特岗教师人数（97.51 分）、E221 特岗教师的留任率（97.40 分）、E421 大学生报考特岗教师岗位机会的公平性（86.70 分）、E313 政策执行部门的工作态度（84.54 分）、E411 特岗教师获得激励培训晋升等机会的公平性（84.38 分）、E422 政策对城乡义务教育均衡发展的促进性（84.10 分）、E324 公众对政策的满意度（83.09 分）、E112 政策对农村义务教育专任教师配置的影响（82.95 分）、E311 政策了解程度（82.77 分）、E321 学生对特岗教师的满意度（81.51 分）、E122 政策对特岗教师个人发展的影响（81.21 分）、E322 特岗教师对工作的满意度（80.42 分）、E323 学校对特岗教师的满意度（80.37 分）、E121 政策对促进大学生就业的影响（80.12 分）、E222 政策执行部门的工作效率（79.04 分）、E113 政策对农村义务教育专任教师年龄结构的影响（78.67 分）、E123 政策对农村教育观念转变的影响（78.63 分）、E116 政策对农村义务教育质量提升的影响（77.52 分）、E114 政策对农村义务教育专任教师学历结构的影响（77.04 分）、E412 特岗教师工资待遇与公办教师的同等性（76.30 分）、E115 政策对农村义务教育专任教师学科结构的影响（73.83 分）、E312 政策与其他政策的协调性（72.58 分）。其中，三级指标得分排名前三位的是“特岗教师的成本收益比”“国家的成本收益比”和“招募特岗教师人数”，这与滇西边境山区 10 州市招聘了大量（35990 名）特岗教师充实到农村义务教育阶段学校的事实，以及访谈中获悉的绝大多数特岗教师都认为“大学毕业选择当特岗教师是值得的”，绝大多数教育主管部门的管理者和中小学校长都认为“国家实施特岗教师计划是值得的，希望长期实施”的情况是相吻合的；三级指标得分排名末三位的是“政策与其他政策的协调性”“政策对农村义务教育专任教师学科结构的影响”和“特岗教师工资待遇与公办教师的同等性”，这与访谈中获悉的目前

“特岗教师计划”政策与本地“五险一金”政策还不够协调、招聘特岗教师的学科背景与设岗学校的学科需求还不够匹配、特岗教师的工资待遇（主要是“五险一金”缴纳和补贴发放）与公办教师还有一定差异等情况也是相吻合的。

根据本研究选取的绩效评价等级标度 {5. 优，4. 良，3. 中，2. 低，1. 差} 以及绩效评价 5 等级赋值系数 {100，80，60，40，20}，可以判断：在滇西边境山区各州市实施“特岗教师计划”的政策绩效各三级指标中，除了“政策与其他政策的协调性”“政策对农村义务教育专任教师学科结构的影响”“特岗教师工资待遇与公办教师的同等性”“政策对农村义务教育专任教师学历结构的影响”“政策对农村义务教育质量提升的影响”“政策对农村教育观念转变的影响”“政策对农村义务教育专任教师年龄结构的影响”和“政策执行部门的工作效率”8 个指标得分处于良等（60 < 得分 < 80）以外，其他 16 个三级指标均处于优等（80 < 得分 < 100）。总体反映政策执行的绩效较好。

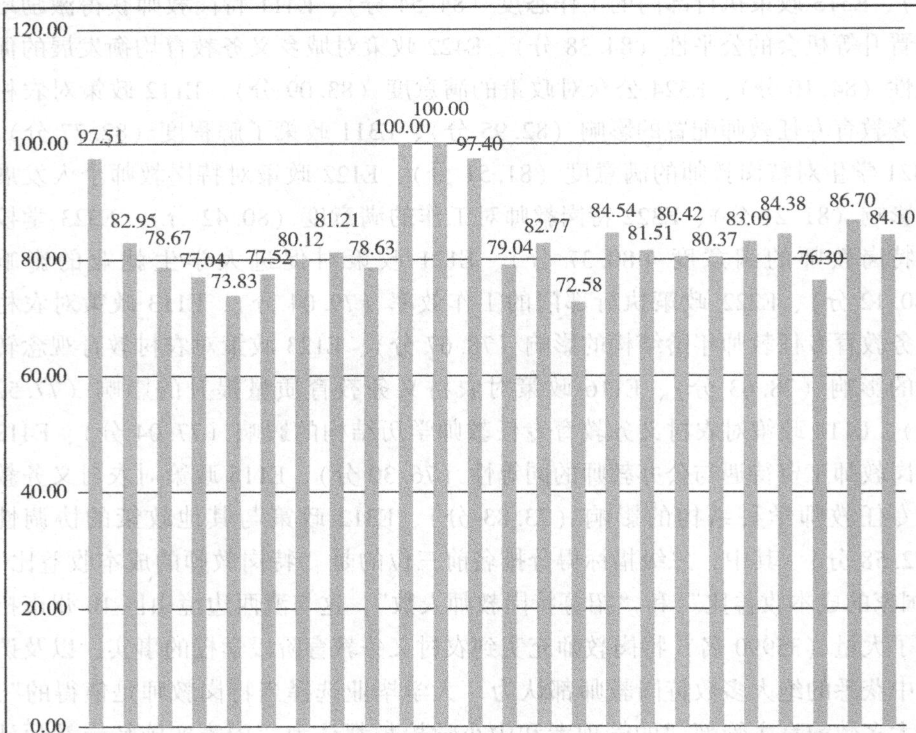

图 5-53　三级指标得分条形图

（二）三级指标得分的分类比较与分析

1. “政策效果”准则层的三级指标比较与分析

根据前文得到的滇西边境山区10州市“特岗教师计划”政策绩效评估“政策效果”准则层三级指标的结果数据，经均值计算并绘制条形图，得到图5-54。

如图5-54所示：

在滇西边境山区10州市实施“特岗教师计划”的政策绩效评估中，“政策效果”各三级指标依据得分高低排序如下：E111 招募特岗教师人数（97.51分）、E112 政策对农村义务教育专任教师配置的影响（82.95分）、E122 政策对特岗教师个人发展的影响（81.21分）、E121 政策对促进大学生就业的影响（80.12分）、E113 政策对农村义务教育专任教师年龄结构的影响（78.67分）、E123 政策对农村教育观念转变的影响（78.63分）、E116 政策对农村义务教育质量提升的影响（77.52分）、E114 政策对农村义务教育专任教师学历结构的影响（77.04分）和E115 政策对农村义务教育专任教师学科结构的影响（73.83分）。根据本研究选取的绩效评价等级标度｛5. 优，4. 良，3. 中，2. 低，1. 差｝以及绩效评价5等级赋值系数｛100，80，60，40，20｝，可以判断：在滇西边境山区各州市实施“特岗教师计划”的“政策效果”三级指标中，“政策对农村义务教育专任教师年龄结构的影响”“政策对农村教育观念转变的影响”“政策对农村义务教育质量提升的影响”“政策对农村义务教育专任教师学历结构的影响”和“政策对农村义务教育专任教师学科结构的影响”5个指标得分处于良等（60<得分<80），其他4个三级指标均处于优等（80<得分<100）。

在“政策效果”各三级指标中，得分排名前两位的是“招募特岗教师人数”“政策对农村义务教育专任教师配置的影响”，反映出滇西边境山区10州市通过招聘大量特岗教师，确实高效促进了当地农村义务教育专任教师配置的优化。

在“政策效果”各三级指标中，得分排名末两位的是“政策对农村义务教育专任教师学科结构的影响”“政策对农村义务教育专任教师学历结构的影响”，反映出对于滇西边境山区10州市而言，招聘本科学历以上特岗教师的数量还可以进一步增加，才能更好优化现有农村义务教育专任教师的学历结构，而招聘特岗教师学科的专业背景与设岗学校需求的匹配度还有待进一步提升。

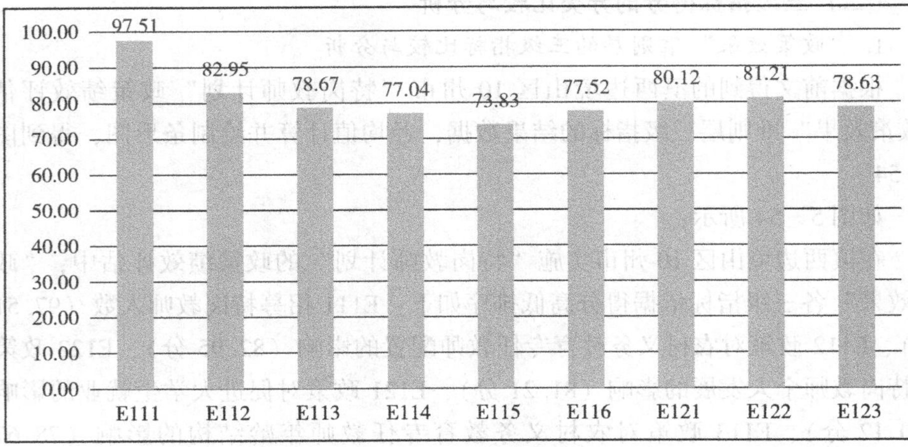

图5-54　政策效果准则层三级指标得分条形图

2. "政策效率"准则层的三级指标比较与分析

根据前文得到的滇西边境山区10州市"特岗教师计划"政策绩效评估"政策效率"准则层三级指标的结果数据，经均值计算并绘制条形图，得到图5-55。

如图5-55所示：在滇西边境山区10州市实施"特岗教师计划"的政策绩效评估中，"政策效率"各三级指标依据得分高低排序如下：E211特岗教师的成本收益比（100.00分）、E212国家的成本收益比（100.00分）、E221特岗教师的留任率（97.40分）和E222政策执行部门的工作效率（79.04分）。根据本研究选取的绩效评价等级标度｛5. 优，4. 良，3. 中，2. 低，1. 差｝以及绩效评价5等级赋值系数｛100，80，60，40，20｝，可以判断："特岗教师的成本收益比""国家的成本收益比"和"特岗教师的留任率"3个指标处于优等（80<得分<100），而指标"政策执行部门的工作效率"处于良等（60<得分<80）。总体反映出：滇西边境山区10州市实施"特岗教师计划"的个人成本收益比和国家成本收益比均较高；特岗教师留任率较高，与教育部通报的云南省特岗教师留任率长期高于全国约10个百分点（全国平均留任率为85%）的数据相吻合；与此同时，各州市政策执行部门的工作效率与特岗教师的需求之间还有一定差距，这与访谈过程中特岗教师反映的有时候补贴发放不够及时、咨询的相关问题不能及时回复、存在的困难（如住宿和生活困难等）不能及时予以解决，以及设岗学校反映的特殊学科、紧急学科需求的岗位不能及时纳入特岗招聘计划或不能及时招聘到相应特岗教师等情

况相印证。总之，“政策效率”是高的，但政策执行部门的工作效率还有待进一步提升。

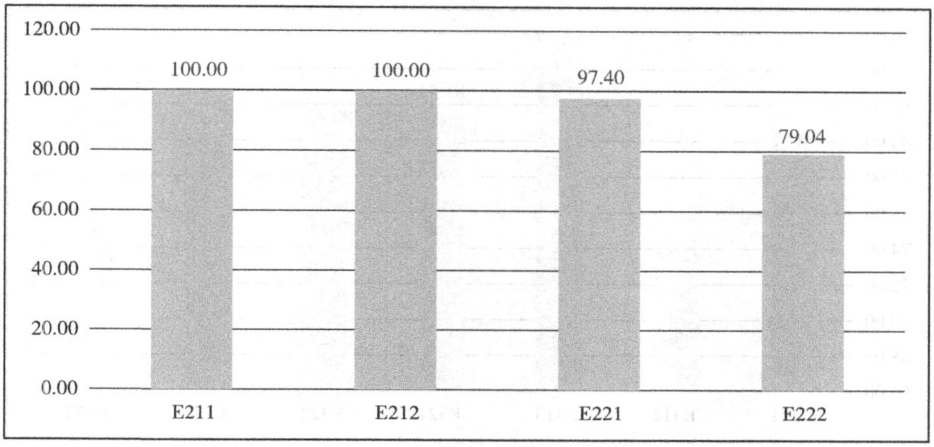

图 5－55 政策效率准则层三级指标得分条形图

3. “政策效益”准则层的三级指标比较与分析

根据前文得到的滇西边境山区 10 州市“特岗教师计划”政策绩效评估“政策效益”准则层三级指标的结果数据，经均值计算并绘制条形图，得到图 5－56。

如图 5－56 所示：在滇西边境山区 10 州市实施“特岗教师计划”的政策绩效评估中，“政策效益”各三级指标依据得分高低排序如下：E313 政策执行部门的工作态度（84.54 分）、E324 公众对政策的满意度（83.09 分）、E311 政策了解程度（82.77 分）、E321 学生对特岗教师的满意度（81.51 分）、E322 特岗教师对工作的满意度（80.42 分）、E323 学校对特岗教师的满意度（80.37 分）、E312 政策与其他政策的协调性（72.58 分）。根据本研究选取的绩效评价等级标度｛5. 优，4. 良，3. 中，2. 低，1. 差｝以及绩效评价 5 等级赋值系数｛100，80，60，40，20｝，可以判断：除了“政策与其他政策的协调性”1 个指标处于良等（60＜得分＜80），其他 6 个指标均处于优等（80＜得分＜100）。总体反映出：滇西边境山区 10 州市积极推进“特岗教师计划”政策的执行，政策执行部门的工作态度好，公众对政策的了解度和满意度较高，学生和学校对特岗教师的满意度以及特岗教师对工作的满意度都较高，“特岗教师计划”政策与其他政策有良好的协调性，“特岗教师计划”在滇西边境山区的实施取得了较好的政策效益；与此同时，也需要看到，诚如前文所述，"特岗教师计划"政策与施行地"五险一金"政策等相关政策的协调性还需进一步提高。

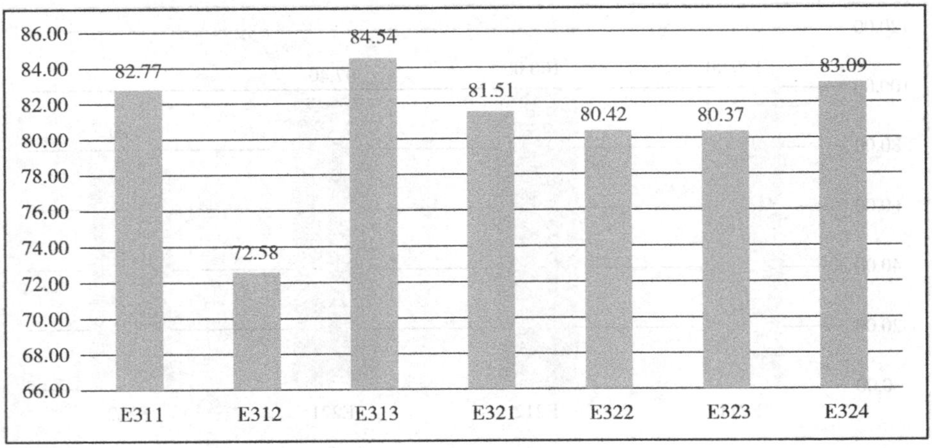

图 5－56 政策效益准则层三级指标得分条形图

4. "公平性"准则层的三级指标比较与分析

根据前文得到的滇西边境山区 10 州市"特岗教师计划"政策绩效评估"公平性"准则层三级指标的结果数据，经均值计算并绘制条形图，得到图 5－57。

如图 5－57 所示：在滇西边境山区 10 州市实施"特岗教师计划"的政策绩效评估中，"公平性"各三级指标依据得分高低排序如下：E421 大学生报考特岗教师岗位机会的公平性（86. 70 分）、E411 特岗教师获得激励培训晋升等机会的公平性（84. 38 分）、E422 政策对城乡义务教育均衡发展的促进性（84. 10 分）和 E412 特岗教师工资待遇与公办教师的同等性（76. 30 分）。根据本研究选取的绩效评价等级标度{5. 优，4. 良，3. 中，2. 低，1. 差}以及绩效评价 5 等级赋值系数{100，80，60，40，20}，可以判断：除了"特岗教师工资待遇与公办教师的同等性"1 个指标处于良等（60＜得分＜80），其他 3 个指标均处于优等（80＜得分＜100）。总体反映出：滇西边境山区 10 州市在推进"特岗教师计划"政策实施过程中，较好地保障了大学生报考特岗教师岗位的机会公平、特岗教师获得职业发展（激励培训晋升等）的机会公平；通过该政策的实施，也较大程度地促进了滇西边境山区各州市城乡义务教育的均衡发展，较好地促进了教育公平；与此同时，也需要关注，特岗教师的"五险一金"缴纳和补贴发放与公办教师还有一定差异，还需要通过提高

"特岗教师计划"与相关政策的协调性，来更好地促进特岗教师的工资待遇与公办教师的同等性，从而更好地保障政策实施的"内部公平"，进一步提高政策实施的绩效。

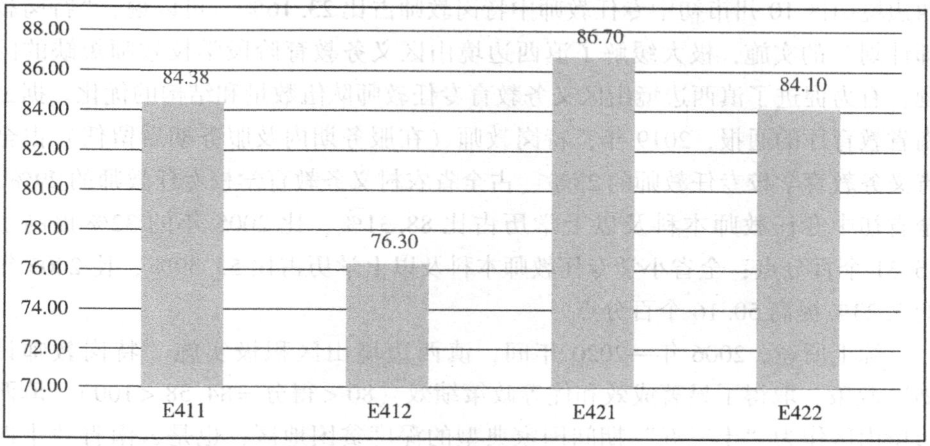

图 5－57　公平性准则层三级指标得分条形图

表 5－97　滇西边境山区 10 州市招聘特岗教师分布情况

地州	县	初中	小学	学前	高中	招聘特岗教师	小学专任教师中的特岗教师占比		初中专任教师中的特岗教师占比	
							小学专任教师	特岗教师占比	初中专任教师	特岗教师占比
红河州	13	4008	6362	199	0	10569	23433	27. 15%	12432	32. 24%
保山市	5	3712	4017	102	0	7831	11178	35. 94%	7208	51. 50%
临沧市	8	1666	3073	298	0	5037	12295	24. 99%	6407	26. 00%
大理州	11	1075	2679	0	0	3754	13995	19. 14%	9426	11. 40%
普洱市	9	835	1476	79	0	2390	11541	12. 79%	6467	12. 91%
德宏州	5	1070	1164	20	73	2327	6962	16. 72%	3837	27. 89%
版纳州	3	887	1033	125	0	2045	5027	20. 55%	2610	33. 98%
怒江州	4	379	476	114	0	969	3335	14. 27%	1740	21. 78%
楚雄州	8	190	453	15	0	658	10922	4. 15%	6763	2. 81%
丽江市	3	180	230	0	0	410	6862	3. 35%	3572	5. 04%
合计	69	14002	20963	952	73	35990	105550	19. 86%	60462	23. 16%

如表 5－97 所示：2006 年—2020 年间，滇西边境山区通过实施"特岗教师计划"，累计招聘了 35990 名特岗教师到农村学校任教，服务了滇西边境山

区10州市69个县区的农村义务教育阶段学校，其中，到初中任教14002人，到小学任教20963人，到幼儿园任教952人，到高中任教73人；截至2019年12月，在滇西边境山区10州市小学专任教师中特岗教师占比19.86%，在滇西边境山区10州市初中专任教师中特岗教师占比23.16%。可以说，“特岗教师计划”的实施，极大缓解了滇西边境山区义务教育阶段学校教师短缺的问题，有力促进了滇西边境山区义务教育专任教师队伍数量和结构的优化。据云南省教育厅的通报，2019年，特岗教师（在服务期内及服务期后留任）占全省义务教育学校专任教师的23%，占全省农村义务教育学校专任教师的29%；全省初中专任教师本科及以上学历占比88.31%，比2005年的32%提高了56.31个百分点；全省小学专任教师本科及以上学历占比53.39%，比2005年的3.23%提高50.16个百分点。

综上所述，2006年—2020年间，滇西边境山区积极实施“特岗教师计划”政策，取得了显著成效和优等政策绩效（80<得分=84.58<100）。滇西边境山区作为“十三五”期间国家典型的深度贫困地区，也是云南省“十四五”期间从完成“脱贫攻坚”到对接实施“乡村振兴”战略的重点地区，该片区聚居着汉族和25个少数民族，至“十三五”时期该片区的农民人均受教育年限仅5.2年，素质型贫困问题十分突出，一些特有的民族文化面临失传。过去15年来，“特岗教师计划”政策在该片区的实施，较好地实现了政策的共性的目的——“通过引导和鼓励高校毕业生从事农村义务教育工作，逐步解决农村师资总量不足和结构不合理等问题；通过特岗教师的引入，加强农村教师队伍建设，提高农村教育质量，促进义务教育均衡发展”，也有力促进了滇西边境山区的教育精准脱贫与教育振兴、民族文化传承以及民族地区经济社会可持续发展，对促进西部教育振兴、实现教育强国目标具有重大的意义与价值。

第六章　滇西边境山区实施“特岗教师计划”的典型经验和主要问题

第一节　典型经验

一、省级统筹，切实压实政策主体责任

从滇西边境山区10州市实施“特岗教师计划”的政策绩效评估结果看，特岗教师招聘人数与政策效率、公平性高度相关（$r>0.7$），与政策效果、政策效益以及与总的政策绩效显著相关（$0.4\leqslant r<0.7$）。也就是说，一般情况下，滇西边境山区各州市招聘特岗教师人数越多，实施该政策的绩效就越高。而从滇西边境山区各州市招聘特岗教师人数的年度分布情况，以及结合对地方教育主管部门领导的访谈情况看，各州市招聘特岗教师的人数虽然千差万别，但都有一个共性的特点：除了个别州市因为生师比已经比较好、某些年度确实没有农村中小学教师空编数、没法预留编制招聘特岗教师以外，各州市招聘人数最多的年份几乎都集中在2012—2017年间。其背后的原因力是什么？是国家义务教育优质均衡发展政策的实施。我们知道，“特岗教师计划”是国家于2006年就颁行的一项教育政策，一项着力于通过引导大学毕业生到农村中小学校任教，从而改变农村中小学师资不足、结构不合理的问题，进而促进义务教育均衡发展的重要教育政策。但是，一方面，由于国家只拨付特岗教师的基本工资，特岗教师的其他津贴需要地方政府承担，并且国家以不低于“同等条件下公办教师的收入水平和补助水平”为标准做了明确要求，这对于欠发达地区而言，若想大规模招聘特岗教师、也还是面临较大财政压力的；另一方面，由于特岗教师招聘的条件比较宽泛，有大量非师范类大学毕业生通过招考进入特岗教师队伍，这些大学毕业生普遍缺乏教师专业素养、教学上手慢、效果不太理想，这就和地方教育主管部门和设岗学校的期望有出入，有些地方教育主管部门就觉得，与其花钱（因为要支付特岗教师的其他津贴）招一个非师范类的特岗教师，不如多花一点钱（非特岗教师的基本工资也要地方支

付)、直接招聘师范类专业毕业的大学生来当教师。综合上述因素，导致部分地方教育主管部门领导对特岗教师招聘产生思想动摇，所以，“特岗教师计划”刚开始实施的几年，各地报特岗教师招聘计划并不积极，一些地方招聘计划人数报得很少（即便有富余的教师空编），甚至第一年招聘后就停招或持续减招了。这显然是不利于“特岗教师计划”在政策既定的实施范围推进落实、也不利于政策达成预期目标。随着2012年《国务院关于深入推进义务教育均衡发展的意见》（国发［2012］48号）出台，2016年《国务院关于统筹推进县域内城乡义务教育一体化改革发展的若干意见》（国发［2016］40号）出台，2017年《教育部关于印发<县域义务教育优质均衡发展督导评估办法>的通知》下发，各省市开始高度重视义务教育优质均衡发展工作，加强相关工作的省级统筹，各地才转变了对“特岗教师计划”的态度，才把“特岗教师计划”真正作为推进义务教育优质均衡发展的“重要工具”，促使“特岗教师计划”政策得以深入贯彻落实。

实践及研究表明，“特岗教师计划”政策在各地推进落实得怎么样，的确与各地推进义务教育均衡发展工作的情况密切相关。若各省、州、市、县高度重视义务教育均衡发展工作，则会主动利用“特岗教师计划”，将其作为充实农村义务教育阶段师资力量、加强义务教育教师队伍建设的重要手段，积极协同各方力量推进做好相关工作；若地方对义务教育均衡发展工作重视不够，对“特岗教师计划”认识不到位，则会把“特岗教师计划”看作一种外来工作、一种负担性工作，只是出于被动应付，缺少主动谋划与作为，很难达成政策预期目标，也不太可能取得较好政策绩效。

从调研结果看，滇西边境山区10州市之所以能够在实施“特岗教师计划”中取得较优的政策绩效，一个很重要的原因力就是加强统筹尤其是省级统筹，将“特岗教师计划”作为地方推进义务教育优质均衡发展的“重要工具”，与贯彻落实《国务院关于深入推进义务教育均衡发展的意见》《国务院关于统筹推进县城内城乡义务教育一体化改革发展的若干意见》《云南省人民政府关于深入推进义务教育均衡发展的实施意见》等同步实施、同步推进，以取得政策“同频共振”的最大效果。在加强省级统筹的背景下，滇西边境山区10州市的教育主管部门领导及工作人员对于“特岗教师计划”的看法也是高度一致的，普遍认为“特岗教师计划”是助力当地推进义务教育均衡发展的重要政策，既是滇西边境山区推进教育精准扶贫、全面打赢脱贫攻坚战的重要手段，也是滇西边境山区促进乡村教育振兴、实现义务教育优质均衡发展、全面实现乡村振兴的战略重器。这种思想上、认识上的高度一致，形成了一股内在促使“特岗教师计划”政策全面落地落实的强大动力。值得一提的是，这种高度统一的思想认识，不只是政策执行者基于政策实践的感性认识、个别认知，而是政策主体基于政策价值、政策统筹与政策实践的理性认识、集体共识。

结合有关资料的查阅及对各州市教育主管部门领导的访谈情况可知，过去十年来，云南省委、省政府牢固树立优先发展教育的思想意识，坚决落实教育规划、经费投入、学校建设、教师保障、问题解决的“五个优先”，把推进义务教育均衡发展作为履行公共教育职能的重要任务、富民兴边的基础性工程，出台了省级的意见和规划，每年将其列入各级党委政府“一把手”工程，并与脱贫攻坚、乡村振兴责任捆绑，同步规划、同步实施，作为一项严肃的政治任务和坚决打赢脱贫攻坚战、全面对接实施乡村振兴战略的重要内容；同时把推进县域义务教育均衡发展工作纳入市、县党政领导考核内容，建立联系会议制度、奖惩制度、挂钩联系制度以及过程检测等制度，强化经费保障、督导评估和激励机制等，严格落实义务教育“以县为主”的管理体制，促使各市、县、区落实政府主体责任，不断强化政府主导、部门协同、督导推进的工作格局。① 由省级统筹，切实压实地方政府的主体责任，这对于全面推进“省考、县管、校用”的“特岗教师计划”政策落实落细有重要推动作用。作为促进义务教育均衡发展的重要举措，“特岗教师计划”的落实就不只是省教育厅的事情，而是省教育厅、省委编办、省人力资源和社会保障厅、省发展改革委、省财政厅、各州市人民政府共同的事情，有助于多方协同、分工负责、有效推进政策各项措施的全面落实，从而确保特岗教师的招聘“公开、公正、公平”，确保特岗教师3年服务期内的各项待遇（包括工资、津补贴、“五险一金”、岗前培训、在职学习、职称评审、评优评奖等）和住宿生活基本条件等能得到较好保障，确保特岗教师3年服务期满后的“留转”规范有序、政策承诺都能予以兑现。如：“十三五”期间，云南省积极调整支出机构，千方百计筹措资金，努力提高义务教育经费保障水平和学校标准化水平（2016年—2020年，全省公共财政教育经费投入4041亿元，连续三年教育经费占财政一般公共预算支出超17%），全面实行乡村教师生活补助差别化政策（每人发放500—2000元/月的差别化补助，惠及110个县27.55万乡村教师，实现85个

① 云南省人民政府办公厅．云南省人民政府办公厅关于印发云南省义务教育优质均衡发展实施方案的通知［EB/OL］．https：//www.yn.gov.cn/zwgk/zfxxgkpt/fdzdgknr/zcwj/zfxxgkptyzbf/202206/t20220613_243138.html.2022-06-09.

原集中连片特困县“全覆盖”)，每年安排5000万元奖励优秀教师，对农村教师给予不受岗位限制申报高级教师的政策优惠，部分地州和县市还把其他系统回收的空余编制调剂到中小学教师（如红河州元阳县），或建立编制部门管总量、教育部门管调配的工作机制（如怒江州的兰坪县）。2020年，全省按各地实际聘用人数对聘用的特岗教师发放一次性就业补贴，发放标准为：招聘在昆明市的，每人一次性发放5000元；招聘在曲靖市、楚雄州、大理州、红河州的，每人一次性发放20000元；招聘在昭通市、文山州、普洱市、保山市、德宏州、临沧市的，每人一次性发放30000元；招聘在怒江州的，每人一次性发放40000元。上述这些举措对于直接改善农村义务教育阶段学校的办学条件即特岗教师的工作条件、提高特岗教师的津补贴水平、激励特岗教师成长为优秀乡村教师、确保特岗教师3年任期满后留任的能顺利入编等均发挥了重要作用，在很大程度上稳定了在滇西边境山区乃至云南省任教的特岗教师队伍，使特岗教师在滇西边境山区的留任率达到95%以上，高于全国平均留任率(85%）十个百分点。

二、建章立制，完善特岗教师聘期管理

作为一项颁行于2006年的教育政策，“特岗教师计划”实施15年来，中央财政累计投入资金710亿元，在全国范围累计招聘95万特岗教师，覆盖中西部省份1000多个县，3万多所农村学校，特岗教师3年服务期满后留任率达到85%以上；就云南省而言，截至2019年底，累计招聘特岗教师8.62万名，获得中央财政补助特岗教师工资经费63.29亿元，特岗教师（在服务期内及服务期后留任）占全省义务教育学校专任教师的23%，占全省农村义务教育学校专任教师的29%；就滇西边境山区而言，截至2019年底，累计招聘特岗教师35990名，服务了10州市69个县区的农村义务教育阶段学校（其中，初中14002人，小学20963人，幼儿园952人，高中73人），特岗教师在滇西边境山区小学专任教师中占比19.86%，在滇西边境山区初中专任教师中占比23.16%。可以说，特岗教师在滇西边境山区义务教育阶段专任教师队伍中已占据1/5至1/4的比重，极大缓解了滇西边境山区义务教育阶段学校教师短缺的问题，有力促进了滇西边境山区乃至云南省义务教育专任教师队伍数量和结构的优化。随着“特岗教师计划”的持续深入实施，留任特岗教师队伍日益庞大，特岗教师对政策主体的诉求，已从规范化的招聘向规范化的管理延伸与发展。如何进一步规范和完善对特岗教师的管理与使用，保障“特岗教师计划”持续深入实施、政策绩效不断提升，成为政策主体普遍关心和关

注的问题。

《孟子·离娄上》：“离娄之明，公输子之巧，不以规矩，不能成方圆。”要规范和完善特岗教师的管理与使用，毋庸置疑就得首先完善配套管理制度。根据课题组对滇西边境山区10州市的调研情况看，怒江州研究出台《怒江州特岗教师管理办法》的做法值得借鉴和推广。

2017年，为进一步规范全州特岗教师的管理和使用，帮助用人单位和特岗教师正确理解有关政策，切实保障双方的权益，明确相应职责，中共怒江州委机构编制办公室、州人力资源和社会保障局、州财政局、州教育局共同制定了《怒江州特岗教师管理办法》，并经州人才工作领导小组例会审核同意，于2017年4月17日印发、并于同年5月1日起执行。《怒江州特岗教师管理办法》的主要内容如下①：

在“第一章 总则”中，第一条明确了制定该办法的目的；第二条明确该办法所指的特岗教师是“中央为解决中西部农村贫困和边远地区教师紧缺问题，由国家教育部、财政部、人社部、中央编办组织实施的通过公开招聘高校毕业生到农村义务教育阶段学校任教3年的教师”，即尚处于3年服务期内的特岗教师（尚未入编），而不包含服务期满留任的特岗教师（已入编）。

在“第二章 管理与考核”中，第三条明确了“特岗教师实行公开招聘，合同管理。合同期内，不得应聘其他岗位”以及特岗教师公开招聘工作的组织实施部门“州教育局”，规定了“特岗教师只能使用到乡镇、村一级学校，不得在州级、县（市）级学校和州府、县（市）府所在地学校安排特岗教师”，规定州教育局要分年度将特岗教师招聘的相关信息（含人员名单、基本信息、招聘工作总结等）报州人社局备案。第四条明确了“特岗教师在服务期间实行州、县（市）、校分级负责，分级管理”，其中，州级教育、财政、人社、编制等部门协助省相关部门对特岗教师进行宏观管理，并指导设岗，县（市）相关部门负责建立辖区内特岗教师数据库，负责监督指导特岗教师的解聘、辞聘工作；县（市）级教育、财政、人社、编制部门负责履行《云南省“农村义务教育阶段学校教师特设岗位计划”教师聘用合同书》规定条款，负责安排学校，落实政策保障，建立特岗教师考核档案，审核学校对特岗教师的年度考核等次，指导设岗学校对特岗教师的使用和管理，以及负责县（市）

① 中共怒江州委机构编制办公室，怒江州人力资源和社会保障局，怒江州财政局，怒江州教育局．怒江州特岗教师管理办法【Z】（2017年4月17日）

城区内特岗教师的解聘、辞聘工作。设岗学校负责特岗教师的日常管理和考核，给特岗教师提供合适的工作岗位、给予工作指导与帮助、提供必要的工作及生活条件。第五条明确了“服务期间，特岗教师出现重大疾病”的处理方式，包括治疗期间的工资与津贴发放、治愈后的返岗流程及适当延长服务期的规定、以及长期无法治愈或治愈后不宜继续在原岗工作的“解除服务协议、终止服务工作”的相关规定等。第六条明确了特岗教师在服务期内不得申请调动。第七条明确了特岗教师的考核类型：学年度考核和服务期考核。第八条明确了特岗教师考核结果的运用，规定“学年度考核表和服务期满考核表是否可以聘为在职在编教师的重要依据”。第九条明确了县（市）教育局有权单方面终止考核不合格特岗教师的协议，并按规定程序实行解聘；对于服务期满考核合格并自愿留任的特岗教师，明确“可聘为在职在编公办教师，但须签订不低于2年的服务期，其已履职的3年服务期视同基层服务年限”。第十条明确了服务期内学校“不得随意解聘”，特岗教师“除不可抗力因素外，也不得自行提出终止协议”。

“第三章 职责与义务”，规定了特岗教师应具备《中华人民共和国教师法》规定的相应条件和基本素养、履行相应的职责和义务（第十一条），应自觉遵守国家法律法规以及教育主管部门和设岗学校的各项规章制度（第十二条），并有权参加设岗学校和教育主管部门组织的专业培训和继续教育（第十三条）。

在“第四章 待遇及政策保障”中，第十四条明确了特岗教师“依法享有国家规定的节假日和寒暑假”，并对请病假、事假做出了明确要求。第十五条明确“特岗教师在聘任期间，执行设岗县（市）教师同等工资制度和标准，其他津补贴和福利待遇也享受当地同等条件公办教师同等待遇”，并由设岗县（市）教育局按规定统一办理社会保险。第十六条明确“服务期满且考核合格的特岗教师，将颁发教育部统一印制的《特岗教师服务证书》”，以及凭该证书可以享受的有关优惠政策。第十七条明确对于3年服务期满、连续考核合格、自愿留任的特岗教师，“优先安排入编并直接转正定级，不再安排实习期”“工龄和教龄以当年签订特岗教师聘任合同之日起计算”；对于重新择业的，要为其“重新选择工作和办理户口迁移等提供方便条件和必要帮助”，且“州府所在地和各县（市）政府所在地学校教师编制空缺需要补充新教师的，可以设置定向岗位，优先招聘服务期满且考核合格的特岗教师。”第十八条明确特岗教师3年聘期视同“农村学校教育硕士师资培养计划”要求的3年基层教学实践，对于符合推荐免试攻读教育硕士的特岗教师，“可按规定推荐免试攻读教育硕士”。第十九条明确特岗教师可以“申报评审中小学相应专业技术职务资格”，以及明确在服务期间违反协议规定的特岗教师“不能享受相应优惠政策”。

“第五章 奖励与处分”，明确了对履职优秀特岗教师的表彰（第二十条），以及对服务期间有不良行为特岗教师“视情节轻重予以处理”，处理的方式包括警示谈话、解除服务协议、给予纪律处分并予以解聘等（第二十一条）。

“第六章 户籍档案管理”，明确了特岗教师的户口、党（团）组织关系、人事档案等的管理权属及办法（第二十二条）。

“第七章 附则”，明确了本办法的解释权属（第二十三条）和开始执行时间（第二十四条）。

综上所述，《怒江州特岗教师管理办法》全文共分为7章，包括总则、管理与考核、职责与义务、待遇及政策保障、奖励与处分、户籍档案管理、附则，共24条。该办法对政策主体（各相关部门、设岗学校）和政策客体（特岗教师）密切关注的管理与考核、职责与义务、待遇与保障、奖励与处分、档案管理等进行了明确规定，为规范特岗教师的使用与管理，促进“特岗教师计划”的稳定可持续深入实施，提高政策执行成效提供了必要保障。

从滇西边境山区10州市实施“特岗教师计划”的政策绩效评价数据看，怒江州在过去15年招收的特岗教师人数较少（仅969人），但除了与特岗教师招聘人数关系极其密切的（相关系数 $r=0.650$）的“政策效果”（得分 = 78.13）处于良等以外，“政策效率”（得分 = 95.31）、“政策效益”（得分 = 80.38）、“公平性”（得分 = 82.51）和“政策绩效”（得分 = 83.31）均处于优等，这与当地推进配套制度建设密不可分。可以说，《怒江州特岗教师管理办法》的出台，为怒江州推进实施“特岗教师计划”并取得较好政策绩效提供了制度保障、发挥了重要作用，此举也值得其他地区学习与借鉴。

三、加强培训，帮助特岗教师专业发展

在形式化教育（有相对稳定的教育场所、教育内容和师生关系）中，教师和学生之间教与学的关系的建立，主要依赖“制度的安排”而不是个人的努力，在制度化的学校教育中，教师所教的内容复杂而系统，而且富于变化，这就促使教学成为一个专业，要求教师不但职业化，而且专职化，教师要胜任专业化的教学，就要有相应的专业知识、专业准备、专业责任、专业自主和专

业更新的素质或能力，通过促进教师专业发展来实现专业化教学质量的不断提升。当前，特岗教师招聘的入职门槛相对较低，大学毕业生只要顺利通过特岗教师入职考试且体检合格就可以成为特岗教师，虽然从2021年起（部分地区则更早一些）国家严格要求特岗教师“持证上岗”，即所有拟聘人员在办理录用手续前须取得教师资格证书，但教师资格证书的考试相对容易、且存在重理论轻实践的考察倾向，这就导致进入特岗教师队伍的人员较为复杂，包括了大量非师范类专业毕业且没有接受过系统教育理论知识的人①。因此，如何做好特岗教师的岗前培训和跟岗培训，切实提高特岗教师的教学专业能力，是各地教育主管部门和设岗学校普遍关注的议题，也是其履行“特岗教师计划”政策主体责任的重要内容。

美国学者伊劳特（M. Eraut）将教师专业发展分为四类：“补短”取向、成长取向、变革取向和问题解决取向。从已有关于特岗教师的研究看，各地教育主管部门基本都是秉持“补短”取向的教师专业发展理念在推进特岗教师的岗前培训和跟岗培养。从滇西边境山区10州市特岗教师的调研情况看，各地教育主管部门都给新招聘的特岗教师组织开展入职培训（或称岗前培训）和跟岗培训，培训的内容涉及学校基本情况及其规章制度、教育方针与政策、教育理论、教育方法与技能、现代教育技术、教育学知识、教育心理学知识、教师职业道德等方面，这对于帮助特岗教师尽快融入角色、适应教学岗位需求起到了很好的促进作用。其中，云县教育局组织的特岗教师培训和怒江州教育体育局组织的特岗教师跟岗学习成效较好，其组织方式值得学习和借鉴。

（一）云县的“特岗教师教学技能培训”

以2017年为例，云县教育局依托云县教师进修学校组织新招聘的“特岗教师教学技能培训”，其主要安排如下：（1）培训的组织领导：由县教育主管部门领导、分管领导，协同组织培训的部门（单位）领导以及相关人员组成培训领导组，统筹推进培训的有序、有效进行。（2）培训的目标设计：一是通过“三笔一画”教学基本功的指导，进一步抓实教学基本功，促使新教师重视自身教学基本功的训练及提升；二是了解义务教育语文、数学课程标准，依照标准把握学科教材教学方向，提高解读教材的能力，充分备课；三是掌握一定的备课及教育教学方法技能，加强实践，提升教学方法技能；四是通过

① 马莉，马志颖．特岗教师培养培训调查研究——基于宁夏五个地级市的现状分析［J］．教育导刊，2017（12）：34－38.

听、评课实践活动，在观摩中学习迁移运用，提升新教师的课堂组织和教学技能。(3) 培训的时间和地点：4 天的集中理论培训（2017 年 10 月 14 日—10 月 17 日），7 个半月的分散研修实践（2017 年 10 月 18 日—2018 年 5 月 30 日），1 个月的总结考核评价。其中，集中理论培训在云县教师进修学校进行，分散实践研修在学院学校进行。(4) 集中培训的内容：包括"三笔一画"，课堂教学方法与技能，如何备好课并撰写好教案，义务教育语文、数学新课程标准解读，听评课活动实践（由爱华完小、云县一中初中部安排听课、评课环节），培训者均系中小学教学名师或优秀教学骨干。(5) 分散研修实践任务：一节教学汇报课（摸底听课，有相关教学设计）；按时按质按量完成《备课》（包含教学计划、教案、反思等内容）；一节学科过关课（有相关教学设计）。(6) 集中培训考核评价：1) 成立考核组：由相关管理者和专题负责人组成考核组，组织完成集中培训的考核评价工作。2) 考核形式：由过程性考评和终结性综合考核构成，其中，过程性考评主要考核学员考勤和学习研讨活动的表现，终结性考核包括：对限定时间完成的"三笔一画"（硬笔字、粉笔字、简笔画、毛笔字）作品的考核，该部分主要考查的是教学技能，以及对培训其余科目依据培训课题命制的《综合试卷》进行闭卷考试，该部分主要考查的是教学理论与方法等。3) 考核结果应用：集中培训的考核作为整个培训的一部分，全部考核合格才颁发培训合格证书；对于考核不合格者，返校后由所在教办负责跟踪培训指导，两周后回教师进修学校进行补考，补考仍不合格者，以此类推，直到补考合格为止。(7) 培训的管理：由教师进修学校负责培训的具体组织和管理；由爱华完小、云县一中初中部协助和支持做好听评课班级的安排；由涉及参训教师的学校负责上报参训教师信息、落实本乡镇（学校）领队 1 人、做好信息上传下达；由培训班班主任负责做好集中培训期间的班务管理工作；分散实践研修阶段实行辅导教师挂钩制，由县教育局人事部牵头，教科室和云县教师进修学校配合，教师进修学校确定具体辅导教师人员名单，由辅导教师负责跟踪学员的"三个一"完成情况并进行综合评价考核，合格者给予登记 5 分的继续教育学分；由乡镇教办、学校做好对接和有关安排。(8) 经费保障：由涉及培训教师的学校按照 200 元/人的标准缴纳培训费，由承训学校 - 云县教师进修学校合理使用培训费，做好培训各方保障；参训教师的食宿自理，集中培训所涉及差旅费回单位按规定报销。

此外，云县教育主管部门还于 2017 年起组织在 3 年服务期内的特岗教师开展为期 5 天的"分组拜师培训"，在规定时间内（如：2017 年是 3 月

30日—3月24日），特岗教师分学科拜师跟班学习培训课堂教学技能，由“导师”（指导教师）指导完成相应任务，并具体完成培训学员的课堂教学考评工作，其中，特岗幼儿教师的培训地点安排在县城中心幼儿园，特岗小学教师的培训地点安排在云县爱华完小，特岗中学教师的培训地点安排在云县民族中学、云县一中；每位“导师”一般指导4－5名学员，主要完成以下任务：1. 指导教师上一节示范课（要有教学设计）；2. 指导教师指定授课内容→特岗教师独立备课→指导教师点拨→特岗教师一次上课；3. 特岗教师互评→指导教师指导磨课→特岗教师反思；4. 磨课后特岗教师二次上课→特岗教师互评→指导教师再指导；5. 根据特岗教师二次上课具体效果，由指导教师确定是否需要就同一课题再次让特岗教师三次上课。磨课过程中，每位特岗教师上课不少于1次，主评课不少于1次；6. 指导教师按照课堂教学评价量化标准对所指导的学员在备课、上课等方面作出量化评价。最终将指导教师示范课的教学设计、学员的教学设计（含反思）、听课表、主评课记录表、学员课堂教学评价表等相关指导及考评材料交教师进修学校师训办存档备案。

在对云县教育主管部门工作人员、设岗学校校长以及特岗教师的访谈中，受访者一致认为，云县推行的“新进特岗教师教学技能培训”和“服务期内特岗教师的分组拜师培训”充分发挥了教师进修学校的培训主体作用，有效盘活了当地教师培训资源，激发了县域优秀学校（县城中心幼儿园、爱华完小、云县民族中学、云县一中等）参与师资培养的积极性，构建了较为有效的特岗教师专业发展平台和同侪互助机制，这对于帮助特岗教师提高教学认识、转变教学态度、、提升教学能力、补齐教学短板、尽快适应学科教学要求、持续促进教师专业发展、逐步提高教育教学质量等发挥了重要作用，也促使“特岗教师计划”在当地的实施取得了优等政策绩效。

（二）怒江州的“特岗教师跟岗学习”

特岗教师的服务期为3年，3年后的“去留”具有不确定性，外加设岗学校都是师资较为紧张的，在这样的背景下，虽然特岗教师在服务期内享有参加各类教育培训的资格，但在实际工作过程中很难有机会脱产一段时间外出培训和学习，尤其是到外省参加培训和学习。为了提升特岗教师的教学能力，同时也建立特岗教师的职业归属感，怒江州教育主管部门利用珠海市对口帮扶的机会，每年选送一批“近5年新入职、具有培养前途的”中小学教师（含特岗教师、非特岗教师）到珠海市的中小学进行跟岗学习1个月（如：2020年的学习时间是11月15日至12月15日），参训教师须按照珠海结对学校的安排参加规定的教学活动和其他活动，按质按量完成跟岗学习任务后可以获得5分的继续教育培训学分，若不珍惜跟岗学习机会出现无故缺旷的情况、则会纳入本地教师培训工作黑名单库、未来不再选派并作为职称评审的一项重要依据。跟岗培训的费用主要由州教育局承担，州教育局按照12000元/人的培训费下达到各学校，用以支付参训教师的外出培训差旅费，不足部分才由学校补充安排。

从对当地教育主管部门人员和参训特岗教师的访谈可见：由于跟岗学习的学校（包括北师大珠海附属高级中学、珠海市实验中学、珠海市第二中学、珠海市第五中学、珠海市第八中学、珠海市斗门一中、香洲实验学校、金湾外国语学校、横琴一小、金湾区第一小学、斗门区实验小学、北斗区横山中心小学，等等）都是教育理念比较先进、教育质量比较好的学校，跟岗学习的时间也有保障（1个月），所以每一批跟岗学习的教师（70人左右）都有较大的收获与提高，不但拓宽了跟岗特岗教师的教育视野，改进了教学方法，提高了教学能力，还坚定了其教育信念，促使其建立起终身从教、追求卓越的教师职业理想。实践表明，定期组织特岗教师到发达地区优质学校跟岗学习，对于建立特岗教师的职业归属感、稳定特岗教师队伍、促进特岗教师专业发展尤为重要，怒江州组织特岗教师跟岗学习的做法与经验值得同行学习和推广。

特岗教师LHH：能够外出一段时间到沿海发达地区的优质学校跟岗学习，这对于我们绝大多数来自农村，虽在城里读过大学，但是没有在城市（尤其是发达地区的城市）的中小学实习、见习过的非师范类毕业的特岗教师而言，确实是一次弥足可珍的机会，也是一段终生难忘的经历。通过参加跟岗学习，我的教学能力提高了，教育理念转变了，对于如何推进课堂教学改革、做有质量的初中教育有了更清醒的认识和行动计划，希望可以通过自己的努力，尽快从一名教学新手发展成为教学骨干、教学名师，为本地的教育发展做出积极贡献。

四、选树典型，增强特岗教师职业荣誉

兴国必重教，重教必尊师。通过选树一批典型，大力宣传“特岗教师计划”组织实施工作的优秀典型案例、以及优秀特岗教师的先进事迹，有助于增强特岗教师的职业归属感，增强特岗教师立德树人、教书育人的荣誉感和责任感，引导特岗教师争先创优、追求卓越，争当新时代好老师，同时，也有助于强化榜样感召引领，增强政策对大学毕业生的吸引力，以及增强政策主体推

进实施“特岗教师计划”的内生动力和外部支持，营造全社会协同促进“特岗教师计划”政策深入实施的良好氛围。2009年，国家在将“特岗教师计划”实施范围扩大至中西部地区国家扶贫开发工作重点县的同时，《教育部 财政部 人力资源社会保障部 中央编办关于继续组织实施“农村义务教育阶段学校教师特设岗位计划”的通知》（教师［2009］1号）明确提出要“大力加强‘特岗计划’宣传，形成良好的环境氛围”，具体“要大力宣传各地推进‘特岗计划’的好经验、好做法，不断创新教师补充机制。要采取切实措施，提高特岗教师教书育人的能力，帮助他们尽快成长为骨干教师，同时注意发现特岗教师中的优秀典型，加大特岗教师典型宣传力度，进一步营造良好的工作氛围。”2012年的“特岗教师计划”组织实施通知上明确提出“各地要深入挖掘特岗教师中的优秀典型，通过组织开展优秀特岗教师先进事迹巡回报告会、参加‘我的特岗故事’征文等多种形式活动，充分反映各地特岗教师志存高远、扎根农村的奉献精神和感人事迹，加强对特岗计划和特岗教师的宣传，进一步营造良好的工作氛围。”2017年和2020年，为推广各地经验做法，宣传先进典型，推动各地开拓进取、创新工作，进一步加强教师队伍建设，经各地推荐、专家评选，教育部在官网上先后公开通报了两批共26个（第一批16个，第二批10个）“特岗教师计划”优秀工作案例，其中“云南省会泽县规范特岗计划实施管理”优秀工作案例也在通报之列。此外，教育部还先后遴选表彰了一批优秀特岗教师（其中，任教于怒江州贡山独龙族怒族自治县普拉底乡普拉底中心校教学点腊早村腊早小学的特岗教师邵本娟也在表彰之列），将优秀特岗教师的事迹材料放在官网上加以宣传，并组织“优秀特岗教师报告团”到中西部省份开展巡回报告或在线视频报告，以“乡村筑梦人”为主题制作了两期《特岗教师报告厅》节目，均取得了较好的社会反响。

从对滇西边境山区10州市的调研情况看，滇西各州市都比较重视特岗教师的评优与激励，特岗教师不但获得了与在编公办教师同等的评优评先机会（指标“E411特岗教师获得激励、培训、晋升等机会的公平性”的绩效评估得分为84.38、处于优等，也印证了这一点），如参加年度评优、最美教师评选等，还有参加“特岗教师计划”专项评优评先的机会，主要是由国家、省、地州自上而下的“特岗教师计划”优秀工作案例和优秀特岗教师遴选推荐及表彰。

以下是课题组在调研中获悉的关于特岗教师及特岗工作的代表性材料：

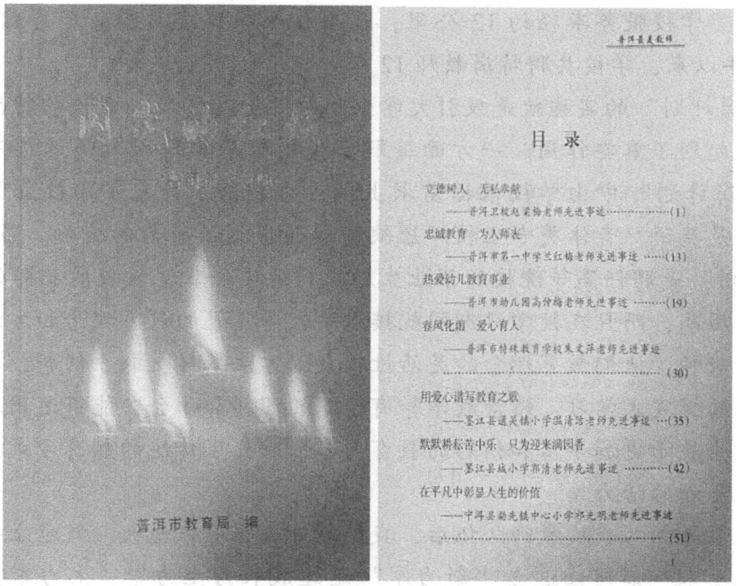

图 6－1 普洱市汇编的《闪光的红烛——普洱最美教师》

案例 1：2020 年全国优秀特岗教师邵本娟事迹材料①

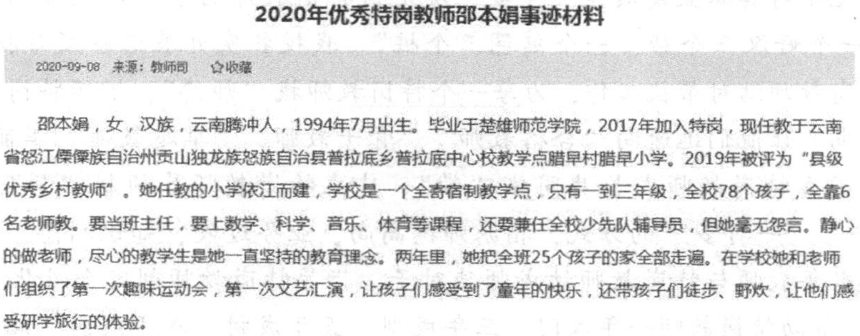

2020年优秀特岗教师邵本娟事迹材料

2020-09-08 来源：教师司 收藏

邵本娟，女，汉族，云南腾冲人，1994年7月出生。毕业于楚雄师范学院，2017年加入特岗，现任教于云南省怒江傈僳族自治州贡山独龙族怒族自治县普拉底乡普拉底中心校教学点腊早村腊早小学。2019年被评为“县级优秀乡村教师”。她任教的小学依江而建，学校是一个全寄宿制教学点，只有一到三年级，全校78个孩子，全靠6名老师教。要当班主任，要上数学、科学、音乐、体育等课程，还要兼任全校少先队辅导员，但她毫无怨言。静心的做老师，尽心的教学生是她一直坚持的教育理念。两年里，她把全班25个孩子的家全部走遍。在学校她和老师们组织了第一次趣味运动会，第一次文艺汇演，让孩子们感受到了童年的快乐，还带孩子们徒步、野炊，让他们感受研学旅行的体验。

案例 2：加强特岗教师培养 夯实教育发展后劲——“特岗计划”组织实施典型案例②

福贡县鹿马登中学坐落在怒江峡谷腹地，距福贡县城 15 公里。学校创办于 1975 年，先后更名为：福贡县农业技术学校、福贡县第三中学、福贡县鹿

① 备注：调研过程中获悉了较多的优秀特岗教师案例，但绝大多数没有上网，在此仅分享 1 例已在教育部官网宣传报道的本地优秀特岗教师邵本娟的案例。http：//www. moe. gov. cn/jyb_ xwfb/xw_ zt/moe_ 357/jyzt_ 2020n/2020_ zt16/tegangjihua/baogaotuanshiji/202009/t20200908_ 486355. html.

② 备注：该案例由怒江州教育体育局提供。

马登中学。学校服务半径约12公里，覆盖9个村民委员会，属寄宿制学校。自2014年以来，学校共聘特岗教师12人。

“特岗计划”的实施就是吸引大学生到边远地区任教，我校的特岗教师对学校发展起到了重要作用。一方面缓解了我校教师短缺和教师结构不合理问题。“特岗计划”中由学校根据需求上报后再招聘，补充了学校急需学科教师，特别是英语、音体美专业教师短缺的问题得到了有力的缓解。另一方面，“特岗计划”是聘任高等院校的毕业生到农村地区任教，我校所招聘的特岗教师不仅学历高，而且在校学习期间就接触了较多先进的教育理念和方法，相对于学校老教师，他们教育理念的灵活性较大，方法多样，敢于创新，对新课程改革要求的探究式学习、情景教学等有较深的理解和体会，能够运用现代教育技术向学生展示更加丰富和精彩的教育内容，改变了传统的教育方式，给学校教育注入了新的活力。

特岗教师加入我校教师队伍后，我校教师群体越来越大。数量上去了，质量如何跟上来？如何让这支“新力军”迅速成长为生力军、主力军？为解决上述问题，学校加大了特岗教师培养力度。

结好对子，让特岗教师成长有助力。特岗教师从象牙塔走上三尺讲台，工作的头几年对其职业发展至关重要，决定着特岗教师的未来发展方向。俗话说，“一个好汉三个帮，一个篱笆三个桩”。我校扎实开展老带新帮扶计划，做好特岗教师结对帮扶工作，为每一个特岗教师找“师傅”，缩短特岗教师的成长周期，让他们迅速向“合格教师”“骨干教师”“卓越教师”华丽转身。首先，成立特岗教师成长共同体“带”。建立特岗教师导师制“帮”。采取“一对一”“一对多”的方式，指派师德高尚、业务过硬、知识渊博、经验丰富的中老年教师与特岗教师结成师徒对子，指导特岗教师制定个性化“成长计划”，帮助特岗教师一年入门、三年成型、五年成材、八年成器。此外引导特岗教师主动“学”。俗话说：“师傅领进门，修行靠个人”。在强化“师傅”引导的同时，通过举行特岗教师写作竞赛、教学反思、教学随笔评比等活动，引导特岗教师主动总结教育教学经验，反思教育教学实践。

搭稳台子，让特岗教师发展有空间。想要释放特岗教师的激情和才华，就需要创设登台亮相、脱颖而出的舞台，多渠道、多途径地给特岗教师提供用武之地。第一，搭建师德锤炼平台。学为师之骨，德为师之魂。通过举行师德演讲比赛等学习活动，引导广大特岗教师修身立德，调整工作状态，激发教育情怀，帮助他们扣好“第一粒扣子”。第二，搭建专业成长平台。树大得根实，菜好得叶茂。为提高特岗教师教学基本功，我们通过开展“三笔字”、说课、板书、教学案例以及课件制作等教学技能竞赛，促进特岗教师专业成长。

压实担子，让特岗教师前进有动力。特岗教师精力充沛、思想活跃，有“初生牛犊不怕虎”的闯劲，但也存在教学阅历浅、经验不足等问题。我们通过给特岗教师提要求、压担子的办法，鼓励他们大胆工作，勇挑重担。一方面，千方百计抓培养。通过开展新教师入职培训、跟岗培训等适应性培训，让特岗教师尽快了解教育教学工作要求，更好地胜任工作岗位。按照特岗教师专业成长需要，加强培训，着力培养一批“下得去、留得住、教得好”的农村学校全科教师。另一方面，不拘一格选人才。树立正确的人才观，大胆选人用才。建立后备人才库，做好青年后备干部挂职锻炼和培养使用工作，让特岗教师在教育管理一线“唱主角”“挑大梁”。

铺平路子，让特岗教师从教有保障。特岗教师正处于成家立业之时，工作任务重，生活压力大。安居才能乐业，安心方能乐教。为了让特岗教师快乐工作，我们在大力践行快乐教育的同时，全力当好特岗教师的后勤部长，切实解决好他们的后顾之忧。对家庭经济困难或有重大疾病的特岗教师，定期进行慰问，实行跟踪帮扶。

特岗教师是农村校园中又一面鲜活的旗帜，要让他们的灵动促进农村教育教学的发展，如果发挥好他们的引领作用，在学校的教育教学成果中他们不只是特岗教师而且是有特殊贡献的教师，是擎起教育明天的新力量。

临沧市教育主管部门的工作人员在访谈中说道：“目前这种既兼顾公平又关注特殊的特岗教师评优评先方式，值得做也应该长期坚持下去，同时还应该加大对优秀特岗工作组织集体和优秀特岗教师的奖励和宣传力度。”

怒江州教育主管部门的领导在访谈中说道“我们通过选树特岗计划优秀工作案例以及表彰优秀特岗教师，并在一定范围加以宣传，除了可以增强特岗计划工作者和特岗教师的荣誉感，还可以让民众更加直观地看到特岗计划政策在农村尤其是在我们三区三州所发挥的作用、所带来的变化、所取得的成效，让全社会都能关注、支持并推进政策的实施，增强协同深入推进政策在我们边疆地区实施的合力。”

普洱市的一名特岗教师在访谈中说道“通过政府的宣传与表彰，让我看到了还有那么多优秀的人和我一起同行，也使我更加坚信在这平凡岗位上确实可以做出不平凡的业绩，既增强了归属感，也增强了自信和内驱力。”

总而言之，政策主体通过选树典型、表彰优秀、多渠道加大优秀典型案例宣传，确实有助于增强特岗教师的归属感与荣誉感，促使特岗教师和特岗计划工作者在学习借鉴中不断反思和提升，同时也有助于增强政策在全社会的吸引力和感召力，让更多人关注并加入特岗教师队伍、关注并支持特岗计划工作，促使特岗计划持续深入实施，政策绩效不断提高，更好地助力乡村教育振兴、西部教育振兴以及农村义务教育优质均衡发展。

五、学段延伸，拓展特岗计划辐射范围

截至目前，特岗教师在农村义务教育阶段学校（初中和小学）占据了较高比例、发挥了重要作用，那么，特岗教师可否选派到农村幼儿园任教，可否选派到农村高中任教？关于这一问题，滇西边境山区各州市进行了有益的探索。过去15年来，滇西边境山区各州市在推进“特岗教师计划”实施的过程中，都根据当地农村教育发展的实际需要在特岗教师设岗学段的纵向延伸上进行了探索，如：红河州、保山市、临沧市、普洱市、德宏州、版纳州、怒江州、楚雄州均安排了一定数量（15～298人之间）的特岗教师在农村幼儿园任教，其中，临沧市安排在幼儿园任教的特岗教师最多、有298人，楚雄州安排在幼儿园任教的特岗教师较少、有15人，此外，德宏州还安排了73名特岗教师在高中任教。各地教育主管部门领导在访谈中说道：“中小学校的编制在相对固定的一段时间内是有限的，随着“特岗教师计划”政策的实施，许多农村中小学的师资数量得以充实、师资结构得到较好的优化，生师比降低了、本科以上教师学历占比提升了、教学质量也逐步提高了，与此同时，初中和小学教师的空编数也变小甚至为零了，在这种情况下，为了充分发挥“特岗教师计划”的政策优势，应允许和支持各地根据农村学校的实际需要，加大幼儿园和高中设岗招聘特岗教师的比例。”从实践层面看，这些安排在幼儿园和高中任教的特岗教师，基本都是专业较为对口的（专业是学前教育、或高中对应学科教育），特岗教师的加入，对设岗的农村幼儿园以及设岗的农村高中的教育教学发展发挥了积极作用。由此可见，滇西边境山区各州市先行先试，在农村幼儿园和高中设岗招聘一定数量的特岗教师，拓展“特岗教师计划”服务的学段范围，提高政策的覆盖面，不失为一种纵向提升政策绩效的有益探索。

从国家层面看，滇西边境山区将特岗教师服务学段进行纵向延伸的实践探索，也是一种符合政策发展趋势的改革方向，这可以从政策文本的对比上找到依据。2006年，《教育部 财政部 人事部 中央编办关于实施农村义务教育阶段学校教师特设岗位计划的通知》（教师［2006］2号）中明确提出要“通过公开招募高校毕业生到西部‘两基’攻坚县县以下农村义务教育阶段学校任教，引导和鼓励高校毕业生从事农村教育工作，逐步解决农村师资总量不足和结构不合理等问题，提高农村教师队伍的整体素质”，这是政策的目的所在。2020

年我国脱贫攻坚战取得全面胜利后，《教育部办公厅 财政部办公厅关于做好2021年农村义务教育阶段学校教师特设岗位计划实施工作的通知》（教师厅［2021］1号）中将“特岗教师计划”的实施范围调整为“脱贫地区（原集中连片特殊困难地区、中西部国家扶贫开发工作重点县和省级扶贫开发工作重点县），西部地区原“两基”攻坚县（含新疆生产建设兵团的部分团场），纳入国家西部开发计划的部分中部省份的少数民族自治州以及西部地区一些有特殊困难的边境县，少数民族自治县和少小民族县”，并明确工作的重点是“保持政策总体稳定，重点向‘三区三州’、原脱贫攻坚挂牌督战地区、少数民族地区等地区倾斜；重点为乡村学校补充特岗教师，持续优化教师队伍结构，进一步加强思想政治、体音美、外语、信息技术等紧缺薄弱学科教师的补充。”值得注意的是，上述对工作重点的表述是“重点为乡村学校补充特岗教师”而非“重点向乡村义务教育阶段学校补充教师”，而且，在2021年的“招聘条件”第1条中要求“符合招聘岗位要求，应符合《教师法》《教师资格条例》等法律法规规定的普通话水平、身体条件和心理条件。符合新时代中小学、幼儿园教师职业行为十项准则要求”，也就表明招聘的特岗教师可能会安排在农村中小学、幼儿园任教，而不只是政策最初设定的在“农村义务教育阶段学校任教”。由此可见，随着“特岗教师计划”政策的推行，政策所服务的范围与学段已悄然发生变化，而这种变化的趋势与滇西边境山区各州市探索发展的方向是基本一致的，也客观印证了滇西边境山区在实践中将设岗学校往下（学前教育阶段）和向上（普通高中阶段）延伸的探索是有积极意义的。当前，在农村义务教育阶段师资数量与质量不断提升、空编数越来越少，农村普惠性幼儿园覆盖率与学前教师接受专业教育比例还较低的现实背景下，将特岗教师选派到学前教育阶段任教，对于提高农村幼儿园教师接受专业教育比例、满足群众对高质量农村学前教育的需求具有重要意义和价值；与此同时，对于部分较难引进公办教师的艰苦边远地区，允许生师比较高、专任教师学历合格率较低的农村高中设岗招聘特岗教师，也有助于精准、有效缓解农村高中师资短缺和结构不合理问题。因此，滇西边境山区10州市将特岗教师的设岗学段进行纵向延伸，拓展“特岗教师计划”辐射范围的举措，值得在同类地区或学校推广和借鉴。

第二节 存在的主要问题

一、特岗政策的系统宣传有待加强

从特岗教师对“您是通过什么途径获取特岗教师的招考信息的？”这一问

题的回答看（见图6-2）：24.32%的特岗教师是通过“同学或朋友介绍”，16.22%的特岗教师是通过“政府部门的宣传”，16.22%的特岗教师是通过“学校宣传及老师介绍”，16.22%的特岗教师是通过“家长或其他亲戚介绍”，12.61%的特岗教师是通过“广播电视网络新闻”，12.61%的特岗教师是通过“认识的特岗教师的介绍”，还有1.80%的特岗教师是通过“其他”路径。由此可见，大学生（特岗教师报考前的身份都是大学生）通过学校、教师、政府部门及广播电视网络新闻的宣传而获取特岗教师招考信息的比例才占45.05%，通过口耳相传方式（“同学或朋友介绍”“家长或其他亲戚介绍”“认识的特岗教师的介绍”）获取特岗教师招聘信息的比例占了53.15%，说明官方主渠道对政策的宣传还是明显不够的，而以口耳相传方式为主获取政策信息也容易使政策客体对政策的理解带有片面性和不完整性①。

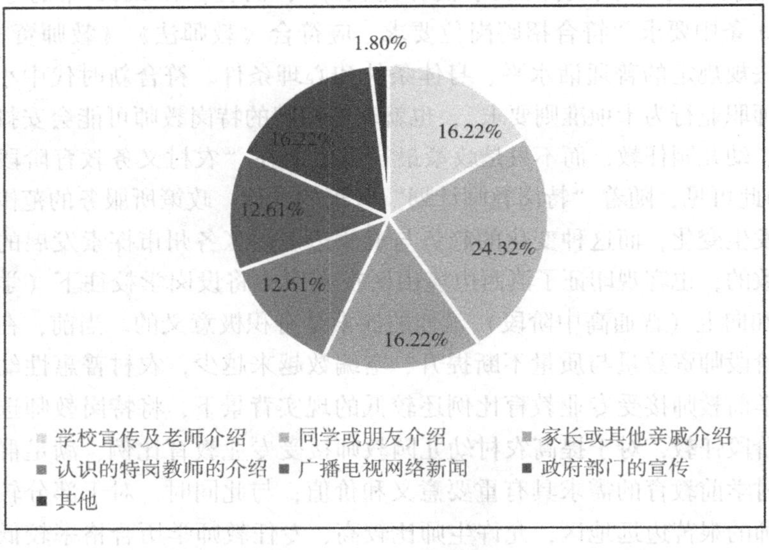

图6-2　特岗教师当初获取招考信息的途径（N=840）

此外，从特岗教师对“您了解农村学校教育硕士师资培养计划吗？”这一问题的回答看（见图6-3）：“非常了解”的占10.87%，“比较了解”的占23.91%，“一般”的占32.61%，“不太了解”的占26.09%，“完全不了解”的占6.52%。由此可见，对于与“特岗教师计划”结合实施的“农村学校教育硕士师资培养计划”，只有34.78%的特岗教师是了解的（含比较了解、非

① 孙田．河北省L县特岗教师政策实施中的问题与对策研究［D］．河北大学，2021.

常了解)，而有65.32%的特岗教师是一知半解的（或一般了解，或不太了解，或完全不了解)，说明对配套政策的系统性宣传也是明显不够的。在滇西边境山区10州市实施"特岗教师计划"的政策绩效评估数据中，指标"E311政策了解程度"的得分仅为82.77分，再次印证了政策宣传力度不够，以致利益相关者对政策的了解程度还不够高。

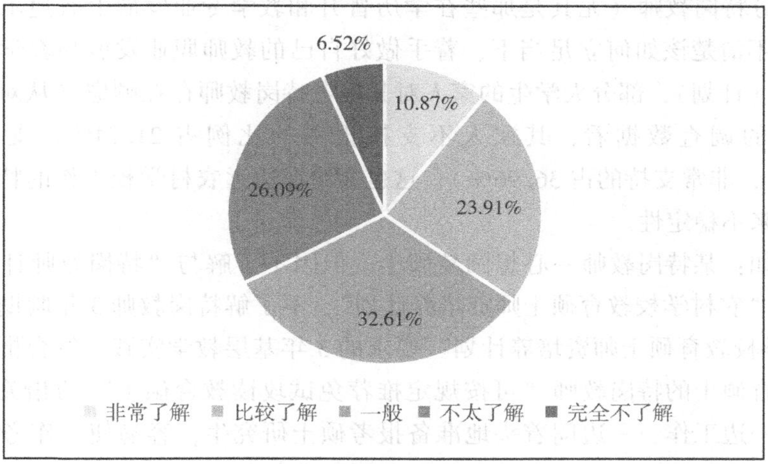

图6-3 特岗教师对结合实施的"农村学校教育硕士师资培养计划"的了解（N=840）

综合问卷调查及访谈的情况可见，政策主体对"特岗教师计划"及配套政策的系统性宣传不够，以致政策客体对政策的了解程度不高，是当前制约政策实施绩效提高的重要因素，具体表现如下：

其一，高校往往只是把"特岗教师计划"作为一项就业政策来做宣传，在观念层面上偏向于工具理性而非价值理性，在操作层面上是以在大学毕业生中宣传介绍报考特岗教师之"术"为主，如指导大学生什么时候报考、怎样报考、报考哪里以及怎样备考和应考，是以政策文本、报告公告的传阅以及报考平台的操作、应试内容与技巧的指导等为宣传辅导的主要内容，对于国家实施"特岗教师计划"的目的与意义、大学生选择从事特岗教师的价值与意义，以及优秀典型工作案例和优秀特岗教师的宣传甚少，以致部分大学生稀里糊涂的跟风报考，选派到设岗学校之后才发现理想与现实差距太大，很难适应现实甚至选择临阵脱逃，还有部分学生不了解政策（含配套政策）的预期回报、始终只是把特岗教师当作一个跳板，一心想着履职满3年服务期后就另谋高就，不潜心工作，难以保证高教育教学的质量。与此同时，因为学校对政策宣传不到位、不深入，也会导致一部分愿意吃苦、愿意到农村任教的大学生，或因错过政策宣讲或因顾虑政策配套和待遇等，错失报考特岗教师的机会。

其二，政策主体，无论是高校、各地教育主管部门还是设岗学校，还没有很好地从特岗教师发展的角度，将“农村学校教育硕士师资培养计划”“中小学教师国家级培训计划 ”与“特岗教师计划”对政策客体进行系统性宣传，以致部分特岗教师（尤其是那些在学历晋升和教学专业发展上有追求的特岗教师）不清楚该如何立足当下、着手做好自己的教师职业发展和教学专业发展规划（计划），部分大学生的家人对其报考特岗教师存在顾虑（从对已聘特岗教师的调查数据看，其家人不支持报考的比例占 21.74%，支持的占 41.30%，非常支持的占 36.96%），这也会给在边远农村学校工作的特岗教师队伍带来不稳定性。

例如：某特岗教师一心想圆梦硕士，但因不了解与“特岗教师计划”相配套的“农村学校教育硕士师资培养计划”，不了解特岗教师 3 年聘期可视同“农村学校教育硕士师资培养计划”要求的 3 年基层教学实践、符合推荐免试攻读教育硕士的特岗教师“可按规定推荐免试攻读教育硕士”的相关政策规定，还一边工作、一边闷着头地准备报考硕士研究生，容易使工作考研“两影响”“两耽误”，甚至工作没干好、考研也没考上。

其三，由于政策宣传不到位、不系统、不深入，也容易使部分政策执行者对政策的认识和理解浮于表面，导致政策的执行打折或缺乏灵活性、政策的各方面保障难以落实①。例如：A 地与 B 地的教育主管部门根据现行农村学校的师资情况，都想利用“特岗教师计划”政策多招聘一些特岗教师，但由于政策明确规定要确保特岗教师在 3 年服务期满后愿意留下的都能顺利入编，换言之，是要预留足够编制来招特岗教师。经与所在地编制部门沟通，A 地的编制部门认为招聘特岗教师是教育系统的事情，教育系统若有空余编制、就招，没有空余编制、就别招；B 地的编制部门认为“特岗教师计划”是国家政策，招聘特岗教师是政府的事情、关系当地教育优质均衡发展，教育系统即便没有空余编制或空余编制不够，我都帮协调其他系统的空余编制来给你招。显然，A、B 两地编制部门的对政策的认识和态度，就会导致两地教育主管部门在相同诉求下有不同的特岗教师招聘结果。上述案例也是访谈中获悉的滇西边境山区部分县市的真实写照。

① 袁文新．特岗教师生存状况及其保障措施研究［D］．武汉：华中师范大学，2015.

二、特岗政策的组织实施有待深入

如前文所述，过去15年来，滇西边境山区10州市通过实施“特岗教师计划”，累计招聘了35990名特岗教师到农村学校任教，其中，初中14002人，小学20963人，幼儿园952人，高中73人；截至2019年12月，特岗教师在滇西边境山区10州市小学专任教师中的占比达19.86%，而在初中专任教师中的占比达23.16%，极大缓解了农村义务教育阶段学校师资短缺的问题，优化了师资队伍的学历结构和年龄结构，有力促进了农村义务教育的质量提升以及城乡义务教育的均衡发展，取得了显著成效和优等政策绩效（80 < 得分 = 84.58 < 100）。与此同时，我们也从滇西边境山区实施“特岗教师计划”的政策绩效评估材料和数据中看到以下现象：

其一，各州市招聘特岗教师的人数存在较大差异。有些州市招聘的特岗教师比较多，如红河州（10560人）、保山市（7831人）、临沧市（5037人），特岗教师在红河州小学专任教师中的占比达27.15%、初中专任教师中的占比达32.24%，特岗教师在保山市小学专任教师中的占比达35.94%、初中专任教师中的占比达51.50%，特岗教师在临沧市小学专任教师中的占比达24.99%、初中专任教师中的占比达26.00%。而有些州市招聘的特岗教师却比较少，如楚雄州（658人）、丽江市（410人），特岗教师在楚雄州小学专任教师中的占比仅有4.15%、初中专任教师中的占比仅有2.81%，特岗教师在丽江市小学专任教师中的占比仅有3.35%、初中专任教师中的占仅有5.04%。部分州市的个别县（区），如楚雄州的大姚县、元谋县，丽江市的古城区、华坪县，大理州的大理市，普洱市的思茅区，在过去15年间均没有利用“特岗教师计划”招聘特岗教师。

其二，各州市招聘特岗教师的人数存在年度波动。如：在2006—2020年间，怒江州有4年（2010—2013年）没有招聘特岗教师，其余年份招聘人数在12—210人之间波动；西双版纳州有2年（2019—2020年）没有招聘特岗教师，其余年份招聘人数在12—304人之间波动；丽江市只有2009、2010、2012年招聘了特岗教师、招聘人数在100—160人之间波动，其余年份均没有招聘。此外，从招聘特岗教师人数的年度变化情况看，过去5年间大多数州市（如楚雄州、保山市、红河州、临沧市、普洱市、版纳州、怒江州）的招聘人数都是呈下降趋势的。

为什么有些县区不招特岗教师？部分县区的某些年份会停招特岗教师？过去五年间招聘特岗教师人数呈下降趋势？教育主管部门的领导和工作人员在访

谈中给出了较为一致的答案：一是因为在停招的当年或那个时段，当地招聘一个特岗教师，国家按既定标准统一给的工资性补助，低于地方需要依据国家要求“同等条件下的公办教师收入水平和补助水平”发给特岗教师的其他津贴部分。二是因为招聘特岗教师需为其3年服务期满后预留足额空编，若当年教育系统没有预期空编可招、相关部门（当地编制办）也不帮从其他系统协调空编，则只能停招；而随着编制内人员逐渐饱和、教师空编数日益减少，当地招聘特岗教师的计划数也只能减少。三是因为特岗教师3年服务期满的去留存在不确定性，相比之下想把空编留来直接招聘更优质的教师，可以把招聘条件提得更高一些、直接入编。

基于上述特岗计划工作的实际情况，是不是滇西边境山区实施“特岗教师计划”政策的步伐可以减慢、减缓、甚至停止了呢？笔者认为，恰恰相反。不只是因为滇西边境山区在人才引进上的区位劣势不允许，更重要的是因为滇西边境山区的教育质量也不允许。课题组根据《2019年云南教育事业统计》（云南省教育厅，2020年1月）中的有关数据，对滇西边境山区10州市各学段教师有关情况进行了梳理和比较（见表6－1），从中可窥见一斑。

表6－1　滇西边境山区10州市各学段教师情况一览表

地州	普通小学		普通初中		普通高中		幼儿园	
	生师比	本科及以上学历教师占比	生师比	本科及以上学历教师占比	生师比	专任教师学历合格率	普惠性幼儿园覆盖率	学前教师接受专业教育比例
红河州	17.69	51.17%	14.74	92.45%	14.25	87.92%	72.16%	43.05%
保山市	17.03	57.85%	13.00	92.99%	14.75	97.42%	89.05%	38.74%
临沧市	16.17	43.36%	13.93	85.92%	15.57	90.28%	96.13%	45.99%
大理州	16.99	45.72%	12.96	81.50%	13.58	92.15%	84.73%	50.50%
普洱市	16.51	47.93%	13.06	89.18%	14.24	93.26%	75.56%	51.91%
德宏州	16.96	58.60%	12.91	94.29%	13.33	89.77%	66.65%	64.33%
版纳州	19.53	53.19%	15.94	94.25%	14.08	96.35%	49.90%	67.57%
怒江州	15.12	42.07%	12.70	87.41%	14.31	88.79%	97.59%	50.52%
楚雄州	14.07	48.33%	12.36	89.37%	14.09	93.89%	91.44%	54.30%
丽江市	12.79	48.46%	11.85	86.79%	11.87	87.60%	74.88%	54.60%
滇西平均	16.29	49.67%	13.35	89.42%	14.01	91.74%	79.81%	52.15%
全国平均	16.85	—	12.88	—	12.99	—	—	—
上海市	13.90	—	10.47	—	8.57	—	—	—
北京市	13.58	—	8.33	—	7.41	—	—	—

如表 6－1 所示：（1）从滇西边境山区 10 州市各学段教师的均值数据可见：普通小学的生师比为 16. 29，本科及以上学历教师占比 49. 67%；普通初中的生师比为 13. 35，本科及以上学历教师占比 89. 42%；普通高中的生师比为 14. 01，专任教师学历合格率为 91. 74%；普惠性幼儿园覆盖率为 79. 81%，学前教师接受专业教育比例为 52. 15%。（2）从滇西边境山区 10 州市中小学教师的师生比（关系教学质量的核心数据）与全国、上海、北京的均值对比可见：滇西边境山区普通小学的生师比（16. 29）略低于全国平均值（16. 85），但与上海市普通小学的生师比相比还高 2. 39 个百分点，与北京市普通小学的生师比相比还高 2. 71 个百分点；滇西边境山区普通初中的生师比（13. 35）与全国平均值（12. 88）相比还高出 0. 47 个百分点，与上海市普通初中的生师比相比还高出 2. 88 个百分点，与北京市普通初中的生师比相比还高出 5. 02 个百分点。生师比是反映教育质量的重要指标，生师比的大小往往与教育质量的高低成反比，即生师比越高，教育质量越低，生师比越低，教育质量越高。综上可以判断：滇西边境山区各学段的师资还有待进一步充实，在数量和质量上均亟待进一步提高，才能进一步缩小与发达地区的差距，也才能真正在促进城乡义务教育优质均衡发展的道路上更进一步。

综上所述，鉴于“特岗教师计划”的强大政策优势（可以直接获得国家的经费支持以及其他配套政策支持），“特岗教师计划”政策在滇西边境山区的实施绩效尚未达到最优（政策绩效得分为 84. 58 分，与 100 分之间还有差距），滇西边境山区 10 州市的中小学（含幼儿园）教育质量与全国平均值之间还有一定差距，与北京、上海等发达城市相比还有较大差距，换句话说，从全国范围看，“促进义务教育均衡发展”的政策目标尚未达成，从云南省看，“实现义务教育优质均衡发展”的目标还在路上，因此，政策主体应破除思想屏障、制定工作规划、完善工作机制，坚定不移地在滇西边境山区持续深入实施“特岗教师计划”，扩大特岗教师的招聘规模，拓宽设岗学校的范围以及特岗教师的服务学段，着力全面系统提高政策绩效，促进滇西教育振兴，最终实现义务教育优质均衡发展的政策目的。

三、特岗教师的福利保障有待完善

根据国家“特岗教师计划”政策要求，“各地要确保特岗教师工资按时足额发放，按规定参加社会保险，同等条件下在职称评聘、评先评优、年度考核等方面享受与当地公办学校在编教师同等待遇”“落实好周转宿舍等安排，帮助解决特岗教师工作生活中的实际困难。”① 从对滇西边境山区 10 州市的调查情况看，按时足额发放工资，在职称评聘、评先评优、年度考核等方面与当地公办学校在编教师同等待遇等方面，各地州都落实得比较好。但是，也有两个方面的落实与政策要求之间存在一定差距：

（一）“五险一金”的存缴与编制内教师有差距

从对滇西边境山区实施“特岗教师计划”的政策绩效评估数据看，指标“E312 政策与其他政策的协调性”得分仅为 72.58 分，是所有三级指标中得分最低的，通过对特岗教师的进一步访谈获悉：多数特岗教师之所以对这一指标的打分较低，是因为他们认为“当地‘五险一金’政策与特岗教师计划政策不相协调，所以单位给他们缴纳的‘五险一金’与公办教师不同。”经课题组对教育主管部门领导及工作人员的访谈，发现导致“五险一金”缴纳金额不同的原因并非当地“五险一金”政策与“特岗教师计划”政策不相协调，而是政策执行者在缴纳时选择了不同的标准而导致的。根据云南省的“五险一金”缴存比例规定：养老保险：单位缴纳 20%、自己缴纳 8%（即单位按缴费工资基数的 20% 缴纳，个人按缴费工资基数的 8% 缴纳，下同）；工伤保险：单位缴纳 0.5%—2%（根据风险类别社保局核定），个人不用缴纳；生育保险：单位缴纳 0.9%，个人不用缴纳；医疗保险：单位缴纳 10% 外加重特病统筹 16.74 元，个人缴纳 2% 外加 1 元重大病统筹；单位缴费 = 社会年平均工资 ×0.6% × 单位人数（含退休人数），个人缴费 = 1 元 × 人数（含退休人数）；失业保险：单位缴纳 2%，自己缴纳 1%（农村户口自愿缴纳）；住房公积金：单位缴纳 5%—12%，个人缴纳与单位金额相同。在实际操作过程中，各单位基本上都是从“最经济”的角度来进行缴存的，从而导致了编制外特岗教师（特岗教师在 3 年服务期内尚未入编）与编制内公办教师在“五险一金”缴存上的实质差异。

1. 养老保险不同

编制内教师是按机关事业单位养老保险的标准缴纳的，与之配套的还有职业年金；编制外特岗教师是按企业养老保险的标准缴纳的，而企业养老保险缴纳的基数在各单位有弹性空间，有的单位根据特岗教师的收入判断、高于当地规定的最低基数标准的、会以实际值就高计算和缴纳企业养老保险，有的单位

① 教育部办公厅 财政部办公厅关于做好 2021 年农村义务教育阶段学校教师特设岗位计划实施工作的通知【EB/OL】（2021 - 03 - 24）

则统一以当地规定的最低标准计算和缴纳企业养老保险，与企业养老保险配套的企业年金，也是有的给缴纳、有的不给缴纳，主要看单位的态度。由于机关事业单位养老保险的缴纳标准与企业养老保险的缴纳标准不同，前者相对更高一些，所以，虽然编制内教师和非编特岗教师都缴纳了养老保险，但实际上因缴纳标准不同、预期得到的保障也是不同的。

2. 医疗保险不同

编制内教师是按机关事业单位规定缴纳的医疗保险，编制外特岗教师是按企业标准缴纳的医疗保险，前者缴纳的金额相对更高、预期得到的医疗保障相对更多，后者缴纳的金额相对更低、预期得到的医疗保障相对更少。

3. 失业保险不同

编制内教师是按机关事业单位规定缴纳的失业保险，编制外特岗教师是依据单位定的缴存基数标准缴纳的失业保险，前者基数相对更高、缴纳金额就更多，后者基数相对更低、缴纳金额就更少，但由于失业保险缴纳的比例较低，所以编制内教师与编制外特岗教师在该项上的差异不大。

4. 工伤保险与生育保险不同

与失业保险的情况类似，编制外特岗教师与编制内教师由于缴存的基数不同而存在缴存额度的差异，但由于这两项保险的缴存比例较低，所以编制外与编制内虽然有差异、但差异非常小，许多单位也就一视同仁地缴纳了。

5. 住房公积金不同

编制内教师是按机关事业单位规定缴存的，一般各单位在每年6月底前报新一年的缴存基数标准；编制外特岗教师的住房公积金缴纳的基数标准可由单位确定（有较大弹性空间），往往与编制内公办教师缴纳的金额有较大差异（低得比较多），早年（2012年以前）有不少地方甚至就没有给编制外特岗教师缴存住房公积金。

上述“五险一金”的缴纳差异，会使特岗教师感觉到自己被“区别化”对待，学校没有把特岗教师当作“自己人”，从而影响特岗教师的组织归属感与工作积极性。

（二）周转宿舍安排等生活保障亟待改善

从特岗教师对“您对学校提供的生活条件满意吗？”这一问题的回答看（见图6－4）：8.70%的特岗教师表示“非常满意”，32.61%的特岗教师表示“比较满意”，47.83%的特岗教师表示“一般”，10.87%的特岗教师表示“不太满意”。由此可见，对学校提供的生活条件“不太满意”和“一般”满意的特岗教师还占多数（占比58.7%），特岗教师总体上对学校提供的生活条件的满意度还不高。

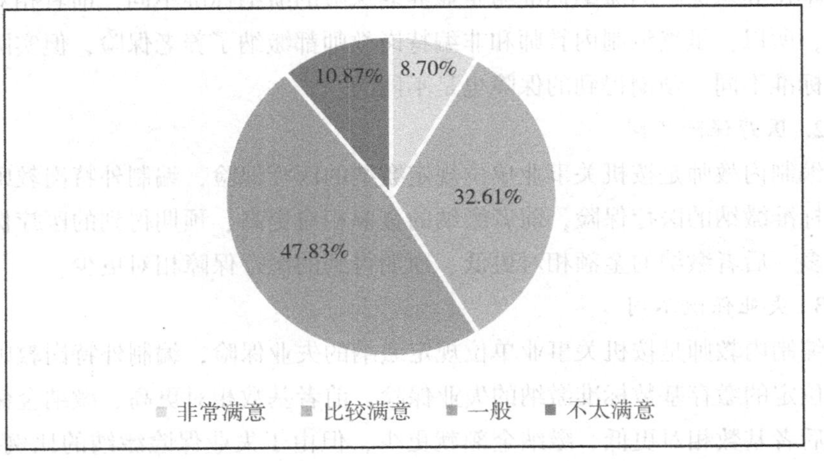

图6-4　特岗教师对生活条件的满意情况（N=840）

从访谈得知，特岗教师对生活条件满意度不高的主要原因有以下四个方面：

其一，受经济条件制约，许多设岗学校（特别是边远农村的）还没有教师周转宿舍，特岗教师的住宿一般就安排在校内，由废旧的校舍（教室或储物间）改造出来的简易宿舍，有条件的学校也许会给特岗教师在校外统一租民房，但总体而言，特岗教师的住宿条件还是比较简陋的，多数宿舍没有卫生间，有的宿舍没有洗浴间（处），甚至附近村镇也没有公共澡堂，特岗教师一年四季只能在学校里的公厕洗浴，这对于特岗教师（尤其是女教师）而言极其不便，也给他们带来了较大的不安全感。

其二，部分农村学校（尤其是小学）没有食堂，特岗教师的一日三餐难以解决，他们需要到村公所或同事家搭伙，或隔三差五到镇上买一些粮食蔬菜回来自己做饭。这对于习惯了学校食堂打饭或点外卖或在家父母给做吃的大学毕业生来讲，也是一个比较大的困难与挑战。

其三，设岗学校的地理位置往往比较偏僻，交通不太便利，硬件设施比较差，少数学校甚至还没有通网络，特岗教师外出家访、购物（包括网购）很不方便，节假日要回家更是比较困难，这容易使习惯了便捷城市生活的特岗教师产生较大心理落差。

其四，滇西边境山区是少数民族聚居的片区，民族地区自然环境的特殊性造就了饮食文化的独特性，许多少数民族喜欢吃辣的、酸的、油炸的、生冷的、腌制的食品或昆虫、野菜等，这与部分特岗教师的饮食习惯有巨大差异，容易使他们产生畏惧、拒绝与回避的心理，很难真正融入当地人的生活圈，进而增强他们背井离乡的孤独感。

所谓"安居才能乐业"，特岗教师到少数民族乡村学校任教，首先要适应的就是少数民族地区的地理环境以及乡镇学校的生活环境，如果地方教育主管部门、设岗学校不能有效帮助特岗教师协调解决生活困难、增强生活保障度、减轻或消除其不适感、提高其安全感和满意度，那么，因环境和生活不适而导致的特岗教师离职或身心健康问题就很容易发生。

四、特岗教师的专业能力亟待提升

一方面，由于特岗教师的招聘条件在"教师专业"的要求上还相对较低，从而使一大批非师范院校毕业、非师范专业毕业的大学生通过招考走进了特岗教师的队伍，难以确保特岗教师队伍在准入上具有较高的教师专业素养与能力。以2021年的最新招聘条件要求为准，是"以普通高校本科及以上毕业生为主，鼓励本科师范专业毕业生应聘，可适当招聘高等师范专科毕业生"，只要"符合招聘岗位要求，符合《教师法》《教师资格条例》等法律法规规定的普通话水平、身体条件和心理条件""具有相应的教师资格证书（严格"持证上岗"，所有拟聘人员在办理录用手续前须取得教师资格证书）""年龄不超过30周岁"的大学生都可以参加招考，只不过"参加过'大学生志愿服务西部计划'、有从教经历的志愿者和参加过半年以上实习支教的师范院校毕业生同等条件下优先录取。"换言之，只要符合报考的基本条件（年龄不超30周岁、身心健康、普通话水平符合规定、上岗前取得教师资格证书、符合报考岗位的学科专业要求），师范类专业毕业生与非师范类毕业生都可以报考。在这样的招聘条件背景下，自然就会有一大批非师范院校毕业、非师范专业毕业的大学生通过招考走进特岗教师的队伍，他们虽然在学科专业能力和水平上并不低，但由于在大学期间尚未参加过任何教育见习、教育研习、教育实习等教师专业实践，以致他们对教师专业的认识及其教学素养、教学能力等都是比较欠缺的。

另一方面，由于极少数教育主管部门不够积极主动作为，每年在上报招聘计划前并没有做深入的调查，只是基于空编数和设岗学校的大概需求就上报的招聘计划，或即便做了调查和摸排，但为了避免招聘不到人（尤其是英语、信息技术等专业），就随意放宽了对专业的要求，以致招来的特岗教师的专业背景与设岗学校的实际学科需求之间有一定甚至较大出入，于是哪个学科缺人就派特岗教师去教哪个学科，从而出现一部分特岗教师在3年任期内都是“教非所学”的现象。此外，部分边远农村设岗学校（含教学点）的教师数量极其有限、教师空编数又非常少，不能一次性通过特岗教师招聘满足师资短缺问题，甚至限于编制即便通过多次特岗教师招聘也不能满足师资短缺问题，于是，就会出现一个特岗教师任教多个学科、多个班级的情况，特岗教师“教非所学”的现象就会更加突出。

此外，虽然国家政策明确要求各地系统开展特岗教师培训工作（包括岗前培训、师德师风教育、非师范专业特岗教师的教育教学技能培训、以及基于实际需要的有针对性的教育和培训等，“要围绕高素质专业化创新型教师队伍的建设目标，制定培训规划，为特岗教师提供高质量的培训研修服务”，然而，受多种因素影响（包括人力、财力、物力以及教师专业发展观念等），不少地方和学校对特岗教师的岗前培训、跟岗学习与指导等都还是流于形式的，培训和指导的针对性不强、实效性不佳、满意度不高。这可从特岗教师对“您对岗前培训的满意情况?”和“您希望可以加强哪种类型以及哪些方面的培训?”两题的回答中（详见图6-5和表6-2）窥见一斑。

如图6-5所示：特岗教师对岗前培训“非常满意”的占比15.22%，“比较满意”的占比21.74%，“一般”的占比36.96%，“不太满意”的占比23.91%，“非常不满意”的占比2.17%，也就是说，多数特岗教师（占比高达63.04%）对岗前培训是不满意或满意度一般的。

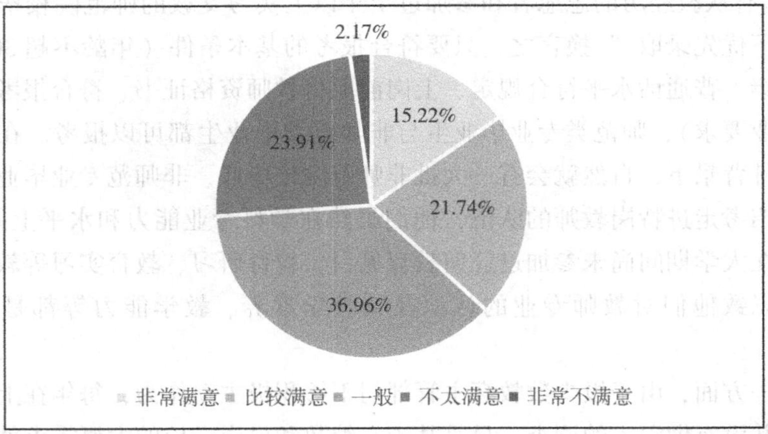

图6-5 特岗教师对岗前培训的满意度（N=840）

表 6-2 特岗教师希望加强的培训类型和培训内容（N=840）

项目	回答	占比
培训类型	岗前培训	67.39%
	跟岗培训和指导	76.09%
培训内容	学校基本情况及规章制度	21.74%
	教育方针与政策	63.04%
	教育理论	73.91%
	教育方法与技能	86.96%
	现代教育技术	80.43%
	教育学知识	69.57%
	教育心理学知识	60.87%
	教师职业道德	45.65%
	其他	10.87%

如表 6-2 所示：(1) 从培训类型看，有 67.39% 的特岗教师希望可以加强"岗前培训"，76.09% 的特岗教师希望可以加强"跟岗培训和指导"。(2) 从培训内容看，有 21.74% 的特岗教师希望可以加强"学校基本情况及规章制度"培训，63.04% 的特岗教师希望可以加强"教育方针与政策"培训，73.91% 的特岗教师希望可以加强"教育理论"培训，86.96% 的特岗教师希望可以加强"教育方法与技能"培训，80.43% 的特岗教师希望可以加强"现代教育技术"培训，69.57% 的特岗教师希望可以加强"教育学知识"培训，60.87% 的特岗教师希望可以加强"教育心理学知识"培训，45.65% 的特岗教师希望可以加强"教师职业道德"培训，还有 10.87% 的特岗教师希望可以加强"其他"培训。由此可见，多数特岗教师都希望通过加强"岗前培训"和"跟岗培训和指导"来强化对"教育方法与技能""现代教育技术""教育理论""教育方针与政策""教育学知识"和"教育心理学知识"等方面的学习，从而不断提高教师专业能力。

此外，从对设岗学校领导、老师的访谈情况看，受访者普遍认为：特岗教师队伍存在的主要问题就是学科专业背景与学校教学需求不够匹配、教学能力比较弱，特岗教师最需要提高的就是学科教学的能力。

宾川县大营初级中学教师 LSJ：特岗教师年轻、有活力，相比老教师更有亲和力，与学生可以无代沟交流，但其学科教学的能力还是比较薄弱，进农户家访以及做后进学生、问题学生思想工作的能力还比较欠缺，需要不断培养和提高。

临翔区章驮乡邦卖中学教师ZEY：特岗教师不是师范专业毕业的，对备课、教学设计、教学反思、课堂组织与管理、教学活动组织、班级管理、家访等还不熟悉，应该加强岗前培训，也应该加强跟岗指导，通过有经验的优秀骨干教师指导其反复听课、磨课、研课，可以帮助特岗教师不断提高教学及管理能力，也才能让其真正适应中学的学科教学要求，取得较好的教学效果。

宁蒗县小凉山学校教师MJ：特岗教师的加入，给学校带来了新鲜血液，他们带来新的思想、理念和活力，促使学校原有的教师增强了学习提升的紧迫感，但客观上看，特岗教师的教学能力确实比较薄弱，他们不是师范生，没有经过系统的教学训练，在服务期内还得多向老教师学习，最好是学校或教研组安排1—2位资深老教师带着，指导他们多听课、多练习，不断优化教学设计和课堂教学组织等，才能不断提高他们的学科教学能力。

学校教育是一种形式化教育，教师和学生之间教与学的关系的建立，主要依赖“制度的安排”而不是个人的努力。在制度化、形式化的学校教育中，教学是一种专业，面对复杂、系统、多变的教学内容，教师需要职业化而且专职化，不但需要具备所教学科的知识和技能，还需要具备教学的知识和技能，才能够胜任专业化的学科教学要求。若特岗教师长期是低门槛的“教师专业”准入，且岗前培训、跟岗学习与指导等又流于形式，设岗学校的教学安排又是随意的、长期让特岗教师“教非所学”，那么，特岗教师的专业能力提升与发展就会落空，促进设岗地区和学校的教育教学质量提升目标也就难以实现。因此，特岗教师的专业能力提升，既是特岗教师自身教师职业发展和教学专业发展的需要，也是设岗地区和学校提高教育教学质量的需要，特岗教师的专业能力不足的问题需要引起政策主体的高度重视并着力加以解决。

综上所述，“特岗教师计划”在滇西边境山区的实施，还存在“特岗政策的系统宣传有待加强”“特岗政策的组织实施有待深入”“特岗教师的福利保障有待完善”“特岗教师的专业能力亟待提升”等主要问题，从已有研究看，这些也是全国和全省范围内具有一定共性的问题。滇西边境山区是多民族聚居地，对于在该地区工作的特岗教师而言，除了面临上述具有一定共性的主要问题以外，还面临特殊性的问题——文化休克问题，也就是特岗教师在少数民族地区的跨文化适应问题，为了突出重点，笔者将在下一章对该问题进行单独论述。

第七章 特岗教师在少数民族地区的适应性问题与对策

“特岗教师计划”是中央实施的一项针对农村义务教育的特殊政策，旨在通过招聘高校毕业生到县以下农村学校任教，创新农村学校教师补充机制，加强乡村教师队伍建设，促进义务教育均衡发展。自2006年政策实施以来，“中央财政累计投入资金710亿元，共招聘特岗教师95万人，特岗教师选派覆盖中西部省份1000多个县3万多所农村学校，其三年服务期满后留任率达到85%以上。95%的特岗教师是在乡镇及以下学校任教，其中30%是在村小和教学点，直接服务于边远贫困地区义务教育阶段最薄弱的区域和人群，显著改变了边远乡村学校教师老龄化的状况”①，在全国范围内取得了显著成效。全面打赢脱贫攻坚战后，国家将在脱贫地区（原集中连片特殊困难地区、中西部国家扶贫开发工作重点县和省县级扶贫开发工作重点县），西部原“两基”攻坚县（含新疆生产建设兵团的部分团场），纳入国家西部开发计划的部分中部省份的少数民族自治州以及西部地区一些有特殊困难的边境县、少数民族自治县和少小民族县持续深入实施“特岗教师计划”。然而，据教育部统计，特岗教师（含服务期内的、以及服务期满留任的）的流失率约达15%；王艳玲等人的研究发现，云南有高达90.7%的特岗教师有流动（调动）及流失（改行）意愿②。大量的特岗教师流出乡村教育实践，对稳定特岗教师队伍、加强乡村义务教育教师队伍建设而言是一个不容小觑的问题。那么，这些特岗教师为什么会离开（或想离开）？他们在履职期间遭遇了哪些冲突或不适？有没有较好的方法可以帮助其解决面临的冲突和困难，使其“下得去，留得住，教得好”？这是“特岗教师计划”政策的制定者、特岗教师的管理者与研究者共

① 教育部：特岗教师三年服务期满后留任率超85%［EB/OL］. http://www.moe.gov.cn/fbh/live/2020/52439/mtbd/202009/t20200904_485338.html.

② 王艳玲，苏萍，苟顺明．特岗教师流动及流失意愿的影响因素分析——基于云南省的调查［J］．教师教育研究，2017，29（5）：7－13.

同关注的议题。本章拟结合课题组在滇西边境山区调研时发现的非本土特岗教师的"文化休克"现象，从文化休克理论视角探析特岗教师在少数民族地区的适应性问题、原因及对策，旨在为解释特岗教师流失的深层次原因、探寻特岗教师队伍稳定的动力与保障机制等提供借鉴。

第一节　文化休克的内涵

文化休克的概念最早是美国人类学家奥伯格（Kalvero Oberg）于1960年提出来的，它是"由于失去了熟悉的社会交往信号或符号，对于对方社会符号不熟悉而产生的深度焦虑症"，是指一个人初次进入不同于母语文化的全新文化环境后产生的心理不适应①。1963年，William Samlley在Oberg研究的基础上进一步阐述，"文化休克的症状是由于对一个新的文化环境不能适应所引发的情绪紊乱，诱因是失去了原有社会生活与交流中非常熟悉的情景和意义。"也有人把文化休克的定义扩大到由于失去熟悉的食品和伙伴后引起的不舒适感、由于持续不断的不适应产生的精神疲劳、由于社会地位及其身份角色的转化而引起的价值观混乱以及应对环境无能的感觉等②。安然认为，文化休克的基本内涵包括三个方面：一是文化休克的主体是人；二是精神状态焦虑，即心理、情绪发生变化并由此引发行为上的一些变化；三是主体环境发生改变。总之，文化休克是伴随文化交流而产生的，只要存在文化交流，就会产生文化休克；文化休克不只是异质文化交流的产物，同时也与个体心理素质有关；当个体从熟悉的环境转移到陌生环境中时，长期以来所熟知的行为规则发生了翻天覆地的变化，同时面临语言交流障碍、人际交往困难等，面对种种不适应，个体从最初进入新环境的新奇逐步陷入焦虑、困惑甚至出现惊恐和逃避的心理，逐渐从开始的生理不适演变成心理不适即产生文化休克。文化休克产生的根源就在于个体受原有文化模式影响，进入新的文化领域后依旧以原有文化模式作为思想和行动的准则，这就必然会产生文化休克。

"特岗教师计划"是一项旨在促进教育公平的政策，其实施严格执行"公开、公正、公平、自愿、择优"的原则，不管是国家层面的"计划"还是部分省份推出的省级"计划"，都是面向全国高校毕业生公开招聘的。虽然从

① 关世杰．跨文化交流学－提高涉外交流能力的学问［M］．北京：北京大学出版社，1995（1）：16..

② 金秀芳．论跨文化交流中的"文化休克"现象［J］．同济大学学报（社会科学版），2001（2）：84－87.

2016年起，该计划就提出“边远艰苦地区可向本地生源倾斜”，但从已招聘的特岗教师看，绝大多数是异地选派的、且以汉族居多。他们从城市到农村，大学毕业就来到与原先学习生活环境迥异的乡村（很多也是少数民族聚居的村落），进入条件比较简陋的乡村中小学任教，直面而来的身份转换、语言障碍、文化差异、环境落差等，使他们不可避免地产生文化休克。已有研究表明：特岗教师已成为农村教育的生力军，但其心理健康水平偏低、心理压力过大①，人际关系不协调②，缺少社会支持③，存在不同程度的心理健康问题④并因此产生不合理的流动甚至流失，其中不乏入职不久、由于处于手足无措的文化休克状态而不得不毁约的特岗教师。当前，在特岗教师异地选派是常态、跨文化交际是必然、“下得去、稳得住、教得好”是刚需的现实背景下，本文从文化休克理论视角对民族地区特岗教师跨文化适应特点、问题表征及解决对策作逐一阐述，以期对少数民族农村地区建设稳定可持续发展的特岗教师队伍有所助益。

第二节 民族地区特岗教师“文化休克”的阶段特点

利兹格德（Lysgarrd，1955）在对200名赴美访学的挪威学者进行跨文化适应过程研究中发现：在美国停留时间少于6个月或多于18个月的学者的适应状况比停留时间介于6—18个月的学者要好；旅居者来到一种新文化中，一开始处于“最初的欣快”阶段（initial euphoria），在这个阶段，旅居者与东道国人的接触相当肤浅；过了一段时间，当旅居者寻求与东道国的居民建立更深层的人际关系的时候，开始出现语言问题以及随之而来的挫败感、迷惑、误解和孤独感，“新奇劲”渐渐没有了，取而代之的是各种原因导致的焦虑感；再经过一段时间，旅居者开始学会交朋友，逐渐熟悉当地社会环境，情绪逐渐回升。他根据旅居者的适应状况描画的U型图假设代表了一种情绪波动轨迹，描画了“接触—冲突—适应”的变化轨迹，这就是著名的U型曲线假说。利兹格德认为，旅居者对一种新文化的适应模式沿袭一种字母“U”的曲线走势，在“U”型曲线假说中，跨文化旅居者的适应分成四个阶段：第一阶段是

① 阿不力孜·热扎克，艾力菲亚·阿扎提．南疆三地州“特岗教师”心理健康问题的调查研究与对策［J］．劳动保障世界，2017（29）：34－35.

② 陈朝琨．云南省禄劝县2012－2015年特岗教师流失的现状调查研究［D］．昆明：云南大学，2017.

③ 李庆．“特岗教师”对农村义务教育师资队伍建设影响的研究［D］．合肥：安徽大学，2011.

④ 刘祯干．特岗教师的生存状态研究［D］．上海：华东师范大学，2011.

"蜜月期"，旅居者对新环境中的一切均感到新鲜有趣；第二阶段是"文化震惊"阶段，旅居者在新环境中碰到各种各样的问题，并要面对和处理这些问题；第三阶段是"个体适应调节"阶段，个体对新文化变得更加熟悉，已洞悉如何在新环境的文化背景下表现得体；第四阶段是"完全适应"，旅居者已完全融入新环境的文化中①。成功的适应会提高旅居者在新环境中的安全感，失败的适应会延迟适应的过程②。

Black and Mendenhall（1991）认为，在所有的跨文化适应研究中，"U"型曲线假说是被引用最多的理论之一。奥伯格参照利兹格德（Lysgarrd，1955）的"U"型曲线假说对文化休克进行了阶段划分，认为文化休克可划分为四个阶段（如图 1 所示）：兴奋阶段（euphoria）、休克阶段（culture shock）、适应阶段（acculturation）和稳定阶段（stable state）。

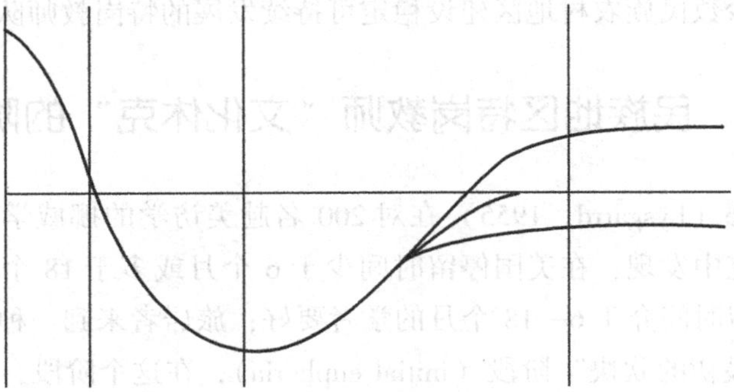

图 7-1 奥伯格的文化休克"四阶段"

依据奥伯格的文化休克理论，特岗教师的文化休克也可划分为四个阶段：一是兴奋阶段（又称蜜月阶段）。指特岗教师到新环境后，心理上还处于兴奋和乐观的阶段。该阶段从特岗教师参加完由设岗县（市）教育体育局负责组织实施的岗前集中培训、到设岗学校报到开始，一般持续几个星期到数月。特岗教师从参加招聘到正式入职、从学校到工作单位，心情往往兴奋又忐忑，他们带着父母和老师的期盼、同学的祝福来到异乡，对周围的一切都抱有新鲜感，对看到的人、事和物等都还感到满意，异文化的影响尚未凸显，总体上还

① 杨军红．来华留学生跨文化适应问题研究［D］．上海：华东师范大学，2005.
② 杨军红．来华留学生跨文化适应问题研究［D］．上海：华东师范大学，2005.

处于乐观兴奋的状态。

我以前没有见过这么多这么高连绵不绝的山，在来报到的公路上，看着远处半山腰上散落的民房，觉得当地的村民太厉害了。我没有想过泸水是这样的一座城市，先前只看过电视报道的当地人用溜索过江的场景，所以，当我第一次去这边的步行街时，真怀疑自己是不是走错了地方。总之，我挺喜欢这里，这里的人朴实、饭菜好吃、住宿也不错，我很庆幸自己的选择。

——特岗教师 LC（2017.09，泸水）

二是休克阶段（又称沮丧阶段）。随着时间的推移，特岗教师对周围的新鲜感减弱，同时受语言、生活方式与价值观念等因素影响，兴奋感逐步被失望、失落、烦恼和焦虑所代替。这一阶段一般持续数周、数月甚至更长时间。

这里物价比昆明贵，特岗教师的工资和补贴感觉根本不够自己的生活开支，第一个月老妈支援了600块，现在只能尽量节约，和留在城市工作的同学相比还是有差距，心理落差有点大。另外，我本科是生物科学专业的，由于学校缺数学老师，这学期给我排的都是数学课，给了我很大压力。因为自己学历比学校里很多老师都高，感觉他们都在看着我是不是能教好，但现在教的科目又不是自己的专业，我也不是师范生，备课、上课这些还是在学着做，比较缺乏经验，所以总担心教不好。

——特岗教师 WCH（2017.12，泸水）

三是适应阶段。经历一段时间的沮丧与困惑之后，特岗教师逐步找到了应对新环境的途径与方法，慢慢开始适应和融入异文化环境。

过去一年，我学会了一些简单的方言，积累了一些教学工作经验，现在到镇上买菜可以偶尔和大叔大妈们聊上几句，到学生家里做家访也变得比较自然和轻松了，许多学生家长常常会留我在家里吃饭，他们做的饭菜都非常好吃。当然，周末的时候，我们几个聘在当地中小学的特岗教师会约着一起买菜做饭、聚聚餐，聊聊工作中的事情以及未来的打算，感觉烦恼少了、步伐也坚定了，我们对在这里从事特岗教师感到很值得，亲朋好友也很支持。

——特岗教师 CCX（2018.09，西双版纳）

四是稳定阶段。经过较长时间的调整，特岗教师适应了异文化的生活和工作环境，能融入当地的社会环境并与当地人交朋友，能够平静、客观地看待周围事物，身心达到较佳状态。

我们学校有2名特岗教师，都是和我一年来的，入职快2年了，工作生活还算愉快吧。校长、同事都很关心我们，工作上评优评奖也会考虑我们，生活上，怕我们在学校里住久了会闷，一到周末、节假日，同事就会约我们去家里或外边一起过，因此也结交了一些朋友，感觉挺开心的。同事还给我们介绍对象，纳西族的女孩子都很朴实、勤劳和善良，说不定会在这安家呢。

——特岗教师 LDP（2019.05，丽江）

第三节 民族地区特岗教师“文化休克”的问题表征

一、因环境变化而产生的生活不适

特岗教师都是来自高校的优秀毕业生，他们从高楼林立、车水马龙的城市来到相对僻静的乡镇或农村，首先直面的是环境变化以及随之而来的短暂新鲜感和阶段性的生活不适，主要表现在以下三个方面：其一，入职学校的地理位置往往比较偏僻，交通不太便利，硬件设施比较差，少数学校甚至还没有通网络，特岗教师外出家访、购物（包括网购）很不方便，节假日想要回家更是比较困难。这对于早已习惯了便捷城市生活的大学毕业生来讲，难免会产生较大的心理落差。其二，在三年服务期内，特岗教师的住宿一般安排在学校内的宿舍（多是教室或储物间改造出来的简易房）或在校外统一租的民房，住宿条件比较简陋、与先前的大学生公寓相差甚远，多数宿舍没有卫生间，有的宿舍没有洗浴间，附近村镇也没有公共澡堂，特岗教师一年四季只能在学校里的公厕洗浴，这对于他们（尤其是女教师）而言极其不便，也给他们带来了较大的不安全感。此外，许多学校（小学和部分初中）没有食堂，特岗教师的一日三餐难以解决，他们需要到村公所或本校同事家搭伙，或隔三差五到镇上买存一些粮食蔬菜回来自己做饭。这对于习惯了在学校食堂打饭或在家父母给做吃的他们来讲，也是一个比较大的困难与挑战。其三，“一方水土养一方人”，民族地区自然环境的特殊性也造就了其饮食文化的独特性，比如许多少数民族喜欢吃辣的、酸的、油炸的、生冷的、腌制的食品或昆虫、野菜等，这与部分特岗教师的饮食习惯有巨大差异，容易使他们产生畏惧、拒绝与回避的心理，很难真正融入当地人的生活圈，进而增强了他们背井离乡的孤独感。所谓“安居才能乐业”，特岗教师到少数民族乡村学校任教，首先要适应的就是少数民族地区的地理环境以及乡镇学校的生活环境，如果不能有效帮助特岗教师协调解决生活困难、增强生活保障度、减轻（消除）其不适感、提高其安全感，那么，因环境和生活不适而导致的特岗教师离职或身心健康问题就很容易发生。

我是入职一年多的时候提出辞职的，虽然我和父母都不想毁约，也不应该毁约，但是，那时候真的是身心疲惫，焦虑到常常失眠，如果不辞职我可能就要进医院了。我入职学校的条件很差，住的是由教室改造的宿舍，每次洗澡都要自己烧水、趁夜深人静的时候才到公共卫生间去洗，洗的时候很害怕。你知道，以前大学时候可以每天洗澡，入职特岗教师后是每个星期甚至更久才能洗一次澡，都是不得不洗了才去洗，每次洗都很紧张。那种公共卫生间很脏，也没有关锁的门，我和我同事（也是特岗教师）都是约着一起去洗的，不然都不敢去。另外就是饮食没有办法解决，学校没有食堂，开始那一年，我和同事是去学校副校长（当地人）家搭伙，后来副校长调到别的学校去了，我和同事就只能自己买菜做饭，她负责做，我不会就做帮手，再后来，她谈了一个当地的男朋友，我不好意思天天当电灯泡，就经常吃方便面。那段时间教学任务也比较重，辛苦一天回到破旧的宿舍吃泡面，就会常常怀疑人生，并且开始莫名其妙的生病。我妈是我们老家那边乡镇卫生所的医生，她请假了一段时间从家里过来照顾我。后来确实是没办法坚持了，我和家人商量后就提出了离职。

——特岗教师 LEC（2019.05，普洱）

二、因语言障碍而导致的交际困难

由于民族、地理、历史、文化的差异，我国少数民族地区往往呈现出丰富多元的语言生态，既有不同民族使用同一语言的情况，也有同一民族使用不同语言的情况。以滇西边境山区为例，这是一个多民族聚居、多元文化共存、多语言交流融合的地区，除了汉族以外还有 25 个少数民族生活在这里，各族人民互相依存、和谐共处，各族文化长期浸润、互相涵化，形成了“你中有我、我中有你”的特点，也造就了各民族语言“异中有同、同中有异”的多元生态，有“民族不同、语言相似”的，也有“民族相同、语言迥异”的情况。语言是人类最重要的交际工具和思维工具，也是文化的重要载体和集中反映。任何人离开熟悉的母语环境来到一个陌生的语言环境，语言都是最突出也是最难克服的障碍①，克服语言障碍也成为每一个人跨文化交流必须跨越的第一道门槛②。对特岗教师而言，如果不是设岗学校所在地生源，他们到少数民族地区工作后，一般都要面临因语言障碍而产生的文化休克：其一，由于语言不

① 周琬謦．东南亚留学生的跨文化适应状况访谈报告——以云南两所高校为例［J］．现代企业教育，2012（24）：214－215.

② 贾磊磊．跨文化交流中的理解困境及其价值冲突［A］．中国文化国际传播研究院、会林文化基金、英文期刊《中国文化国际传播》．当代与传统：当代中国文化国际影响力的生成——“第三极文化”论丛（2019）［C］．中国文化国际传播研究院、会林文化基金、英文期刊《中国文化国际传播》：北京师范大学中国文化国际传播研究院，2018：359－364.

通，特岗教师在日常生活中容易畏惧（抵触）社交或出现社交困难，没法融入当地人的圈子，难以与当地人建立较深层次的人际关系，这就使本就远离亲朋好友的他们感到更加孤独无助。其二，受语言限制，特岗教师在家访活动中很难准确理解家长反馈的信息，不能对学生问题做出正确分析与判断，并制定出有效的教育教学对策，家校互动容易流于形式、难以取得预期成效，这会给对教学充满激情与抱负、对教育事业怀着理想的新入职特岗教师“当头一棒”的挫败感。其三，学校教学活动虽以普通话为主，但大部分同事和学生在课间以及课后都是用方言进行交流，在课上也多是采用民汉双语进行互动，特岗教师不会方言（含听不懂、不会说、既听不懂也不会说），就没法开展民汉双语教学，也很难与师生进行比较深入的交流互动，容易成为师生中的“局外人”，不利于建立其对学校、教学团队以及教学职业的归属感。鉴于当前实施“特岗教师计划”的很大一部分地区是多民族聚居区（如原集中连片特殊困难地区、原“两基”攻坚县含新疆生产建设兵团的部分团场、纳入国家西部开发计划的部分中部省份的少数民族自治州、西部地区一些有特殊困难的边境县、少数民族自治县和少小民族县等），因此，如何有效帮助特岗教师克服语言障碍问题、提高跨文化适应能力，应当成为政策主体与政策客体共同关注的议题。

我在这一年多了，还是听不懂方言，本地人的汉语习惯和普通话也有差异，比如，“鞋子”总是说成“hai zi（孩子）”，“找茬”总是说成“bao tan（包袒）”，“去”常说成“ke（克）”，我和同事以及学生交流的时候，常感觉自己会慢半拍，家访的时候需要带着录音笔，回来听不懂的，再请同事帮忙翻译。

——特岗教师 FXR（2019.05，云县）

三、因文化差异而发生的价值冲突

各民族都有自己独特的文化，它是各民族延续的重要标志。来自不同民族的个体或群体，由于其文化中的语言符号、认知体系、规范体系、社会组织、物质产品的不同，其价值观念、生活方式、风俗习惯和宗教信仰也不同①，若在交流中不能有效避免因文化差异而导致的对同一事物的理解误差或意义误读，必然会发生文化对抗与价值冲突。对于到少数民族地区履职的特岗教师而

① 金秀芳．论跨文化交流中的“文化休克”现象［J］．同济大学学报（社会科学版），2001（2）：84－87.

言，也常常遭遇以下因文化差异而带来的价值冲突：

（一）因精神文化差异而带来的价值冲突

从访谈情况看，特岗教师到校一段时间后，往往都会直观感受到以下“现实图景”：认真负责的校领导、勤勤恳恳的教师、朴实活泼的中小学生、相对陈旧的教学设备、比较落后的教育理念、较为散漫的学风，以及忙碌自顾的家长、不高也不紧迫的教育期待、比较疏离的家校互动等，总之，从领导、老师、学生到家长似乎都有一种宿命感，认为这个地方、这所学校的客观条件就这样了，再努力也不太可能做出巨大的教育成就，因此，校园里流行的是一种“不求无功、但求无过”“稳定为要，发展为次”“量力而行，顺其自然”的“出世”价值观，这和许多特岗教师自身“努力奋进”的学业生涯追求及其母校（大学）“笃学明志、追求卓越”的发展追求所体现的“入世”价值观是相背离的，会使带着乡村教育振兴使命而来的特岗教师感到困惑和无所适从。

我任教的是小学五年级，由于是师范大学毕业的，学校也比较信任我，让我当了班主任，我觉得给我冲击最大的事情就是第一次去学生家里家访，总体感觉家长们对自己孩子的学业都不是那么的关心，而且对孩子读大学的看法也和主流观点不一样。有家长和我说，“我家孩子的学习成绩很一般，不过没有关系，等孩子稍大一些就让他出去打工了，不一定要读大学，现在很多大学生还不是毕业了就出来打工”，还有一位家长和我说，“老师，您看，您读完大学也才是到我们乡镇来教书，所以说，女孩子读大学的价值真不高，我们家女儿要是想读我们就供，要是不想读也不勉强，或许早点进入社会还可以找个好人家嫁了。”

——特岗教师 GZH（2019. 12，陇川）

（二）因物质文化差异而带来的价值冲突

访谈中，有不少特岗教师提到，自己在家访时看到一些少数民族学生家里还处于一种“人畜混居”的状态（人和家畜混居在一栋老房子里，通常房子的底层用作猪、牛、羊圈，二层住人，庭院里放养鸡鸭鹅等家禽），房子里家畜味道重、苍蝇蚊子多、环境问题比较突出，让人站在屋里也还有种“难以落脚”的感觉；还有部分高寒山区的学生家里，灶台搭在露天的户外，或搭在他们父母或爷爷奶奶住处的床边，卫生条件比较差，容易诱致呼吸系统疾病，这使得特岗教师感到比较震惊和担心，但当他们把担忧和建议向学生及家长反馈的时候，对方往往都不以为意。此外，少数民族往往都比较热情好客，民间酒俗源远流长，特岗教师到当地人家里做客或因公应酬，免不了要被斟酒、敬酒、劝酒，不喝似乎显得没礼貌、不诚恳、不“入流”，喝吧又不胜酒力，这就容易使部分特岗教师产生回避社交的心理或社交恐惧。

我们班有个男生生病请假了一个星期，于是周末的时候我和刘老师（她是班主任）一起到男生家里家访，那个情景让我终生难忘。男生家住在一座大山上，整个山坡上只有他们家一户人家，他们家也是建档立卡户，房子是政府帮修盖翻新了的。我们去那天下着小雨，到他家门口就走不进去了，因为我们穿着运动鞋，但他们家房子的天井都是深浅不一的泥浆，然后他爸放了两块木板才让我们踩着走上了客厅前的门廊，结果门廊上的小鸡小鸭看到我们就跑到客厅里面去了。我一看，整个门廊上、客厅里四处都是鸡鸭的粪便，卫生太差了。当我们走进偏房去看望男生的时候，也是吓了一跳，他睡的床就在一个土灶台边上，旁边有一地的木炭和一些塑料袋、纸屑之类的垃圾，灶台里的炭火还冒着烟，他爸说这个床平时是孩子爷爷睡的，因为孩子感冒生病、这些天又下雨，白天就让孩子睡在那。说实在的，我们当时很担心，一是怕男孩一氧化碳中毒，二是怕这样的卫生环境影响男生的病愈。我们给了男生送了一些常用药和补品，也借机和他爸提了一些卫生改进方面的小建议，结果他爸说，“没事的，山上居住的情况基本都是这样的，习惯了就好”。幸好男生一周以后就回来上学了。

——特岗教师 HXJ（2020.07，云龙）

（三）因制度文化差异而带来的价值冲突

在中小学的教学及管理过程中，因制度文化与特岗教师母校（大学）文化有较大差异，从而使特岗教师容易发生困惑或焦虑。如：少数民族地区有比较丰富的民间民俗活动，且不少民族都有民间信仰，当遇到一些特殊的民族节日的时候（如白族的本主节），学生请假、迟到、早退的现象就会频发，由于这些民族节日并非国家法定节日，部分学校往往是通过“潜规则”的方式让教师来弹性地灵活把控，新任职的特岗教师又往往比较关注学生的反应，担心自己的弹性把控没能兼顾“宽严并济”（对当事人）与“公正公平”（对其他学生）；部分少数民族由于地理特点和传统习惯，其学生的性子比较慢、时间观念比较淡薄、做事情容易拖拉，对于这些性子慢、爱拖拉的学生，不教育管理不行，教育管理后似乎收效也甚微，这都会加剧特岗教师的教学及学生管理焦虑。

我教的是初三数学，不知道是因为气候炎热的原因还是民族习惯，这里的学生多数都是慢性子，作业经常是拖拖拉拉的，你让他当堂完成的他要到课后才能交，你让他下午完成的他要到第二天上午才能交，完全没有我们当年读初三时候的紧迫感。和家长反馈吧，家长觉得“很正常啊！是不是老师作业布置得多了？”真是“皇帝不急太监急”，但急死也没用，你要是因此惩戒了他，下次他还是这样，不知道该怎么做了。

——特岗教师 LIH（2018.09，西双版纳）

（四）因民族宗教文化而带来的价值冲突

浓厚的祖先崇拜、自然崇拜、图腾崇拜基蕴构成了民族地区原始宗教信仰的核心内涵①。在少数民族地区原始宗教信仰文化熏陶中成长起来的中小学生，由于受民族地区发展的差异性、意识形态的复杂性以及价值观念的多样性等因素影响，他们对世界的基本认知、道德观念、价值情感、行为选择等都会或多或少带着民族宗教文化的烙印②，呈现出“主流信仰与多元信仰并存、科学信仰与宗教信仰同在、个体信仰明确而共同信仰模糊、信仰价值取向功利化等信仰特点”③。因此，加强少数民族地区中小学生的政治信仰教育，在思想观念、道德行为、价值判断等方面对其进行教育引导，促使其在正确认识原始宗教信仰的基础上构建马克思主义科学信仰观，对于坚定中小学生的政治认同、维护民族团结、保持社会稳定、建设中国特色社会主义伟大事业具有重要现实意义④，这也是特岗教师上任后需要面对的重要教育任务。然而，价值观教育的成功被视为教育的最高成就⑤，价值观转变的教育也是最难的教育。在与民族地区原始宗教信仰“博弈”的教育实践过程中，特岗教师往往容易发生文化休克：由于大部分特岗教师都是非教育类及相关专业出身的，没有掌握正确的价值观教育方法，害怕引起学生反感，不敢贸然开展涉及价值观层面的教育引导，从而使其因教育工作“应然”与“实然”之间的脱节而陷入愧疚；或者，虽已按规定对学生开展了相应的价值观引导和教育，但成效甚微，从而使特岗教师感到沮丧。此外，由于原始民族宗教信仰本身具有存在的合理性，当特岗教师逐渐深入了解当地的民族文化以后，可能还会受民族宗教信仰的影响，对已形成的科学世界观、人生观、价值观产生冲击，在某种程度上动摇特岗教师的科学信仰。

---

① 张玉．民族地区原始宗教信仰对青少年成长的影响研究［D］．西安：西北大学，2021.

② 张玉．民族地区原始宗教信仰对青少年成长的影响研究［D］．西安：西北大学，2021.

③ 刘义飞．少数民族大学生的信仰问题与对策思考［J］．大学，2022（9）：69－72.

④ 姜剑，蒙象飞．少数民族大学生政治信仰教育的途径探索［J］．学校党建与思想教育，2020（20）：60－61.

⑤ 价值观教育化难［J］．人民教育，2015（23）：12－13.

我现在教的是初二政治，我感觉当地学生的人生观、价值观、道德观和情感态度都不同程度受到白族本主文化的影响。当然，本主崇拜是白族的唯一宗教信仰，它在一定程度上蕴含着佛教、道教的文化色彩，它对当地人的影响是十分深远的。开展教研活动的时候，教研室主任反复和我们新老师说，要讲好政治课，做好社会主义核心价值观教育，必须结合当地白族本主文化的特点、巧用本主崇拜的相关案例来开展教育，才会取得比较好的效果。在一年多的教学实践里，我自己也深刻体会到了这一点，也更加能理解习近平总书记提出的“增强文化认同，建设各民族共有精神家园，积极培养中华民族共同体意识”的重要意义。

——特岗教师 JCX（2018.12，大理洱源）

四、因职业选择而产生的发展焦虑

“特岗教师计划”的政策目的，除了创新教师引入机制、加强农村教师队伍建设、提高农村义务教育质量、促进义务教育均衡发展以外，还有一个重要的附带任务，那就是促进大学生就业（主要是帮助社会资本紧缺的高校毕业生解决就业问题）。正因为如此，目前“特岗教师计划”的实际招聘对象主要是“普通高校本科及以上毕业生（占多数）、本科师范专业毕业生（占少数）、少数高等师范专业专科毕业生（占极少数）”①。此外，“特岗教师计划”明确规定，特岗教师所需资金由中央和地方财政共同承担，其中工资性补助由中央财政拨付，其他津贴则由地方财政依据当地同类公办教师标准发放。政策实施十五年来，特岗教师的工资性补助调整了 7 次，已从 2006 年的 1.5 万元/年/人，调整到 2020 年至今执行的中部地区 3.52 万元/年/人、西部地区 3.82 万元/年/人，但由于设岗地区的地方财政一般都比较困难、且公办教师的工资水平一直比较低，所以，参照地方公办教师收入标准执行的特岗教师的工资收入水平总体还是比较低的。访谈发现，大部分特岗教师走进工作岗位以后，当开始独立面对柴米油盐的时候，都会因职业选择而在不同履职期产生不同的发展焦虑。

其一，对经济基础产生焦虑。入职初期，特岗教师从“依靠父母供养”的大学生转变为“需要自给自足”的教育工作者，面对微薄的工资收入，他们中的一部分人（尤其是大学期间大手大脚惯了的）难免会担心工资收入满

① 教育部办公厅，财政部办公厅．关于做好 2022 年农村义务教育阶段学校教师特设岗位计划实施工作的通知［EB/OL］．http：//www.moe.gov.cn/srcsite/A10/s6991/202206/t20220616_638060.html.

足不了支出、养不活自己、赡养不了父母甚至还要靠父母支援，从而对经济状况产生持续的焦虑。从访谈看，随着履职服务时间的推移，特岗教师慢慢适应当地生活、学会量入为出之后，这种焦虑感会有所缓解。然而，近三年来，受新冠疫情的影响，很多地区的地方财政都比较吃紧，津贴不能按时发放的现象时有发生，特岗教师对自身发展经济基础的焦虑有所加剧。

其二，对专业能力产生焦虑。不少特岗教师是非师范类专业出身的，在任教科目上普遍存在“教非所学”（即任教的学科并非自己所学的学科或专业）的情况，而且，地方教育主管部门组织的针对特岗教师的岗前培训和在职培训也不够到位，不同程度存在“重形式、轻内容、走过场”的现象，学校给安排的“指导教师”往往也忙于业务、疏于指导，在这样的一种背景下，特岗教师往往会因短期内不能提高教师专业能力而着急、忧虑，并对能否胜任教育教学工作、取得既定教育教学效果、完成服务期的考核任务及要求，以及服务期满后能否顺利通过考核并留任等产生怀疑和担忧。

其三，对职业发展产生焦虑。“特岗教师计划”明确规定“确保三年服务期满、考核合格且愿意留任的特岗教师及时入编并落实工作岗位”。在实践中，特岗教师在三年服务期满后一般可以有三种选择：一是继续留校任教，保留岗位和编制；二是流转别校任教，保留编制；三是重新自主择业，其中报考事业单位或公务员的话，可享相关优先政策。从访谈情况看，随着服务时间的推移，不少特岗教师都会在对上述政策赋予的“期满承诺”、农村教师的工资福利待遇、自身教师专业能力水平等情况日益清晰的基础上，产生对期满后职业选择与发展的矛盾心理：一方面，想留任，但又害怕专业能力不足、没法发展为理想的优秀教师，害怕在乡镇里找不到合适对象、没法安家乐业，害怕工资收入水平一直都这么低、没法（给父母）享有更好的生活，害怕从此失去阶层晋升的机会、影响未来子女的发展等；另一方面，不想留任，但又害怕“浪费了三年青春”、重新择业不具年龄优势，且放弃留任就意味着放弃现有编制、自己有所不甘、父母也不太支持。基于上述矛盾心理，外加“特岗教师计划”的政策支持体系还不完善（如特岗教师的职前与职后培养、培训还鲜有涉及职业规划、职业发展方面的内容，特岗教师在履职服务期还鲜有获得本校教师以外的其他领域专业人才或专家的指导，特岗教师专业发展共同体还没有建立或健全等），这就催生或助长了特岗教师在服务期内的职业发展焦虑，不仅影响特岗教师的身心健康，而且影响特岗教师队伍的稳定发展。

五、因社交孤岛而导致的情感失落

特岗教师从先前相对比较自由、宽松、开放的大学环境来到相对比较闭塞的农村中小学，从非少数民族聚居地到少数民族聚居地生活及工作，必然要经受不同价值观、人际交往模式、语言、生活习俗或习惯的强烈冲击①，再加上远离亲朋好友（尤其是非生源地者），很容易困于社交孤岛而导致情感失落、烦恼和焦虑，主要表现为以下三个方面：

其一，农村中小学的规模一般都比较小、教师的数量也比较少，许多老师下班后还要回家干农活，与外来的居住在学校（或周边民房）的特岗教师交流甚少；学校的传帮带机制不完善，特岗教师与指导教师的沟通交流一般只是在上班时间、局限于教学工作；再加上与当地群众的语言不通、价值观迥异、生活习惯差异等，特岗教师融入当地社区有一定困难。在上述因素综合作用下，特岗教师往往很难与当地人建立并保持比较紧密的互动交流关系，要么独来独往、要么在当地特岗教师的“小圈子”内互动，这就容易加剧特岗教师的孤独感。

现在是我入职特岗教师的第二年，我刚来的时候，学校给安排了一位年长的指导教师，他很认真负责，除了要我跟班听他的课，他每月还至少来听我一两次课，帮我指出问题和改进方向，对我的帮助促进挺大的。第二年，我教学上手以后，他就不怎么管我了。我是住在学校搭建的简易房里，可能自己比较内向吧，目前，除了和同住在学校里的两个年轻老师有业余交往以外，很少和社会上的人往来，没事的时候顶多在网上追追剧、刷刷小说，有时候还是感觉挺孤独的，尤其是生病的时候，或者春节期间父母亲戚朋友纷纷催婚的时候，感觉特别孤独。

——特岗教师 LK（2019.01，红河）

其二，随着互联网、移动终端设备技术的快速发展，媒体呈现出多元化发展的特征，腾讯 QQ、微信、新浪微博、百度贴吧、人人网等社交网络工具也以其方便快捷的特点迅速融入现代人的日常生活②，部分特岗教师从大学时代就适应并习惯了通过社交网络方式进行“云社交”，甚至因此忽视现实中的人际交往（包括与父母、师生、朋友间的沟通交流），当他们从城市来到相对边

① 敖日琪琅．少数民族大学生社会文化适应与社交焦虑：情绪调节策略的中介作用［D］．上海：华东师范大学，2020.

② 安达，柳婧．少数民族地区大学生社交网络应用调查及对策［J］．成都工业学院学报，2014，17（3）：42－45.

远的少数民族地区工作后，受语言等因素影响，就更容易沉溺于既往相对轻松的社交网络而不愿意直面现实中相对比较复杂的人际交往，从而导致现实社交中的人际关系疏远。然而，“远亲不如近邻”，当他们在现实生活中遇到困难、问题甚至一些突发状况时，就很难第一时间获得较好的当地的社会支持，使其不能很好地应对而产生挫败感，加剧“独在异乡为异客”的孤立无助感。

由于交通不便、语言也不太通，我们两个住在学校的特岗教师很少回家，也很少到镇上赶集，顶多出去买食品和生活必需品，绝大多数的闲暇时间都是在网上度过的，读读书、看看朋友圈和新闻，才感觉自己没有和这个世界脱离。

——特岗教师 LDL（2019. 02，澜沧）

其三，特岗教师普遍处于适婚年龄（平均年龄为25岁），都面临成家立业的问题，然而，由于其服务期为3年，工作具有一定的不确定性（三年后，可能留任、流转、改行等），加上其社会经济条件也不太符合当前世俗的择偶条件标准（对财富、事业、家庭背景有比较高的期待和要求①），从而使其成为婚恋市场的弱势群体，成家立业问题成为特岗教师本人及家人头疼的一大难题：要么因为到了农村工作，距离变远了、交通不便利，与原先的男/女朋友变成异地恋，并逐渐因为各种现实条件制约而变得疏离；要么因为物质上的相对贫乏，以及交际圈的狭小，很难在周围找到合适的恋爱对象；要么陷入不着边际的网恋，过一天算一天。这都容易使特岗教师在辛苦工作之余没法找到较好的情感倾诉或寄托对象，长时间内处于一种孤独无依、郁郁寡欢、情绪失落的状态。访谈中，无论是地方教育主管部门的领导、设岗学校的校长还是特岗教师本人，普遍反映“难以解决夫妻两地分居或异地恋的问题是特岗教师流失的主要问题之一”，这也和王艳玲等人②的调研结果不谋而合。

特岗教师的工资比较低，学校提供的住房条件又差，没有钱、没有房的男老师，真是很难找到合适的对象。我年龄上还不着急，但是，自己比较喜欢教师这个职业，一年后服务期满还是想留任的，如果一直这么干下去的话，家里就比较担心我的成家问题，我自己也想过、也还是焦虑的，只能走着看了。

——特岗教师 LYM（2019. 02，云县）

我是特岗教师三年服务期满后调任到这里的语文老师，去年结了婚，老婆也是从特岗教师留任的初中老师、但在另一个镇（我父母家也在那），目前还

---

① 张海清，张建云．边疆民族地区大学生家庭功能、婚恋观与性态度现状调查［J］．大理学院学报，2014，13（1）：75－79.

② 王艳玲，苏萍，荀顺明．特岗教师流动及流失意愿的影响因素分析—基于云南省的调查［J］．教师教育研究，2017，29（5）：7－13.

没有小孩，家里一直在催。我们考虑，得先想办法调在一起，结束两地分居情况再说。我妈近期生了一场大病，我也请不了几天假，多数是我老婆去帮忙照顾的，她累得怨言比较多，我也很焦虑，不知道什么时候才能调在一起。

——特岗教师 CNM（2019.02，澜沧）

第四节　民族地区特岗教师“文化休克”的解决路径

通过从文化休克理论视角对民族地区特岗教师“文化休克”的阶段特点和问题表征的系统分析可见，特岗教师在民族地区的适应性问题，归根到底是内因与外因综合作用的结果，内因主要是特岗教师的心理调适能力不强、跨文化能力不足，外因主要是“特岗教师计划”的配套制度不完善、社会支持体系不健全，特岗教师的职前与职后培养培训不足等。应从优化准入、加强培训、强化保障、完善流转等四方面入手，着力提高特岗教师在民族地区的跨文化适应能力，优化“特岗教师计划”的配套制度，完善特岗教师的社会支持体系及保障机制，有效解决民族地区特岗教师的“文化休克”问题，全面促进民族地区特岗教师队伍的稳定可持续发展。

一、优化准入：注重特岗教师的跨文化素质考察

其一，调整招聘条件和选派机制，提高生源地特岗教师比例。就少数民族地区而言，提高特岗教师招考中的“生源地大学毕业生占比”，可以从根源上很好的解决特岗教师“文化休克”问题，让特岗教师以更好的状态投入工作，这对于特岗教师本人及其所服务的学校而言都是十分有利的。一方面，生源地特岗教师相当于是回家乡工作，他们对设岗学校所在地的情况比较熟悉，也熟知当地的风俗习惯与风土人情，往往能熟练运用少数民族语言（或方言）与普通话进行沟通交流，这就能从根源上很好的消除文化差异、文化冲突和人际关系疏离等带来的心理压力。另一方面，特岗教师工作学校离家比较近，容易获得家人、亲属、朋友的支持，即便学校住宿条件简陋一些，生活上的困难也比较容易克服，而且，在工作之余，他们还可以照顾父母或其他亲人，也容易通过熟人社会的支持进行择偶、走进婚姻，从而缩短特岗教师对工作环境的适应时间，使他们职业有归属、情感有寄托、生活有保障，能够更快更好地全身心投入工作①。其

① 邓金春．多元文化背景下云南农村特岗教师身份认同的自我建构研究［D］．昆明：云南师范大学．2015.

二，丰富特岗教师准入考察的内容，注重考察应聘者的跨文化素质。在特岗教师招聘过程中，针对拟选派到民族地区设岗学校的报考者，除了考核其教师基本素质及能力以外，还应设置跨文化素质测评环节，尤其是在面试过程中，可以通过答辩等方式对报考者的少数民族文化素养、跨文化交际能力等进行考察，优先录用那些具有较好少数民族文化素养、跨文化适应能力强、对发展农村教育事业有坚定信念和远大抱负的报考者。在招聘的最初阶段就排除掉一些对民族地区文化不了解、适应能力差，对农村教育事业不热爱的报考者，有助于解决特岗教师在民族地区的适应性和稳定性问题①，对促进特岗教师队伍的可持续发展具有重大意义。

二、加强培训：促进特岗教师的跨文化能力提升

在多元文化语境中，不同文化之间的相互交流、相互合作，有赖于对各自文化价值观的正确判断，而对于文化价值观的正确判断又依赖于对语言意义的正确理解；尽量避免在语言交流中产生的理解误差，消除在文化传播过程中产生的意义误读，是避免文化对抗与价值冲突的重要途径②。因此，将少数民族语言及文化培训作为促进特岗教师跨文化能力提升的重要抓手，纳入特岗教师的岗前与职后培训（培养）体系就显得尤为重要。其一，丰富岗前培训内容，拓展岗前培训方式与渠道，将少数民族语言学习、少数民族历史与文化研习、少数民族传统技艺赏析、民俗文化知识普及等有机融入特岗教师的岗前培训内容体系，由地方教育主管部门协同相关文化部门或第三方组织，有针对性地组织新聘特岗教师开展“跨文化能力提升”专题培训，增进特岗教师对少数民族文化的理解，消除因文化差异而形成的理解、沟通上的偏误、障碍和矛盾，提高特岗教师的跨文化能力，促使其在少数民族文化新环境中既保持自我又悦纳他人，能够从多元文化视角来考虑问题、分析问题和解决问题，全面提高特岗教师对民族地区教育环境的适应性。同时，要在岗前培训环节加强对特岗教师的入职心理引导，让特岗教师在了解入职地及学校基本情况、了解少数民族地区农村教育存在的现实困难、问题以及与城市教育的巨大差距③的基础上，

① 孙田．河北省L县特岗教师政策实施中的问题与对策研究［D］．保定：河北大学．2021.

② 贾磊磊．跨文化交流中的理解困境及其价值冲突［A］．中国文化国际传播研究院、会林文化基金、英文期刊《中国文化国际传播》．当代与传统：当代中国文化国际影响力的生成——“第三极文化”论丛（2019）［C］．中国文化国际传播研究院、会林文化基金、英文期刊《中国文化国际传播》：北京师范大学中国文化国际传播研究院，2018：359－364.

③ 阿呷热哈莫．特岗教师文化适应问题分析——以西南民族地区为例［J］．教育导刊．2016（7）：71－74.

做好入职心理建设，为到农村地区从教做好充分的心理准备。其二，完善特岗教师的职后培养与培训机制，做好“跨文化适应能力提升专题”常态化培训。要提升特岗教师的跨文化适应能力，仅仅依靠入职培训是远远不够的，加强特岗教师的职后培训非常重要。一方面，要针对设岗学校多分布在交通不便、较为偏远的山区，特岗教师外出培训不便的实际情况，通过互联网“送培到校”的方式，加强特岗教师跨文化能力提升的校本培训。另一方面，要充分挖掘利用当地资源，组织有相同文化背景和经历的老教师对新聘特岗教师开展“多对一”或“一对一”的帮扶，通过文化互助活动帮助年轻特岗教师不断提高跨文化适应能力①。

三、强化保障：健全特岗教师的社会支持体系

其一，增强工资福利保障。特岗教师三年服务期内所需资金由中央和地方财政共同承担，其中工资性补助由中央财政拨付，其他津贴则由地方财政依据当地同类公办教师标准发放，但由于地区经济发展差异、地方政府财力状况不均衡，客观上造成了特岗教师的其他津贴待遇不平等的情况②，甚至还存在少数地方和学校因各种各样原因没有按国家规定落实或推迟落实津贴待遇的问题③，而且往往是越落后的地方、越边远的地方上述问题发生的概率越高，从而使特岗教师的工资福利待遇得不到切实保障，进而使特岗教师对现实经济基础及未来职业发展产生严重焦虑，加剧了特岗教师队伍建设发展的不稳定性，尤其是加剧了少数民族边远农村特岗教师的流失。对此，建议采取以下优化对策：1. 由于设岗学校均在国家欠发达地区，应将“特岗教师计划”所需资金纳入国家“先富带后富”的宏观统筹范围，即把特岗教师的工资性补助、其他津贴均纳入中央财政拨付的范围，只不过“工资性补助”的标准按目前分“西部地区”和“中部地区”两档、地区内相对统一，而“其他津贴”的划拨标准则按设岗地区的同类公办教师标准核拨，从而切实保障各地区特岗教师的工资福利待遇。2. “特岗教师计划”是一个自上而下的政策，其政策目标“促进义务教育均衡发展、高质量发展”不仅仅是政府的奋斗目标，也是全社会共同期待和奋斗的目标，因此，有必要全面加大政策宣传的力度、拓展政策宣传的渠道，既要通过各种主流媒体让公众了解当前农村教育资源匮乏的现

① 张海清，杨明宏．少数民族文化震惊与适应［J］．贵州民族研究，2010（5）．

② 李淑琴．对农村基础教育发展中“特岗教师”问题的探析［J］．学园，2012（2）：81－84．

③ 王艳．特岗教师计划实施情况的调查研究［D］．保定：河北大学，2013．

状，也要通过各种媒介让大学生及其家长、各企事业单位、社会团体及广大人民群众均了解“特岗教师计划”，全面提高政策的认知度和传颂度，积极争取各方资源与力量，筹集特岗教师发展公益基金，最大程度发挥社会支持功能，为少数民族地区“特岗教师计划”的可持续深入实施增添动力[①]。

其二，构建专业学习共同体。20 世纪 90 年代以来，依托专业学习共同体建设，增强教师在工作中的协作，以重建学校文化，达成改善学生学习表现及成效的目标，从而回应社会对高质量人才培养的需求，成为国际通行的教师发展路径。针对目前大批特岗教师“教非所学”的现状，以及特岗教师群体普遍面临的专业发展与职业发展焦虑，应从以下几方面加以谋划，积极构建多样化的特岗教师专业学习共同体，帮助特岗教师提升教师专业能力、消减职业发展焦虑（或压力）：1. 各设岗地区教育主管部门和设岗学校应为新入职特岗教师安排合适的“导师组”，导师组的成员可以由教学管理专家、教学名师、学科专家或任教学科的骨干教师、职业规划师、“老”特岗教师（三年服务期满后留任的特岗教师）等组成，从而为特岗教师三年服务期内的专业与职业发展提供全程全方位的指导与帮助。2. 可由各设岗地区教育主管部门和学校牵头，地方教师发展组织（如地区教师发展中心、地区教师培训中心、乡镇承担教师培养培训职能的中小学校等）参与，协同建立“区域（校际或校本）特岗教师专业学习共同体”，从而提供一个平台，常态化组织开展基于校本或区域的教师专业发展活动，让特岗教师们通过共同探索、研讨和不断实践（实验），学习更新教育理念，探索适宜的教学模式、教学方法和技巧，寻求教学上的有效实践[②]，不断提高教育教学水平与质量，持续增强自我实现的效能感。“区域（校际或校本）特岗教师专业学习共同体”的建立，不仅可以为不同地域、不同学科的特岗教师交流搭建平台，打破教师间的隔阂，加强教师间的合作与交流，提升教师专业能力[③]，而且可以帮助特岗教师拓宽圈子（工作圈、朋友圈等），充分感受来自组织和同侪的支持，从而产生一种发自内心的自豪感，大大提升特岗教师的工作积极性，也能吸引更多的特岗教师在服务期满后留任、扎根农村义务教育[④]。

---

① 张雪雅．河南省农村特岗教师社会支持、工作压力与生活满意度的关系［D］．开封：河南大学，2015.

② 黄丽锷．专业学习共同体：一个校本的教师发展途径［J］．上海教育，2006（10）：26－27.

③ 王珂．小学特岗教师专业发展现状及对策研究［D］．镇江：江苏大学，2021.

④ 郑宇唯．组织支持感对特岗教师工作积极性的影响：心理资本的中介作用［D］．长沙：湖南师范大学，2021.

其三，加强人文关怀与物质帮扶。首先，设岗学校的管理者（尤其是校长）应充分认识到特岗教师对于学校建设发展的促进作用，为特岗教师有效融入学校集体以及乡村社会（或农村社区）营造良好的氛围、提供必要的支持、搭建有效的平台；与此同时，特岗教师自身也应该积极与学校领导、同事建立良好的人际关系，从而让自己在一种良好的氛围中更好更快地进入角色、适应工作以及融入当地的生活。其次，设岗地区的教育主管部门应关注特岗教师的婚恋状况，并在选派或任期满后选调的时候，充分关照特岗教师的现实需要，妥善进行学校及岗位的安排，尽可能帮助特岗教师协调解决异地恋、两地分居或家有年迈父母亟须照顾的问题，从而增强特岗教师队伍的稳定性。此外，针对特岗教师的年龄特点和婚恋需求，以及少数民族地区特岗教师普遍面临的工作地点偏、人际圈子窄、寻找合适婚恋对象较困难的现实问题，县、乡有关部门和学校应多关心年轻特岗教师的精神生活，可以与妇联以及其他社会组织积极为特岗教师搭建社交平台，协同当地的企事业单位定期或不定期举办丰富多彩的联谊活动，丰富特岗教师的业余生活，扩大特岗教师的人际交往圈，让特岗教师苦闷、焦虑、孤独的工作生活状态得以极大改善①，也为单身特岗教师提供较多“牵手成功”的机会。最后，鉴于特岗教师“文化休克”的一个重要诱因、也是影响特岗教师婚恋的一个重要因素，是特岗教师的住宿条件问题，因此，各设岗地区和学校要坚持人文关怀与物质帮扶相结合，应提前做好特岗教师招聘的五年规划与年度计划，并根据招聘规划或计划，提前做好特岗教师的周转宿舍安排，从而帮助特岗教师解决生活中面临的最基本的实际困难，让其可以安居、然后乐业。

四、优化留转：拓宽特岗教师期满后的发展路径

根据“特岗教师计划”的政策安排，特岗教师三年服务期满、考核合格且愿意留任的，均可以按时入编并落实工作岗位，且连续计算工龄、教龄，不再实行试用期。根据教育部的统计数据看，三年服务期满后特岗教师的留任率逾 85%（含在本校任教和调动到其他学校任教），只有不到 15% 的特岗教师选择重新择业。但如前文所述，不管留任与否，特岗教师在三年服务期内都有较大的职业发展焦虑，既影响个体的身心健康，又影响整个队伍的稳定发展。对此，除了要不折不扣地贯彻执行“特岗教师计划”的政策要求以外，还应该从以下四个方面加以改进，不断优化特岗教师留任、调任或转岗（再择业）

① 李雅琴．边境民族地区特岗教师何以留任［D］．南宁：广西师范大学，2021.

的配套制度，提升特岗教师的发展力，拓宽特岗教师服务期满后的发展路径，减轻特岗教师的职业发展焦虑，提高特岗教师对岗位的认同感和满意度。

其一，健全工作机制。结合“特岗教师计划”的政策要求以及地方教育、人事、财政等部门的职能，建立特岗教师服务期满留转工作领导小组，加强各部门的协作，确保服务期满愿意留任的特岗教师全部按时入编，同时，在兼顾特岗教师的能力状况及家庭情况的基础上妥善落实工作岗位，做好相关转接工作，确保特岗教师顺利留任。对于转岗（再择业）的特岗教师，需持续跟踪其择业过程并给予必要的帮助与指导，同时督促相关单位严格落实“特岗教师计划”赋予特岗教师的优惠政策（如：同等条件下优先录用，或给予适当加分）。此外，要注重特岗教师转岗（再择业）与普通中小学教师补充制度的对接，尽快制定优先录取或给予适当加分的具体优惠政策，让达到普通中小学教师招考条件的特岗教师有更多机会进入到普通中小学任教①。

其二，促进在职提升。在特岗教师三年服务期间，地方教育主管部门可依托“双一流”普通高等学校、高水平师范院校，联合国内高水平中小学、基础教育集团，协同建立特岗教师职后教育联盟，通过线上线下有机结合的方式，为特岗教师组织开展常态化的在职培训，培训内容可以涵盖教育理念、教学方法、教学技能、学校管理、家校共育、学生管理与服务、职业规划、法律法规、健康生活、跨文化交际、婚姻家庭等各方面，可根据特岗教师的发展需求设计成系列专题，提供培训“菜单”让特岗教师自主选择，同时实行培训课程学分制，将所获培训课程学分与特岗教师的职称评审、评优评奖等挂钩，通过培训学分管理让特岗教师把学校发展需求和个人发展诉求有机结合起来，合理安排时间并积极参加在职培训，持续提高特岗教师的职业胜任力、教育教学实践的创新力与领导力。与此同时，要排除人为障碍，鼓励和支持所有履职满 2 年及以上的特岗教师，只要通过用人单位考核，都可以申请参加“农村学校教育硕士师资培养计划”、在职攻读教育硕士，明确特岗教师在农村学校的履职服务时间可以冲抵教育硕士的专业实践时间，从而进一步促进特岗教师的学识与学历提升，为促进农村教师队伍学历结构的优化奠定重要基础。

其三，储备管理人才。可由地方教育主管部门牵头，根据特岗教师的潜质、履职表现和发展志趣，依托政府出资、社会融资和个人捐资等多元资金筹措方式筹资设立“未来校长项目”，吸引那些具有一定教学经验、突出管理才

---

① 范美荣，于胜刚．农村初任特岗教师成长困境及解决对策［J］．重庆电子工程职业学院学报，2015，24（4）：71－73.

能、服务期满愿意留任且有志于引领中小学校追求卓越的优秀特岗教师进入“未来校长项目”，让其在服务期满后有机会被地方教育主管部门送到国内名校（含大学、中小学）培训学习一段时间（1—3 个月），帮助其进一步更新理念、开拓视野、提高决策力和领导力，让其经过“未来校长项目”培养之后能快速成长为学校的管理骨干、校长等，更好的施展抱负，带领所在学校高质量发展。

第八章　发达国家教师政策与“特岗教师计划”的比较及启示

他山之石，可以攻玉。在国家持续深化实施“特岗教师计划”的现实背景下，借鉴国外先进经验，取长补短，完善“特岗教师计划”，使之发挥更大作用，既是一项紧迫的任务，也是一条可行的路径。本章通过考察英国的 TF 计划、美国的 TFA 计划和日本的“教师定期流动制度”，与“特岗教师计划”进行较为全面的比较分析，旨在找出共性与差异，探析发达国家相关教师政策对“特岗教师计划”的启示，为优化和完善政策提供借鉴和参考。

第一节　“特岗教师计划”与英国 TF 计划

经梳理分析英国教学优先计划和我国“特岗教师计划”的异同点，绘制表 8－1；围绕表 8－1 中的核心内容，就两者的异同进行分类对比分析。

表 8－1　“特岗教师计划”与英国 TF 计划的差异对比

比较内容		英国教学优先计划（Teach First，简称 TF 计划）	“特岗教师计划”
产生背景	管理体制	中央和地方合作制	中央集权制
	现状难题	教师质量较低	教师数量和质量不足；教师结构不合理；大学生就业难。
	渊源	借鉴美国 TFA 计划	根据我国实际制定
计划性质	实施主体	非政府组织主导	政府主导
	目的	促进教育资源均衡	解决农村教师短缺；促进大学生基层就业；致力乡村振兴。
	特点	受行政干预少，自由、公正度高	受行政干预多；受政绩观影响大。
	与各教育行政部门关系	合作关系	上下级行政关系
	资金来源	自筹经费	财政拨款

续表

比较内容		英国教学优先计划（Teach First，简称 TF 计划）	“特岗教师计划”
实施方式	准入条件	名校学历、成绩、综合能力	本科学历、思想政治素养、持证上岗
	招聘程序	简单、时间短、成本低	复杂、周期长、成本高
	宣传中介	公众场所	政府性文件
	职业培训	时间长，注重素养和价值观	时间短，单一浅显
	职业发展规划	注重全面发展和职后就业；教师培养和管理人才培养结合	主要培养教师技能
	服务期限	两年	三年
	实施标准	统一且完善	存在各省差别
实施现状	社会反响	社会广泛支助、政府大力支持	导致地方财政压力、受到部分地方的冷落
	实施效应	改善教学现状和管理问题	改善教学现状
	教学评价	上下一套标准，易统一评估	标准有差异，难统一评估
	教师职后发展	能独立自主找到较满意工作	靠国家优惠政策解决就业

一、共性

其一，两者都是为了促进基础教育均衡发展。TF 计划和“特岗计划”都是在贫困落后地区的薄弱学校实施的，反映了国家对基础教育均衡发展的重视。其二，两者都注重受聘者的教师素质与能力，均包含了教师职前培训功能。TF 计划和“特岗计划”都是以大学生为主体，通过公开招聘（含网络筛选、笔试、面试等）方式，把这些优秀的大学生送往贫困地区基础教育阶段学校任教，在遴选大学生的过程中，都对其教师素质提出了不同要求，并对受聘者进行岗前培训和职后培训。其三，两者均对贫困地区薄弱学校的师资队伍建设和教学质量提升发挥了积极作用。TF 计划和“特岗计划”都创新了农村学校师资补充机制，为贫困地区农村学校注入了新的活力，既优化了农村义务教育阶段学校的师资队伍结构（含年龄、学科、学历等），又促进了义务教育质量的持续提升。其四，两者都面临亟待解决的现实问题。在实施过程中，TF 计划和“特岗计划”既要面对师资培训困难，又要面对教师“半途而废”的问题，以及受助地区或学校因施行压力而产生的抗拒，政策的整体方案均有待优化。

二、差异

（一）诞生背景的差异

政策出台离不开特定背景。对英国TF计划和我国“特岗计划”的产生背景进行分析，有利于探析两者成因的差异性，为深入比较奠定基础。从诞生背景分析可见：其一，英国TF计划产生于西方发达国家，其教育管理体制实行中央和地方合作制，我国“特岗计划”产生于发展中国家，教育管理体制实行中央集权制。两国经济基础、政治体制、地理环境不同，教育政策截然不同。其二，两者面对的农村薄弱学校问题不同。英国的薄弱学校与我国的农村学校存在数量和质量上的差别，英国的薄弱学校较我国少、教学质量整体上比我国好，学校里的教学设施要更齐全；英国基础教育阶段的教师问题主要是在质量方面，我国基础教育阶段的教师问题除了质量不高，还存在数量不足、结构不合理的情况。总体而言，英国的基础教育阶段教师质量要高于我国。其三，英国TF计划产生的时候，还不存在大学生就业难的问题；我国“特岗计划”产生的重要因素，是要缓解大学生就业难的问题。其四，英国TF计划的出台，很大程度是受美国“TFA计划”（即“为美国而教计划”）的影响，其创立具有模仿性；我国“特岗计划”的出台则是基于本国国情和实际，具有创新性。其五，英国TF计划的创建与发展受到社会各界成员的推动，我国“特岗计划”主要是在政府扶植下颁行。

（二）计划性质的差异

从英国TF计划和我国“特岗计划”实施的目的、方式、特征、领导与组织等方面来分析比较政策的性质，可以找到两者最核心的区别，这也是将两者进行比较分析的主要内容。其一，从实施主体看，英国TF计划是由非政府组织主导的社会组织行为，我国“特岗计划”是由政府机构主导的社会组织行为。其二，从政策目的看，英国TF计划将教师培养和管理人才培养结合起来，促进了大学生就业，但并不以解决大学生就业为目的；我国“特岗计划”主要是解决一线教师短缺问题，并将解决大学生就业难的问题作为实施目的之一，在培养特岗教师过程中没有关注培养学校管理人才。其三，从政策特征看，受两国经济体制的影响，英国TF计划呈现出市场经济的特点，其运作与执行受行政干预少，自由、公正度高；我国“特岗计划”呈现出计划经济的特点，其运作与执行受行政干预多，受政绩观影响大，形式主义较严重。其四，从领导与组织方式看，英国TF计划的实施主体与各教育行政部门间是合作关系，我国“特岗计划”的实施主体与各教育行政部门是上下级的行政关系。其五，从经费来源看，英国 TF 计划的资金来源于“教学优先组织”自身的筹款，主要是企业、慈善组织、政府、学校和个人的捐款，政府性财政只占少部分；我国“特岗计划”的资金全部来自政府的财政拨款，以中央财政为主，社会各界对政策基本没有资金上的支持。

（三）实施方式的差异

实施方式包括招聘程序、准入标准、宣传媒介、职业培训、职业规划与发展等。将英国 TF 计划和我国“特岗计划”的实施方式进行比较，有助于反思“特岗计划”实施问题的原因并从中得到启示。其一，在准入标准上，英国 TF 计划对应聘者的准入条件要求较高，主要是来自英国名牌大学的非师范学生，且对学历、成绩、综合能力、政策认可度等都有具体要求，从而对支教生各方面进行全面考察、确保支教生质量；我国“特岗计划”主要是通过规范化的招聘程序保证政策的公正性与应聘者的质量，对应聘者的要求主要体现在学历和思想政治素质上，对适应能力及对政策价值认同方面的考察较少。其二，在招聘程序上，英国 TF 计划的招聘程序较为简单，网络筛选和面试（一天）基本就定了候选人，但其考察方式具体、多样、全面，后期考察是由第三方机构主持，因此，持续时间短、动用的人力、物力较小；我国“特岗计划”的招聘程序主要由各级教育行政部门负责，相对比较复杂，从招聘计划和公告的发出到最终人选的确定至少需要两个月，考察方式比较形式化，因此，持续时间较长、动用的人力、物力也较大。其三，在宣传媒介上，英国 TF 计划以公众场所为宣传阵地，突出使命感和责任感的宣传，宣传方式多样，覆盖面广，宣传效果明显；我国“特岗计划”以政府性文件为主，以自上而下传达的形式开展，侧重对配套优惠政策的宣传，宣传方式单一，社会知晓面相对较窄，应聘者多是以自身利益为出发点加入的。其四，在入职培训方面，英国 TF 计划的培训时间长、内容丰富、讲解深入，注重教师基本素养、团队精神和支教者使命感和责任感培养与建立；我国“特岗计划”的入职培训时间较短，没有统一的培训方式，培训内容相对单一，培训不够深入，注重教师基本素养、对工作环境基本认知的培训，在一定程度上存在“走过场”现象。其五，在职后培养方面，英国 TF 计划通过入职后的培养，慢慢将支教生变为合格教师，体现了政策对合格教师的高标准、严要求；我国“特岗计划”要求应聘者在入职前具有“教师资格证”，注重形式上的合格。其六，在职业发展方面，英国 TF 计划将组织各种针对支教生的培训，包括专业学科培训和管理者培训，并给支教生配备多个指导教师，包括学校教师或领导、大学教师、企业管理者等，且对支教生的多方面管理一直延续到支教生涯结束后；

我国“特岗计划”对已入职特岗教师的培训较少，培训内容主要是教学相关的知识和技能，指导教师一般为学校教师，通常在第一年后对特岗教师的管理和支持就大幅减少了。其七，从履职岗位看，英国 TF 计划的支教生既可以担任教师、也可以担任学校管理者，我国“特岗计划”应聘者一般只是在学校担任教职。其八，从服务期限看，英国 TF 计划的服务期为两年，服务期满后不包分配工作，但有许多后续措施跟进和帮助支教生终身发展，也使支教生在服务期后持续关注和支持该项政策；我国“特岗计划”政策鲜有关注留任特岗教师的进一步培养，而离开教师岗位的特岗教师则与该计划基本不会再有联系了。

（四）实施现状的差异

将英国 TF 计划和我国“特岗计划”的实施现状进行比较，可以了解计划实施效果、发展趋势、需要改进的地方，看到各自优势与不足，以便取长补短、学习借鉴、改进政策。其一，近年来，英国 TF 计划获得社会各界的广泛资助以及政府的大力支持，执行压力在减小；我国“特岗计划”得到了中央财政的大力支持，但因特岗教师的其他津贴是由地方财政支付，受地方财政压力影响，部分设岗地区和学校对该政策出现消极应对的情况。其二，英国 TF 计划既改善了受助学校的教学现状，也对薄弱学校的管理问题起到了改进作用；我国“特岗计划”主要对受助学校的教学发挥了促进作用。其三，英国 TF 计划的实施标准统一，有利于统一评价与完善；我国“特岗计划”在各省的实施方式有差别，即政策存在地域差异，难以统一评价与完善。其四，英国 TF 计划对支教生的培养较为成功，离职后的教师基本能独立自主找到满意工作；我国“特岗计划”对参与者的培养不足，特岗教师离职后很大程度上要靠国家优惠政策解决就业问题。其五，英国 TF 计划将离职支教生纳入“教学优先大使”，为计划的进一步发展提供动力；我国“特岗计划”对离职特岗教师的支持是单向的，后者对“特岗计划”的进一步发展缺少关注和支持。

第二节 “特岗教师计划”与美国 TFA 计划

经梳理分析美国“为美国而教计划”和我国“特岗教师计划”的异同点，绘制表 8－2；围绕表 8－2 中的核心内容，就两者的异同进行分类对比分析。

表8-2 “特岗教师计划”与美国TFA计划的差异对比

比较内容		美国“为美国而教计划”（Teach For America，简称TFA计划）	中国“特岗教师计划”
	管理体制	中央和地方合作制	中央集权制
产生背景	现状难题	资源贫乏地区师资短缺；不能充分和合适地培养教师	教师数量和质量不足；教师结构不合理；大学生就业难。
	渊源	由大学生发起的民间组织	根据我国实际制定
	实施主体	民间组织主导	政府主导
	目的	消除教育的不公	解决农村教师短缺；促进大学生基层就业；致力乡村振兴。
计划性质	特点	非营利性；受行政干预少，自由、公正度高	受行政干预多；受政绩观影响大。
	与各教育行政部门关系	伙伴关系	上下级行政关系
	资金来源	公私合作，私人资金为主	财政拨款
	准入条件	社会各行各业者，具有扎实的通识背景和专业经验	本科学历、思想政治素养、持证上岗
	招聘程序	形式多样化，内容优质化	流程复杂、周期长、成本高
	宣传中介	政府官员立法者；企业基金会	政府性文件
实施方式	资格认定	学科知识系列研讨会、一年教学工作后才能申请资格认定	先得证、后上岗
	职业发展规划	培养教育管理才能	培养教师技能
	服务期限	两年	三年
	实施标准	统一	存在各省差别
	社会反响	充分赢得公众的支持和援助	地方财政压力大，受到部分地方的冷落
	实施效应	提供偏远地区高素质教师；让最优秀的大学生发现教育中存在的问题	改善教学现状
实施现状	教学评价	以结果为导向的评估，评价个人表现和组织绩效	标准有差异，难统一评估
	教师职后发展	提供各行业的就业选择；作为领导人在教育系统内推动教育的全面变革	靠国家优惠政策解决就业

一、共性

其一，两者都旨在促进教育均衡发展。中美两国在教育领域内都面临教育发展不均衡的问题，经济欠发达地区的学校、家庭条件差的学生在教育中处于弱势，从而使地区之间、学校之间、学生之间的差距不断拉大，教育发展的不均衡成为制约社会进步的一大障碍。TFA 计划和“特岗计划”虽诞生于两国不同的社会历史背景，但都是为了吸引和鼓励大学生到基层任教、促进农村教师队伍建设，进而促使基础教育均衡发展的政策手段。其二，两者都为服务期内的支教生发放工资和地区津补贴，提供专业的指导教师来帮助其有效履行教师职责。其三，两者都有一定的服务期，服务期结束后支教生都要重新选择（确定）未来的就业方向，可从政策主体那里获得就业指导或其他机会（如继续深造等）。其四，两者都锻炼了大学生，促进了大学生就业，创新了大学生投身社会建设的途径。

二、差异

（一）诞生背景的差异

其一，从起源上看，美国 TFA 计划是由美国普林斯顿大学毕业生温迪·卡普（Wendy Kopp）于 1990 年倡议并发起的一项计划，后于 1994 年纳入“美国志愿队”（AmeriCorps）；我国“特岗计划”是 2006 年由教育部、财政部、人事部、中央编办四部委共同实施，属于政府主导的行为。其二，从管理上看，美国 TFA 计划是由民间组织直接管理，决策受政府、企业、基金会影响；我国“特岗计划”实行中央集权制，决策主要受政府主管部门影响。其三，从教育困境来看，美国贫富地区之间的教育不平等仍然很严重、差距仍在拉大，如贫困地区学生的学业水平落后、辍学率高、少数民族裔的教师数量严重不足等；我国的教育困境主要是教育的城乡差距、区域差距还较大，乡村教师数量不足、结构不完善、建设发展不平衡不充分等。

（二）计划性质的差异

其一，在实施主体方面，美国 TFA 计划是由非政府组织主导的民间社会组织行为，政策实施主体与政府、学区、公共部门、企业、慈善机构和基金会间是合作关系；我国“特岗计划”是由政府机构主导的社会组织行为，政策实施主体与各教育行政部门间是上下级的行政关系。其二，在政策目的方面，美国 TFA 计划凸显领导力的培养，除了从国家角度强调消除教育不公平外，更多的是强调提升支教生的个体价值，充分认可和挖掘支教生的创造力和领导力；我国“特岗计划”主要聚焦解决一线教师短缺以及大学生就业困难问题，对特岗教师的管理能力培养与提升缺乏关注和培养。其三，在政策特点方面，美国 TFA 计划呈现出市场经济的特点，运作与执行受行政干预少、自由、公正度高；我国“特岗计划”呈现出计划经济的特点，运作与执行受行政干预多、受政绩观影响大、工作实绩有待提高。其四，在资金来源方面，美国TFA计划注重人力资源和社会资本的利用，其资金来源是以私人资金为主，公共资金来源包括美国服务队和TFA工作所在学区以及联邦政府；我国“特岗计划”的资金全部来自政府的财政拨款，以中央财政拨款为主，社会各界对政策没有资金上的直接支持。

（三）实施方式的差异

其一，在招聘对象上，美国TFA计划对教师的招募面向社会各行各业，也包括各专业优秀大学毕业生；我国“特岗计划”的招聘对象以高校本科应届毕业生为主（适当招收少量生源地为贫困地区的往届师范生或应届专科师范生），对应聘者的要求主要体现在学历和思想政治素质上。其二，在招聘程序上，美国TFA计划对教师的招聘遴选、入职培训、专业发展等，重视形式的多样化以及内容的专业化，多样化的遴选和入职培训、专业化的教学和专业发展，从根源上保证了教师队伍的高素质和支教工作的高效率；我国“特岗计划”的招聘程序主要由各级教育行政部门负责，相对较复杂，持续时间较长，耗费的人力物力较多，对招聘对象的考察注重形式上的严谨，考核内容的丰富性和专业性略显不足。其三，在宣传上，美国TFA计划注重人力资源和社会资本的利用，鉴于许多TFA计划参加者及其校友已经（或渗透）到各组织中任职，因此，TFA计划的组织者注重在政策宣传中与政府官员和立法者建立联系、并提出有关教育政策问题的建议，注重加强与私人企业、基金会等的联络以获取教育改革与管理的资金资助；我国“特岗计划”以政府性文件为主、传达式进行宣传，宣传方式单一，宣传内容侧重于配套优惠政策，社会知晓度还不高。其四，在教师资格获取或认定上，美国TFA计划对支教生开展学科知识系列研讨会，支教生在教师指导下完成一年的教学工作后才能获得全职教师资格证；我国“特岗计划”采取的则是“持证上岗”的方式，先考证、再上岗，容易使学校和特岗教师忽视教学技能的持续培养与提升，不利于教师专业能力的提高。其五，在职业晋升上，美国TFA志愿者享受和其他在职新教师相同的工资福利，还享有联邦政府提供的一些生活补贴和奖学金，以及作为学校管理者培养的机会；我国“特岗计划”招聘的特岗教师，在三年服务期满可以获得留任机会和编制，但很少获得教学以外其他能力（如领导力）的培养机会，未来发展轨道比较狭窄。

（四）实施现状的差异

其一，美国TFA计划可以充分调动公众的积极性，包括政府、学区、私人部门、慈善机构、基金组织、媒体、校友以及支教者本人，让他们以各种形式支持 TFA 计划的实施；我国“特岗计划”实施至今，随着特岗教师总量的增加，在地方财政吃紧的现实背景下，政策在部分地方遭受冷落。其二，美国 TFA 计划为偏远地区提供了高素质人才，也为各行业储备和输送了优秀人才，为教育体制改革培养了熟悉基层教育情况的优秀管理者；我国“特岗计划”主要为社会资本紧缺的高校毕业生解决就业问题，以及设岗学校解决教学问题发挥了巨大促进作用。其三，美国 TFA 计划坚持以结果为导向的评估，重视参与者在行为与思想上的改变，评估结果既反映支教生的表现与价值，也反映实施组织的绩效；我国“特岗计划”的施行存在地区差异，难以统一评价，尚未建立完善的评估体系。其四，美国 TFA 计划对支教生的培养较成功，服务期满后，相关研究生院也会给支教生提供系列支持和就业机会；我国“特岗计划”对参与者的培养还存在不足，特岗教师在三年服务期满后要靠国家优惠政策解决就业问题。

第三节 “特岗教师计划”与日本“教师定期流动制度”

经梳理分析日本“教师定期流动制度”和我国“特岗教师计划”的异同点，绘制表 8－3；围绕表 8－3 中的核心内容，就两者的异同进行分类对比分析。

表 8－3 “特岗教师计划”与日本“教师定期流动制度”的差异对比

比较内容		日本“教师定期流动制度”	中国“特岗计划”
产生背景	管理体制	中央集权制	中央集权制
	现状难题	战后教育需重建；教育机会公平的需要；教学水平失衡	教师数量和质量不足；教师结构不合理；大学生就业难。
	渊源	起源早，具有独创性	根据我国实际制定
计划性质	实施主体	政府主导	政府主导
	目的	推进基础教育和师资均衡，促进教育均衡发展	解决农村教师短缺；促进大学生基层就业；致力乡村振兴。
	特点	横向纵向，定期性，强制性，全员性，规范性，多向性	受行政干预多；受政绩观影响大。
	与各教育行政部门关系	上下级行政关系	上下级行政关系
	资金来源	财政拨款	财政拨款

续表

比较内容		日本“教师定期流动制度”	中国“特岗计划”
实施方式	准入条件	层层把关；性别、学科、资格证书、健康情况、成绩	本科学历、思想政治素养、持证上岗
	招聘程序	规范、严谨、人性化	复杂、周期长、成本高
	宣传中介	刊物；法律文件；漫画	政府性文件
	职业培训	既是权利，也是义务；教学水平为主，心理、法律法规、人际关系为辅	先得证、后上岗
	职业发展规划	积累教学经验；拓展人际关系	主要培养教师技能
	服务期限	六年	三年
	实施标准	自上而下法律条文统一	存在地区差异
实施现状	社会反响	保证多方利益的积极性	导致地方财政压力、受到部分地方的冷落
	实施效应	合理配置了资源，教师人才得到培养，教育资源结构有所调整	改善教学现状
	教学评价	上下一套标准，易统一评估	标准有差异，难统一评估
	教师职后发展	服务期满后继续流入与流出	靠国家优惠政策解决就业

一、共性

其一，两者都是在小范围试点成功后才逐步在全国推广，都是在国家充分认识到教师队伍对教育均衡发展的重要性的基础上，由中央政府部门主导实施的教育政策。其二，两者均符合国情，具有严密、务实、针对性强的政策特点，对参与人员的专业素养、职业道德和思想道德素质提出了较高要求。其三，两者均取得显著成效，得到社会广泛认可，呈现良好发展态势。目前，两者的规模均在逐步扩大，服务区域、对象越来越广，对解决基础教育不均衡发展问题发挥了巨大作用。

二、差异

（一）诞生背景的差异

其一，从历史起源看，日本“教师定期流动制度”始于二战后，发端于新国际环境影响下日本教育发展的实际需要，到20世纪50年代末期，日本以各都道府县为单位开展的“教师定期流动制度”开始广泛实施；我国“特岗计划”开始于21世纪，以教育部、财政部、人事部、中央编办于2006年5月联合印发的《关于实施农村义务教育阶段学校教师特设岗位计划的通知》（教师［2006］2号）为标志。其二，从诞生背景看，日本在第二次世界大战中战败，其国家历史进入了新的转折时期，家园重建、教育改革随之被提上日程，"教师定期流动制度"经酝酿、试行后在全国范围推广。我国"特岗计划"的诞生未有战后重建的因素、仅与教育改革发展密切相关。高校扩招后，大学生的就业成为民生关注的问题；基础教育不均衡发展始终制约着社会的发展与进步。在上述背景下，旨在"通过公开招聘高校毕业生到西部地区'两基'攻坚县及县以下农村学校任教，引导和鼓励高校毕业生从事农村义务教育工作，创新农村学校教师的补充机制，逐步解决农村学校师资总量不足、结构不合理等问题，提高农村教师队伍的整体素质，进而促进城乡教育均衡发展"的"特岗计划"应运而生。

（二）计划性质的差异

其一，在政策特点上，日本"教师定期流动制度"的工作有序有效，在教师定期流动过程中十分注重公平性、程序性和保障性。如：教师可自行申报，并在相对公平的环境中进行选拔，避免发生暗箱操作。我国"特岗计划"是面向全国高校毕业生进行招聘，形成了"国招、省考、县聘、校用"的模式，报考人数多、竞争大，应聘者需要参加笔试、面试等筛选，流程较复杂，在招聘、选派、调任等环节还存在一些不规范性，易发生暗箱操作，如：存在少部分应聘者借机入职、后经操作到县城非设岗学校任教的情况。其二，在运作模式上，日本"教师定期流动制度"是多向轮换的，包括横向与纵向流动模式，横向是指教师在同级学校之间进行流动，纵向是指教师在不同层级学校之间进行流动。该模式可充分调动和利用师资，有效平衡各地区、学校之间的教育差距，使学生能够享受到来自不同层级、地区教师的教育，体现了教育无差别（尤其是城乡差别）的特点。该模式打破了不同学校间的区域与层级独立的格局，使教师资源得到全面应用，也使教师经验得以丰富、视野得以拓宽、人际关系得以发展、教学水平及教育质量得到全面提高，能够更好地投入流动后的教职工作；我国"特岗计划"实行的是垂直单一选派模式，重点关注的是设岗学校的教师输入，特岗教师在三年服务期内的锻炼提高以及期满后的职业发展相对受限。其三，在教师职业定位上，日本《教育公务员特例法》明确了教师的公务员身份，并将定期流动作为教师的法定义务。我国入选"特岗计划"中的特岗教师，须在三年服务期满后才转为正式教师编制，但非公务员身份。

（三）实施方式的差异

其一，在政策对象上，日本“教师定期流动制度”的实施对象是在一所学校连续任职10年以上的老教师，或在一所学校连续工作6年以上的新任教师；我国“特岗计划”以大学本科应届毕业生为主，适当兼顾师范类专科毕业生。其二，在实施程序上，日本“教师定期流动制度”已形成一套较为规范的流动程序：每年11月，制定实施纲要，教师填写流动意向调查表，学校在尊重教师意愿、与教师商谈后确定流动人选，报教育委员会进行审批，次年4月（即新学期伊始）所有流动教师到岗开展工作；我国“特岗计划”也已形成一套较为规范的程序：教育部发布年度招聘公告、明确各相关省份的设岗名额；各省教育厅发布招聘考试公告；考生报名、经资格审核通过后，由省统一命题、统一考试时间、统一组织阅卷，各州、市、县、区具体组织考试；公布笔试成绩，若考生对成绩有异议，可向县（市、区）教育体育局申请、由县（市、区）教育体育局报省教育厅统一查分；各州、市、县、区教育体育局根据分工，对笔试入围的人员进行资格复核，组织面试、体检和录用等工作；确定录用的特岗教师参加岗前培训后，由各县（市、区）教育体育局统一派往设岗学校任教学。上述招聘流程均由教育主管部门主导、依据政策指令推进，应聘者的主观意愿表达主要是在“考生报名”（每位考生只能报考1个岗位）环节，其他环节更多只是服从。由于招聘流程相对复杂，工作耗时较长，一般要从每年的5月持续到9月。其三，日本“教师定期流动制度”具有周期性，全国的中小学教师平均每6年就要流动一次，也具有全员性和强制性，全体中小学教师都必须参加定期流动；我国“特岗计划”具有不确定性，每年都要由各相关省份的设岗地区报计划（拟招学校、设岗名额等），可能出现某些地区某年度不招聘的情况，大学毕业生参与“特岗计划”也纯属自愿行为。其四，在政策对象上，日本“教师定期流动制度”规定了地区、科目、性别、年龄等要求；我国“特岗计划”对应聘者规定了年龄范围，对学科、性别、生源地等没有硬性要求。其五，在政策宣传上，日本的教育行政部门专门刊发刊物来宣传“教师定期流动制度”，介绍流出地区、学校以及教师的基本情况。还采用生动易懂的漫画来讲解相关法律条款、采用插画讲解政策要求及流程等，提高政策文本的可读性；我国“特岗计划”的宣传主要通过政府性文件的上传下达、政府官网的宣传报道等，应聘者需主动寻找和解读文件。

（四）实施现状的差异

其一，日本“教师定期流动制度”体现了国家促进教育均衡发展的战略需要，关照了学校发展和教师专业发展，增强了学校办学活力、提升了教师教学水平、提高了教育教学质量，激发了各方参与流动的积极性，获得了来自社会各界的广泛好评。我国“特岗计划”的实施有力促进了农村教师队伍的数量、质量和结构的优化，对促进义务教育均衡发展发挥了巨大作用，但随着政策的持续实施，部分地区难以承受特岗教师持续增长带来的经费压力（特岗教师三年服务期内的津贴是由地方财政支付、服务期满留任的其工资和津贴均由地方财政支付），也对“特岗计划”产生了冷落。其二，日本政府在改善学校设施和教师待遇等方面持续努力，坚持待遇提升与专业成长并举，有效缓解了教师流动到偏僻地区任教的抵触情绪，“至少在偏远地区任教一次”的观念逐渐成为共识。我国特岗教师的工资虽持续提高，但总体水平还是偏低；津贴有地区差异，并存在部分地区不能按时发放津贴的情况；“特岗计划”政策对应聘者的奉献意识考察（入职前）与培养（入职后）还有待加强。其三，在评估机制上，日本“教师定期流动制度”根据边远、艰苦情况等规定了学校的等级，根据不同等级分别赋予教师每年 1.5 分、2 分、3 分不等的流动积分，要求每一轮流动教师至少服务 4 年并累积 12 个积分。由于条件越是艰苦的学校赋分越高，流动教师在这些艰苦学校任教，就可在相同流动期限内获得更多积分，相应的就可缩短流动工作的年限。我国“特岗计划”对特岗教师的绩效评估机制尚未健全，相应激励政策也有待进一步完善。

第四节　发达国家教师政策对我国“特岗教师计划”的启示

一、建立多元合作伙伴分担机制

英国的 TF 计划和美国的 TFA 计划能够获得巨大成功，很大一部分原因在于有合作伙伴的大力支持，TF、TFA 计划运行所需的资金大部分来自企业和个人捐赠，多元化的合作伙伴使计划执行的阻力显著减少。我国“特岗教师计划”可借鉴 TF、TFA 计划的成功经验，寻找多元合作伙伴，建立合理的资金分担机制，走出单纯依靠国家财政支持的困境。

（一）扩大宣传，积极争取社会各界的支持

TF、TFA 计划十分注重宣传，其主导的非政府组织在争取合作伙伴的过程中，对计划进行了大力度、多维度的广泛宣传，政策宣传的足迹遍布全国各地、无处不在，各行各业都成为政策的宣传对象。我国的“特岗教师计划”，政策宣传的力度显然不够，宣传方式和对象都比较单一。政策宣传以政策性文件为主，各级政府以上传下达的形式进行宣传，宣传对象往往局限于高校毕业生、政策的执行机构，很少涉及企业和其他非营利性组织。为缓解政府执行“特岗教师计划”的资源压力，有必要拓宽政策宣传的渠道和受众，加大政策宣传力度，提高政策的社会认知度和传颂度，积极争取各方资源与力量的支持。除行政指令性宣传外，应充分发挥网络平台、各大新闻媒体及公益广告的作用，加大政策宣传的力度和频度，使政策宣传有计划、常态化进行，而不仅集中在每年的招聘期；宣传对象应包括各利益相关者及广大社会群众，如高校毕业生、学生家长、特岗教师及其家属、关心农村教育的社会爱心人士、各级教育主管部门、各类中小学校、各企事业单位及非营利性组织等，全面增强社会各界对政策的了解，呼吁各界为政策执行提供智力和资金支持。

（二）做好“售后”，让“校友”持续为政策助力

校友资源是学校发展的无形财产，杰出校友可为学校提供办学资源，发挥宣传、示范、引领作用，有力促进学校的快速发展。如前文所述，TF、TFA计划都十分注重人力资源和社会资本的利用，尤其是注重“校友”（曾参与TF、TFA计划者）资源的利用，通过“校友”资源获取政府支持，加强与民营企业、基金会等的联系与合作，为政策施行争取资金支持，其中TF计划还以“教学优先大使”的身份将离职后的支教生与计划绑定，保持了“校友”对政策的长期关注与支持，使“校友”的助攻得以最大化。我国“特岗计划”实施十五年来，累计聘任特岗教师95万人，这是一个庞大的“校友”资源，有必要学习借鉴TF、TFA计划的做法，在现行开展《“特岗教师计划”教师服务证书》发放工作的基础上，建立“校友”（已履满三年服务期的特岗教师，不管他是留任、调任、还是离任）资源库、“校友”荣誉制度和激励机制（如：享受免费推荐攻读教育硕士，以及享受各类免税政策、就医优惠、子女入学便利等终身福利）、“校友”基金（含接受“校友”及各类企业、个人的捐赠）等，搭建“校友”反哺平台（如：让优秀特岗教师指导新任特岗教师），畅通“校友”合作机制，让“校友”终身与计划绑定起来，保持“校友”乃至其后代对政策的长期关注与支持，使“校友”功能得以最大程度发挥，为“特岗计划”的可持续发展增添不竭动力。

二、完善特岗教师支持保障体系

将物质奖励与精神激励有机结合，建立强大福利保障体系和社会支持体系，是TF、TFA计划和“教师定期流动制度”的共同特点。我们不妨学习借鉴此举，着力从以下两个方面优化特岗教师的支持保障体系。

（一）提高工资福利待遇

我国中小学教师的工资收入主要由基本工资和绩效工资两部分构成，这也是中小学教师的主要收入来源。“特岗教师教师”亦如此，只不过其三年服务期内的工资性收入是由中央财政支付，三年服务期满留任后转为地方财政支付。“特岗教师计划”实施15年来，特岗教师的工资性补助虽然调整了6次，但工资收入水平总体还是比较低的。应在全面提高中小学教师的工资福利待遇的同时，确保特岗教师的工资收入“不低于当地同类公办教师的工资收入水平”。同时，应多渠道引企入教，建立特岗教师基金，把特岗教师三年服务期的津补贴纳入中央财政转移支付范畴，减轻欠发达地区因招聘特岗教师而来的财政压力，强化地方对“特岗教师计划”的拥护。

（二）优化社会支持体系

日本“教师定期流动制度”的实施过程非常注重教师的个体感受，如：凡是符合流动基本条件的教师，要填写流动意向调查表，还要进行协商（通过校长），其中对教师基本情况的了解极为详细，包括教师的住宅状况（所住房屋为自家住宅、公家住宅或是租房），教师的兴趣爱好、教育经历、证书持有、过去及现在任教的科目、拟任教科目、职业经历、健康状况、家庭人员基本情况（是否需要赡养老人、是否需要抚育子女、配偶工作情况等），此外，还会询问持有驾照的情况等。可见，日本的教师流动是建立在对教师情况充分了解、观照特殊情况的基础上，结合教师意愿和学校需求来推进的，让广大教师切实感受到“我的事，也是集体的国家的事；反之，集体的国家的事，也理所当然是我的事”，从而使政策执行能够在很大程度上得到学校和教师的广泛支持与拥护。反观我国“特岗计划”，招聘时更多的是关注报名者的学历、年龄、教师资格获取情况，考察时更多只是关注入围者的思想品德、教学能力，选派时更多只是关注入选者的学科专业与设岗学校的匹配度，入职后更多只是关注特岗教师的教学情况，三年服务期满时更多只是关注特岗教师的留任意愿及入编等相关安排，入编后基本上就归入当地教师队伍管理了，后续鲜有再持续关注，也就是说，我国“特岗教师计划”实施的全过程还缺乏对特岗教师内在需求的切实关注，尚未建立起较为完备的社会支持体系，以致特岗教师没有形成“毕其功于一役”的思想，其内生发展动力明显不足。应从特岗教师的角度来反思当前政策实施过程中出现的问题，从特岗教师普遍关心关注的工资福利、住房住宿、婚恋、职称（职务）晋升问题、教师专业发展、子女教育等问题入手，秉持以人为本、需求导向的原则，探索建立符合我国实际的特岗教师队伍可持续发展社会支持体系。

三、优化特岗教师培养培训模式

TF、TFA计划和“教师定期流动制度”的最大创新之处在于坚持以全面发展为宗旨，对参与者（支教生或流动教师）进行多方面培养，建立了培养优秀教师的新机制、新路径。反观我国“特岗教师计划”在教师培养上还存在明显不足，这也是许多优秀人才不愿意参加该项目的重要原因之一。我们不妨借鉴别国成功经验，以全面发展为宗旨，创新教师培养模式，为促进农村教师专业发展、实现基础教育均衡发展奠好基、铺好路。

（一）以农村学校为基地，加强教师职前培养

TF计划将薄弱学校作为教师职前培养基地，顺应了英国以中小学校为基地进行教师职前培养与培训的趋势，可谓一举两得：既培养了新教师，又改造了薄弱学校。结合当前我国农村教育面临的主要矛盾与问题——教师队伍的稳定、教师学历和素质的提升问题，应着力完善“特岗教师计划”与“师范生公费教育”“农村学校教育硕士师资培养”“教师资格证考核认定”等政策的联动机制，立足农村教育发展需求，建立完善以农村学校为主阵地的公费师范生与硕师“三习贯通”（教育见习、教育实习、教育研习）长效机制，建立完善公费师范生培养出口与特岗教师招聘入口的对接机制、以及特岗教师提升通道与农村学校教育硕士师资培养入口的对接机制，从而系统优化特岗教师的培养与准入，强化特岗教师的专业能力、促进特岗教师的职业发展。

（二）以高等院校为依托，促进教师职后发展

TF、TFA计划都为支教生建立了较为完备的培训体系，不但提供专业化、精细化的入职培训，而且组织开展形式多样、内容丰富的职后培训，内容涵盖教学、管理、专业发展、职业规划等各方面，提供培训的时间从服务期内（两年）向服务期后（终生）延伸，立足于促进支教者的终身发展。相比较而言，我国对特岗教师的培养培训就显得相对不足，从岗前培训到职后培训，内容多局限在教学知识与技能方面，培训的组织也在不同程度上存在“走过场”现象；设岗学校为特岗教师（3年服务期内）安排的指导教师一般只有1人，入职一年后基本上各种培训、指导就大幅减少甚至停滞了。这种相对“功利化”“短视化”“形式化”的培养培训，很难满足特岗教师多元化的专业化与职业化发展需要。地方教育主管部门应依托我国“双一流”普通高等学校、高水平师范院校，联合国内高水平中小学、基础教育集团，协同建立特岗教师职后教育联盟，通过线上线下有机结合的方式，为特岗教师组织开展系统化的职前与职后培训，其内容可涵盖教育理念、教学方法、教学技能、学校管理、

家校共育、学生管理与服务、职业规划、法律法规、健康生活、跨文化交际、婚姻家庭等各方面，可根据特岗教师的发展需求设计成系列专题，提供培训“菜单”让特岗教师自主选择，同时实行培训课程学分制，将所获培训课程学分与特岗教师的职称评审、评优评奖等挂钩，通过培训学分管理让特岗教师把学校发展需求和个人发展诉求有机结合起来，合理安排时间并积极参加职前与职后培训，持续提高特岗教师的职业胜任力、教育教学实践的创新力与领导力。

第九章 “特岗教师计划”优化实施的对策与建议

第一节 完善特岗教师的支持保障体系

一、提高工资福利待遇

目前，特岗教师3年服务期内所需资金由中央和地方财政共同承担，其中工资性补助由中央财政拨付，其他津贴则由地方财政依据当地同类公办教师标准发放。“特岗教师计划”实施15年来，特岗教师的工资性补助调整了六次：从2006年的1.5万元/年/人，调整到2007年的1.896万元/年/人，再到2009年的2.054万元/年/人，然后，从2012年起至2021年，分成中部和西部两档、实现了“三级跳”提升：中部地区：2.4万元/年/人（2012年）-2.8万元/年/人（2014年）-3.16万元/年/人（2017年）-3.52万元/年/人（2020年），西部地区：2.7万元/年/人（2012年）-3.1万元/年/人（2014年）-3.46万元/年/人（2017年）-3.82万元/年/人（2020年），但是，特岗教师的总体工资收入水平还是比较低的。由于地区经济发展差异、地方政府财力状况不均衡，客观上还造成了特岗教师的其他津贴待遇不平等的情况，甚至还存在少数地方和学校因各种原因没有按国家规定落实或推迟落实津贴待遇的问题，或与当地公办教师不同等落实“五险一金”等福利性保障的问题，从而使特岗教师的工资福利得不到切实保障，进而使特岗教师对现实经济基础及未来职业发展产生严重焦虑，加剧特岗教师队伍建设发展的不稳定性，尤其是加剧了少数民族边远农村学校特岗教师的流失。

特岗教师往往是背井离乡到人生地不熟的乡村学校任教，服务期满留任率较高（目前全国平均留任率达85%以上），意味着多数特岗教师一旦选择这条道路、大概率是一辈子都在农村或乡镇中小学任教了，也就意味着他们舍弃了其他发展机会、关闭了向上一阶层流动的门，倾其所有投身农村基础教育事业。当然，讲奉献是特岗教师的核心价值追求，但其心理压力、生活成本、机会成本与相应报酬、福利不相匹配，也会极大削弱从教（尤其是服务期满后留任）的积极性和主动性；要促进“特岗教师计划”可持续发展，还须尽量使特岗教师的付出与回报对等。为此，提出以下建议：

其一，进一步提高我国的教育经费投入，尤其是基础教育（特别是农村基础教育）的经费投入。我国教育经费 GDP 占比连续 9 年超 4%（目前约 4.11%），但还未达到世界各国的平均水平（约占 4.95%），仅达到了欠发达国家的平均值（约占 4.10%），离发达国家的平均值（约占 5.10%）还有一定差距，这与我国的经济实力及在世界上的经济地位不相匹配。著名学者熊丙奇教授指出“评价一个国家对教育投入的重视程度，不是看绝对的经费数据，而是看相对的比例，要实现教育现代化的各项目标，教育经费 GDP 占比需要进一步提高到 4.5% 甚至 5%。”

其二，进一步提高中小学教师的工资福利待遇。我国《教师法》和《义务教育法》明确规定：教师平均工资水平应当不低于或高于当地公务员平均工资水平。2019 年《中共中央、国务院关于深化教育教学改革全面提高义务教育质量的意见》对此进行了重申，“应确保义务教育教师平均工资收入水平不低于当地公务员平均工资收入水平。”特岗教师是带着预留编制招聘的，三年服务期内执行的是不低于当地同类公办教师的工资收入水平标准，三年服务期满留任后执行的是当地同类公办教师的工资标准，唯有全面提高中小学教师的工资福利待遇，特岗教师的工资收入才有更好的保障。

其三，把特岗教师的工资性补助、其他津贴均纳入中央财政拨付的范围，其中，“工资性补助”的标准按目前分“西部地区”和“中部地区”两档、地区内相对统一，“其他津贴”的划拨标准则按设岗地区的同类公办教师标准核拨，减轻欠发达地区因招聘特岗教师而来的财政压力，强化地方对“特岗教师计划”的拥护。同时，应多渠道引企入教，建立特岗教师基金，每年对特岗教师的先进事迹进行广泛宣传，表彰奖励那些履职时间长、奉献大、教学成绩突出的优秀特岗教师，树典型、立榜样，增强特岗教师的职业归属感与荣誉感。

其四，执行差异化的教师工资收入标准，在条件越艰苦的地方和学校履职、教师的工资收入越高。同时，实行基础教育教师流动制度（内含积分管理制度），让每一位教师在职业生涯中至少要参加一次规定年限（如 2 年、4 年、6 年）的流动，使教师入职后不是一成不变的在一个地方一所学校工作，而是能够在区域之间、城乡之间、学校之间流动，并让流动到条件艰苦地方学校履职的教师可以在更短时间内获得更多积分，而教师积分越高，不仅可以缩短流动工作年限，还可以享有更多的晋升机会、更高的工资收入水平，从而形成对农村教师（含特岗教师）的长期有效激励，增强“特岗教师计划”政策对有志青年的吸引力以及农村教师队伍的活力，促进农村基础教育教师队伍的稳定可持续发展。

二、优化社会支持体系

其一，坚持以人为本，完善支持体系。人本主义心理学家马斯洛（1943）在《人类动机的理论》一书中提出著名的“需求层次论”，将人的需求从低到高分为五个层次：生理上的需要、安全上的需要、感情上的需要、尊重的需要、自我实现的需要，指出“当人的某一层次的需要得到最低限度的满足后，才会追求更高一级的需求，如此逐级上升，成为推动人继续发展的内在动力。”目前，我国“特岗教师计划”实施全过程，更多还是从政策主体需求的角度来进行安排的，对于政策客体－特岗教师的内在需要（含生活需要、价值追求、发展诉求等）缺乏关注，尚未建立起着眼于特岗教师需求满足的有效社会支持体系，从而使特岗教师的政策归属感不强、发展动力不足，难以形成个体与集体在“特岗教师计划”实施上的同频共振，也就难以最大限度提高政策的实施效能。从“特岗教师计划”政策可持续发展的角度看，应遵循以人为本、需求导向的原则，及时反思当前特岗教师队伍面临和关注的工资福利问题、住宿（住房）问题、心理压力问题、跨文化交际问题、婚恋问题、职称（职务）晋升问题、专业发展问题、职业发展问题、子女教育问题、老人赡养问题等，在深入调研、全面了解、深入剖析问题原因，建立健全特岗教师可持续发展支持体系，优化“特岗教师计划”政策的配套制度，确保政策效能最大化、政策目标高质量达成。

其二，扩大政策宣传，争取各界支持。目前，“特岗教师计划”的政策宣传方式和对象都还比较单一，政策宣传以政策性文件为主，各级教育主管部门以上传下达的形式进行宣传，宣传对象往往局限于高校毕业生、政策的执行机构，很少涉及企业和其他非营利性组织，不利于争取多元主体对政策实施提供支持。为缓解政策执行的资金和资源压力，有必要拓宽政策宣传的渠道和受众，加大政策宣传力度，提高政策的社会认知度和传颂度，积极争取各方资源与力量的支持。除行政指令性宣传外，应充分发挥网络平台、各大新闻媒体及公益广告的作用，加大政策宣传的力度和频度，使政策宣传有计划、常态化进行，而不仅集中在每年的招聘期；宣传对象应包括各利益相关者及广大社会群众，如高校毕业生、学生家长、特岗教师及其家属、关心农村教育的社会爱心人士、各级教育主管部门、各类中小学校、各企事业单位及非营利性组织等，全面增强社会各界对政策的了解，呼吁各界为政策执行提供智力和资金支持。

其三，做好跟踪服务，强化“校友”合力。1. 做好跟踪服务。结合“特岗教师计划”的政策要求以及地方教育、人事、财政等部门的职能，建立特岗教师服务期满留转工作领导小组，加强各部门的协作，确保服务期满愿意留任的特岗教师全部按时入编，同时，在兼顾特岗教师的能力状况及家庭情况的基础上妥善落实工作岗位，做好相关转接工作，确保特岗教师顺利留任。对于转岗（再择业）的特岗教师，需持续跟踪其择业过程并给予必要的帮助与指导，同时督促相关单位严格落实“特岗教师计划”赋予特岗教师的优惠政策（如：同等条件下优先录用，或给予适当加分）。此外，要注重特岗教师转岗（再择业）与普通中小学教师补充制度的对接，尽快制定优先录取或给予适当加分的具体优惠政策，让达到普通中小学教师招考条件的特岗教师有更多机会进入到普通中小学任教。2. 强化“校友”合力。英国的 TF 计划、美国的 TFA 计划都十分注重人力资源和社会资本的利用，尤其是注重“校友”（曾参与 TF、TFA 计划者）资源的利用，通过“校友”资源获取政府支持，加强与民营企业、基金会等的联系与合作，为政策施行争取资金支持，其中 TF 计划还以“教学优先大使”的身份将离职后的支教生与计划绑定，保持了“校友”对政策的长期关注与支持，使“校友”助攻得以最大化。“特岗教师计划”实施 15 年来，累计聘任特岗教师 95 万人，这是一个庞大的“校友”资源，可以在现已开展的《“特岗计划”教师服务证书》发放工作的基础上，建立“校友”（已履满 3 年服务期的特岗教师，不管是留任、调任、还是离任）资源库、“校友”荣誉制度和激励机制（如享受免费推荐攻读教育硕士，以及享受各类免税政策、就医优惠、子女入学便利等终身福利）、“校友”基金（含接受“校友”及各类企业、个人的捐赠）等，搭建“校友”反哺平台（如让优秀特岗教师指导新任特岗教师），畅通“校友”合作机制，让“校友”终身与“特岗教师计划”绑定，保持“校友”乃至其后代对政策的长期关注与支持，使“校友”功能得以最大程度发挥，为“特岗教师计划”的可持续发展增添不竭动力。

其四，提供物质帮扶，加强人文关怀。首先，设岗学校的管理者（尤其是校长）应充分认识到特岗教师对于学校建设发展的促进作用，为特岗教师有效融入学校集体以及乡村社会（或农村社区）营造良好的氛围、提供必要的支持、搭建有效的平台；与此同时，特岗教师自身也应该积极与学校领导、同事建立良好的人际关系，从而让自己在一种良好的氛围中更好更快地进入角色、适应工作以及融入当地的生活。其次，设岗地区的教育主管部门应关注特岗教师的婚恋状况，并在选派或任期满后选调的时候，充分关照特岗教师的现实需要，妥善进行学校及岗位的安排，尽可能帮助特岗教师协调解决异地恋、两地分居或家有年迈父母亟须照顾的问题，从而增强特岗教师队伍的稳定性。此外，针对特岗教师的年龄特点和婚恋需求，以及少数民族地区特岗教师普遍面临的工作地点偏、人际圈子窄、寻找合适婚恋对象较困难的现实问题，县、乡有关部门和学校应多关心年轻特岗教师的精神生活，可以与妇联以及其他社会组织积极为特岗教师搭建社交平台，协同当地的企事业单位定期或不定期举办丰富多彩的联谊活动，丰富特岗教师的业余生活，扩大特岗教师的人际交往圈，让特岗教师苦闷、焦虑、孤独的工作生活状态得以极大改善，也为单身特岗教师提供较多"牵手成功"的机会。此外，各设岗地区和学校要提前做好特岗教师招聘的五年规划与年度计划，并根据招聘规划或计划，提前做好特岗教师的周转宿舍安排，从而帮助特岗教师解决生活中面临的最基本的实际困难，让其可以安居、然后乐业。

第二节 优化特岗教师的培养发展机制

一、完善特岗教师职前培养机制

我国"特岗教师计划"实施已逾15年，为农村学校输送了约95万名教师，结合自2007年实施的"师范生免费教育政策（2018年以前的称谓）/师范生公费教育政策（2018年3月以后的称谓）"，以及"县管校聘""退休支教"等多元培养补充交流机制，吸引了一大批优秀人才到乡村任教，农村教师队伍的数量得到极大充实，结构（性别比、学科比、本科学历占比等）得到极大改善，素质与质量也得到大幅提升。据教育部发布的统计数据，"我国乡村教师队伍结构趋于合理，其中35岁（不含）以下教师占43.4%，男教师占比接近40%，本科以上学历占51.6%，中级以上职称占44.7%。"现在农村教育面临的主要矛盾与问题，已经不是教师数量不足的问题，而是教师队伍如何稳定、教师学历和素质如何进一步提高的问题。应将"特岗教师计划"与"师范生公费教育政策""农村学校教育硕士师资培养计划"紧密结合，系统调整优化现有基础教育师资培养政策体系及相关举措：

其一，贯通"特岗教师计划"与"师范生公费教育政策"，调整现有"特岗教师计划”的招聘条件，即将特岗教师的招聘条件改为“以师范类本科及以上毕业生为主，鼓励普通高校本科及以上毕业生应聘，可适当招聘高等师范专业专科毕业生”，并将“师范生公费教育政策”中的“师范公费生毕业后一般回生源地所在省份中小学任教，并承诺从事中小学教育6年以上；到城镇学校工作的，应到农村义务教育学校任教服务至少1年”调整为“师范公费生毕业后一般回生源地所在省份中小学任教，并承诺从事中小学教育6年以上，其中至少应到农村义务教育学校任教服务3年”，且明确“师范公费生在农村义务教育学校服务的3年纳入特岗教师管理”，这样，既可以突出对特岗教师“师范素质”的要求，让真正有教师专业能力且有志于从事基础教育事业的优秀人才进入农村教师队伍；也使招聘的特岗教师更多是回到生源地工作（因为师范公费生毕业后一般都是回生源地），可以有效解决当前特岗教师队伍普遍存在的因背井离乡而面临的社会支持度低、婚恋困难、子女抚养和父母赡养困难等现实难题。

其二，从政策上规定所有未来教师（含师范类院校的师范生，非师范类高校有志于从事教师职业的学生），要想获得基础教育阶段的“教师资格证书”，在具备了必备的教师基本理论素养并通过规定的教师资格笔试后，都需要到农村义务教育学校支教（或实习）至少1年以上，经教师资格认定组织（或授权的第三方）考核合格方可授予“教师资格证书”。这就意味着所有报考“特岗教师计划”的高校毕业生都具备了执教素养和能力，有助于避免当前设岗学校对“非师类特岗教师多，教学能力短缺现象严重”的诟病，而且，未来教师经过了1年以上的农村支教（或实习），对农村教育比较了解，才会更加认同“特岗教师计划”的政策目标与价值取向，报考特岗教师之后也才会安心、稳定、潜心教学，可有效避免特岗教师入职后的流失问题。

二、优化特岗教师专业发展机制

英国的TF计划、美国的TFA计划都为支教生建立了较为完备的培训体系，不但提供专业化、精细化的入职培训，而且组织开展形式多样、内容丰富的职后培训，内容涵盖教学、管理、专业发展、职业规划等各方面，提供培训的时间从服务期内（两年）向服务期后（终生）延伸，立足于促进支教者的专业发展和终身教育。相比较而言，我国对特岗教师的培养培训就显得相对不足，从岗前培训到职后培训，内容多局限在教学知识与技能方面，培训的组织也在不同程度上存在“走过场”现象；设岗学校为特岗教师安排的指导教师一般只有1人，入职一年后基本上各种培训指导就大幅减少甚至停滞了。这种相对“功利化”“短视化”“形式化”的培养培训，很难满足特岗教师的教师职业发展与教学专业发展需要。因此，建议从以下方面予以加强：

其一，构建学习共同体。20世纪90年代以来，依托专业学习共同体建设，增强教师在工作中的协作，以重建学校文化，达成改善学生学习表现及成效的目标，从而回应社会对高质量人才培养的需求，成为国际通行的教师发展路径。针对目前特岗教师“教非所学”的现状，以及特岗教师群体普遍面临的专业发展与职业发展焦虑，应从以下几方面加以谋划，积极构建多样化的特岗教师专业学习共同体，帮助特岗教师提升教师专业能力、消减职业发展焦虑（或压力）：1. 各设岗地区教育主管部门和设岗学校应为新入职特岗教师安排合适的“导师组”，导师组的成员可以由教学管理专家、教学名师、学科专家或任教学科的骨干教师、职业规划师、“老”特岗教师（三年服务期满后留任的特岗教师）等组成，从而为特岗教师三年服务期内的专业与职业发展提供全程全方位的指导与帮助。2. 可由各设岗地区教育主管部门和学校牵头，地方教师发展组织（如地区教师发展中心、地区教师培训中心、乡镇承担教师培养培训职能的中小学校等）参与，协同建立“区域（校际或校本）特岗教师专业学习共同体”，从而提供一个平台，常态化组织开展基于校本或区域的教师专业发展活动，让特岗教师们通过共同探索、研讨和不断实践（实验），学习更新教育理念，探索适宜的教学模式、教学方法和技巧，寻求教学上的有效实践，不断提高教育教学水平与质量，持续增强自我实现的效能感。“区域（校际或校本）特岗教师专业学习共同体”的建立，不仅可以为不同地域、不同学科的特岗教师交流搭建平台，打破教师间的隔阂，加强教师间的合作与交流，提升教师专业能力，而且可以帮助特岗教师拓宽圈子（工作圈、朋友圈等），充分感受来自组织和同侪的支持，从而产生一种发自内心的自豪感，大大提升特岗教师的工作积极性，也能吸引更多的特岗教师在服务期满后留任、扎根农村义务教育。

其二，促进在职提升。地方教育主管部门可依托“双一流”普通高等学校、高水平师范院校，联合国内高水平中小学、基础教育集团，协同建立特岗教师职后教育联盟，通过线上线下有机结合的方式，为特岗教师组织开展常态化的在职培训，培训内容可以涵盖教育理念、教学方法、教学技能、学校管理、家校共育、学生管理与服务、职业规划、法律法规、健康生活、跨文化交际、婚姻家庭等各方面，可根据特岗教师的发展需求设计成系列专题，提供培训“菜单”让特岗教师自主选择，同时实行培训课程学分制，将所获培训课程学分与特岗教师的职称评审、评优评奖等挂钩，通过培训学分管理让特岗教师把学校发展需求和个人发展诉求有机结合起来，合理安排时间并积极参加在职培训，持续提高特岗教师的职业胜任力、教育教学实践的创新力与领导力。与此同时，要排除人为障碍，鼓励和支持所有履职满 2 年及以上的特岗教师，只要通过用人单位考核，都可以申请参加"农村学校教育硕士师资培养计划"、在职攻读教育硕士，明确特岗教师在农村学校的履职服务时间可以冲抵教育硕士的专业实践时间，从而进一步促进特岗教师的学识与学历提升，为促进农村教师队伍学历结构的优化奠定重要基础。

其三，储备管理人才。陶行知先生说过，"校长是一所学校的灵魂"。一流的学校，不仅要有一流的教师，还要有一流的教育管理者、一流的校长。农村教育的发展，既要依靠一批批优秀教师的辛勤耕耘，也要依靠一代代优秀校长的接续奋斗。可由地方教育主管部门牵头，根据特岗教师的潜质、履职表现和发展志趣，依托政府出资、社会融资和个人捐资等多元资金筹措方式筹资设立"未来校长项目"，吸引那些具有一定教学经验、突出管理才能、服务期满愿意留任且有志于引领中小学校追求卓越的优秀特岗教师进入"未来校长项目"，让其在服务期满后有机会被地方教育主管部门送到国内名校（含大学、中小学）培训学习一段时间，帮助其进一步更新理念、开阔视野、提高决策力和领导力，让其经过"未来校长项目"培养之后能快速成长为学校的管理骨干、校长等，更好的施展抱负，带领所在学校高质量发展。

三、促进特岗教师的跨文化能力提升

其一，丰富岗前培训内容，拓展岗前培训方式与渠道，将少数民族语言学习、少数民族历史与文化研习、少数民族传统技艺赏析、民俗文化知识普及等有机融入特岗教师的岗前培训内容体系，由地方教育主管部门协同相关文化部门或第三方组织，有针对性地组织新聘特岗教师开展"跨文化能力提升"专题培训，增进特岗教师对少数民族文化的理解，消除因文化差异而形成的理解、沟通上的偏误、障碍和矛盾，提高特岗教师的跨文化能力，促使其在少数民族文化新环境中既保持自我又悦纳他人，能够从多元文化视角来考虑问题、分析问题和解决问题，全面提高特岗教师对民族地区教育环境的适应性。同时，要在岗前培训环节加强对特岗教师的入职心理引导，让特岗教师在了解入职地及学校基本情况、了解少数民族地区农村教育存在的现实困难、问题以及与城市教育的巨大差距的基础上，做好入职心理建设，为到农村地区从教做好充分的心理准备。

其二，丰富特岗教师的职后培养内容，做好"跨文化适应能力提升专题"

常态化培训。一方面，要针对设岗学校多分布在交通不便、较为偏远的山区，特岗教师外出培训不便的实际情况，通过互联网“送培到校”的方式，加强特岗教师跨文化能力提升的校本培训。另一方面，要充分挖掘利用当地资源，组织有相同文化背景和经历的老教师对新聘特岗教师开展“多对一”或“一对一”的帮扶，通过文化互助活动帮助年轻特岗教师不断提高跨文化适应能力。

第三节 优化特岗计划政策的运行机制

一、完善准入机制

其一，调整招聘条件和选派机制，提高生源地特岗教师比例。提高特岗教师招考中“生源地大学毕业生”的占比，可以从根源上很好地解决特岗教师在少数民族地区履职中的“文化休克”问题，让特岗教师以更好的状态投入工作，这对于特岗教师本人及其所服务的学校而言都是十分有利的。一方面，生源地特岗教师相当于是回家乡工作，他们对设岗学校所在地的情况比较熟悉，也熟知当地的风俗习惯与风土人情，往往能熟练运用少数民族语言（或方言）与普通话进行沟通交流，这就能从根源上很好的消除文化差异、文化冲突和人际关系疏离等带来的心理压力。另一方面，特岗教师工作学校离家比较近，容易获得家人、亲属、朋友的支持，即便学校住宿条件简陋一些，生活上的困难也比较容易克服，在工作之余，他们还可以照顾父母或其他亲人，也容易通过熟人社会的支持进行择偶、走进婚姻，从而缩短特岗教师对工作环境的适应时间，使他们职业有归属、情感有寄托、生活有保障，能够更快更好地全身心投入工作。

其二，丰富特岗教师准入考察的内容，关注考察应聘者的跨文化能力。在特岗教师招聘过程中，针对拟选派到民族地区设岗学校的报考者，除了考核其教师基本素质及能力以外，还应设置跨文化素质测评环节，尤其是在面试过程中，可以通过答辩等方式对报考者的少数民族文化素养、跨文化交际能力等进行考察，优先录用那些具有较好少数民族文化素养、跨文化适应能力强、对发展农村教育事业有坚定信念和远大抱负的报考者。在招聘的最初阶段就排除掉一些对民族地区文化不了解、适应能力差，对农村教育事业不热爱的报考者，有助于解决特岗教师在民族地区的适应性和稳定性问题，对促进特岗教师队伍的可持续发展具有重大意义。

其三，注重考查提升特岗教师的责任感与使命感。“特岗教师计划”的真正吸引力与生命力，不是政府出台的系列配套优惠政策，而是参与者及利益相关者对促进农村教育提质增效以及基础教育均衡发展的一种使命担当。在从关注农村教师“量”到“质”转变的现实背景下，“特岗教师计划”政策的执行者有必要强化对政策对象责任感与使命感的考察与提升：首先，要结合新时代特点，充分挖掘政策价值并从多元主体视角进行具象化描述，强化政策宣传，提高政策认同，增强社会共识；其次，要在各环节增强特岗教师的责任感与使命感。在前期宣传时，要让有志大学生充分了解特岗教师身份以及“特岗教师计划”的政策目标；在招聘时，要关注对应聘者的动机，注重考察应聘者对“特岗教师计划”的认知与认同，并进行必要的价值引导；在岗前培训中，要通过讲座、情景体验、团队活动、实地考察等方式，帮助特岗教师明确职责、提高履职尽责的使命感与紧迫感；在三年服务期间，要通过传帮带指导以及各种形式的职后培训，提高特岗教师的职业胜任力，同时通过各种激励机制的建立健全，增强特岗教师的荣誉感；在服务期满留任后，要持续跟踪、支持和帮助特岗教师的职业发展，增强特岗教师的职业归属感，激发其为基础教育事业奋斗终身的内驱力。

二、拓宽实施范围

其一，鼓励边远农村地区幼儿园招聘特岗教师。当前，在农村义务教育阶段师资数量与质量不断提升、空编数越来越少，农村普惠性幼儿园覆盖率与学前教师接受专业教育比例还较低的现实背景下，应当鼓励“特岗教师计划”实施范围内的省市区县提高幼儿园设岗招聘特岗教师的比例，通过“特岗教师计划”的政策支持，招聘更多的特岗教师到农村地区幼儿园任教，可以有效解决当前县、乡、村幼儿园师资严重短缺的问题，同时通过提高农村幼儿园教师接受专业教育比例，能更好地满足群众对高质量农村学前教育的需求。

其二，鼓励部分边远农村地区高中招聘特岗教师。对于部分较难引进公办教师的艰苦边远地区，应该允许师生比较高、专任教师学历合格率较低的农村高中设岗招聘特岗教师，从而有效缓解边远农村地区高中师资短缺和结构不合理的问题，提高边远地区农村高中的教育教学质量。

其三，支持设岗地区的部分城区学校招聘特岗教师。滇西边境山区的部分州市个别县（区），如丽江市的古城区、大理州的大理市、普洱市的思茅区，在过去 15 年间均没有招聘特岗教师，其中一个主要的原因是农村学生占比没有达到“特岗教师计划”的规定要求（60% 以上）。但是，这些县（区）的乡镇一级农村学校师资是非常紧缺的，其学校管理者也非常希望能够得到“特岗教师计划”的支持。因此，建议“特岗教师计划”在实施上能够给地方更大的自主权，允许设岗地区根据辖区内学校的生师比情况，在师资十分短缺、教师引进也比较困难的城区学校设岗招聘部分特岗教师，以有效缓解其师资短缺的问题。

三、加强考核评估

其一，要把推进“特岗教师计划”实施工作情况，纳入设岗地区政府部门的年度考核内容，提高设岗地区政府对该政策的重视与支持，促使各设岗地区主动谋划与作为，提前做好“特岗教师计划”工作的规划与年度计划，强化政府各相关部门协同推进“特岗教师计划”实施的合力，提高政策执行的效率和效益。

其二，要加强特岗教师的过程管理、年度考核、期满考核和表彰奖励。各地应制定出台《特岗教师管理办法》和《特岗教师年度考核办法》，加强对特岗教师的聘期管理，对于工作态度、工作成效不好的特岗教师，要及时发现问题，并加强教育、指导和帮扶，对于工作积极、教学成效突出的特岗教师，要善于发现，并适时给予激励、奖励与表彰。通过评选表彰一批优秀特岗教师，大力宣传优秀特岗教师先进事迹，增强特岗教师立德树人、教书育人的荣誉感和责任感，以及教师职业的归属感，引导特岗教师艰苦奋斗、追求卓越，争当新时代好老师，同时也强化榜样感召引领，增强特岗计划政策对大学毕业生的吸引力。

其三，要加强政策执行的监管和督导。各级政府部门应定期开展“特岗教师计划”实施工作的督查，尤其是对招聘、工资及补贴发放、“五险一金”缴纳、服务期满特岗教师的入编办理等重点环节进行督查，对于不能按时完成特岗教师招聘任务的，可以在下一年核减设岗名额；对于工作落实不到位、相关保障政策落实存在问题的，给予严肃处理，并要求及时整改；而对于工作推进有力、工作成效较好的“特岗教师计划”工作单位和部门，应该给予表彰和奖励。

其四，要组织开展政策实施绩效评估。随着“特岗教师计划”的持续深入实施，国家已建立起专门的“特岗教师管理服务信息系统”，使特岗教师管理服务相关信息的上传、下达已越来越便捷、高效。应该用好该平台信息，并在适当拓展部分信息的基础上，对各地实施“特岗教师计划”的情况进行政策绩效评估，形成各地的政策绩效评估报告，有助于及时发现问题、采取有效对策，也有助于及时发现典型优秀工作案例，进而通过定期选树和表彰一批“特岗教师计划”优秀工作者和先进工作案例，增强政策主体推进实施“特岗教师计划”的内生动力和外部支持，营造全社会协同促进“特岗教师计划”政策深入实施的良好氛围。

四、优化外部环境

其一，优化学校的组织环境。设岗学校应积极营造和谐共生的同事关系，鼓励教师间互相帮助、互相提携、共同成长，组建多元学习共同体（如结对式学习共同体，不同年级组、学科间、学科内的学习共同体），以多种形式构建乡村学校中协作互助的组织氛围，鼓励新老教师“搭对子”共同成长，通过“以老带新”，既帮助特岗教师适应教师职业、提高教学胜任力，也形成新教师发挥个人优势反哺老教师发展的“良性互促”。

其二，优化乡村的物理环境。特岗教师服务的是农村学校，要让这支高素质的特岗教师队伍稳定下来、扎根乡村、潜心教育，还需解决其后顾之忧，持续优化乡村环境建设：一是要提档升级乡村基础设施的建设，推动城乡基础设施互联互通，解决供电、供水、供气等生活性基础设施薄弱的问题，逐步完善推进乡村互联网通达、快递物流配送等基础设施建设和服务问题；二是要不断完善乡村社会的公共服务水平，加大对乡村教育的投入，改善乡村医疗卫生的条件、健全乡村社会保障养老服务体系、建立乡村文化服务中心，缩小城乡差距，加快推进城乡公共服务水平的均衡化发展；三是要进行乡村环境整治，加强对村庄的规划、垃圾的治理、污水的处理、村貌的提升，建设宜居乡村。

其三，促进教师的社区融入。一是乡村社区要主动敞开怀抱欢迎包括特岗教师在内的乡村教师参与到乡村事务的处理中，让他们也能为乡村社区文化的建设、乡村发展规划等出谋划策。二是设岗学校要加强与乡村社区的联系，乡村学校作为联结乡村教师与乡村社区的桥梁，应打开学校紧闭的大门，鼓励特岗教师以地方文化人的姿态主动融入乡村社区，鼓励特岗教师不定期在社区中开展教育讲座等，既发挥特岗教师在乡土社会中新乡贤角色的价值，也促进特岗教师的乡村社区融入。

|参考文献|

[1] 教育部：特岗教师三年服务期满后留任率超85% [EB/OL]. http：//www. moe. gov. cn/fbh/live/2020/52439/mtbd/202009/t20200904_485338. html.

[2] 周晔. "特岗教师"政策的现实困境与出路 [J]. 教育发展研究，2009（22）：5.

[3] Ashiedu J A, Scott-Ladd B D. Understanding Teacher Attraction and Retention Drivers：addressing Teacher Shortages [J]. Australian Journal of Teacher Education，2011，37（11）：17－35.

[4] Teach For America. Statistical History of Teach For America 1990—1996 [M]. New York：Teach For America. 1996.

[5] Keen，Cheryl；Baldwin，Elizabeth. Students promoting economic development and environmental sustainability：An analysis of the impact of involvement in a community-based research and service-learning program [J] International Journal of Sustainability in Higher Education，2004，5（4）：384－394.

[6] Kretchmar，Kerry. The Revolution Will Be Privatized：Teach For America and Charter Schools [J]. The Urban Review，2014，46（4）：632.

[7] Wendy Kopp. Don't Wait to Solve the World's Problems-Commencement（address delivered to Georgetown College）[R]. Georgetown University Washington D. C.，2008.

[8] Veltri B T. Teaching or Service? The Site-Based Realities of Teach for America Teachers in Poor，Urban Schools [J]. Education and Urban Society，2008，40（5）：533.

[9] Linda Darling-Hammond. A Future Worthy of Teaching For America [J]. Education Week，2004（23）：40.

[10] Fu，Jennifer. New Recruiting Efforts by Teach for America Yield Record Applicants [J]. Education Week，2005（3）：9.

[11] 倪娜，洪明．融通教师培养和领导能力培养的变革之路——英国“教学优先方案”述评［J］．外国中小学教育，2010（4）：22－27.
[12] 丁丹．英国“教学优先计划”与我国“特岗计划”的比较研究［D］．武汉：华中师范大学，2015.
[13] 刘欣，丁丹．从英国“教学优先计划”看我国“特岗计划”的完善［J］．教育评论，2014（6）：165－167.
[14] 刘则渊，陈悦，侯海燕．科学知识图谱方法与应用［M］．北京：人民卫生出版社，2008.
[15] 杨震，张杰，刘红艳．新聘特岗教师自我和谐状况调查研究：以安徽阜阳2009年新聘特岗教师为例［J］．当代教师教育，2010（3）：85－87，93.
[16] 李艳．四川地区特岗教师心理健康现状调查及对策研究［J］．社会心理科学，2011（4）：103－106，121.
[17] 凌晨，桑青松，李云．地震灾区中学特岗教师心理健康状况调查［J］．中国健康心理学杂志，2010（1）：36－38.
[18] 谢国秀，傅丽萍．农村特岗教师人际关系与自尊之相关研究［J］．社会心理科学，2010（Z1）：70－76.
[19] 张晓丹，樊晓燕．安徽农村特岗教师心理健康状况调查［J］．淮南师范学院学报，2013（4）：21－24.
[20] 张宁．特岗教师角色适应中的心理问题分析及对策研究［D］．福州：福建师范大学，2013.
[21] 刘郁，聂尧．贵州省农村特岗教师心理健康问题的社会支持研究［J］．教育文化论坛，2015（5）：51－55.
[22] 李军合．特岗教师，你在他乡还好吗：基于一所乡镇中学特岗教师生存状态的调查研究［J］．基础教育研究，2010（18）：5－8.
[23] 阿不力孜·热扎克，艾力菲亚·阿扎提．南疆三地州“特岗教师”心理健康问题的调查研究与对策［J］．劳动保障世界，2017（29）：34－35.
[24] 李庆．“特岗教师”对农村义务教育师资队伍建设影响的研究［D］．合肥：安徽大学，2011.
[25] 刘祯干．特岗教师的生存状态研究［D］．上海：华东师范大学，2011（10）.
[26] 蒲大勇，王丽君，杜永红．农村特岗教师发展状况和生态机制建构——基于四川省的实证调查分析［J］．教育发展研究．2018（02）：35－47.

[27] 肖桐，邬志辉．我国农村教师心理健康状况的变迁（1991—2014）一项横断历史研究［J］．教育科学研究．2018（08）：69－77.
[28] 马晨．河南省 x 县特岗教师生存现状及改善对策［D］．武汉：华中师范大学，2020.
[29] 袁金艳．“特岗教师”生存状态的调查研究［D］．金华：浙江师范大学，2013.
[30] 张申华．从特岗教师工作生活质量的调查看特岗计划［D］．成都：四川师范大学，2013.
[31] 张晶慧．特岗教师的职业倦怠、工作生活质量、社会支持的现状及其关系研究［D］．昆明：云南师范大学，2015.
[32] 杨红梅．相遇在学校场域：三位特岗教师生存状态的叙事研究［D］．昆明：云南师范大学，2018.
[33] 吴林艳．坚守中蜕变——一位农村特岗教师生存状态的叙事研究［D］．长沙：湖南师范大学，2017.
[34] 莫非．湖南省祁阳县农村义务教育特岗教师生存状态及改善策略研究［D］．南宁：广西民族大学，2018.
[35] 窦瑞，石富美．农村幼儿园特岗教师生存状态的影响因素探究［J］．科教文汇（中旬刊），2020（7）：163－164.
[36] 赵启君，陈剑．农村特岗教师生存状态及职业发展研究——以昭通市为例［J］．西部素质教育，2018，4（5）：96－97.
[37] 鲁伟．湘西地区中小学体育特岗教师生存状态研究［D］．吉首：吉首大学，2018.
[38] 莫非．湖南省祁阳县农村义务教育特岗教师生存状态及改善策略研究［D］．南宁：广西民族大学，2018.
[39] 王艳平．农村特岗教师生存状态叙事研究［D］．延边：延边大学，2020.
[40] 武慧芳，王爱玲，王密卿．河北省特岗教师职业认同的调查研究［J］．廊坊师范学院学报（社会科学版），2011（4）98－100.
[41] 赵燕婷．农村“特岗教师”职业认同的调查研究［D］．兰州：西北师范大学，2009.
[42] 徐继存，宋朝．农村特岗教师发展现状的调查研究［J］．当代教育与文化，2012（1）：58－64.
[43] 罗超，廖朝华．特岗教师的职业认同感研究：基于云南省鲁甸县特岗教

师的现状调查分析［J］. 教育理论与实践，2011（29）：45-47.
［44］张旭．特岗教师职业认同偏低的原因分析与改善对策：以滇、桂、黔石漠化片区A、G、L三县为例［J］. 基础教育研究，2013（18）：19-21.
［45］杨廷树，杨颖秀．西部农村学校特岗教师现状调查与思考：基于贵州省Z中学的个案研究［J］. 教育理论与实践，2010（23）：6-7，18.
［46］孟宪乐．特岗教师职业发展现状及长效机制研究：以对河南省五县116位特岗教师的调查为例［J］. 中小学管理，2012（11）：49-51.
［47］赵璐．农村特岗教师的职业倦怠状况及解决办法［J］. 改革与开放，2011（6）：157-158.
［48］王翠花．浅议特岗教师职业倦怠问题［J］. 太原城市职业技术学院学报，2012（9）：105-106.
［49］张晶慧．特岗教师的职业倦怠、工作生活质量、社会支持的现状及其关系研究［D］. 昆明：云南师范大学．2015（01）.
［50］单永花．河南省特岗教师职业倦怠状况调查研究［J］. 黑河学刊，2014（4）：107-108.
［51］叶刚．贵州省体育特岗教师职业倦怠及其影响因素的研究［D］. 成都：成都体育学院，2017.
［52］黄晋生，蔡文伯．民族地区中小学特岗教师职业压力与职业倦怠的关系：工作满意度的中介作用［J］. 当代教师教育，2019，12（4）：67-73.
［53］刘佳琦．石家庄市小学特岗教师职业倦怠状况的个案研究［D］. 石家庄：河北师范大学，2020.
［54］傅王倩，姚岩．特岗教师的地域融入与职业倦怠的关系研究——基于全国13省的实证研究［J］. 教育学报，2018，14（2）：89-96.
［55］廖朝华．我国特岗教师专业发展问题与对策研究［D］. 长沙：湖南师范大学，2011.
［56］吴洪亮．西部农村特岗教师专业发展现状及途径探析［J］. 教育文化论坛，2012（1）：37-41.
［57］安富海．“特岗教师”专业发展的问题与对策：基于对贵州威宁县和河北涞源县的调查［J］. 教育理论与实践，2014（10）：39-43.
［58］穆岚，齐春林．特岗教师专业发展面临的问题及解决对策［J］. 河南教育学院学报（哲学社会科学版），2016（01）：51-54.
［59］李彬．小学特岗教师专业发展问题及对策研究［D］. 长春：东北师范大学，2017.

[60] 安富海．“特岗教师”专业发展的问题与对策：基于对贵州威宁县和河北涞源县的调查 [J]．教育理论与实践，2014 (10)：39 -43.
[61] 吕婷．延安市农村“特岗教师”专业发展的现状、问题及对策研究 [D]．延安：延安大学，2017.
[62] 贾宇鸣．农村小学特岗教师专业发展的问题及对策研究 [D]．长春：东北师范大学，2019.
[63] 王文菊．小学初任教师专业发展存在的问题及对策研究 [D]．曲阜：曲阜师范大学，2021.
[64] 石寒月．西部地区乡村小学教师专业发展问题及对策研究 [D]．喀什：喀什大学，2020.
[65] 蒲大勇．农村特岗教师专业发展状况及其影响因素的实证研究——以四川省为例 [J]．教育测量与评价，2018 (2)：33 -39 +64.
[66] 于冰，于海波，唐恩辉．农村特岗教师队伍建设存在的问题及其对策：基于中西部6省的调查与分析 [J]．广西社会科学，2014 (9)：217 -220.
[67] 杨旭娇．特岗教师队伍建设的问题及解决对策 [J]．忻州师范学院学报，2011 (5)：96 -97.
[68] 刘伟．农村特岗教师队伍建设存在的问题与对策研究 [D]．保定：河北大学，2018.
[69] 叶尔克江·巴哈提．新疆特岗教师队伍建设研究 [D]．乌鲁木齐：新疆大学，2017.
[70] 汪星星．湖北省赤壁市农村特岗教师队伍建设研究 [D]．长沙：国防科学技术大学，2017.
[71] 王娟，王晓刚．体育特岗教师的队伍建设及未来对策研究 [J]．湖北体育科技．2018 (2)：179 -181.
[72] 阿呷热哈莫，黄晓晗，李征．特岗教师培训现状与需求分析 [J]．世界教育信息，2012 (4)：33 -35.
[73] 余忠彪．基于胜任力的广西“特岗教师”岗前培训研究 [D]．南宁：广西大学，2014.
[74] 金东海，蔺海沣．新任特岗教师岗前培训现状与对策研究：以甘肃省为例 [J]．教育导刊，2013 (11)：19 -22.
[75] 阿不力孜·热扎克，陈健．对“特岗”教师岗前培训后效的调查研究 [J]．出国与就业（就业版)，2012 (1)：60 -62.
[76] 马莉，马志颖．特岗教师培养培训调查研究——基于宁夏五个地级市的

现状分析［J］．教育导刊，2017（12）：34－38.
［77］杨智．“三需导向”教师培训课程设计模式与反思——以贵州师范学院特岗教师培训为例［J］．中小学教师培训，2017（6）：12－15.
［78］莫贵圈．贵州省毕节地区初中数学特岗教师培训需求调查分析［J］．贵州师范学院学报，2013，29（9）：67－70.
［79］吴凯．农村“特岗教师”思想品德的培养［J］．山东省农业管理干部学院学报，2010（6）：32，68.
［80］李婷．新疆特岗教师思想政治素质培养研究［D］．乌鲁木齐：新疆师范大学，2015.
［81］刘敏，石亚兵．乡村教师流失的动力机制分析与乡土情怀教师的培养：基于80后“特岗教师”生活史的研究［J］．当代教育科学，2016（6）：15－19.
［82］王纬虹，杨军，金星霖．新任特岗教师的现状与培养建议：基于重庆市的调查研究［J］．教育导刊，2012（11）：42－45.
［83］周晔．“特岗教师”政策的现实困境与出路［J］．教育发展研究，2009（22）：5.
［84］贾涛．农村特岗教师计划的实施：问题与对策［J］．教育理论与实践，2010（23）：3－5.
［85］杨廷树．贵州省W县“特岗教师计划”实施中的问题及建议［D］．长春：东北师范大学，2010.
［86］易海华，刘济远．“特岗教师”如何更好地落地生根：关于农村教师“特岗计划”工作的思考［J］．湖南第一师范学院学报，2010（3）：13－16.
［87］张秀陶，郑晓婷．农村特岗教师政策的问题及改进［J］．湖北函授大学学报，2011（8）：77－78.
［88］春梅，王安全．特岗教师政策合理性审思［J］．教育与教学研究，2011（8）：1－4.
［89］樊万奎，吴支奎．农村特岗教师计划的“优”与“思”：以安徽省F县为例［J］．中小学管理，2011（7）：19－21.
［90］张济洲．农村“特岗教师”政策实施：问题与对策［J］．教育理论与实践，2012（7）：26－28.
［91］陈凯．“特岗教师”政策审视：以河南省为例［J］．河南教育学院学报（哲学社会科学版），2012（5）：53－54.
［92］杜亮．教师分层、社会流动与教育政策的完善：以“特岗教师”为例

[J]. 河北师范大学学报（教育科学版），2014（1）：11-15.
[93] 杨蓝天. 乡村振兴背景下县级政府教育政策执行力研究 [D]. 武汉：中南民族大学，2019.
[94] 万孝凯. 特岗计划政策执行中存在的问题与对策研究 [D]. 长沙：湖南师范大学，2019.
[95] 阿呷热哈莫. 特岗教师文化适应问题分析—以西南民族地区为例 [J]. 教育导刊，2016（7）：71-74.
[96] 邓金春. 多元文化背景下云南农村特岗教师身份认同的自我建构研究 [D]. 昆明：云南师范大学，2015.
[97] 蔺海沣，金东海. 民族地区特岗计划的现实困境与破解路径：基于2012年甘肃省新任特岗教师的调查 [J]. 教育理论与实践，2013（34）：26-30.
[98] 朱翠林. 对构建财政专项资金绩效评价指标体系的探析：以广西“特岗计划”财政专项资金绩效评价为例 [J]. 财政监督，2013（21）：55-57.
[99] 朱翠林. 农村义务教育“特岗计划”财政专项资金绩效评价 [J]. 财会月刊，2013（20）：42-44.
[100] 赵传珍. “特岗计划”教育政策绩效评估 [J]. 教育教学论坛，2015（44）：77-79.
[101] 蒙丽珍，古炳玮. 广西农村学校“特岗计划”财政支出绩效探讨 [J]. 广西财经学院学报，2014，27（2）：27-33.
[102] 刘红熠. 政策辩论视角下“特岗计划”评估性研究 [D]. 重庆：西南大学，2013.
[103] 安雪慧，丁维莉. “特岗教师计划”政策效果分析 [J]. 中国教育学刊，2014（11）：1-6.
[104] 李跃雪，邬志辉. 特岗教师视角下特岗计划实施效果的调查研究：以静乐县和东乡县为例 [J]. 教师教育研究，2014（4）：52-57.
[105] 李跃雪. 特岗教师视角下特岗计划实施效果的调查研究 [D]. 长春：东北师范大学，2013.
[106] 宋婷娜，郑新蓉. 从“补工资”到“补机制”：“特岗教师”工资性补助政策的实施效果 [J]. 北京大学教育评论，2017，15（02）：39-52+187-188.
[107] 由由，杨晋，张羽. “特岗”教师政策效果分析——教师队伍与教育公平的视角 [J]. 复旦教育论坛，2017，15（05）：83-90.

[108] 钱晓虹．云南省少数民族地区“特岗教师计划”实施效果分析［J］．校园英语，2019（47）：17－18.

[109] 徐明珠．教师视角下特岗计划政策效果评估研究［D］．天津：天津工业大学，2019.

[110] 胡六合．“特岗计划”政策实施效果研究［D］．长沙：湖南师范大学，2018.

[111] 吴水叶．贵州省“特岗教师计划”实施效果评价及政策优化研究［D］．贵阳：贵州大学，2018.

[112] 周悦洁．威宁县特岗教师计划实施效果调查研究［D］．贵阳：贵州大学，2018.

[113] 曾维红．特岗教师眼中特岗计划政策实施效果［D］．长沙：湖南师范大学，2020.

[114] 周琬謦．应用型本科教师的发展：内涵、重要性、问题和路径－潘懋元先生应用型本科教师发展观探析［J］．大理大学学报（社会科学版），2016，1（11）：86－90.

[115] 张雷．教育政策绩效评估的理论探讨［D］．上海：华东师范大学，2014.

[116] 安秀梅．政府绩效评估体系研究：从政府公共支出的角度创设政府绩效评估体系［M］．北京：中国财经经济出版社，2009：13.

[117] 卓越．公共部门绩效评估（修订版）［M］．北京：中国人民大学出版社，2011：5.

[118] Neal Schmitt，Walter C. Borman. Personnel Selection in Organizations［M］. San Francisco：Jossey-Bass，1993：253.

[119] 方晓东等．中国教育十大热点问题［M］．福州：福建教育出版社，2011：195.

[120] 范柏乃．政府绩效评估与管理［M］．上海：复旦大学出版社，2007.

[121] 杨洪．政府绩效评估200问［M］．北京：人民出版社，2007.

[122] 胡宁生．中国政府形象战略［M］．北京：中共中央党校出版社，1998.

[123] 孟建比．中国企业绩效评价［M］．北京：中国财政经济出版社，2002.

[124] 张一驰．人力资源管理［M］．北京：北京大学出版社，1999.

[125] 任爽．大学生创业政策绩效评价研究［D］．杭州：杭州电子科技大学，2012.

[126] Evert Vedung. Public policy and program evaluation［M］. New Brunswick

and London: Transaction Publishers, 1997: 192 - 200.
[127] 赵德余. 公共政策：共同体、工具与过程 [M]. 上海：上海人民出版社，2011.
[128] 贠杰，杨诚虎. 公共政策评估：理论与方法 [M]. 北京：中国社会科学出版社，2006.
[129] 高庆蓬. 教育政策评估研究 [D]. 长春：东北师范大学，2008.
[130] [德] 赖因哈德·施托克曼，沃尔夫冈·梅耶. 评估学 [M]. 北京：人民出版社，2012.
[131] 张茂聪，杜文静. 县域基础教育政策评估研究——基于评估内容体系的构建学 [M]. 济南：山东教育出版社，2015.
[132] 魏真. 我国公共教育财政政策评估研究 [D]. 北京：北京师范大学，2008.
[133] 任爽. 大学生创业政策绩效评价研究 [D]. 杭州：杭州电子科技大学，2012.
[134] 吴锡泓，金荣枰. 政策学的主要理论 [M]》上海：复旦大学出版社，2005: 441 - 490.
[135] 弗兰克·费希尔. 公共政策学 [M]. 北京：中国人民大学出版社，2003.
[136] International Development Research Institute. A new approach for policy and program evaluatiom [R]. Foundation for advanced studies on international development, 2005: 5 - 10.
[137] 王瑞祥. 政策评估的理论、模型与方法 [J]. 预测，2003 (3): 36 - 38.
[138] 王满船，公共政策制定：择优过程与机制 [M]. 北京：中国经济出版社，2004.
[139] Evert Vedung. Public policy and program evaluation [M]. New Brunswick and London: Transaction Publishers, 1997: 192 - 200.
[140] Evert Vedung. Public policy and program evaluation [M]. New Brunswick and London: Transaction Publishers, 1997: 36.
[141] 刘丽霞. 公共政策分析 [M]. 大连：东北财经大学出版社，2006.
[142] Evert Vedung. Public policy and program evaluation [M]. New Brunswick and London: Transaction Publishers, 1997: 59 - 61.
[143] Evert Vedung. Public policy and program evaluation [M]. New Brunswick and London: Transaction Publishers, 1997: 63.

[144] 陈振明．政策科学——公共政策分析导论［M］．北京：中国人民大学出版社，2004.

[145] 斯塔弗尔比姆．评估模型［M］．苏锦丽，译．北京：北京大学出版社，2007.

[146] Evert Vedung. Public policy and program evaluation［M］. New Brunswick and London：Transaction Publishers，1997：259－260.

[147] 范国睿．教育政策的理论与实践［M］．上海：上海教育出版社，2011.

[148] E. A. Suchman. Evaluative Research：Principle and Practice in Public Service and Action Programs［M］. N. Y.：Russell Sage Foundation，1967：314－321.

[149] 李德国，蔡晶晶．西方政治评价技术与方法浅析［J］．科学学与科学技术管理，2006（4）：65－69.

[150] Grover Starling. Strategies for Policy Making［M］. Chicago：Dorsey Press. 1988：168－176.

[151] William Dunn. Public Policy Analysis：An Introduction［M］. Englewood Cliffs：Prentice-Hall Inc. 1994：123－127

[152] Evert Vedung. Public policy and program evaluation［M］. New Brunswick and London：Transaction Publishers，1997：192－200.

[153] 林水波，张世贤．公共政策［M］．台北：五南出版公司，1982.

[154] 孙光．现代政策科学［M］．杭州：浙江教育出版社，1998.

[155] 陈振明．公共政策分析［M］．北京：中国人民大学出版社，2003.

[156] 宁骚．公共政策学［M］．北京：高等教育出版社，2003.

[157] 张金马．公共政策分析：概念过程方法［M］．北京：人民出版社，2004.

[158] 高兴武．公共政策评估：体系与过程［J］．中国行政管理，2008（2）：58－62.

[159] 威廉·邓恩．公共政策分析导论［M］．北京：中国人民大学出版社，2002.

[160] 张雷．教育政策绩效评估的理论探讨［D］．上海：华东师范大学，2014.

[161] 吴志宏．教育政策与教育法规［M］．上海：华东师范大学出版社，2003.

[162] 大卫·沙维奇，卡尔·帕顿．政策分析和规划的初步方法，北京：华

夏出版社，2001.
[163] 乔治·斯蒂格勒．产业组织和政府管制［M］．上海：上海三联书店，1989.
[164] 威廉·N·邓恩．公共政策分析导论（第二版）［M］．北京：中国人民大学出版社，2010.
[165] 大卫·沙维奇，卡尔·帕顿．政策分析和规划的初步方法［M］．北京：华夏出版社，2001.
[166] 弗兰克·费尔希．公共政策评估［M］．北京：中国人民大学出版社，2003.
[167] 胡平仁．政策评估的标准［J］．湘潭大学社会科学学报，2002（5）：87-90.
[168] 胡淑晶．基于科学发展观的政府绩效评估体系［J］．甘肃理论学刊，2006（6）：17-20.
[169] 马晓君．政府绩效评估的方法体系评述［J］．统计教育，2006（3）：31-35.
[170] 陈薇．河北省财政扶贫政策绩效评价实证研究［J］．农业经济，2006（7）：58-59.
[171] 宋健峰．政策评估指标体系的构建［J］．统计与决策，2006（11）：61-62.
[172] 刘进才．关于政策评估的模糊数学方法及计算机程序处理研究［J］．苏州大学学报（哲学社会科学版），2004（6）：118-123.
[173] 王谦．政府绩效评估方法与应用研究［D］．成都：西南交通大学，2006：69-83.
[174] 郭群．教育政策绩效评价指标体系建构研究［D］．金华：浙江师范大学，2012.
[175] 宋婷娜，郑新蓉．从“补工资”到“补机制”：“特岗教师”工资性补助政策的实施效果［J］．北京大学教育评论，2017，15（2）：39-52+187-188.
[176] 朱翠林．对构建财政专项资金绩效评价指标体系的探析：以广西“特岗计划”财政专项资金绩效评价为例［J］．财政监督，2013（21）：55-57.
[177] 朱翠林．农村义务教育“特岗计划”财政专项资金绩效评价［J］．财会月刊，2013（20）：42-44.

[178] 徐明珠．教师视角下特岗计划政策效果评估研究［D］．天津：天津工业大学，2019.
[179] 教育部：特岗教师三年服务期满后留任率 85%［EB/OL］．http：//www.moe.gov.cn/fbh/live/2020/52439/mtbd/202009/t20200904_485338.html.
[180] 教育部：特岗教师三年服务期满后留任率 85%［EB/OL］．http：//www.moe.gov.cn/fbh/live/2020/52439/mtbd/202009/t20200904_485338.html.
[181] 云南特岗教师成农村校生力军［EB/OL］．http：//www.moe.gov.cn/jyb_xwfb/s5147/202009/t20200921_489314.html.
[182] 云南省人民政府办公厅．云南省人民政府办公厅关于印发云南省义务教育优质均衡发展实施方案的通知［Z］．2022-06-09.
[183] 中共怒江州委机构编制办公室，怒江州人力资源和社会保障局，怒江州财政局，怒江州教育局．怒江州特岗教师管理办法［Z］．2017-04-17.
[184] 马莉，马志颖．特岗教师培养培训调查研究——基于宁夏五个地级市的现状分析［J］．教育导刊，2017（12）：34-38.
[185] 孙田．河北省 L 县特岗教师政策实施中的问题与对策研究［D］．保定：河北大学，2021.
[186] 袁文新．特岗教师生存状况及其保障措施研究［D］．武汉：华中师范大学，2015.
[187] 教育部办公厅 财政部办公厅关于做好 2021 年农村义务教育阶段学校教师特设岗位计划实施工作的通知［Z］．2021-03-24.
[188] 王艳玲，苏萍，苟顺明．特岗教师流动及流失意愿的影响因素分析——基于云南省的调查［J］．教师教育研究，2017，29（5）：7-13.
[189] 关世杰．跨文化交流学——提高涉外交流能力的学问［M］．北京：北京大学出版社，1995.
[190] 金秀芳．论跨文化交流中的"文化休克"现象［J］．同济大学学报（社会科学版），2001（2）：84-87.
[191] 陈朝琨．云南省禄劝县 2012—2015 年特岗教师流失的现状调查研究［D］．昆明：云南大学，2017.
[192] 杨军红．来华留学生跨文化适应问题研究［D］．上海：华东师范大学博士学位论文，2005.
[193] 周琬謦．东南亚留学生的跨文化适应状况访谈报告——以云南两所高

校为例［J］. 现代企业教育，2012（24）：214－215.

［194］贾磊磊. 跨文化交流中的理解困境及其价值冲突［A］. 中国文化国际传播研究院、会林文化基金、英文期刊《中国文化国际传播》. 当代与传统：当代中国文化国际影响力的生成——“第三极文化”论丛（2019）［C］. 中国文化国际传播研究院、会林文化基金、英文期刊《中国文化国际传播》：北京师范大学中国文化国际传播研究院，2018：359－364.

［195］金秀芳. 论跨文化交流中的“文化休克”现象［J］. 同济大学学报（社会科学版），2001（2）：84－87.

［196］张玉. 民族地区原始宗教信仰对青少年成长的影响研究［D］. 西安：西北大学，2021.

［197］刘义飞. 少数民族大学生的信仰问题与对策思考［J］. 大学，2022（9）：69－72.

［198］姜剑，蒙象飞. 少数民族大学生政治信仰教育的途径探索［J］. 学校党建与思想教育，2020（20）：60－61.

［199］教育部办公厅，财政部办公厅. 关于做好2022年农村义务教育阶段学校教师特设岗位计划实施工作的通知［Z］. 2022－06－16.

［200］敖日琪琅. 少数民族大学生社会文化适应与社交焦虑：情绪调节策略的中介作用［D］. 上海：华东师范大学，2020.

［201］安达，柳婧. 少数民族地区大学生社交网络应用调查及对策［J］. 成都工业学院学报，2014，17（3）：42－45.

［202］张海清，张建云. 边疆民族地区大学生家庭功能、婚恋观与性态度现状调查［J］. 大理学院学报，2014，13（1）：75－79.

［203］王艳玲，苏萍，苟顺明. 特岗教师流动及流失意愿的影响因素分析—基于云南省的调查［J］. 教师教育研究，2017，29（5）：7－13.

［204］邓金春. 多元文化背景下云南农村特岗教师身份认同的自我建构研究［D］. 昆明：云南师范大学，2015.

［205］张海清，杨明宏. 少数民族文化震惊与适应［J］. 贵州民族研究，2010（5）.

［277］李淑琴. 对农村基础教育发展中“特岗教师”问题的探析［J］. 学园，2012（2）：81－84.

［278］王艳. 特岗教师计划实施情况的调查研究［D］. 保定：河北大学，2013.

[279] 张雪雅．河南省农村特岗教师社会支持、工作压力与生活满意度的关系 [D]．郑州：河南大学，2015.

[280] 黄丽锷．专业学习共同体：一个校本的教师发展途径 [J]．上海教育，2006 (10)：26－27.

[281] 王珂．小学特岗教师专业发展现状及对策研究 [D]．镇江：江苏大学，2021.

[282] 郑宇唯．组织支持感对特岗教师工作积极性的影响：心理资本的中介作用 [D]．长沙：湖南师范大学，2021.

[283] 李雅琴．边境民族地区特岗教师何以留任 [D]．南宁：广西师范大学，2021 (02)．

[284] 范美荣，于胜刚．农村初任特岗教师成长困境及解决对策 [J]．重庆电子工程职业学院学报，2015，24 (4)：71－73.

附录1 “特岗教师计划”绩效评估指标调查问卷

您好！为研究出一套行之有效的“特岗教师计划”政策绩效评估评价指标体系，为该政策评估提供科学依据，课题组在文献研究的基础上，制定了调查问卷。恳请您给予帮助与指导，提供宝贵意见和建议。您所提供的信息对研究非常有帮助，我们将严格履行保密承诺，不会泄露您的个人信息，恳请如实填写。

衷心感谢您的支持！祝您身体健康，万事如意！

“特岗教师计划”政策绩效评估研究课题组

2017 年 12 月

一、您的基本信息（请在相应选项的字母上画√）

1. 性别	A. 男　B. 女
2. 民族	A. 汉族　B. 少数民族
3. 年龄	A. 小于 30 岁　B. 30—39 岁　C. 40—49 岁　D. 50—59 岁　E. 60 以上
4. 专业技术职务	A. 正高　B. 副高　C. 中职　D. 初职
5. 最高学位	A. 博士　B. 硕士　C. 学士　D. 其他
6. 目前从事的职业	________________________________（请填写全称）

二、调查内容

填写指导：（1）问卷以选择题的形式出现，不同数字代表不同的认可程度，其中，5 = 非常认可，4 = 比较认可，3 = 一般，2 = 不太认可，1 = 完全不认可。请您根据自己的认可程度在指标右侧的相应数字上画√。（2）请您在表格后的空白处填上您的意见或建议。

（一）您对一级指标的遴选、修改或补充

一级指标	认可程度 5 非常认可	4 比较认可	3 一般	2 不太认可	1 完全不认可
1. 政策效果	5	4	3	2	1
2. 政策效率	5	4	3	2	1
3. 政策效益	5	4	3	2	1
4. 公平性	5	4	3	2	1
对一级指标的修改或补充意见：					

（二）您对二级指标的遴选、修改或补充

一级指标	二级指标	认可程度 5 非常认可	4 比较认可	3 一般	2 不太认可	1 完全不认可
政策效果	1. 教育发展	5	4	3	2	1
	2. 社会效应	5	4	3	2	1
对二级指标的修改或补充意见：						
政策效率	1. 经济效率	5	4	3	2	1
	2. 执行效率	5	4	3	2	1
对二级指标的修改或补充意见：						
政策效益	1. 回应度	5	4	3	2	1
	2. 满意度	5	4	3	2	1
对二级指标的修改或补充意见：						
公平性	1. 内部公平	5	4	3	2	1
	2. 外部公平	5	4	3	2	1
对二级指标的修改或补充意见：						

（三）您对三级指标的遴选、修改或补充

一级指标	二级指标	三级指标	认可程度				
			5 非常认可	4 比较认可	3 一般	2 不太认可	1 完全不认可
政策效果	教育发展	1. 招募特岗教师人数	5	4	3	2	1
		2. 政策对农村义务教育专任教师配置的影响	5	4	3	2	1
		3. 政策对农村义务教育专任教师年龄结构的影响	5	4	3	2	1
		4. 政策对农村义务教育专任教师学历结构的影响	5	4	3	2	1
		5. 政策对农村义务教育专任教师学科结构的影响	5	4	3	2	1
		6. 政策对农村义务教育质量提升的影响	5	4	3	2	1
		7. 平均受教育年限	5	4	3	2	1
	社会效应	8. 政策对促进大学生就业的影响	5	4	3	2	1
		9. 政策对特岗教师个人发展的影响	5	4	3	2	1
		10. 政策对农村教育观念转变的影响	5	4	3	2	1
政策效率	经济效率	11. 特岗教师时间—成本收益比	5	4	3	2	1
		12. 特岗教师经济—成本收益比	5	4	3	2	1
		13. 国家的成本收益比					
	执行效率	14. 特岗教师的留任率	5	4	3	2	1
		15. 政策执行部门的工作效率	5	4	3	2	1
对上述三级指标的修改或补充意见：							
政策效益	回应度	16. 政策了解程度	5	4	3	2	1
		17. 政策与其他政策的协调性	5	4	3	2	1
		18. 政策执行部门的工作态度	5	4	3	2	1
		19. 设岗学校的工作态度	5	4	3	2	1
	满意度	20. 学生对学校教育的满意度	5	4	3	2	1
		21. 学生对特岗教师的满意度	5	4	3	2	1
		22. 特岗教师对工作的满意度	5	4	3	2	1
		23. 学校对特岗教师的满意度	5	4	3	2	1
		24. 公众对政策的满意度	5	4	3	2	1
对上述三级指标的修改或补充意见：							
公平性	内部公平	25. 特岗教师获得激励、培训、晋升等机会的公平性	5	4	3	2	1
		26. 特岗教师工资待遇与公办教师的同等性	5	4	3	2	1
	外部公平	27. 大学生考取特岗教师岗位机会的公平性	5	4	3	2	1
		28. 政策对城乡义务教育均衡发展的促进性	5	4	3	2	1
		29. 特岗教师对同行利益的影响	5	4	3	2	1
对上述三级指标的修改或补充意见：							

附录2 “特岗教师计划”绩效评估指标检验问卷

您好！为研究出一套行之有效的“特岗教师计划”政策绩效评估评价指标体系，为该政策评估提供科学依据，课题组在文献研究和问卷调查的基础上，初步建立了“特岗教师计划”政策绩效评估的指标体系。为进一步确定评估指标，恳请您给予帮助与指导，提供宝贵意见和建议。您所提供的信息对研究非常有帮助，我们将严格履行保密承诺，不会泄露您的个人信息，恳请如实填写。

衷心感谢您的支持！祝您身体健康，万事如意！

“特岗教师计划”政策绩效评估研究课题组

2018年5月

一、您的基本信息（请在相应选项的字母上画√）

1. 性别	A. 男　B. 女
2. 民族	A. 汉族　B. 少数民族
3. 年龄	A. 小于30岁　B. 30—39岁　C. 40—49岁　D. 50—59岁　E. 60以上
4. 专业技术职务	A. 正高　B. 副高　C. 中职　D. 初职
5. 最高学位	A. 博士　B. 硕士　C. 学士　D. 其他
6. 目前从事的职业	______（请填写全称）

二、调查内容

填写指导：（1）问卷以选择题的形式出现，不同数字代表不同的重要程度，其中，5 = 非常重要，4 = 比较重要，3 = 一般，2 = 不太重要，1 = 完全不重要。请您根据其重要程度在指标右侧的相应数字上画√。（1）请您在表格后的空白处填上您的意见或建议。

（一）一级指标

一级指标	重要程度				
	5非常重要	4比较重要	3一般	2不太重要	1完全不重要
E1 政策效果	5	4	3	2	1
E2 政策效率	5	4	3	2	1
E3 政策效益	5	4	3	2	1
E4 公平性	5	4	3	2	1

（二）二级指标

一级指标	二级指标	重要程度				
		5非常重要	4比较重要	3一般	2不太重要	1完全不重要
E1 政策效果	E11 教育发展	5	4	3	2	1
	E12 社会效应	5	4	3	2	1
E2 政策效率	E21 经济效率	5	4	3	2	1
	E22 执行效率	5	4	3	2	1
E3 政策效益	E31 回应度	5	4	3	2	1
	E32 满意度	5	4	3	2	1
E4 公平性	E41 内部公平	5	4	3	2	1
	E42 外部公平	5	4	3	2	1

（三）三级指标

一级指标	二级指标	三级指标	重要程度				
			5非常重要	4比较重要	3一般	2不太重要	1完全不重要
E1 政策效果	E11 教育发展	E111 招募特岗教师人数	5	4	3	2	1
		E112 政策对农村义务教育专任教师配置的影响	5	4	3	2	1
		E113 政策对农村义务教育专任教师年龄结构的影响	5	4	3	2	1
		E114 政策对农村义务教育专任教师学历结构的影响	5	4	3	2	1
		E115 政策对农村义务教育专任教师学科结构的影响	5	4	3	2	1
		E116 政策对农村义务教育质量提升的影响	5	4	3	2	1
	E12 社会效应	E121 政策对促进大学生就业的影响	5	4	3	2	1
		E122 政策对特岗教师个人发展的影响	5	4	3	2	1
		E123 政策对农村教育观念转变的影响	5	4	3	2	1

续表

一级指标	二级指标	三级指标	重要程度				
			5 非常重要	4 比较重要	3 一般	2 不太重要	1 完全不重要
E2 政策效率	E21 经济效率	E211 特岗教师的成本收益比	5	4	3	2	1
		E212 国家的成本收益比	5	4	3	2	1
	E22 执行效率	E221 特岗教师的留任率	5	4	3	2	1
		E222 政策执行部门的工作效率	5	4	3	2	1
E3 政策效益	E31 回应度	E311 政策了解程度	5	4	3	2	1
		E312 政策与其他政策的协调性	5	4	3	2	1
		E313 政策执行部门的工作态度	5	4	3	2	1
	E32 满意度	E321 学生对特岗教师的满意度	5	4	3	2	1
		E322 特岗教师对工作的满意度	5	4	3	2	1
		E323 学校对特岗教师的满意度	5	4	3	2	1
		E324 公众对政策的满意度	5	4	3	2	1
E4 公平性	E41 内部公平	E411 特岗教师获得激励、培训、晋升等机会的公平性	5	4	3	2	1
		E412 特岗教师工资待遇与公办教师的同等性	5	4	3	2	1
	E42 外部公平	E421 大学生报考特岗教师岗位机会的公平性	5	4	3	2	1
		E422 政策对城乡义务教育均衡发展的促进性	5	4	3	2	1

附录3 “特岗教师计划”绩效评估指标权重确定问卷

您好！课题组在文献研究和问卷调查的基础上，建立了“特岗教师计划”政策绩效评估指标体系。为进一步确定各评价指标的权重，选用“层次分析法”进行权重分析。恳请您给予帮助与指导，提供宝贵意见和建议。您所提供的信息对研究非常有帮助，我们将严格履行保密承诺，不会泄露您的个人信息，恳请如实填写。

衷心感谢您的支持！祝您身体健康，万事如意！

一、您的基本信息（请在相应选项的字母上画√）

1. 性别	A. 男　B. 女
2. 民族	A. 汉族　B. 少数民族
3. 年龄	A. 小于30岁　B. 30—39岁　C. 40—49岁　D. 50—59岁　E. 60以上
4. 专业技术职务	A. 正高　B. 副高　C. 中职　D. 初职
5. 最高学位	A. 博士　B. 硕士　C. 学士　D. 其他
6. 目前从事的职业	____________________（请填写全称）

二、调查内容

（一）填写指导

1. 表格指标间的相对重要性程度，用1—9之间的数值进行标度，具体含义如下表所示：

重要性等级表	
标度	含义
1	表示两个因素具有同等重要性
3	表示一个因素比另一个因素稍微重要
5	表示一个因素比另一个因素明显重要
7	表示一个因素比另一个因素绝对重要
9	表示一个因素比另一个因素极端重要
2、4、6、8	是上述相对判断的中值

2. 在上述依据下，以下表格中根据因素间的相对重要性进行了标度，标度数值介于1—9之间，左侧表格表示左列因素重要于右列因素，右侧表格表示右列因素重要于左列因素。您可根据因素间的相对重要性，在相应数值下的方框内画√；如果您认为相应数值不能精确表达您的看法的，您可以在相邻的两个标度间的竖线上画○。

示例：

（1）“政策效果”（A）相对“政策效率”（B）绝对重要，您在左侧7下的方框内画√

A	评价标度									B
	A比B重要				同样重要	B比A重要				
	极端重要	绝对重要	明显重要	稍微重要		稍微重要	明显重要	绝对重要	极端重要	
	9	7	5	3	1	3	5	7	9	
政策效果		√								政策效率

（2）“政策效果”（A）相对“政策效率”（B）介于”稍微重要”与”明显重要”之间，您需在左侧表格5和3之间的竖线上画○。

A	评价标度									B
	A比B重要				同样重要	B比A重要				
	极端重要	绝对重要	明显重要	稍微重要		稍微重要	明显重要	绝对重要	极端重要	
	9	7	5	3	1	3	5	7	9	
政策效果										政策效率

（二）问卷内容

1. 一级指标权重

一级指标的相对重要性

A	评价标度									B
	A 比 B 重要				同样重要	B 比 A 重要				
	极端重要	绝对重要	明显重要	稍微重要		稍微重要	明显重要	绝对重要	极端重要	
	9	7	5	3	1	3	5	7	9	
政策效果										政策效率
政策效果										政策效益
政策效果										公平性
政策效率										政策效益
政策效率										公平性
政策效益										公平性

2. 二级指标权重

（1）“政策效果”各指标的相对重要性

A	评价标度									B
	A 比 B 重要				同样重要	B 比 A 重要				
	极端重要	绝对重要	明显重要	稍微重要		稍微重要	明显重要	绝对重要	极端重要	
	9	7	5	3	1	3	5	7	9	
教育发展										社会效应

（2）“政策效率”各指标的相对重要性

A	评价标度									B
	A 比 B 重要				同样重要	B 比 A 重要				
	极端重要	绝对重要	明显重要	稍微重要		稍微重要	明显重要	绝对重要	极端重要	
	9	7	5	3	1	3	5	7	9	
经济效率										执行效率

（3）"政策效益" 各指标的相对重要性

A	评价标度									B
	A 比 B 重要				同样重要	B 比 A 重要				
	极端重要	绝对重要	明显重要	稍微重要		稍微重要	明显重要	绝对重要	极端重要	
	9	7	5	3	1	3	5	7	9	
回应度										满意度

（4）"公平性" 各指标的相对重要性

A	评价标度									B
	A 比 B 重要				同样重要	B 比 A 重要				
	极端重要	绝对重要	明显重要	稍微重要		稍微重要	明显重要	绝对重要	极端重要	
	9	7	5	3	1	3	5	7	9	
内部公平										外部公平

3. 三级指标权重

（1）"教育发展" 各指标的相对重要性

A	评价标度									B
	A 比 B 重要				同样重要	B 比 A 重要				
	极端重要	绝对重要	明显重要	稍微重要		稍微重要	明显重要	绝对重要	极端重要	
	9	7	5	3	1	3	5	7	9	
招聘特岗教师人数										政策对农村义务教育专任教师配置的影响
招聘特岗教师人数										政策对农村义务教育专任教师年龄结构的影响
招聘特岗教师人数										政策对农村义务教育专任教师学历结构的影响
招聘特岗教师人数										政策对农村义务教育专任教师学科结构的影响

续表

A	评价标度									B
	A 比 B 重要				同样重要	B 比 A 重要				
	极端重要	绝对重要	明显重要	稍微重要		稍微重要	明显重要	绝对重要	极端重要	
	9	7	5	3	1	3	5	7	9	
招聘特岗教师人数										政策对农村义务教育质量提升的影响
政策对农村义务教育专任教师配置的影响										政策对农村义务教育专任教师年龄结构的影响
政策对农村义务教育专任教师配置的影响										政策对农村义务教育专任教师学历结构的影响
政策对农村义务教育专任教师配置的影响										政策对农村义务教育专任教师学科结构的影响
政策对农村义务教育专任教师配置的影响										政策对农村义务教育质量提升的影响
政策对农村义务教育专任教师年龄结构的影响										政策对农村义务教育专任教师学历结构的影响
政策对农村义务教育专任教师年龄结构的影响										政策对农村义务教育专任教师学科结构的影响
政策对农村义务教育专任教师年龄结构的影响										政策对农村义务教育质量提升的影响
政策对农村义务教育专任教师学历结构的影响										政策对农村义务教育专任教师学科结构的影响
政策对农村义务教育专任教师学历结构的影响										政策对农村义务教育质量提升的影响
政策对农村义务教育专任教师学科结构的影响										政策对农村义务教育质量提升的影响

（2）“社会效应”各指标的相对重要性

A	评价标度									B
	A 比 B 重要				同样重要	B 比 A 重要				
	极端重要	绝对重要	明显重要	稍微重要		稍微重要	明显重要	绝对重要	极端重要	
	9	7	5	3	1	3	5	7	9	
政策对促进大学生就业的影响										政策对特岗教师个人发展的影响
政策对促进大学生就业的影响										政策对农村教育观念转变的影响
政策对特岗教师个人发展的影响										政策对农村教育观念转变的影响

（3）“经济效率”各指标的相对重要性

A	评价标度									B
	A 比 B 重要				同样重要	B 比 A 重要				
	极端重要	绝对重要	明显重要	稍微重要		稍微重要	明显重要	绝对重要	极端重要	
	9	7	5	3	1	3	5	7	9	
特岗教师的成本收益比										国家的成本收益比

（4）“执行效率”各指标的相对重要性

A	评价标度									B
	A 比 B 重要				同样重要	B 比 A 重要				
	极端重要	绝对重要	明显重要	稍微重要		稍微重要	明显重要	绝对重要	极端重要	
	9	7	5	3	1	3	5	7	9	
特岗教师的留任率										政策执行部门的工作效率

（5）“回应度”各指标的相对重要性

A	评价标度									B
	A 比 B 重要				同样重要	B 比 A 重要				
	极端重要	绝对重要	明显重要	稍微重要		稍微重要	明显重要	绝对重要	极端重要	
	9	7	5	3	1	3	5	7	9	
政策了解程度										政策与其他政策的协调性
政策了解程度										政策执行部门的工作态度
政策与其他政策的协调性										政策执行部门的工作态度

（6）“满意度”各指标的相对重要性

A	评价标度									B
	A 比 B 重要				同样重要	B 比 A 重要				
	极端重要	绝对重要	明显重要	稍微重要		稍微重要	明显重要	绝对重要	极端重要	
	9	7	5	3	1	3	5	7	9	
学生对特岗教师的满意度										特岗教师对工作的满意度
学生对特岗教师的满意度										学校对特岗教师的满意度
学生对特岗教师的满意度										公众对政策的满意度
特岗教师对工作的满意度										学校对特岗教师的满意度
特岗教师对工作的满意度										公众对政策的满意度
学校对特岗教师的满意度										公众对政策的满意度

（7）“内部公平”各指标的相对重要性

A	评价标度									B
	A 比 B 重要				同样重要	B 比 A 重要				
	极端重要	绝对重要	明显重要	稍微重要		稍微重要	明显重要	绝对重要	极端重要	
	9	7	5	3	1	3	5	7	9	
特岗教师获得激励、培训、晋升等机会的公平性										特岗教师工资待遇与公办教师的同等性

（8）“外部公平”各指标的相对重要性

A	评价标度									B
	A 比 B 重要				同样重要	B 比 A 重要				
	极端重要	绝对重要	明显重要	稍微重要		稍微重要	明显重要	绝对重要	极端重要	
	9	7	5	3	1	3	5	7	9	
大学生报考特岗教师岗位机会的公平性										政策对城乡义务教育均衡发展的促进性

附录 4　“特岗教师计划”绩效评估调查问卷

您好！为了对“特岗教师”政策进行有效的绩效评估，我们编制了本调查问卷，恳请您配合填答。本调查问卷不用填写姓名，答案也无正确与错误之分。请您根据自己的实际情况，在每题所选答案的序号上打√，如没有特别说明，每题只选一个答案。对于没有设置答案选项的开放性问题，请直接在题目下（或题目旁边）的横线上填写您的答案。我们将严格履行保密承诺，对您所填写的全部内容予以保密，仅作问卷分析和研究使用。

衷心感谢您的合作与支持！

“特岗教师计划”政策评估研究课题组

2018 年 12 月

一、您的基本信息

1. 您的性别是：①男　②女

2. 您的年龄是________周岁，工作年限是________年。

3. 您的籍贯是：

①城镇户口________省________________市__________________区（县）

②农村户口________省________________市__________________区（县）

4. 您的平均月工资收入大约是：______元（税前）______元（税后）

5. 您的毕业时间是：______年______月

6. 您的最高学历是：①专科及以下 ②本科 ③硕士研究生 ④博士研究生

7. 您的最高学历毕业院校所属省份是：________省

8. 您的最高学历毕业院校属于：

①985 工程院校　②211 工程院校　③普通高等院校　④民办院校

9. 您所学的专业是：_____________（本科）；_____________（硕士）；_____________（博士）。

10. 您毕业时候的政治面貌是：

①中共党员 ②中共预备党员 ③民主党派 ④共青团员 ⑤群众

11. 您担任“特岗教师”时任职的县（区）是________（县/区的名称）

12. 您担任“特岗教师”时任职的学校全称是：________________

13. 您担任“特岗教师”时所承担的主要课程是：________________

14. 您现在的职务是：________________

15. 您现在的职称是：________________

二、调查内容

填写指导：（1）问卷以选择题的形式出现，不同数字代表不同的认可程度，其中，5 = 非常认可，4 = 比较认可，3 = 一般，2 = 不太认可，1 = 完全不认可。请您根据自己的认可程度在指标右侧的相应数字上画√。（2）请您在表格后的空白处填上您的意见或建议。

序号	题项	认可程度				
		5非常大	4比较大	3一般	2比较小	1非常小
教育发展（定性指标）						
1	E112 政策对农村义务教育专任教师配置的影响	5	4	3	2	1
2	E113 政策对农村义务教育专任教师年龄结构的影响	5	4	3	2	1
3	E114 政策对农村义务教育专任教师学历结构的影响	5	4	3	2	1
4	E115 政策对农村义务教育专任教师学科结构的影响	5	4	3	2	1
5	E116 政策对农村义务教育质量提升的影响	5	4	3	2	1
社会效应（定性指标）						
		5非常大	4比较大	3一般	2比较小	1非常小
6	E121 政策对促进大学生就业的影响	5	4	3	2	1
7	E122 政策对特岗教师个人发展的影响	5	4	3	2	1
8	E123 政策对农村教育观念转变的影响	5	4	3	2	1
执行效率（定性指标）						
		5非常高	4比较高	3一般	2比较低	1非常低
9	E222 政策执行部门的工作效率	5	4	3	2	1

续表

序号	题项	认可程度				
		5 非常高	4 比较高	3 一般	2 比较低	1 非常低
回应度（定性指标）						
10	E311 政策了解程度	5	4	3	2	1
11	E312 政策与其他政策的协调性	5	4	3	2	1
12	E313 政策执行部门的工作态度	5	4	3	2	1
满意度（定性指标）						
		5 非常高	4 比较高	3 一般	2 比较低	1 非常低
13	E321 学生对特岗教师的满意度	5	4	3	2	1
14	E322 特岗教师对工作的满意度	5	4	3	2	1
15	E323 学校对特岗教师的满意度	5	4	3	2	1
16	E324 公众对政策的满意度	5	4	3	2	1
内部公平（定性指标）						
		5 非常大	4 比较大	3 一般	2 比较小	1 非常小
17	E411 特岗教师获得激励、培训、晋升等机会的公平性	5	4	3	2	1
18	E412 特岗教师工资待遇与公办教师的同等性	5	4	3	2	1
外部公平（定性指标）						
19	E421 大学生报考特岗教师岗位机会的公平性	5	4	3	2	1
20	E422 政策对城乡义务教育均衡发展的促进性	5	4	3	2	1

（再次感谢您的支持与配合！）

附录5 “特岗教师计划”访谈提纲

访谈时间：　　　　　　　　　　访谈地点：

访谈对象：

调研人员：　　　　　　　　　　记录员：

1. 过去十多年，全州（市）累计招聘了多少特岗教师？每年大概招聘多少人？特岗教师三年履职期满后留任的比例约是多少？

2. 相比省内其他州市，本州招聘的特岗教师数量较少（多），其中有些年度招得特别少或连续几年波动较大，这其中有什么原因吗？

3. 您认为特岗教师给当地义务教育阶段学校带来的最主要影响有哪些？

4. 您认为特岗教师计划政策对哪些方面的影响最大？目前存在的主要问题是什么？对此，您有什么建议？

5. 您认为特岗教师的成本收益比高吗，为什么？政策执行部门（包括教育主管部门、学校等）在开展特岗教师计划相关工作（如相关文件精神传达、发放工资、津贴，考核、评优等）的效率如何？

6. （本题仅对特岗教师）您对自己的工作满意吗？为什么？

7. 您对特岗教师及其工作满意吗？为什么？

8. 您认为“特岗教师计划”与相关政策的协调性如何？为什么？可否举例说明。

9. 您认为特岗教师的待遇与当地公办教师的待遇实质同等吗？为什么？

10. 您认为特岗教师的招考公开透明、公正公平吗？

11. 如果给您五个选项——非常低、较低、一般、比较高、非常高，用来评价本地实施“特岗教师计划”的政策绩效，您会选哪一个选项，为什么？

12. 您认为当地特岗教师的待遇如何？在哪些方面还需提高？

13. 当地教育行政主管部门对特岗教师的培养培训情况如何？

14. 当地在推进特岗教师计划政策实施方面，有哪些好的经验做法？可否分享一些优秀特岗教师个案？

15. 当地教育主管部门和学校是如何对特岗教师进行考核评价的？

16. （本题仅对特岗教师）您是通过什么途径获取特岗教师的招考信息的？

17. （本题仅对特岗教师）您对农村学校教育硕士师资培养计划是否了解？

18. （本题仅对特岗教师）您对当前的生活条件满意吗？为什么？

19. （本题仅对特岗教师）您对岗前培训和跟岗培训满意吗？为什么？

20. （本题仅对特岗教师）您希望可以加强哪些类型和内容的培训或培养？

21. 您认为特岗教师计划政策的实施还存在哪些问题？对推进政策优化您有何意见和建议？

后　记

“特岗教师计划”是中央实施的一项特殊政策，旨在通过招聘高校毕业生到西部“两基”攻坚县及县以下农村学校任教，逐步解决农村师资总量不足和结构不合理等问题，提高农村教师队伍的整体素质，促进城乡教育均衡发展。滇西边境山区是国家“十三五”期间的14个集中连片特殊困难地区之一，是国家脱贫攻坚、“两基”攻坚、乡村振兴的主战场，也是国家“十四五”期间持续深入实施“特岗教师计划”的重点地区。该片区涉及云南10个市州56个县，聚居着汉族和25个少数民族，至“十三五”时期该片区的农民人均受教育年限仅5.2年，素质型贫困问题十分突出，一些特有的民族文化面临失传。对该片区而言，“特岗教师计划”的实施既发挥着“提高农村教师队伍的整体素质，促进城乡义务教育均衡发展”的重要作用，还兼具着促进教育精准脱贫与教育振兴、民族文化传承以及民族地区经济社会可持续发展的重要意义。以滇西边境山区为个案，对“特岗教师计划”实施绩效进行系统评估，并对实践中的主要问题和典型经验进行梳理总结，提出优化政策措施的有效对策，有助于政策主体客观审视政策实施绩效、正确把握政策优化发展的方向与路径，从而进一步促使政策预期目标更好达成，助力教育强国目标早日实现，这是本课题研究的重要意义所在。

本课题于2017年获国家社会科学基金一般课题的立项资助，由于课题调研的范围较大、研究内容涉及面广且颇有难度，团队经过五年艰苦卓绝的奋战，得到多位专家的指导和帮助，克服诸多困难，才顺利完成研究任务。本书是在课题研究报告的基础上，根据评审专家和编辑的意见修改完成的。我们对于评审专家与编辑老师的洞见表示最诚挚的感谢！

全书由周琬馨教授进行整体设计、分工组织和统校工作。课题研究与本书撰写工作的分工如下：第一章：周琬馨，李泽彧，罗雁龙；第二章：周琬馨，杨东霞，毛永玲；第三章：周琬馨；第四章：周琬馨，王思颖，徐婷；第五章：周琬馨，毛永玲，王思颖，徐婷，杨映巧，杨瑞，那佳，冯朝，贺雪瑞，杞蕊廷，赵琦，杨毅宇，杨宝珊，和春德；第六章和第七章：周琬馨，史林，祖郭林，向生敏；第八章：周琬罄，李明辉；第九章：周琬罄，史林，罗雁龙。本课题的完成伴随着我们团队的共同成长，期间有多位研究生相继毕业。这是一段难忘的时光与经历！我们不仅收获了学术成长，也深厚了同事之间、师生之间的情谊！

课题研究过程中，我们得到滇西边境山区10州市和各县市区教育主管部门领导的大力支持，得到设岗学校领导、教师和学生的全力配合，也得到厦门大学、北京师范大学、华中师范大学多位教育专家的悉心指导，在此对给予课题研究大力支持的各位领导、专家、老师、学生们表示由衷的感谢！本书的撰写参考、借鉴了大量已有研究成果，在此对参考文献的作者们致以诚挚的谢意！由于本课题研究涉及面广、颇有难度，加之研究团队的水平所限，书中难免有错漏之处，恳请同行专家批评指正，以帮助我们不断进步。

愿我们的努力对于我国特岗教师政策的完善及推动义务教育优质均衡发展能够尽到一份教育研究者的责任！

课题负责人：周琬罄（教授、博士）
2023年7月27日